너무도 가벼운 고통

까닭 없는 고통의 이유를 찾는 욥기 속 차가운 랩소디

성경 속 인문학 시리즈 1
옥성호 지음

너무도 가벼운 고통

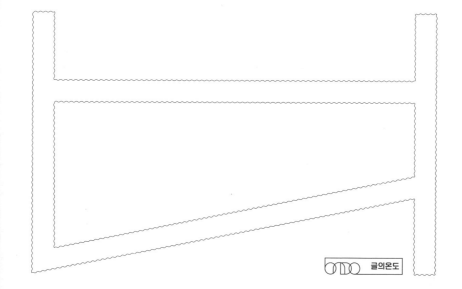

글의온도

내가 사라질 때까지
나는 나의 온전함integrity을 포기하지 않을 것이다.
나의 의로움을 단단히 붙잡고,
나는 약해지지 않을 것이다.
내가 살아온 날에서
나는 조금도 부끄러움을 찾을 수 없다.

- 욥

차례

일러두기

- 인용구 중 강조 및 괄호는 모두 저자가 표시한 것입니다.
- 따로 표시하지 않은 성경 구절은 '새번역'을 따랐습니다. 그 외 인용한 한글성경은 '개역개정', '개역한글', '공동번역', '현대인의 성경'으로 구분해 표시했습니다.
- 개역성경(개역한글, 개역개정)은 히브리어에서 독일어, 독일어에서 영어, 그리고 영어에서 중국어로 번역된 것을 한글로 옮긴 것입니다. 그에 반해 히브리어 원문에서 한글로 번역한 유일한 성경이 새번역입니다.

의심이 크면, 깨달음도 크다.
의심이 작으면, 깨달음도 작다.
의심이 없으면, 깨달음도 없다.
- 켄 윌버, 《A SOCIABLE GOD》

욥기만큼 많은 오해를 받는 성경도 없다. 욥기에서 진실을 찾으려면 "단지 몇 구절이 아닌 욥기 전체를 봐야 할 뿐 아니라 기존에 갖고 있던 선입관을 버려야 한다"[1]는, 전 스탠퍼드대 석좌교수 에드윈 굿[2]의 충고가 꼭 필요한 이유다. 욥기가 받는 가장 흔한 세 가지 오해를 살펴보자.

첫 번째는 기독교 교리에 기반을 둔 오해인데, 하나님을 제대로 이해하지 못하고 신성모독에 가까운 발언을 마구 쏟아내던 욥이 하나님을 만나고는 극적으로 회개했고, 그 결과 갑절의 복을 받았다는 것이다. 이런 오해를 한 대표적인 사람이 신약성경의 야고보서를 쓴 익명의 저자[3]다.

보십시오. 참고 견딘 사람은 복되다고 우리는 생각합니다.
여러분은 욥이 어떻게 참고 견디었는지를 들었고,
또 주님께서 나중에 그에게 어떻게 하셨는지를 알고 있습니다.

(야고보서 5:11)

참고 견디다 보니 결국에 복을 받았다는 주장인데, 그 근거로 욥기 42장 6절을 든다. 욥이 회개했기 때문에 갑절의 복이 주어졌다는 것인데, 성경을 통틀어 가장 심각하게 왜곡된[4] 구절이다.

> 그러므로 저는 제 주장을 거두어들이고,
> **티끌과 잿더미 위에 앉아서 회개합니다.** (42:6)

정말로 욥이 티끌과 잿더미 위에 앉아서 회개했을까? 본문에서 자세히 살펴보겠지만, 욥은 조금도 회개하지 않았다. 그럼에도 그는 '인내하고 회개한 성인'으로 추앙받는다. 그러다 보니 기독교에서는 애초에 욥의 고통을 유발한 하나님과 사탄의 내기를 아예 생략하거나 심각하게 왜곡한다.

기독교 교리로 보면 하나님과 사탄이 마주 본다는 것도 말이 안 되는데, 그것도 모자라서 하나님이 신실한 욥의 신앙을 놓고 사탄과 내기를 벌이다니, 차마 이런 '참담한' 장면이 성경에 있다는 사실 자체가 받아들이기 힘들다. 교회에서 "욥… 하느님이 너무 심하셨지"[5]라며 완곡하게 말한 모리 교수[6] 같은 사람은 찾기 힘들다. 그렇게 하나님과 사탄의 내기라는 핵심을 건너뛰고 욥기를 이해하겠다는 것은 원인을 망각한 채 코로나바이러스를 치료하겠다는 것과 별반 다르지 않다. 결과적으로 기독교 저자(설교자)는 욥의 고통에 관해서 지극히 상식적인 공감을 표현하고도, 필립 얀시[7]처럼 "욥은 하나님의 부재의 무게를 느꼈다. 하지만 무대 뒤를 한번 보고 나면, 하나님이 그 어느 때보다 더 확실히 함께 계셨음을 알게 된다"[8]라는 식의 어이없고 황당무계한 궤변을 늘어놓을 수밖에 없는 게 한계다.

두 번째 오해는 20세기 미국 최고의 국민 시인으로 불리는 로버

너무도 가벼운 고통

트 프로스트[9]가 쓴 장시 〈이성의 가면극〉에서 만날 수 있다. 일명 '욥기 43장'이라고 부르는 이 시에서, 욥의 비극이 끝나고 거의 천 년이 지나 다시 모습을 드러낸 하나님은 욥이 겪은 고통 때문에 마침내 신이 도덕적 속박에서 해방되었다며 고마워한다.[10]

> 야훼(하나님): 인간의 합당한 공과와 얻는 것 사이에는 이성으로 설명 가능한 관계가 없다는 원칙을 결정적으로 수립함에 있어, 자네(욥)가 날 도와준 걸 언젠가 감사해야겠다는 생각이 었지. 덕이 실패하고 악이 승리할 수도 있어. 의심의 여지없이 자네가 '신명기'의 작자를 우롱하고[11] 종교 사상의 행로를 바꾸는 역할을 담당한 사실을 자네도 이젠 깨달았을 걸세. 내가 자네에게 감사하는 것은 인류에 대한 나의 도덕적 속박을 벗겨준 것이네. (…) 자네는 신의 해방자일세. 그러니 자넬 성인으로 승격시키네.[12]

프로스트가 크게 착각하는 건, 욥이 하나님을 도덕적 속박으로부터 풀어주기는커녕 오히려 더 큰 속박에 얽매이도록 만들었다는 점이다. 아니, 사실 그건 마지막에 욥에게 갑절의 축복을 내린 하나님 스스로가 자초했다. 만약에 그러지만 않았다면, 그래서 죽을 때까지 욥을 비참한 상태로 내버려두었다면, 프로스트 주장대로 욥이 하나님을 도덕적 속박에서 풀어준 존재라고 말할 수 있다. 그러나 욥기의 결말은 고난 끝에 갑절의 복을 받은 것이다. 그 결과 인생에서 고통의 원인보다 중요해진 건 해피 엔딩이고, 의인이 복을 받고 악인이 벌을 받는다는 신명기의 가르침도 모자라, 인내하고 기다리면 갑절의 복을 받는다는 교훈까지 당당히 주장할 수 있게 되었다.

조금은 다르지만 '이신론deism'도 '신의 해방'으로 욥기를 이해하는 시각 중 하나다. 신이 전지전능할지는 몰라도 차마 도덕적이라고는 말할 수 없는 유신론자가 도덕적 책임을 신이 아닌 인간에게 돌림으로써 세상을 이해하는 방식이다. 세상을 능히 책임질 수 있을 정도로 인간을 완벽하게 창조함으로써 할 일을 마친 신과 인간은 이제 함께 윈-윈 할 수 있다는, 아주 속 편한 세계관이다. 하나님은 단지 우주 질서를 총괄할 뿐 인생 화복은 철저하게 인간의 몫이라는 주장이고, 한마디로 이 세상은 인간의 책임이라는 것이다. 이 주장의 근거로 쓰이는 게 욥기 마지막에 등장해 삼라만상 신비만을 나열하는 하나님의 연설인데, 이는 욥의 질문과는 완전히 동떨어진 내용이다. 이런 이신론을 주장하는 대표적인 학자로는 세계적인 베스트셀러 작가이자 저명한 랍비인 해럴드 쿠쉬너[13]를 들 수 있다.

여기서 한 걸음 더 나아가면, 하나님이란 존재는 불가사의하기에 그에 대한 판단 자체가 아예 불가능하다는 시각도 가능해진다. 즉, 욥을 두고 하나님이 사탄과 벌인 내기조차 인간 입장에서 '옳다, 그르다'는 판단 자체를 하면 안 된다는 것이다.[14] 그냥 인간은 입 다물고 살면 되지 이러쿵저러쿵 생각 자체를 하지 말라는 주장인데, 입에 재갈을 물린다는 점에서 기독교 교리에 근거한 욥기 해석과 별반 다르지 않다.

세 번째 오해는 적지 않은 비기독교인 학자들이 견지하는 시각으로, 하나님과 싸워서 승리한 '인간 승리'로 욥기를 이해하는 것이다.[15] 1996년 《신의 전기》로 퓰리처상을 수상한 잭 마일스[16]가 대표적인 학자다.

만약에 욥이 회개하지 않는다면 야훼가 회개해야만 할 것이다.
(…) 야훼는 패배함으로 인해서 악마화되지 않을 수 있었고, 타
당성을 잃지 않을 수 있었다. (…) (욥이라는) 피조물은 창조자를
창조해내는 일에서 단단히 한몫을 했다고 한다면, 이후로 그
둘은 영원히 연결 지어질 것이다.[17]

　　마일스는 구약성경이 아닌 오리지널 히브리성경[18]에 나타난 야
훼(하나님)[19]의 특징을 행동action → 말씀speech → 침묵silence이라는
과정으로 표현했다. 욥기는 히브리성경 마지막 부분인 케투빔에 포
함된 지혜서 세 권[20] 중 하나다. 오리지널 히브리성경의 순서에 따
르면, 욥기에서 모습을 드러낸 이후 하나님은 더 이상 성경에서 보
이지 않는다.[21] 욥에게 망신을 당한 하나님이 차마 인간에게 더 이
상 모습을 드러낼 염치가 없어졌기 때문이라는 주장이다.[22]

　　분석심리학의 개척자 중 한 사람인 카를 융[23]은 아예 여기서 한
걸음 더 나아간다. 욥기에 대한 책[24]까지 쓴 그는 그 어떤 신학자도
감히 생각하지 못한 '십자가의 원인'을 욥기에서 찾았는데, 십자가
가 다름 아니라 욥에게서 너무나 심각한 수준의 도덕적 굴욕을 느
낀 하나님이 꺼내든 새로운 카드였다는 것이다. 더불어 융은 "욥기
후반부에 등장하는 신은 프롤로그에 나오는 신과 비교해서 도덕적
으로 상당히 취약해 보인다"[25]라며 신랄한 비판을 가하기도 했다.

　　이런 학자들은 도대체 무엇을 근거로 욥이 하나님과 싸워서 이
겼다고 생각하는 것일까? 거기에는 크게 두 가지 이유가 있다. 사
탄과 내기를 벌인 하나님의 권력남용 죄가 첫 번째 이유이고, 겁박
에 가까운 하나님의 장엄한 연설에도 끝까지 인간 자존심을 포기하
지 않았던 욥의 모습이 두 번째다.[26]

그렇다면 이처럼 다양한 해석을 가능하게 하는 욥기는 과연 어떤 책일까?

성경을 연구하는 학자라면 누구도 예외 없이 히브리성경 안에서도 가장 독특한 책으로 욥기를 꼽는다. 그런 욥기는 구조에서부터 특별하다. 최소한 두 가지 전혀 다른 형태의 글이 합쳐진, 전형적인 '하이브리드hybrid 문학'이기 때문이다. 산문으로 이뤄진 초반부(프롤로그: 1장-2장)와 시로 쓰인 긴 중반부(3장-42:10a), 그리고 다시 산문으로 쓰인 후반부(에필로그: 42:10b-42:17)다.

산문 부분은 원래 구전으로 전해지던 '설화forktale'였는데, 거기에는 그 어떤 고난에도 굴하지 않고 하나님을 신앙하다가 나중에 갑절의 복을 받는 '인내하는 욥'이 나온다. 그러나 이런 비현실적인 내용에 반감을 가진 후대 누군가가[27] 완전히 새로운 욥, 친구들과 시로 논쟁하며 신성모독을 밥 먹듯이 하는 '반항하는 욥'을 만들어 기존 설화 사이에 끼워넣었다.[28] 그 결과 기존 설화는 마치 견우와 직녀처럼 프롤로그와 에필로그로 나뉘어 멀리 떨어져 있다는 것이 오늘날 대부분 욥기 연구자의 시각이다.[29]

욥기에 전혀 다른 '인내하는 욥'과 '반항하는 욥'이 나오는 이유는 저자가 한 사람이 아니기 때문이다. 로마서를 바울이 처음부터 끝까지 썼다는 데 의문을 제기하는 학자가 없듯이, 욥기를 한 사람이 처음부터 끝까지 썼다고 생각하는 학자도 없다. 그 결과 욥기에는 전혀 다른 두 명의 욥이 등장한다. 나 또한 도무지 조화가 불가능한, 지킬 박사와 하이드 같은 '두 명의 욥'이 있다고 생각하던 사람 중 하나였다. 그런데 에필로그를 읽는 중에 이런 질문이 떠올랐다.

"욥이 왜 이렇게 조용하지?"

프롤로그에서 상상도 할 수 없는 비극을 당한 욥은 말을 한다.

너무 엄청난 슬픔이 닥치면 말문이 막히거나 실어증에 걸리기도 하고, 심한 경우에는 일시적인 기억 상실증까지 겪는다는데, 순식간에 자식을 모두 잃은 욥은 굳이 소리를 내서 하나님을 찬양한다. 그런데 막상 에필로그 속 욥은 갑절의 복을 받고도 단 한마디도 하지 않는다. 하다못해 "고맙습니다"라는 말 정도는 해야 하는데도 전혀 없다. 에필로그가 나열하는 갑절의 축복이 요란할수록 더 침몰하는 욥의 침묵[30]이 내 시선을 사로잡았고, 그때 처음으로 이런 의문을 가졌다.

"신앙고백하던 프롤로그 속 욥은 어디로 갔지? 프롤로그와 에필로그가 원래 서로 연결된 설화라는 얘기가 맞기는 한가?"

이 질문은 꼬리를 물고 다음 질문으로 이어졌다.

"혹시 친구들과 논쟁하는 '반항하는 욥'을 만들어낸 익명의 저자가 붓을 잡은 이유는 현실과 동떨어진 설화 속 '인내하는 욥'을 뒤집기 위해서가 아니라, 에필로그 속 욥의 침묵을 설명하기 위해서가 아니었을까? 그러니까 프롤로그 속 **요란한 신앙고백과 에필로그 속 이상한 침묵 사이 간극**을 메우기 위해 욥과 친구들의 논쟁, 그리고 나아가서는 하나님의 장엄한 등장까지 필요한 게 아니었을까?"

누가 봐도 프롤로그 속 욥은 이 세상 사람이 아니다. 자식들을 포함해 모든 것을 다 잃고도 '알몸에서 나왔으니 알몸으로 가는 게 뭐가 문제냐'는 신앙고백을 한다. 자식을 잃고 절규하는 아내를 위로하기는커녕 꾸짖는다. 그런 욥에게 세 명의 친구들이 찾아오고, 그들은 함께 칠 일간 침묵의 시간을 가진다. 그 후 욥은 입을 연다.

드디어 욥이 말문을 열고,

자기 생일을 저주하면서 울부짖었다.

"내가 태어나던 날이 차라리 사라져 버렸더라면,

'남자 아이를 배었다'고 좋아하던 그 밤도 망해 버렸더라면."

(3:3)

    침묵하던 칠 일 사이에 욥의 내면에서 도대체 무슨 일이 벌어진 것일까? 첫마디가 신앙고백이 아니라 자신을 향한 끔찍한 저주가 아닌가? 그리고 친구들과 논쟁하는 중에, 그보다 더 중요한 건 두 번에 걸친 하나님의 장엄한 연설을 듣는 내내 무슨 일이 생겼기에 에필로그 내내 욥은 침묵하는 걸까? 왜?

    앞서 설명한 욥기를 이해하는 세 가지 방식에는 모두 심각한 문제가 있기 때문에 '오해'라는 단어를 썼다. 그럼에도 이런저런 잔가지를 쳐내고 어떤 굵직한 '해석' 하나에 충실할 때, 뽑아낼 수 있는 교훈이나 감동은 배가 되기 마련이다. 그러나 욥기를 읽을수록 나는 그게 아니라는 생각이 들었고, 신앙의 승리자라는 기독교 해석은 말할 것도 없고 신과 인간 사이 극단적 대결 구도가 아닌, 전혀 새로운 대답이 욥기 속에 숨어 있다는 생각을 떨칠 수가 없었다. 따라서 이 책은 **신앙을 고백하던 욥이 침묵하는 욥으로 바뀐 원인을 찾아가는 하나의 여정**이다.

    책은 사람과 비슷하다. 인생을 아예 이전과 이후로 바꿔버리는 만남이 있는 것처럼, 세상에는 그런 책도 있다. 마지막 책장을 덮는 순간 읽기 전으로 돌아갈 수 없도록 하는, 그런 책 말이다. 이제 당신은 그런 책을 만났다. 욥기다. 성경 중에서 기독교인뿐 아니라 비기독교인, 심지어 무신론자에게까지 지대한 영향을 끼친 유일한 책이 욥기다. 모든 선입관을 버리고 욥의 인생을 쫓아 42장 17절까지 읽는다면, 더 이상 1장 1절의 동화 속 동심으로 돌아갈 수 없게 하는 책, 바로 욥기다.

> 우스라는 곳에 욥이라는 사람이 살고 있었다.
> 그는 흠이 없고 정직하였으며,
> 하나님을 경외하며 악을 멀리하는 사람이었다. (1:1)

> 욥은 이렇게 오래 살다가 세상을 떠났다. (42:17)

1부 신들의 내기

신들에게 인간이란 잔인한 아이들 앞에 있는 파리와 같은 신세다.
신들은 그들의 재미를 위해 인간을 죽인다.
- 셰익스피어, 《리어왕》

> "욥이, 아무것도 바라는 것이 없이
> 하나님을 경외하겠습니까?"
>
> 사탄(1 - 2:13)

아마도 오랫동안 구전으로 떠돌았을 욥[31]이라는 의인의 설화는 이렇게 시작한다.

> 우스라는 곳에 욥이라는 사람이 살고 있었다. 그는 흠이 없고 정직하였으며, 하나님(엘로힘)[32]을 경외하며 악을 멀리하는 사람이었다. 그에게는 아들 일곱과 딸 셋이 있고 (…) 그는 동방에서 으뜸가는 부자였다. (…) 그의 아들들은 저마다 생일이 되면, 돌아가면서 저희 집에서 잔치를 베풀고, 세 누이들도 오라고 해서 함께 음식을 먹곤 하였다. (1:1 - 4)

재력, 인품 그리고 열 명이라는 자식들 숫자 외에 욥에 대해서 알 수 있는 사실은 거의 없다. 아버지가 누군지, 몇 살인지, 우스가 어딘지, 또 어느 시대에 살았는지도 알 수 없다. 욥이라는 인물이 실제로 있었다고 믿는 유대교와 기독교는 여러 의견을 내지만, 그 어떤 것도 증명할 수 없는, 말 그대로 추측에 불과하다. 욥의 정체에 특히 관심이 많았던 유대교 랍비들은 다양한 의견을 쏟아냈다. 모세가 유대민족을 이집트에서 구출하던 시절, 파라오 밑의 고위 관리라고 보는 시각에서부터 집단 강간을 당한 야곱의 딸 디나의 남편, 그러니까 야곱의 사위라는 주장까지,[33] 욥을 놓고 가지각색 상상의 나래를 펼쳐왔지만 그 어떤 것도 확인할 길은 없다.

욥이라는 이름은 중의적이다. '욥*Iyob*'은 히브리어로 '적*Oyeb*'을 의미하는 단어와 매우 흡사하다. 그런데 재미있게도 아람어로 욥은 '회개하는 자'라는 뜻이 된다.[34] 그러나 욥기가 히브리어로 쓰였고, 또 욥이 이름을 가지고 하나님에게 던지는 질문을 보면(13:24), 욥기 저자가 애초에 욥이라는 이름에 '적*Oyeb*'이라는 의미를 심은 게 분명하다. 그러나 중요한 것은 '피터'가 한국 이름이 아니듯 욥도 유대 이름이 아니라는 사실이다.[35] 욥이 유대인이 아니라는 사실에 안도하는 유대인이 적지 않은데, 홀로코스트 생존자이자 노벨평화상을 수상한 엘리 위젤[36]도 그중 한 사람이다. 욥이 결코 유대인일 수 없는 두 가지 근거를 그는 이렇게 제시한다.

"첫 번째로 우리 유대민족은 절대로 욥처럼 엉터리 자식교육을 하지 않습니다. 프롤로그에 보면 자식들이 하루가 멀다 하고 파티를 즐긴 게 분명한데, 이건 유대 가정에서는 차마 상상도 할 수 없는 모습 아닙니까? 게다가 자식을 훈계하기는커녕 자식을 대신해서 욥은 번제까지 드렸어요. 이거야말로 아이들 망치기 딱 좋은 부모의 전형적인 모습입니다. 두 번째로 연달아 고난이 닥쳤을 때 욥의 반응을 보면, 그는 절대로 유대인일 수가 없습니다. 비극을 전하는 종들의 말을 듣자마자 무조건 다 사실이라고 믿고 머리를 밀지 않나, 그것도 모자라 옷까지 찢는데, 이거야말로 유대인에게서는 상상도 할 수 없는 모습입니다. 아니, 눈으로 확인도 하지 않고 머리를 밀고 옷을 찢는다고요? 다른 사람들이 하는 말을 곧이곧대로 다 믿는다고요? 우리 유대인은 절대 욥처럼 순진하지 않습니다."[37]

배러크의 본질

본문은 욥에 관해 두 가지 사실을 알려준다. 그가 '동방에서 으뜸가는 부자'이고 또 '흠이 없고 정직하며 하나님을 경외하고 악을 멀리하는 사람', 즉 의인이라는 것이다. 그럼 '흠이 없다'는 말까지 듣는 욥은 어떻게 신앙생활을 할까? 본문이 알려주는 건 딱 하나, 자식을 위해 올리는 번제뿐이다.

> (자식들 잔치가 끝나고 나면) 자식의 수대로 일일이 번제를 드렸다. 자식 가운데서 어느 하나라도, 알지 못하는 사이에라도 하나님을 저주하고 죄를 지었을 수도 있다고 생각하여, 잔치가 끝나고 난 뒤에는 늘 그렇게 하였다. (1:5)

잔치를 벌이던 자식들이 행여라도 죄를 지었을까 봐 그들을 대신해서 제사를 지냈다는 것이다. 자식 망치기 딱 좋은 아버지의 모습이라는 엘리 위젤의 말이 떠오른다. 하지만 그게 욥이라는 사람이었고, 그가 가진 신앙이었다. '자식들이 죄를 지을까 봐 두려워한 아버지, 자식들을 위해 대신 동물을 죽여 번제를 올리는 아버지'[38]라고 이해하면 전혀 어려울 게 없는 본문인데도, 한 가지 질문이 생긴다.

"욥이 걱정한 '죄'가 정확하게 뭘까?"

위에서 인용한 '새번역'[39]은 '하나님을 **저주하고** 죄를 지었을 수도 있다고 생각하여'라고 썼는데, 성경마다 내용이 조금씩 다르다.

> 죄를 범하여 마음으로 하나님을 욕되게 하였을까. (개역개정)
> 죄를 범하여 마음으로 하나님을 배반하였을까. (개역한글)
> 범죄하여 마음에라도 하나님을 떠나지 않았을까. (현대인의 성경)

히브리 원어에서 직접 번역한 새번역만 '저주한다'라는 동사를 사용했고, 다른 성경들은 원어를 임의대로 의역했다. 그럼 '저주한다'에 해당하는 히브리 동사는 무엇일까? 놀랍게도 '저주하다'와는 의미가 전혀 다른데, '무릎'이라는 어원[40]에서 온 '축복하다'라는 뜻의 '배러크*barak*'다. 영어로는 'bless'다. 그러니까 '축복하다'를 '저주하다'로 번역한 것이다. 따라서 히브리 원어를 그대로 번역하면 이렇게 된다.

"행여나 자녀들이 그들의 마음에서 하나님을 **축복했을까 봐.**"[41]

그런데 '축복하다'를 '저주하다'로 번역한 건 새번역만이 아니다. 대부분 영문 욥기 번역서도 '배러크'의 원래 의미를 무시하고 '저주하다'로 번역했다. 왜 그랬을까?

우리가 일상생활에서도 흔하게 쓰는 '축복하다'의 정확한 뜻은 이것이다.

"남에게 좋은 일이 일어나도록 빌고 바라는 것, 또는 그렇게 해서 일어난 좋은 일."

'축복하다'의 반대인 '저주하다'는 따라서 이렇게 된다.

"남에게 재앙이나 불행이 일어나도록 빌고 바라는 것, 또는 그렇게 해서 일어난 재앙이나 불행."

정반대의 의미지만 이 두 동사에는 상대에게 '뭔가 일어나기를

      너무도 가벼운 고통

바란다'라는 공통점이 있다. 자, 그럼 지금부터 이 점을 염두에 두고 다시 본문을 살펴보자. 프롤로그, 그러니까 욥기 1-2장에서만 '배러크'는 무려 다섯 번이 더 나온다. 그중 두 번은 누가 봐도 자연스런 '축복하다'의 의미로 쓰였다.

> 주님께서 (…) 욥이 하는 일이면 무엇에나 복을 주셔서
> (배러크하셔서). (1:10)
> 욥이 말하였다. (…) 주님의 이름을 찬양할blest 뿐입니다.
> (1:21)

'배러크'가 '축복하다'로 정확하게 번역된 경우에 주체는 항상 하나님이다. 욥을 축복하는 주체는 하나님이고, 찬양을 받는 주체는 하나님의 이름이다. '배러크'가 수동태로 쓰였다고 동사의 주체가 욥이 되는 건 아니다. 그런데 나머지 네 번은 하나같이 '배러크'가 '저주하다'로 번역되었다.

> 자식 가운데서 어느 하나라도, 알지 못하는 사이에라도
> 하나님을 저주하고(배러크하고). (1:5)
> 그는 주님 앞에서 주님을 저주할(배러크할) 것입니다. (1:11)
> 그는 당장 주님 앞에서 주님을 저주하고(배러크하고)
> 말 것입니다! (2:5)
> 차라리 (당신은) 하나님을 저주하고서(배러크하고)
> 죽는 것이 낫겠습니다. (2:9)

'배러크'가 '저주하다'로 번역될 때는 언제나 사람이 주체다. 그

럼 '배러크'에는 애초에 이처럼 상반된 두 가지 의미가 들어 있을까? 반어법이 아닌 이상, 한 단어에 전혀 다른 두 가지 의미가 같이 들어 있는 건 상식적이지 않다. "난 너를 사랑해"라는 문장을 놓고 이게 좋아한다는 건지, 증오한다는 건지 고민해야 한다면, 인간의 언어생활은 불가능하다. 다행히 이 '배러크'의 경우엔 이런 추측이 가능하다.

"하나님이 인간을 축복하는 건 당연하지만, 감히 인간이 하나님을 축복할 순 없다는 생각에 '축복하다'를 '저주하다'로 번역했다."

하지만 이런 설명에도 허점이 있다. 인간이기에 하나님에게 '좋은 일'이 생기는 건 바랄 수 없지만, '재앙'이 생기는 건 얼마든지 바랄 수 있다는 논리가 되니까. 그리고 그것이 바로 욥이 자식들을 놓고 그토록 두려워했던 '그 죄'라는 것이다. 과연 그럴까? 축복은 안 되는데 저주는 된다고? 하나님에게 짓는 죄의 심각성을 제대로 강조하려면, 오히려 원래 의미인 '축복하다'로 번역해야 하지 않을까? '저주하다'라는 별도의 히브리 동사, '칼랄qalal'이 버젓이 있는데도, 욥기 저자가 군이 '배러크'를 쓴 이유가 바로 거기 있었을 테니까 말이다. 생각해보자.

'피조물인 인간에게조차 축복을 받아야 하는 신이라니?'

이거야말로 신의 입장에선 정말로 모욕적이고 비참한 일이니까. 게다가 이 '배러크'라는 단어의 어원은 무릎이다. 저주받는 사람이 무릎 꿇는 경우는 없지만, 축복받는 경우에 무릎 꿇는 건 전혀 이상하지 않다. 얌전히 무릎 꿇고 있는 하나님의 머리에 손을 얹고 축복하는 인간을 상상하며, 차마 '배러크'를 제대로 번역하지 못한 성경 편집자와 달리, 욥의 걱정을 담아 원문을 그대로 해석해보자.

"자식 가운데서 어느 하나라도, 알지 못하는 사이에라도 **하나님**

에게 '축복할 테니 무릎 꿇어봐'라고 할까 봐."

'저주'와 '신성모독'을 혼동하는 사람이 많은데, 단지 불경스러운 말을 내뱉는 신성모독과 하나님을 저주하는 건 차원이 다르다. 지나가는 개가 나를 향해 짖는다고 좋아할 사람이야 없겠지만, 그렇다고 달려가서 난리를 치는 사람은 더 없을 것이다. 하나님에게 인간이 내뱉는 욕, 그러니까 신성모독은 지나가는 개가 짖는 일 정도에 불과하지만 '배러크'는 차원이 다르다. 그것도 '저주하다'라는 의역이 아니라 '축복하다'라는 원문을 살릴 때, 한마디로 피조물인 인간이 창조주 자리에 올라앉겠다는 반역죄다. 그랬기에 욥은 그토록 자녀들이 하나님을 '배러크'할까 봐 두려워했다. 하나님 입장에서 볼 때 '배러크'는 인간이 저지를 수 있는 가장 끔찍하고 희귀한 죄악, 인간이 감히 '신 흉내'를 내면서 하나님을 한 수 아래로 보는 죄악이다. 그렇기에 하나님은 '배러크'의 죄를 범하는 인간을 만날 때마다 주권이 침해된다는 모욕감을 느낀다.

이 글을 쓰는 2021년 초, 여권 당 대표가 꺼낸 전직 대통령 사면 이야기로 정국이 한창 시끄럽다. 당 대표가 기자회견을 열고 이렇게 발표한다고 가정해보자.

"국민 여러분, 나는 여당 대표로서 전직 대통령을 사면하겠습니다."

이 말에 가장 분노할 사람은 누굴까? '사면합니다'라는 말을 할 수 있는 대한민국에서 유일한 사람, 현직 대통령이다. 누구를 사면하겠다는 말을 꺼낸 당 대표는 정말 말 그대로 대통령을 무시하고 모욕한 것이다. 대통령의 고유 권한이 심각하게 침해당한 것이다. 인간이 하나님만이 쓸 수 있는 동사, '배러크'를 사용하는 것과 비슷한 결과다.

그럼 욥은 하필이면 왜 널리고 널린 죄 중에서 자녀들이 '배러크'할까 봐 두려워했을까? 그건 욥이 모든 것을 다 가진 부자였기 때문이다. 없는 게 없으니까 굳이 하나님을 찾고 의지하는 마음도 없었을 자녀들이 행여나 부자 아버지만 믿고 오만방자하게 굴었을까 봐, 마치 바벨탑을 쌓고 하늘에 오르려던 사람들처럼 될까 봐, 욥은 두려워했다. 그래서 결국 따지고 보면, 모든 게 다 내 잘못이라는 생각에 욥은 자녀들을 대신해 번제까지 드렸다. 자녀들이 설마 "하나님, 필요한 거 있으면 얘기하세요. 우리가 도와줄게요"라는 식으로 어리석은 입방정을 떨진 않았겠지만, 마음으로라도 자기들이 누리는 모든 행복의 근원이 하나님이 아니라 타고난 복이라고 생각했다면, 그리고 행복에 취해 농담으로라도 하나님에게까지 '축복합니다'라고 했다면, 그건 욥의 기준에서 하나님을 향한 '배러크'의 죄였다.

잠깐 쉬어가는 의미에서 요즘 기독교인을 한번 보자. 거의 하루 종일 노골적인 '배러크'의 죄를 저지르고 있다. 조금만 주변을 둘러봐도 이런 말을 하는 기독교인이 부지기수다.

"형제님, 축복합니다."

누가 누구를 감히 축복할 수 있다는 걸까? 인간이 인간에게 좋은 일이 생기기를 바란다고 좋은 일이 생기나? 축복은 하나님의 고유 영역이다. 그런데도 오늘날 기독교인은 '배러크'의 죄를 입에 달고 산다. 그런데 이게 전부가 아니다. 하나님을 축복하는 정도가 아니라 아예 동정하는, 더 심각한 '배러크'의 죄를 짓는 사람도 너무 많다. 예를 들면 이렇다.

"하나님이 우리 한국 교회를 보면서 울고 계세요."

"하나님이 슬퍼하세요."

"하나님이 너무너무 마음 아파하세요."

물론 다 지극한 신앙심에서 하는 말이지만, 이건 하나님을 인간 수준으로 끌어내려 모독하는, 아예 차원이 다른 심각한 '배러크'다. 세상에 동정받는 걸 좋아하는 사람은 거의 없다. 하물며 천지를 만들었다는 신이 인간의 동정을 원할까?

자녀들을 위해 번제를 올리는 욥을 통해서 알 수 있는 또 한 가지는 그가 미신에 빠져 있다는 것이다. 미신은 언제 생길까? 걱정은 차고 넘치는데 막상 내가 할 수 있는 게 별로 없을 때다. 내가 아는 사람 중에 고등학교에 들어간 딸의 대학입시를 위해 삼 년 내내 교회 새벽기도를 다닌 어머니가 있다. 대신 공부를 해줄 수도 없는 어머니 입장에서 자식을 위해 할 수 있는 게 뭘까? 욥과 비슷한 일종의 새벽 제사를 올리면서 스스로 위안을 얻은 것이다.

"내가 하루도 안 빠지고 새벽기도를 하면 우리 딸은 꼭 원하는 대학에 붙을 거야."

욥이라고 달랐을까?

"내가 제사를 제대로 드리면 아이들이 행여 하나님을 '배러크' 했어도 용서해주실 거야."

여기서 또 하나 알 수 있는 건 하나님을 향한 그의 마음이다. 즉, 욥에게 하나님이 어떤 존재인지 엿볼 수 있다. 번제의 목적은 단 하나, 오로지 자식들 안전 보장인 만큼 거기에는 오로지 하나님을 향한 공포가 있을 뿐이다. 순식간에 모든 것을 다 가져갈 수 있는 하나님의 능력은 욥에게 두려움 그 자체였다. 사람은 언제 공포를 느낄까? 잃을 게 너무 많을 때다. 게다가 그는 한마디로 다 가진 사람이었다. 흔히들 이렇게 말한다.

"맘대로 해. 난 더 이상 잃을 게 없는 사람이야. 죽이든 살리든 맘대로 하라고."

그러나 욥은 달랐다. 특히 눈에 넣어도 아프지 않은 열 자식은 무슨 수를 써서라도 지켜야 했다. 적지 않은 사병까지 거느렸을, 동방 최고 부자인 그에게는 근동의 왕들도 두려움의 대상이 될 수 없었다. 왕들조차도 욥에게서 자식을 빼앗아갈 수는 없었다. 그런 힘을 가진 유일한 존재는 하나님이었다.

> 욥은 악을 피했다. 악을 행했을 때 올지 모르는 벌이 두려웠기
> 때문이다. 그런 면에서 그는 완벽한 도덕 사업가다. 그는 자신
> 의 부가 왜 오는지 잘 알고 있었다. 그는 철저하게 하나님이
> 시키는 대로 했기 때문이다. 그에게 선함은 은행에 예금한 잔
> 고와 같은 것이었다.[42]

천상회의

이제 이야기의 무대가 하늘로 바뀐다. 히브리성경 그 어디에도 나오지 않는 하늘나라 모습, 하나님이 신적 존재들을 거느리고 천상회의를 하는 장면이 나온다. 잭 마일스는 "욥기 전까지 야훼의 방식은 인간이 결코 이해할 수 없는 미지의 영역이었지만, 욥기 저자 덕분에 야훼의 길이 완전히 이해할 수 있는 것이 되어 버렸다"[43]라며, 이 장면을 높게 평가했다. 필립 얀시 역시 "욥기의 서문은 우리가 갈망하는 걸 제공한다. 바로 이 세상이 어떻게 돌아가는지에 대해 슬쩍 보게 해준다"[44]면서, 이 천상회의를 역사적인 사실로 이해하는 전통 기독교의 시각을 보여준다. 자, 그럼 무슨 일이 벌어졌을까?

너무도 가벼운 고통

하루는 하나님의 아들들이 와서 주님 앞에 섰는데,

사탄도 그들과 함께 서 있었다.

주님(야훼)께서 사탄에게, "어디를 갔다가 오는 길이냐?"

하고 물으셨다.

사탄은 주님께, "땅을 이리저리 돌아다니다가 오는 길입니다"

하고 대답하였다.

주님께서 사탄에게 말씀하셨다.

"너는 내 종 욥을 잘 살펴보았느냐?

이 세상에는 그 사람만큼 흠이 없고 정직한 사람,

그렇게 하나님을 경외하며 악을 멀리하는 사람은 없다."

그러자 사탄이 주님께 아뢰었다.

"욥이, 아무것도 바라는 것이 없이 하나님을 경외하겠습니까?

주님께서, 그와 그의 집과 그가 가진 모든 것을

울타리로 감싸 주시고,

그가 하는 일이면 무엇에나 복을 주셔서(배러크하셔서),

그의 소유를 온 땅에 넘치게 하지 않으셨습니까?

이제라도 주님께서 손을 드셔서, 그가 가진 모든 것을 치시면,

그는 주님 앞에서 주님을 저주할(배러크할) 것입니다."

주님께서 사탄에게 말씀하셨다.

"그가 가진 모든 것을 다 네게 맡겨 보겠다.

다만, 그의 몸에는 손을 대지 말아라!"

그 때에 사탄이 주님 앞에서 물러갔다. (1:6-12)

기독교 역사를 통틀어 여기 나오는 사탄 때문에 머리를 감싸고 고통한 신실한 기독교인이 얼마나 많을까?[45] 일반 신도가 성경을

읽지 못하도록 기를 쓰고 성경 번역 자체를 막았던 로마 가톨릭의 심정까지도 충분히 이해할 수 있다.[46]

본문에 따르면 사탄은 누구인가? 하나님의 아들들 중 하나다.[47]

기독교 교리에 따르면 사탄은 누구인가? 하나님의 원수이자 인류의 원수, 아니 전 우주의 원수다.[48]

에덴동산에서 아담을 타락시켜 인류를 원죄에 빠뜨린 사탄 때문에 인류는 영원한 죽음이라는 운명을 맞게 되었고, 그 결과 하나님이 인간의 몸을 입고 이 세상에 와야 했을 뿐 아니라, 십자가에서 치욕적인 죽음까지 맛보아야 했다. 그런데 그런 철천지원수 사탄을 욥기는 '하나님의 아들들 중 하나'라고 말한다. 또 하나님과 너무나도 자연스럽게 대화를 나누고 있다.[49] 따라서 이런 사탄을 어떻게든 교리와 조화시키려는 기독교의 시도는 언제나 본문 속에 분명히 드러나는 사실을 부정하며 본질을 외면하고 왜곡하는 결과를 낳을 뿐이다.

기독교 교리가 만들어낸 '세상의 지배자 사탄'이라는 '색안경'만 벗으면, 하나님과 사탄이 회의를 하는 천상회의는 하나도 이상할 게 없다. 사탄은 그냥 여러 천사들 중 하나일 뿐이다. 그래서 사탄을 가리키는 정확한 호칭은 히브리어 정관사 '하ha'가 붙은 '하사탄hasatan'이다. 정관사가 붙었다는 것은 사탄이 '역할 또는 직책role, title'을 알려주는 보통명사라는 의미다. 사탄의 뜻은 '적대자adversary'이지만, 욥기에서는 '고소자prosecutor'로 보는 게 더 타당하다. 그러니까 욥기 속 사탄은 이리저리 세상을 돌아다니면서 조사하다가 하나님에게 특이 사항을 보고하는, 요즘으로 치면 '검사' 역할을 맡은 천사들 중 하나다.

그러나 신약성경에서 사탄은 보통명사가 아니라 홍길동과 같

너무도 가벼운 고통

은 이름이다. 즉 고유명사다. 그리고 무엇보다 하나님과 라이벌 관계를 형성할 정도로 절대적인 힘을 가지고 있다. 그러다 보니 사탄이 저지른 인간 타락 사건은 하나님의 아들이 십자가에 달려 죽어도, 아니 그로부터 무려 이천 년이 지났어도 여전히 해결되지 않고 있다.[50] 그러니 기독교 교리로 욥기 속 사탄을 정직하게 설명하기란 불가능하다.[51]

다시 천상회의장으로 돌아가자. 가만히 보면 이날 주인공은 사탄이 분명하다. 수많은 천사들 중에서 하나님은 사탄을 콕 짚어서 말을 건넬 정도니까. 왜 그랬을까? 평소 잘 참석하지 않던 천상회의에 참석했기 때문일까? 그래서 궁금하기도 하고, 또 반갑기도 해서 하나님이 사탄을 주목한 것일까? 어쨌든 사탄이 회의장 중심에 섰다.

"어디를 갔다가 오는 길이냐?"

기독교인이라면 이 질문에 다시 한번 당황하게 된다.

"전지전능한 하나님도 모르시는 게 있나?"

기독교가 자랑하는 성경 주석가 매튜 헨리[52]는 이 점에 대해서 이렇게 대답한다.

> 하나님은 사탄이 사람들에게 해를 끼치는 일을 허락받기 위해서 여기에 왔다는 것을 잘 알고 계셨다. 그러나 하나님은 사탄으로 하여금 직접 대답하도록 명령하심으로써 사탄이 그의 통제 아래 있다는 것을 보여주려고 하셨다.[53]

이건 매튜 헨리의 '희망사항'일 뿐이지, 본문에 이런 해석을 가능하게 하는 단서는 전무하다. '전지전능한 하나님'이라는 기독교 교리가 만든 색안경만 벗으면, 매튜 헨리와 같은 억지 상상은 하지 않아도 된다. 하나님이 질문하는 이유는 간단하다. 모르기 때문에, 궁금하기 때문이다. 그래서 사탄에게 물었다. 그런데 진짜 중요한 이야기는 이제부터 나온다. 세상 이리저리 다녔다고 대답한 사탄[54]에게 하나님이 느닷없이 욥 이야기를 꺼낸 것이다. 욥을 먼저 언급한 게 사탄이 아니라 하나님이라는 사실은 매우 중요하다.

너는 내 종 욥을 잘 살펴보았느냐?
이 세상에는 그 사람만큼 흠이 없고 정직한 사람,
그렇게 하나님을 경외하며 악을 멀리하는 사람은 없다.

이 구절을 오해하면 안 된다. 하나님이 마치 욥의 마음속까지 다 꿰뚫고 있는 것처럼 말하지만, 전혀 사실이 아니다. 게다가 지금 이 말도 기독교 교리에 비춰볼 때 결코 쉬운 구절이 아니다. 무엇보다 하나님은 지금 마치 욥을 100% 의인처럼 말하고 있다. 이 부분에서 기독교인이라면 이런 질문을 던지는 게 당연하다.

"그래도 하나님, 아무리 욥이라고 해도 예수님의 십자가가 없으면 구원은 못 받겠죠? 아무리 하나님을 경외하고 악을 멀리해도 십자가에 대한 믿음이 없으면 구원받지 못하니까요."

또한 하나님의 이 말은 기독교가 주장하는 '악'의 본질과도 관련이 있다. 기독교에서 모든 악은 사탄과 연결된다. 나는 그럴 마음이 전혀 없었는데 사탄의 미혹을 받아, 사탄이 맘에 들어오는 바람에 죄를 지었다는 식으로 흔히들 말한다.[55] 그러나 하나님의 시각은 전혀 다르다. 사탄을 앞에 놓고 태연하게 '그 무엇인가'를 악이라고 말한다. 기독교의 주장대로 사탄이 정말로 '악의 원천'이라면, 이건

　　　　　　　　　　　　　　　　　너무도 가벼운 고통

도둑에게 집을 지키라는 말과 다름없다. 따라서 하나님이 사탄에게 이런 질문을 던지는 건 말이 되지 않는다.

> 너는 내 종 욥을 잘 살펴보았느냐? (…)
> 욥처럼 악을 멀리하는 사람은 없다.

기독교 교리가 맞는다면, 이 말은 욥이 사탄을 멀리했다는 것이다. 그런데 하나님은 지금 사탄에게 욥을 잘 살펴보았냐고 묻는다. 이게 말이 될까? 잘 살펴보려면, 가까이에서 봐야 한다. 따라서 기독교 교리와 달리 하나님에겐 사탄과 악의 상관관계가 존재하지 않는다. "악마(사탄)는 단지 인간 내면에 존재하는 악의 성향에 대한 상징에 불과하다."[56]

악에 관한 히브리성경 가르침은 명확하다. 악은 사탄으로 인한 '무엇인가'가 아니라 개인이 스스로 책임지고 감당하는 몫이다. 죄를 짓느냐 아니냐는 100% 인간의 자유의지에 달린 문제이지, 태어나면서부터 인간에게 내재된 게 아니다.[57] 창세기에서 하나님은 가인에게 이렇게 말했다.

> 네가 올바르지 못한 일을 하였으니,
> 죄가 너의 문에 도사리고 앉아서, 너를 지배하려고 한다.
> **너는 그 죄를 잘 다스려야 한다.** (4:7)

이 구절이 드러내는 메시지는 명확하다. 스스로의 힘으로 얼마든지 이길 수 있는 게 죄라는 것이다. 죄에 대한 하나님의 진단 또한 명확하다. 인간이라면 마음먹기에 따라서 죄에 지배받거나 아니면 죄를 지배하거나 둘 중 하나라는 것이고, 그런 면에서 욥은 사탄과 관계없이 죄를 지배한 사람, 그러니까 악을 멀리한 사람이었다.

그런데 왜 하나님이 갑자기 사탄에게 욥 이야기를 꺼냈을까? 아니, 정확하게 말하면 왜 갑자기 욥을 자랑하고 싶어졌을까? 마치 서울대에 들어간 자식을 자랑하지 못해 안달이 난 아버지가 이웃에게 슬그머니 이렇게 말을 꺼내듯이 말이다.

"어제 신림동 쪽에 가셨다고요? 혹시 우리 아들 봤어요? 거기 서울대라고, 아들놈이 이번에 그 학교에…."

사탄이 세상을 두루 다니다 왔다니까 하나님은 이런 생각을 했나 보다.

'뭐? 세상을 두루 다녔다고? 그럼 욥을 봤을까? 욥이 날 경외하는 모습을 봤으면 내가 얼마나 대단한 신인지도 알 텐데…. 혹시 못 보았나? 봤으면 봤다고 미리 말을 하지, 능구렁이 같은 놈.'

결국 참지 못한 하나님이 먼저 말을 꺼낸다.

너는 내 종 욥을 잘 살펴보았느냐?

성경에는 '잘 살펴보았느냐?'라고, 마치 사탄이 욥을 살펴보라는 하나님의 명령을 받고 간 것처럼 되어 있지만, 이 동사의 정확한 의미는 '알아채다notice'이다. 그러니까 '행여 욥을 본 적이 있느냐?'라고 묻고 있다. 자, 다시 같은 질문을 던져보자. "왜 하나님은 욥 이야기를 먼저 꺼냈을까?" 달리 말하면, 왜 하나님은 사탄에게 욥을 자랑하고 싶었을까? 서울대 들어간 아들을 둔 아버지 경우, 만약에 그 아버지에게 학벌 콤플렉스가 있다면 자식을 자랑하고 싶은 욕구가 더 강하지 않을까? 하버드나 옥스퍼드를 나온 아버지가 굳이 서울대 들어간 아들을 자랑하지 못해서 안달하지는 않을 것 같다. 그럼 혹시 하나님에게도 어떤 콤플렉스가 있었던 게 아닐까? 다시 말해, 사탄에게 갖고 싶은 어떤 빛이 있었던 게 아닐까?

하나님과 사탄의 대화는 이제 '내기wager'로 이어진다. 하나님이 사탄과 벌인 이런 식의 내기는 사실 이번이 처음이 아니었다. 이미 짐작하는 독자도 있겠지만, 둘 사이에 있었던 첫 번째 내기 현장은 다름 아닌 에덴동산이었다. 단지 '적대자'라는 뜻의 보통명사인 사탄의 역할은 '합리적인 의심'을 통해서 하나님을 보좌하는 것이다. 왕을 잘 보좌하는 충신의 특징이 무엇일까? 직언이다. 우리는 창세기 타락 사건의 이면에서 그런 사탄의 모습을 추측할 수 있다. 인간을 창조하고 마냥 "너무 좋다"라며 흡족한 하나님의 모습을 물끄러미 바라보는 사탄을 한번 상상해보자. 사탄은 그때 무슨 생각을 했을까? "무슨 근거로 저렇게 마냥 좋다는 거지?"라는 합리적인 의심을 하지 않았을까? 그리고 사탄은 아담과 하와에게 접근했다.[58] 아니, 하나님이 그렇게 시켰을 가능성이 크다. 사탄이 먼저 직언을 했고 하나님은 그 제안을 받아들였을 것이다. 자신의 형상을 따라 창조한 인간이니 사탄의 시험 정도야 거뜬하게 이겨낼 거라고 하나님은 확신했을 것이다. 그런데 결과는 충격적이었다. 고작 사탄의 몇 마디에 인간은 금지된 선악과를 따먹었고, 사탄이 제기한 합리적인 의심이 사실로 판명났다. 아마도 그 사건은 하나님에게 엄청난 충격을 주고 트라우마가 되었을 것이다. 분명히 완벽하게 창조했는데도 이토록 허무하게 사탄의 시험에 넘어가다니…. 행여나 하는 마음에 "선과 악을 알게 하는 나무의 열매만은 먹어서는 안 된다. 그것을 먹는 날에는, 너는 반드시 죽는다"(창세기 2:17)[59]라는 엄포까지 미리 내려놓은 상황이었는데도, 인간은 그 경고를 한 귀로 듣고 한 귀로 흘려버렸다.

"내가 이런 수준의 인간을 보면서 '너무 좋다'고 감탄만 하고 있었다니…."

하나님은 탄식했다. 어쩌면 인간을, 아니 자신의 창조 능력을 너무 믿었는지도 모른다. 그리고 그날 이후 내내 기다렸다. 사탄이 아무리 유혹해도 결코 넘어가지 않을, 자신의 형상을 쏙 빼닮은 의로운 피조물이 나타나기를. 여기까지만 봐도 하나님이 결코 알 수 없는 두 영역이 있다.

인간의 마음과 미래에 일어날 일이다.

이건 욥기를 보면 더 확실하다. 에덴동산 굴욕 이후 하나님은 오랜 시간을 기다렸다. 그리고 마침내 선택받은 유대민족도 아닌 이방인 중에서 욥이라는 걸출한 인물이 등장했다. 사탄에게 자랑하기에는 최적의 조건을 갖춘 사람이었다. 마침내 건방진 사탄의 코를 납작하게 만들 절호의 기회가 생긴 것이다.[60] 그래서 하나님은 세상을 두루 다니다가 왔다는 사탄을 보자마자 반가움과 함께 도저히 참을 수가 없었다.

너는 내 종 욥을 잘 살펴보았느냐?
이 세상에는 그 사람만큼 흠이 없고 정직한 사람,
그렇게 하나님을 경외하며 악을 멀리하는 사람은 없다.

그러고는 은근히 이런 대답을 기대했을 것이다.

"네, 하나님 정말로 놀랐습니다. 아담과 하와와는 차원이 다르네요. 게다가 유대인도 아닌데 하나님을 이렇게 섬기다니, 하나님이 얼마나 위대한 신인지 저도 이번 기회에 제대로 깨달았습니다."

너무도 가벼운 고통

그런데 감탄하기는커녕, 예상과는 전혀 달리 사탄은 도전적으로 나왔다.

　욥이, 아무것도 바라는 것이 없이 하나님을 경외하겠습니까?

　하나님이 '맞다'라고 생각하는 모든 일에 좋게 말해 '합리적 의심', 나쁘게 말해 '딴지'를 거는 게 사명인 사탄은 여기서 또 한 번 주어진 책무에 충실하고 있다. 하나님이 정해놓은 '세상 질서'에 의하면, 욥은 그리 대단한 인물이 아니라는 게 사탄의 주장이다. 당연한 걸 가지고 뭘 그렇게 자랑하냐는 것이다. 이게 도대체 무슨 말일까?
　아담에게 던진 경고에서부터 아브라함에게 이르기까지, 하나님이 정해놓은 '질서'는 일관된다. '하나님께 순종하면 복을 받고, 거역하면 벌을 받는다'는 가르침이다.

> 네가 나에게 복종하였으니,
> 세상 모든 민족이 네 자손의 덕을 입어서, 복을 받게 될 것이다.
>
> (창세기 22:18)

　복종했기 때문에 복을 준다는 말이다. 특히 이 메시지는 모세 오경 마지막 책인 신명기에 이르러서 완전히 뿌리를 내리는데[61], 모세는 이스라엘 민족에게 이렇게 말했다.

> 당신들이 주 당신들의 하나님의 말씀을 귀담아 듣고,
> 내가 오늘 당신들에게 명한 그 모든 명령을 주의 깊게 지키면
> (…)

당신들이 주 당신들의 하나님의 말씀에 순종하면,

이 모든 복이 당신들에게 찾아와서 당신들을 따를 것입니다.

(신명기 28:1-2)

거기에 더해 유대민족의 지혜서로 불리는 잠언 속 숱한 말씀에 이르기까지, 하나님의 약속, 또는 하나님이 정한 질서는 달라지지 않았다. 사탄이 볼 때 욥은 금리가 내려갈 때 주식을 사면 유리하다는 시장 원리에 따라 돈을 번 투자자와 별반 다르지 않았다. 규칙을 잘 알고 그 규칙을 잘 활용했을 뿐인데, 뭐 그리 감탄하냐는 것이다. 그런데 사탄의 말 속에 숨은 건 그게 다가 아니다. 진짜 중요한 건, 지금 사탄이 하나님이 정한 질서의 순서를 바꿈으로써 하나님의 머릿속에 아예 새로운 패러다임을 심고 있다는 사실이다.

"뭐라고? 나는 욥이 순종해서 그 상으로 복을 주었는데, 순서가 그게 아니라고? 애초에 욥이 복을 받고 싶어서 순종한 거라고?"

(사탄이 하나님에게 도전하는) 이 시점에 이르기 (전)까지 성경 전체에서 인류가 '아무것도 바라지 않고', 즉 아무 보상도 바라지 않고 하느님을 섬겨야 한다는 전제는 하느님에게는 없었던 일이다.[62]

하나님은 조금 전까지만 해도 마치 욥의 마음을 다 아는 것처럼 자랑했다. 그게 진짜라면, 이 시점에서 바로 사탄의 입을 가로막고 꾸짖었어야 했다.

"무식한 놈, 뭐 눈엔 뭐만 보인다고. 네가 틀렸다. 욥은 복을 받으려고 순종한 게 아니라, 순종해서 내가 복을 준 것이다. 너는 모

너무도 가벼운 고통

르지만 나는 안다. 그 입, 다물라!"

그러나 하나님은 그러지 않았다. 애초에 욥 이야기를 먼저 꺼냈다는 자존심 때문이라고 볼 수도 있겠지만, 진짜 이유는 사탄이 도대체 무슨 소리를 하려고 하는지 궁금했기 때문이다. 하나님은 인간의 마음속도 모르지만 사탄을 포함한 천사들의 생각도 모른다. 예상과 달리 즉각 반박하지 않는 하나님의 모습에 더 자신감이 붙은 사탄은 프롤로그를 통틀어 가장 중요한 단어, 이미 앞에서 자세히 살펴본 '배러크'를 들고 나온다.

주님께서, 그와 그의 집과 그가 가진 모든 것을
울타리로 감싸 주시고,
그가 하는 일이면 무엇에나 복을 주셔서(배러크하셔서),
그의 소유를 온 땅에 넘치게 하지 않으셨습니까?

사탄은 논리적으로 하나님에게 도전하고 있다. 욥은 영악하게도 하나님이 세상을 운영하는 질서의 근본인 '배러크'라는 '게임의 법칙'을 적절하게 활용했을 뿐인데, 그게 뭐 그리 대단하냐는 것이다. 그리고 하나님만이 주어가 될 수 있는 동사, '배러크'의 주어를 욥으로 바꾼 사탄은 하나님을 자극한다.

이제라도 주님께서 손을 드셔서,
그가 가진 모든 것을 치시면,
그는 주님 앞에서 주님을 저주할(배러크할) 것입니다.

지금 천상회의에서는 행여 자식들이 마음으로라도 저지를까 봐 욥이 가장 두려워하던 바로 그 죄가 거론되고 있다. 사탄의 이 말은 이렇게 고쳐야 한다.

> 이제라도 주님께서 손을 드셔서,
> 그가 가진 모든 것을 치시면,
> 그는 주님 앞에서 주님을 축복할(배러크할) 것입니다.

이 정도 되면 하나님도 사탄의 의도를 분명하게 알았을 것이다. 축복을 줘야 하는 사람에게 도리어 재앙을 내려도, 그러니까 하나님이 정해놓은 질서를 마구 엉클어뜨려도, 과연 욥이 변함없이 신앙하는지 보자는 것이다. 순간 머리가 복잡해진 하나님이 '사탄아, 신명기 6장 16절을 외워봐라' 하고 말했으면 어땠을까?

> 주 당신들의 하나님을 시험하면 안 됩니다.

하지만 평소 사탄의 영악함을 볼 때 이런 대답이 돌아올 게 뻔했다.

"주님, 저는 지금 하나님을 시험하는 게 아닙니다. 감히 그게 가능하겠습니까? 그렇다면 그거야말로 제가 하나님을 '배러크'하는 죄를 짓는 건데요. 저는 지금 욥을 시험하자는 것입니다."

그럼 하나님 꼴만 더 우습게 된다. 게다가 이 광경을 지켜보는 허다한 천사들을 생각하면? 무엇보다 부정할 수 없는 건, 점점 더 차오르는 호기심이었다.

'욥이 감히 나를 배러크한다고? 피조물인 욥이 자기 위치를 망각하고 내 머리에 손을 얹으려고 한다고? 지금까지 고분고분했던

　　　　　　　　　　　　너무도 가벼운 고통

건 내가 내린 축복 때문이라는 거야? 축복만 아니었다면, 욥의 본
질은 애초에 자기가 창조주라도 된 듯이 날뛰는 건데, 그걸 지금까
지 교묘하게 감춰왔다고? 욥이? 그럼 여태까지 내내 내가 속은 거
라고? 내가 의인으로 인정한 그 욥이? 설마….'

　물론 조용한 현실을 뒤흔들어 괜한 문제를 일으켜서 뭐하나 싶
기도 했겠지만, 지금 이 대화는 밀실에서 일어나는 게 아니다. 모든
천사가 다 지켜보고, 보기에 따라서 사탄의 도전을 무시하는 건 얼
마든지 위계에 의한 강압 행사로 비칠 수도 있었다. 수많은 천사들
앞에서 공정한 하나님의 권위를 드러내는 동시에 불타는 호기심까
지 단번에 충족하는 두 마리 토끼를 다 잡는 것, 그건 사탄의 제안
을 받아주는 것이다.

　　그가 가진 모든 것을 다 네게 맡겨 보겠다.
　　다만, 그의 몸에는 손을 대지 말아라!

　이 지점에서 한 가지 궁금해진다. 왜 '그의 몸에는 손을 대지 말
라'는 조건을 달았을까? 욥이 번제를 올리는 목적을 몰랐을 리 없
는 하나님이 왜 이렇게 말하지 않았을까?

　　그가 가진 모든 것을 다 네게 맡겨 보겠다.
　　다만, 그의 자식들에게는 손을 대지 말아라!

　이 지점에서 우리는 하나님이 지금 욥의 신앙을, 그의 진심을 얼
마나 궁금해하는지 정확하게 알 수 있다. 하나님은 말할 것도 없고
사탄도 욥에게 가장 중요한 게 자식이라는 걸 몰랐을 리가 없다.[63]

그렇기에 이 승부 결과를 좌우하는 리트머스 종이는 바로 자식이 될 것임을 파악하고 있었다. 그러니까 하나님은 이렇게 생각한 것이다.

'얼마든지 다시 모을 수 있는 재산 좀 날린 거로는 확실하게 알 수가 없어. 그토록 사랑하는 자식, 아침마다 용서해달라고 비는 그 자식들을 싹 다 잃고도 변하지 않아야, 그게 진짜 순종이고 의로움이라고 할 수 있지. 그 정도 되어야 저 사탄도 더 이상 할 말이 없을 거 아니야? 그냥 입을 싹 다물 거야.'

그런데 좋게 봐야 하나님의 무심함, 나쁘게 보면 잔인함을 드러내는 '그의 몸에는 손을 대지 말라'는 구절이 기독교에서는 사탄을 통제하는 하나님의 사랑의 증거로 자주 인용된다. 하나님의 허락이 없는 한 사탄이 할 수 있는 게 아무것도 없다는 주장이다. 그런데 이런 주장을 뒤집으면, 이 세상에서 일어나는 모든 비극 뒤에는 하나님이 있다는 말이 된다. 사탄이 일으키는 모든 비극은 다 하나님이 허락했기 때문이니까. 결국 하나님을 세종대왕급 성군으로 높이려다가 연산군으로 전락시키는 꼴이다.

다음 장면으로 넘어가기 전에, 몇 가지 더 생각할 점이 있다. 지금 하나님과 사탄은 욥이 '배러크'할지 안 할지를 놓고 내기를 하고 있다.

"그럼 욥이 하나님을 '배러크'한다고 할 때, 마음속 생각까지 포함한 걸까?"

아니다, 원문은 '배러크 to your face'다. 네 얼굴 앞에서, 그러니까 눈에 보이고 귀에 들리게 '배러크'한다는 말이다. 무엇보다 본문이 정확하게 알려주는 건, 결코 사람의 마음과 미래까지는 알 수 없

너무도 가벼운 고통

는 하나님의 한계다. 그게 아니라면 모든 결과를 알면서 사탄과 이런 내기를 하는 건 말이 안 된다. 단지 사탄을 누르고 싶어서? 그럼 사탄은 바보인가? 하나님의 능력을 뻔히 다 알면서 이런 내기를 한다고? 물론 한 가지 가능성이 남아 있다. 하나님의 '전지全知'함이 사탄과 다른 모든 천사들에게까지도 비밀이었다는 것. 그러다 보니 겁도 없이 사탄이 내기를 제안했을 가능성이다. 그러나 그런 하나님은 '아무것도 모르는 하나님'보다 더 끔찍하다. 순전히 사탄을 이기고 다른 천사들을 감동시키기 위해서, 모든 결과를 다 알면서 욥을 고통의 구렁텅이로 밀어 넣었다고? 그러나 이건 어디까지나 상상일 뿐이지, 본문이 전달하는 메시지는 명확하다. 하나님과 사탄은 미래와 사람의 마음은 모른다. 단지 사람의 말이나 행동으로 판단할 뿐이다. 바로 여기서 욥이 새롭게 보인다. 독자는 기억할 것이다. 욥이 걱정한 건 자녀들의 '말'이 아니라 '마음'이었다는 것을.

죄를 범하여 마음으로 하나님을 욕되게 하였을까.

이건 뭘 말할까? 욥의 도덕 기준이 대단히 높다는 것이다. 하나님과 사탄은 지금 욥의 마음이 아니라 말을 놓고 내기를 벌이고 있다. 그 누구도 "입으로는 '배러크'하지 않았지만, 마음으론 그럴 수 있지 않을까?"를 고려하지 않는다. 그러나 욥이 고민한 건 말이 아니라 마음이었다.

다른 각도에서 볼 때, 욥은 하나님에 관해서는 무지했다. 그는 하나님의 능력을 과대평가한 것이다. 그런 착각만 아니었다면, 전전긍긍하면서까지 번제를 드리지는 않았을 것이다. 하지만 어쩌랴, 그게 신을 향한 피조물의 도리인걸.

그럼 배러크한다는 건, 어떤 말을 하는 걸까? 이건 욥의 고백을 통해 쉽게 추측할 수 있다. 나중에 욥은 "주신 분도 주님이시요, 가져가신 분도 주님이시니"(1:21)라고 고백하며 하나님에게 승리를 안겨주었다. 그러니까 '배러크'하는 건 정반대로 말하는 것이다.

"줘놓고 왜 뺏어갑니까? 내가 뭘 잘못했다고요?"

세 번째로 생각할 점은 흔히 이 장면을 '하나님과 사탄의 내기'라고 부른다는 사실이다. 욥의 입장에서 '내기'라는 말이 주는 잔인함은 아무리 강조해도 지나치지 않다. 사람의 인생을 놓고 벌이는 내기 자체도 문제지만, 잔혹함의 본질은 내기 대상인 욥이 그 사실을 전혀 모른다는 데 있다. 그런데 내기가 좀 이상하다. 아무리 본문을 봐도 뭘 걸고 하는 내기인지 알 길이 없다. 내기란 이긴 편에게 주어지는 혜택과 진 편이 감당해야 하는 손해가 있기 마련인데, 도무지 여기 걸린 '판돈'이 뭔지 알 수가 없다. 게다가 허다한 천사들 앞에서 벌이는, 진짜 엄청난 내기라는 점을 감안하면 더 궁금해진다. 도대체 여기 걸린 판돈은 뭘까?

프롤로그가 끝난 이후 사탄이 더 이상 등장하지 않는 점에 주목한 몇몇 랍비는 내기에서 진 사탄이 추방되었다고 생각한다. 그럼 '사탄 추방'이 내기에서 이긴 하나님이 얻는 상금이라는 건가? 아니, 하나님 입장에서 유능한 수족 하나를 추방해서 좋을 게 뭐가 있는데? 반대로 사탄 입장에서, 정말로 '생사'를 걸고 벌인 내기라면 이기는 경우에 얻는 건 무엇일까? 하나님 수준의 신분 상승? 그래서 욥기에서 수족에 불과했던 사탄이 신약성경에 가서는 하나님의 라이벌급으로 급상승한 걸까? 그렇다면 결국 하나님이 내기에서 졌다는 건데, 그 근거는 무엇일까? 친구들과 논쟁하면서 하나님을 향해 주먹을 흔드는 욥 때문에? 그건 하나님을 향해 불만을 토

너무도 가벼운 고통

로한 신성모독이었지, '배러크'가 아니었다. 욥은 단 한 번도 하나님을 '배러크'한 적이 없다. 내기의 핵심은 '신성모독'이 아니라 '배러크'의 여부라는 점을 기억하자. 결국 내기에 걸린 판돈이 무엇이었는가라는 질문은 매우 흥미롭지만, 본문에서 뾰족한 답을 찾기는 어렵다.[64]

마지막으로 이 장면을 바라보는 기독교 신학자의 시각을 한번 살펴보자. 매튜 헨리는 이미 앞에서 살펴본 대로 천상회의 장면이 오히려 하나님의 전지전능함을 더 잘 보여준다고 주장한다.

> 하나님은 사탄이 어디에서 왔는지, 무슨 목적으로 여기에 왔는지를 아주 잘 알고 계셨다…. 즉, 사탄이 사람들에게 해를 끼치는 일을 허락받기 위해서 여기에 왔다는 것을 잘 알고 계셨다. 그러나 하나님은 사탄으로 하여금 직접 대답하도록 명령하심으로써 사탄이 그의 통제 아래 있다는 것을 보여주고자 하셨다.[65]

아니, '사람들에게 해를 끼치는 일을 허락받기 위해서' 온 걸 알았다면 그걸 못하게 해야지.[66] 이 사람은 지금 도대체 무슨 소리를 하는 건지? '하나님의 통제 아래 있다는 것을 보여주고' 싶었다고? 아무리 나쁜 짓도 통제 아래서 하면 괜찮다는 소리인가? 그러니까 십대가 마약을 해도 부모가 보는 데서 하면 아무 문제가 없다고? 구약성경 전체를 한 절도 빼지 않고 주해한, 기독교 역사가 자랑하는 성경 주석가 매튜 헨리의 펜 끝에서 나왔다고 보기에는 너무도 조악한 수준이다. 욥기 속 사탄이 기독교 안에서 얼마나 뜨거운 감자인지 알 수 있는 부분이기도 하다.

마침내 닥친 재앙

이제 장면은 다시 땅으로 바뀐다. 꼭 한 사람만 살아남는 이상한 재앙이 연이어 발생한다. 그리고 생존자는 차례대로 욥에게 달려와서는 그 소식을 전한다. 재앙의 끔찍함은 강도가 점점 더 높아지는데, 마침내 네 번째로 도착한 종이 욥이 그토록 두려워하던 소식, 자식들이 모두 건물에 깔려서 죽었다는 비극을 전한다. 이 구절을 읽었을 때, 나는 신약성경 로마서 8장 32절이 생각났다. 하나님이 인간을 얼마나 사랑하는지에 대한 내용이다.

> 자기 아들(예수)을 아끼지 않으시고, 우리 모두를 위하여 내주신 분이, 어찌 그 아들과 함께 모든 것을 우리에게 선물로 거저 주지 않으시겠습니까?

자기 아들을 아끼지 않았던 하나님은 욥의 자식들도 아끼지 않았다. 여기서 한 가지 지적하게 된다. 자기 자식만 아끼고 남의 자식은 아끼지 않는 건 이기적인 인간의 본능이라고 보면 되지만, 자기 자식을 아끼지 않는다고 남의 자식도 아끼지 않는 건 어떻게 이해해야 할까? 사실상 욥기에서 가장 큰 피해자는 욥이 아니다. 아무런 이유도 모른 채 죽어간 자식들이다.

나중에 욥의 고백을 보면 알 수 있지만, 욥에게는 천국과 지옥의 개념이 없다. 그건 욥이 이상해서가 아니라 당시 내세관이 그렇기 때문이다. 히브리성경은 천국과 지옥을 주장하는 기독교와 완전히 다르다.[67] 히브리성경의 내세관에 따르면, 죽으면 그냥 그걸로 끝이다. 욥에게는 이 세상 삶이 전부이고 그렇기에 하나님께 순종해서 복을 받는 삶이 더더욱 중요한 것이다. '이 땅에서는 힘들더라도 천국 가서 영원히 행복하게 살면 되지, 뭐….' 이런 생각은 애초에 없었다.

그런데 열 명이나 되는 자식들이 인생의 꽃도 피우지 못한 채 사그라들고 말았다. 욥에게 중요한 건 오로지 자식들이었다. 재산이야 다시 모으면 된다지만 죽은 자식은 돌아올 수 없기에, 욥은 행여 한 명이라도 마음으로라도 '배려그'하는 죄를 지을까 봐, 마냥 전전긍긍하며 살았다. 그랬기에 끔찍한 소식이 하나씩 들려올 때마다 스스로를 이렇게 위로했다.

'괜찮아, 괜찮아. 재산은 다시 모으면 돼. 아이들만 별 탈이 없으면 돼. 아이들만….'

그러나 마침내 그토록 두려워하던 소식이 당도했고, 욥은 마침내 침묵을 깨고 말한다.

> 모태에서 빈손으로 태어났으니,
> 죽을 때에도 빈손으로 돌아갈 것입니다.
> 주신 분도 주님이시요, 가져가신 분도 주님[68]이시니,
> 주님의 이름을 찬양할 뿐입니다. (1:21)

욥기를 통틀어 가장 유명한 신앙고백 중 하나다. 그런데 사실 잘 이해가 가지 않는데, 첫 번째로 드는 생각은 '굳이 왜 이런 말을 할까?' 하는 궁금함이다. 아직까지 이런 고백을 할 정신이 남아 있다는 건 무엇을 의미할까? 행여나 뭔가 더 잃을 게 있었던 걸까? 그래서 그걸 지키기 위해서라도 하나님 앞에서 바른 모습을 보여야 한다는, 어떤 무의식이 발동한 걸까? 그게 아니라면, 이 장면을 이해

하는 길은 오로지 하나뿐이다. 욥에 대한 사탄의 평가가 완전히 틀린 것이다. 욥은 하나님으로부터 받는 벌이 두려워서도, 축복받는 게 좋아서도 그를 섬긴 게 아니었다. 그의 순종은 순전히 하나님을 사랑했기 때문이다. 그에게 하나님은 재산은 말할 것도 없고 그토록 애지중지하던 자식보다도 더 소중한 존재였다. 아무리 그렇다고 해도, 꼭 이렇게 말로 표현을 해야 하나?

또 하나 가능성이 있다. 어쩌면 욥은 마음속에서 아무리 열불이 나도 그걸 하나님을 향한 원망으로 표출하기는 불가능한 사람이었는지도 모른다. 하나님을 향해서만은 그 어떤 원망의 감정 자체가 생기지 않는 사람 말이다. 하나님을 원망하는 순간 더 큰 벌이 기다리고 있다는 식으로, 어린 시절부터 반복해서 주입 내지 세뇌를 받았다면 얼마든지 가능하다. 진짜 이유가 무엇이든, 이 고백만 봐서는 욥에게서 순식간에 열 명이나 되는 자식을 잃은 아버지의 모습을 찾기는 힘들다.

까닭 없는 신앙

2장에 들어서자 다시 천상회의 장면이 나온다. 하나님은 초조하게 사탄을 기다렸다. 마침내 오랜 에덴동산 트라우마를 묻어버리고, 숱한 천사들이 보는 앞에서 위엄과 영광을 드러낼 순간을 맞은 것이다. 언제나처럼 천연덕스럽게 이곳저곳을 다니다가 왔다는 사탄에게 하나님은 참았던 말을 꺼낸다.

> 네가 나를 부추겨서, 공연히 그를 해치려고 하였지만,
> 그는 여전히 자기의 온전함을 굳게 지키고 있지 않느냐? (2:3)

너무도 가벼운 고통

"봐라, 내가 이겼지?" 하면서 하나님은 그만 속내를 내비치고 말았다. 2장 3절 앞부분을 개역개정으로 다시 살펴보자.

네가 나를 충동하여 까닭 없이 그를 (해)치게 하였어도.

아무리 그래도 하나님 입에서 이런 말이 나오다니, 정말 충격이다. '부추겨서', '공연히', '충동하여', '까닭 없이' 그리고 무엇보다도 '해치게'라는 단어까지 나온다. 물론 사탄은 말할 것도 없고 그 자리에 있었던 모든 천사들도 다 아는 뻔한 사실이지만, 그걸 굳이 '소리 내서' 표현하는 하나님은 자식을 다 잃고도 굳이 '소리 내서' 찬양하는 욥만큼이나 이해하기 힘들다. 그러나 이건 결코 승리에 도취되어 나온 실언이 아니다. 이 말 속엔 치밀한 계산이 숨어 있다. 하나님은 사탄이 사용했던 단어, 까닭 없이(for nothing, *hinnam*)를 그대로 돌려주고 있다.[69] 사탄이 뭐라고 했던가?

욥이 어찌 까닭 없이 하나님을 경외하리이까. (1:9, 개역개정)

하나님은 지금 똑같은 단어, '까닭 없이'를 써서 말한다.

네가 나를 충동하여 까닭 없이 그를 치게 하였어도.
(2:3, 개역개정)[70]

하나님은 이렇게 말하고 있다.
"욥이 '까닭 없이' 나를 섬기겠느냐며, 네가 나를 자극했지? 그래서 내가 '까닭 없이' 그를 치게 만들었지만, 이제 알았지? 욥이 진짜로 아무런 '까닭 없이' 나를 섬긴다는 걸 말이야."

사탄이 쓴 단어를 돌려줌으로써 승리를 자축하려는 마음이야 이해하지만, 하나님은 지금 뭔가 단단히 착각하고 있다. 하나님은 결코 '까닭 없이' 욥을 치도록 허락하지 않았다. 욥의 진심을 확인하고 싶다는 분명한 까닭이 있었는데, 그새 그걸 잊은 걸까? 아무튼 하나님은 지금 승리에 취해 있다. 그러나 마냥 자축만 하기엔 잃은 것도 적지 않은데, 스스로 인정했듯이 사탄의 부추김에 넘어가는 존재임을 만천하에 공개했다. 부추김에만 넘어가면 죄 없는 이도 얼마든지 '까닭 없이', '해치는', 나쁜 짓을 자행한다고 자기 입으로 고백했다. 그럼 매튜 헨리는 과연 이 구절을 어떻게 바라볼까?

> 사탄이 욥을 거짓으로 고소한 것들에 대하여 정죄를 받음. "네
> 가 고소자가 되어 나를 충동하여 까닭 없이 그를 치게 하였
> 다." 또는 "네가 헛되이 나를 충동하여 그를 멸망시키고자 하
> 지만, 나는 결코 그를 멸망시키지 않을 것이다." 선한 자들은
> 거꾸러뜨림을 당하여도 망하지 아니한다. 사람들이나 마귀들
> 이 우리의 재판관이 될 수 없다는 것은 우리에게 얼마나 좋은
> 일인지 모른다. 그들은 우리를 멸망시키려고 하기 때문이다.[71]

뜬금없이 사탄이 정죄를 받았다고 한다. 그리고 더 황당한 건, 이 모든 상황이 신자들에게는 너무도 좋은 일이라고 한다. 왜 매튜 헨리 눈에는 이 장면이 이렇게 보이는 걸까? 기독교 교리에 눈이 멀었기 때문이다. 정상적인 사람이라면, 스티븐 미첼[72] 같은 생각이 드는 게 당연하다.

사탄에게 '네가 나를 충동하여, 까닭 없이 그를 해치려고 하였지만'이라고 말하는 하나님을 보고 토할 거 같은 구역질을 느끼지 않는 사람이라면, 그 사람은 너무도 무감각하거나 아니면 어떤 선입관에 완전히 함몰되어서 그렇다.[73]

그 어떤 성경보다 충격적인 구절을 많이 담고 있는 욥기에서도 하나님의 '자기 고백'[74]은 특히 놀랍다. 갖은 고난 속에서도 '선한 하나님'을 믿는 신자라면 충격에 빠지는 게 당연하다. 사탄이 하나님 통제 아래에 있다는 기독교식 해석도, 또 미래의 모든 일을 다 안다는 전지한 하나님이란 기독교 교리도 허무하게만 느껴진다. 그냥 이렇게 소리치고 싶을 뿐이다.

"하나님, 미래를 몰라도 되니까 사탄에게 속지만 마세요."

악랄한 충동질을 일삼는 사탄에게 넘어가 언제라도 인간을, 그것도 하나님을 사랑하는 사람까지도 순식간에 고통의 나락으로 떨어뜨릴 수 있는 게 하나님이라는 사실은 공포를 느끼게 한다. 아무튼 매튜 헨리는 지금 사탄이 하나님으로부터 정죄를 받고 있다는데, 뭐 꾸중 비슷한 소리라도 듣고 있나? 전혀 아니다. 사탄은 당당하기 이를 데가 없다. 무엇보다 전혀 패배를 인정하는 기색이 아니다. 도리어 이렇게 큰소리를 친다.

가죽은 가죽으로 대신할 수 있습니다.
사람은 자기 생명을 지키는 일이면,
자기가 가진 모든 것을 버립니다.
이제라도 주님께서 손을 들어서 그의 뼈와 살을 치시면,
그는 당장 주님 앞에서 주님을 저주(바러크)하고 말 것입니다! (2:4-5)

내기에 진 주제에 어쩜 이렇게 뻔뻔할 수 있을까? 그런데 거기에는 다 이유가 있다. 피를 자기 손에 묻혔기 때문이다. 앞선 첫 번째 내기를 회상해보자. 사탄이 던진 오리지널 제안은 하나님이 '직접' 욥을 치라는 것이었다.

주님께서 손을 드셔서, 그가 가진 모든 것을 치시면,
그는 주님 앞에서 주님을 저주할 것입니다. (1:11)

그러나 자기 손에 피를 묻히기 싫었던 하나님은 사탄에게 공을 넘겼다.

그가 가진 모든 것을 다 네게 맡겨 보겠다. (1:12)

그런데 분명히 '모든 것'이라고 말하고, 바로 이어서 '그의 몸에는 손을 대지 말아라'는 조건을 달았다는 게 중요하다. 사탄은 처음부터 이 두 가지를 기억하고 있었다. 자신은 하나님이 하기 싫은 악역을 맡았고, 또 거기에는 조건까지 달렸다는 것. 그러니까 애초부터 불공정한 내기였다는 것이다. 그걸 알면서도 사탄은 그 자리에서 이의를 제기하지 않았다. 이길 경우 더 큰 영광이 돌아올 것이고, 지더라도 핑곗거리가 될 거라고 계산했기 때문이다. 그렇기에 지고도 큰소리를 친다. 그리고 처음과 똑같은 방식으로, 하나님 손에 직접 피를 묻히라면서 도전한다.

이제라도 주님께서 손을 들어서 그의 뼈와 살을 치시면,
그는 당장 주님 앞에서 주님을 저주하고 말 것입니다! (2:5)

사탄이 똑같은 조건으로 도전할 때 하나님도 알았을 것이다. 사탄이 왜 이렇게 뻔뻔할 수 있는지를. 마침내 하나님에겐 사탄의 버릇을 고칠 절호의 기회가 찾아왔다. "이놈이 두고 보자 하니까 아주 끝이 없구나. 네 손에 피를 묻힌 것과 욥이 충성한 것이 무슨 상관이 있다고 이렇게 오만방자하게 나오는 거냐? 내가 조건 하나 달았다고? 그거 때문에? 그럼 내기하기 전에 얘기를 했어야지. 그런데 내기에 지니까 이제 와서 꼬투리를 잡고 패배를 인정하지 않겠다고? 너는 도대체 부끄러움을 모르는 놈이냐?"

만약에 이렇게 대응했다면 그 자리에 둘러선 천사들도 모두 사탄을 향해 손가락질했을 것이다. 경기에서 지고 나서야 사전 합의했던 룰에 문제가 있었다며 재경기하자는 것은, 차마 초등학생도 하지 않는 유치한 행동이다. 하나만 생각하고 둘은 생각하지 못한 사탄이 이번에는 정말로 제대로 사고를 쳤다. '멍청한 나를 두들겨 패세요'라며 스스로 멍석을 깔고 앉은 셈이니까. 그런데 하나님의 대답이 가히 상상을 뛰어넘는다. 이번에도 하기 싫은 일을 사탄에게 떠넘기며 흔쾌히 오케이를 한다.

그렇다면, 그를 너에게 맡겨 보겠다.
그러나 그의 생명만은 건드리지 말아라!

이걸 어떻게 이해해야 할까? 이 정도 상황이 되면, 신약성경에서 예수를 십자가까지 지도록 만든 사탄보다 욥기 속에서 하나님 수족으로 일하는 사탄이 더 영리하고 강하다는 생각마저 든다. 하나님은 왜 그랬을까? 첫 내기에서 사탄의 손에 피를 묻히게 한 게 미안해서? 아니면 그냥 너무 나이브해서? 그런데 이번에도 조건이 하나 달린다. 욥의 생명은 건드리지 말라는 것이다. 매튜 헨리는 여기서 또 감사 제목을 찾아낸다.

> 만약 하나님이 울부짖는 사자의 입을 막고 계시지 않는다면,
> 그 사자는 우리를 순식간에 삼키고 말 것이다.[75]

하나님이 입을 막고 있다는 울부짖는 사자는 도대체 누굴까? 사탄이다. 사탄에게 욥의 생명은 건드리지 말라고 한 게 울부짖는 사자의 입을 막는 거란다. 그런데 사실 이 구절을 본문으로 하는 설교는 열이면 열이 다 비슷하다. 사탄이 하나님 통제 아래에 있기 때문에 조금도 걱정할 필요가 없다는 것이다. 정말로 그런가? 그렇다면 사탄은 사람의 생명을 건드리지 못할까? 전혀 아니다. 사탄은 얼마든지 사람의 생명을 앗아갈 수 있다. 첫 번째 내기에서 사탄은 욥의 자식들을 다 죽였다. 죽이고 안 죽이고는 100% 사탄의 결정이었다. 하나님이 '모든 것'을 사탄에게 일임했기 때문이다. 따라서 하나님이 특정한 대상을 제외하고는 사탄은 얼마든지 사람의 생명도 취할 수 있다.

그런데 이것보다 더 중요한 질문은 '정말로 사탄이 하나님 통제 아래 있는가'이다. 지금까지 상황을 보면 전혀 아니다. 정확하게 말하면 '하나님이 사탄의 술수 아래에 있다'고 보는 게 맞다. 누가 봐도 억지 논리로 몽니를 부리는 사탄을 벌하기는커녕 황당한 충동질에 넘어가는 하나님 모습에서 어떤 다른 결론이 가능할까? 게다가 욥의 생명을 건드리지 말라는 조건이 얼마나 황당한지, 하나님은 정말 모르는 걸까?

욥이 죽어버리면 아예 내기 자체가 무효가 되는데?

죽은 사람이 하나님을 '배러크'하는지 아닌지를 어떻게 알 수 있을까? 차마 말 자체가 안 되는 사족이다.[76] 나는 이 대목에서 사탄이 적지 않은 충격을 받았을 거라고 생각한다.

"하나님, 왜 그런 하나마나한 뻔한 말씀을?"

진짜 질문은 이것이다. 하나님은 그럼 왜 이 두 번째 내기까지 받아들였을까? 한 번 승리로 만족할 수 없어서? 호기심이 아직 완전히 충족되지 않아서? 과연 욥이 어느 정도까지 견딜지 궁금해서? 정확한 이유를 알 수는 없지만, 그 결과는 이것이다.

> 욥은 잿더미에 앉아서,
> 옹기 조각을 가지고 자기 몸을 긁고 있었다. (2:8)

지금 이런 일이 왜 벌어지는지 원인을 모른 채, 가려움이라도 해결하겠다고 옹기로 몸을 긁는 비참한 존재가 인간인가? 이런 욥 앞에 한 사람이 등장한다. 성경 속 대표적인 악인 중 한 명으로 기독교 역사 내내 엄청난 욕을 먹은 '악처' 욥의 아내다. 그녀는 욥과 다르다. 자식을 다 잃은 어머니에게 세상 무서운 게 뭐가 있으랴?

> 이래도 당신은 여전히 신실함을 지킬 겁니까? 차라리 하나님
> 을 저주하고서(배러크하고서) 죽는 것이 낫겠습니다. (2:9)

적지 않은 기독교인은 욥의 아내에게서, 나쁜 짓을 하도록 남편을 부추긴다는 면 때문에 에덴동산 하와 모습을 떠올린다. 아내의 부추김은 욥에게 '최후의 시험'이었을 것이다. 이런 극한 상황에서 믿고 의지할 수 있는, 살아남은 유일한 가족이 아내였으니까. 그렇

기에 이 구절을 놓고, "하와를 통해서 아담을, 베드로를 통해서 그리스도를 유혹했듯이 우리에게 소중한 자들의 손을 통해서 우리를 유혹하는 것이 사탄의 술책이다"[77]라고 한 매튜 헨리의 말은 일리가 있다. 그러나 욥이 누군가? 이 정도 시험에 넘어갈 사람이 아니다. 아내가 부추긴 울분마저도 이겨낸 그는 다시 신앙을 고백한다.

> "당신까지도 어리석은 여자들처럼 말하는구려.
> 우리가 누리는 복도 하나님께로부터 받았는데,
> 어찌 재앙(악evil)이라고 해서 못 받는다 하겠소?"[78]
> 이렇게 하여 욥은 이 모든 어려움을 당하고서도,
> 말로 죄를 짓지 않았다. (2:10)

이 고백은 앞선 고백의 연장선상에서 보면 쉽게 이해할 수 있다.

> 주신 분도 주님이시요, 가져가신 분도 주님이시니. (1:21)

이 두 구절을 연결할 때 욥에게 받는 것은 '복'이고, 빼앗기는 것은 '악'이다. 그리고 그 모든 일을 주관하는 게 하나님이기에 불평할 이유가 없다. 욥은 또 한 번 하나님에게 승리를 안겨주고 있다. 그런데 이런 욥은 아무리 봐도 정상이 아니다. 지금 욥은 누구를 앞에 두고 이런 고백을 하고 있나? 아내다. 순식간에 자식을 다 잃은 자기 자식들 어머니다. 그렇다면 신앙고백은 얼마든지 마음으로 하고 당장은 아내 손을 잡고 같이 우는 게 정상이 아닐까? 그도 아버지니까 말이다. 그런데도 그에게는 신앙고백이 먼저다. 왜 그럴까? 자식보다 중요한 뭔가가, 결코 잃어서는 안 되는 뭔가가 여전히 남았기 때문일까? 그래서 끝까지 신앙고백을 소리 내서 해야 그나마 '남은 그것까지' 빼앗기지 않는다는, 어떤 직감에 사로잡혔던 걸까?

한 가지 눈에 띄는 건, 신앙고백 뒤에 '말로 죄를 짓지 않았다'라는 구절이 사족으로 붙어 있다는 사실이다. 그냥 보기에는 욥이 마음으로는 죄를 지었다는, 그러니까 하나님을 '배러크'했다는 의미로까지 들린다. 그러나 이 사족 같은 구절이 정작 가리키는 건 욥이 아니라 하나님이다. 인간 마음을 알지 못하는 하나님의 무능, 마음으로는 24시간 내내 범죄를 저질러도 입으로만 내뱉지 않으면 아무것도 알지 못하는 하나님을 강조하는 구절이다. 그렇기에 이 구절은 마치 내기에 방점을 찍는 느낌을 준다. 결론적으로, 마음으로야 무슨 생각을 했는지 모르지만 입으로는 죄를 짓지 않은 욥이 하나님에게 두 번째 내기도 승리를 가져다주었다.

여기서 시선을 잠시 욥의 아내에게로 돌리자. 엘리 위젤이 욥기에서 가장 공감을 느낀 인물로 첫손에 꼽는 사람이 그녀다. 홀로코스트에서 가족을 모두 잃은 이를 앞에 두고 이런 말을 하는 사람을 상상해보자.

"하나님이 주신 거 하나님이 가져가셨어. 뭐가 문제라는 거야? 너, 지금 울고 있는 거야? 그런 눈물이야말로 참으로 참담한 불신앙이야. 감사하라고!"

홀로코스트까지는 아니더라도 지금도 장례식에서 이런 말을 위로라고 하는 기독교인을 가끔 만난다. 한마디로 지금 욥이 딱 그런 인간이다. 그것도 남이 아닌 열이나 되는 자식을 순식간에 잃은 아내, 아니 자식들 어머니에게 말이다. 아내가 하는 말이 아무리 마음에 들지 않더라도, 그냥 입 다물고 있어야 할 상황임에도 욥은 굳이 입바른 소리를 한다. 그런데 이상한 부분이 하나 있다.

> **당신까지도 어리석은 여자들처럼 말하는구려.** (2:10a)

"그런데 '당신까지도'라니? 이건 또 무슨 소리야? 언제 다른 사람이 있었어? 이런 말을 한 사람이 아내 말고 또 있었다는 거야?"

혹시 사람으로 가장한 사탄이 욥을 먼저 자극했나? 내기에서 이기기 위해서는 무슨 짓이라도 할 사탄이니 충분히 가능한 시나리오다. 그러나 이건 조금도 중요한 문제가 아니다. 단지 이런 욥을 보면 잔인하다는 생각밖에 들지 않는다. 그런데 여기서 상황을 조금만 다른 각도에서 살펴보자. 아내는 왜 욥에게 이런 이야기를 했을까? 왜 하나님을 '배러크'하고 죽으라고[79] 말했을까?

첫 번째 가능성은 욥이 모르는 진실, 그러니까 모든 고통의 원인이 하나님이 사탄과 벌인 내기 때문이라는 것을 아내가 알고 있는 경우다. 더불어서 사탄을 이기겠다는 치졸한 승부욕에 빠진 하나님에게 복수하는 유일한 길도 알고 있었다는 건데, 문제는 그게 어떻게 가능하겠는가이다.

그보다 더 가능성 높은 시나리오가 있는데, 사실은 욥보다 아내가 훨씬 더 하나님을 사랑하고 신앙하던 사람이라는 것이다. 세상만사를 주관하는 하나님이 계시기에 이 세상에 우연이란 없다는 믿음과 더불어 선한 사람을 축복하는 하나님을 향한 신앙이 욥보다 훨씬 더 깊었던 경우다.

나중에 욥이 고백하듯이, 잘 살던 시절 그는 불쌍한 사람들을 돕는 데 돈을 아끼지 않았다. 결혼한 남자라면 잘 알겠지만, 아내가 반대하면 부모님에게 용돈도 맘대로 드릴 수 없는 게 가련한 남편의 처지다. 따라서 욥이 베풀었던 모든 자선 활동도 다 아내의 적극적인 내조 때문이라는 추론이 가능하고, 그 신앙이 남편보다 더 뛰어났을 것이라는 추측은 조금도 지나치지 않다.

그런데 그녀의 세상이 순식간에 허물어지고, 인생을 지탱하던 하나님을 향한 신앙이 사라졌다. 그리고 남은 것은 배신감이었다. 사랑하지 않았다면 배신감을 느낄 일도 없다. 기대가 없었다면 실망할 일도 없다. 배신감도, 실망감도 다 사랑하고 믿었기 때문이다. 욥보다 하나님을 더 믿고 사랑했던 사람이 아내라면, 그 충격 또한 욥보다 몇 배는 더 컸을 것이다.

이런 관점에서 보면, 어디서나 듣는 입바른 신앙고백이야말로 사실 애초에 기대하지도 않았고 믿지도 않았기에 터져 나온 당연한 답이라고 볼 수도 있다. 욥기에서 아내에게 가장 큰 공감을 느낀다는 엘리 위젤의 말이 울림을 주는 이유다.

욥의 아내 이야기가 나온 김에 욥기 전체를 스물두 편 연작 그림으로 그린 19세기 초 영국 낭만파 시인이자 화가인 윌리엄 블레이크[80]를 언급하지 않을 수 없다. 그 그림을 보면 아내는 언제 남편에게 죽으라고 저주를 퍼부었냐는 듯, 시종일관 그 곁을 그림자처럼 지키고 있다. 적지 않은 기독교 신학자가 나중에 욥이 얻은 새로운 열 명의 자녀도 다 아내와 화해하고 받은 축복이라고 주장한다. 무엇보다 '이혼'에 부정적인 기독교 시각을 고려할 때, 의인이라 불리는 인물의 재혼이 마땅치 않았을 것이다.[81] 나는 그 의견에 동의한다. 에필로그에 조강지처뿐 아니라, 새장가에 대한 언급도 없는 만큼 어차피 확인하기 불가능하지만, 입바른 신앙고백만 하던 남편이 3장에 들어서 진심을 쏟아내는 모습을 보고도 과연 아내가 훌쩍 떠날 수 있었을까?[82] 이런 추측이 맞는다면, 그녀는 무려 스무 명의 자식을 낳은[83] 다산의 주인공이 된다.

프롤로그 마지막 장면을 살펴보기 전에, 하나님과 사탄이 벌인 내기에 관해 한 가지만 더 살펴보자. 사탄과 내기를 벌이는 하나님 모습에 당황하는 기독교인이 많겠지만, 사실 이런 내기가 처음이 아니었다. 신앙의 진위를 확인하고 싶은 하나님의 호기심은 이미 창세기에서부터 시작했고, 아담에 이어 두 번째는 아브라함이었다.[84]

하나님만 믿고 가족과 고향까지 다 버리고 미지의 세계로 떠난 아브라함인데도, 하나님은 그가 영 미덥지 않았다. 백 살이 되어서야 낳은 아들이 어떤 의미인지 잘 알면서도 신앙을 확인하고 싶은 욕심에 하나님은 아들을 죽여 제사를 올리라는, 가학적인 명령을 내린다. 욥기를 참고할 때, 누가 봐도 이 스토리 이면에는 사탄과 벌인 내기가 있었다.

"내 종 아브라함을 보았느냐? 고향과 친척까지 다 버리고 나만 믿고 길을 떠난 놈이다."

"아브라함이 까닭 없이 그랬겠습니까? 아들까지 주시니까 그렇지요. 그 아들을 한번 빼앗아보십시오. 당장 하나님을 '배러크'할 겁니다."

하지만 이 내기에는 한 가지 문제가 있었다. 이삭이 죽어버리면 하나님도 다시 살릴 수가 없는 것이다. 그래서 사탄에게 단단히 명령했다.

"죽이기 직전에 확실하게 막아야 한다. 아브라함은 정말로 이삭을 찌르고도 남을 위인이야. 그 정도로 날 사랑하거든. 그러니까 명심해. 칼날이 심장에 닿기 전에 정확하게 막아야 한다."

그리고 하나님의 예상대로 아브라함은 '정말로' 이삭을 죽이려고

너무도 가벼운 고통

했다. 그 장면을 지켜보던, 성경이 '여호와의 사자'라고 부른 사탄은 급히 그 모습을 드러내고 자신의 패배를 공개적으로 인정한다.

> 그 때에 주님의 천사가 하늘에서
> "아브라함아, 아브라함아!" 하고 그를 불렀다. (…)
> 네가 하나님 두려워하는 줄을 내가 이제 알았다.
>
> (창세기 22:11-12)

끊임없이 의심하고 상황에 따라서는 사탄과 내기를 하면서까지 신앙을 확인하려는 하나님을 따르고 싶은 신자는 없을 것이다. 그러나 사람은 누구나 보고 싶은 것을 보고 믿고 싶은 것만 믿는다. 그건 《카라마조프 씨네 형제들》에 나오는 조시마 장로도 다르지 않다. 교리에 눈이 먼 조시마 장로는 설교에서 욥과 관련해서 합리적인 질문을 하는 사람들을 향해 부당한 비판을 한다.

> 나는 냉소하고 비난하는 자들의 자만심에 가득 찬 이런 이야기들을 들어왔습니다. '어째서 하느님께서는 자신의 성자들 가운데서도 사랑하는 자를 악마의 장난거리로 보내서 그에게서 아이들을 빼앗고 질병과 역병으로 고통을 겪게 하시며 유리 조각으로 상처의 고름을 파내게 하셨을까.' 그건 단지 '나의 성자는 나를 위해서 이렇게 참아내고 있지 않느냐!' 하고 사탄에게 뽐내기 위해서야.[85]

누구라도 본문을 정직하게 읽는다면 결론은 하나일 수밖에 없다. 욥을 놓고 내기를 벌이는 하나님을 비판하는 건, 그 사람이 냉소적이라서도, 자만심에 차서도 아니다. 정작 자만심에 찬 건 하나님이고 냉소적인 건 사탄이다. 자만심에 차서 사탄을 자극한 하나님은 냉소적인 사탄이 반신반의하며 내민 미끼마저 기다렸다는 듯이 덥석 물었다. 천상회의에 참석한 모든 천사들 앞에서 보란 듯이 이겨 위엄을 높이고 싶었기 때문이다.

이제 누가 봐도 내기는 하나님의 승리로 끝났고, 여기서 마무리해도 하나 이상할 게 없다. 그런데 프롤로그는 욥의 세 친구라는 새로운 인물을 등장시킨다.

> 욥의 친구 세 사람, 곧 데만 사람 엘리바스와 수아 사람 빌닷과 나아마 사람 소발은 욥이 이 모든 재앙(악)을 만나서 고생한다는 소식을 듣고, 욥을 달래고 위로하려고, 저마다 집을 떠나서 욥에게로 왔다. (2:11)

욥을 본 친구들은 "소리 내어 울면서 겉옷을 찢고, 또 공중에 티끌을 날려서 머리에 뒤집어쓸"(2:12) 정도로 큰 충격에 휩싸인다. 그리고 칠 일 밤낮을 아무 말 하지 않고 땅바닥에 앉아 슬픔을 함께했다. 오늘날까지 직계 가족을 잃은 유대민족이 행하는 칠 일간 애도 기간, 일명 '쉬바shiva'[86]의 시초가 이방인 욥이다. 어떤 의미에서 유대인에게 욥은 일본인에게 아스카 문화 원조인 백제왕과 같은 존재다. 이처럼 친구들과 함께 쉬바를 하는 욥의 모습, 이것이 프롤로그 마지막 장면이다.

이제 더 이상 천상회의는 나오지 않는다. 여기까지만 보면 승자는 하나님이고 패자는 사탄이다. 따라서 사탄은 패배에 상응하는 손해를 입었을 것이라고 보는 게 타당하다. 그런데도 그 승리를 도

무지 확신할 수 없는 건, 프롤로그 내내 너무도 확연하게 드러난 하나님의 순진함과 사탄의 교활함 때문이다. 사탄은 분명히 또 다른 계략을 생각해서 교묘하게 빠져나갔을 가능성이 아주 높아 보인다. 그럼에도 천상회의에 참석했던 모든 천사들에게 다음 한 가지는 확실하게 증명되었다.

"사탄의 애초 의혹과 달리 욥은 '까닭 없이' 하나님을 섬기는 사람이다."

이제 남은 건 '욥의 회복'이다. 비록 죽은 자식을 되살려줄 수는 없지만, 하나님에게는 이제 가능한 한도 내에서 욥을 다시 원상 복구시키는 일이 남았다. 순식간에 닥친 재난처럼, 쉬바가 끝나는 순간 회복도 순식간에 이뤄지지 않을까? 그런데 그 누구도 예상하지 못한 일이 벌어졌다.

까닭 없이 하나님을 신앙하던 욥이 '까닭'을 찾기 시작했다.

사람은 침묵할 때 생각을 한다. 그러면서 내면은 조금씩 깊어지고 보이지 않던 세계의 문이 한 뼘 두 뼘 열리기 시작한다. 그러다 보면 한 번도 궁금한 적 없었던 질문이 마음속에서 피어오른다. 입을 굳게 닫은 칠 일 동안 욥은 생각하고 또 생각했을 것이다.

'세상이 어떻게 돌아가는 거지? 왜 우리 애들은 죽고 난 살아 있지? 내가 뭘 잘못했지? 이유가 뭐지?'

까닭 없는(맹목적인) 신앙과 까닭 있는(합리적인) 의문 사이에서 진실을 찾겠다고 결심한 욥이 '쉬바'를 끝내고 입을 연 순간, 사방팔방에서 천사들 축하를 받으며 욥에게 내릴 축복을 궁리하던 하나님이 놀라서 보좌에 털썩 주저앉았고, 이미 꽤나 멀리 도망갔던 사탄은 급히 방향을 돌려 천상회의장을 향하면서 중얼거렸다.

"그럼 그렇지, 끝날 때까진 끝난 게 아니라니까."

2부 논쟁하는 인간들

언제나 가장 오해받는 건 욥의 진심이다. 욥은 자신이 틀렸기를 바란다. 지금 받고 있는 고통에 합당한 죄를 지었기를 바란다. 그래서 하나님이 공정한 분이라는 것을, 최소한 자신이 가진 능력에 합당한 공정함을 가진 신이라는 것을 확인하고 싶을 뿐이다.
– 해럴드 쿠쉬너, 《The Book of Job》

이제야 제 자신에게 솔직해진 겁니다. 믿는 척하던 태도는 사라졌고, 제가 확신도 못 하는 걸 믿어야 한다는 압박감도 없어졌습니다. 저는 회심한 느낌이었어요. 하나님한테서 돌아서는 회심 말이에요.
– 필립 얀시, 《하나님 당신께 실망했습니다》 속 리차드

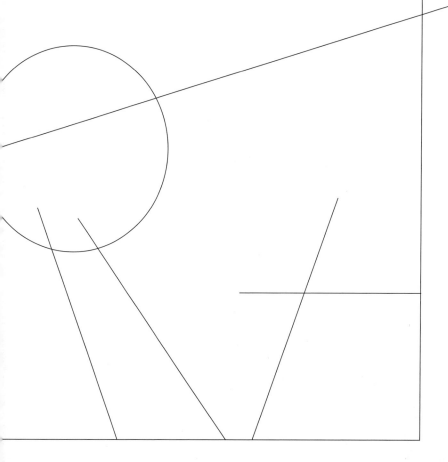

침묵의 쉬바를 끝낸 욥은 다른 사람이 되었다. 하나님을 두려워하기만 하던 프롤로그 속 욥은 거의 찾기 힘들 정도다. 그건 쉬바 내내 하나님과 자신의 관계 그리고 갑자기 들이닥친 고통에 대한 의문이 생겼기 때문이다.

'하나님은 누구지? 왜 나에게 이해할 수 없는 이런 일이 생겼지?'

겉으로만 보기에는 시종일관 욥이 "나는 죄가 없어!"라고 외치는 것 같지만, 그건 하나님을 신앙하지 않아서가 아니다. 이유 없이 부모에게서 맞은 아들이 "아버지, 왜 그러세요?" 하고 묻는 건 당연하다. 아버지에게 "왜?"라는 질문조차 던질 수 없는 부자 관계를 정상이라고 보는 사람은 없을 것이다. 길을 걷다가 맹견한테 물렸다면 왜냐고 묻는 대신 도망갈 것이다. 그러나 하나님이 이유 없이 인간을 물어뜯는 맹견은 아니지 않은가? 따라서 욥의 외침은 이유 없는 고통을 당한 인간이라면 누구나 던져야 하는 "왜?"라는 질문이다.

그러나 아부를 찬양으로, 두려움을 경외로 가장하는 신앙인은 욥이 '신성모독'을 저지른다고 비난하는데, 그건 마치 배신한 연인에게 이유를 묻는 사람에게 상대를 존중하라며 다그치는 것과 비슷하다. 그런 사람에게 욥은 딴 세상 사람일 수밖에 없다.

신앙이 깊었던 만큼 침묵하는 하나님을 향해 내뱉는 욥의 말은 비난 수위가 엄청나다. 그는 '진실'을 알 수만 있다면 그 어떤 희생도 치를 준비가 되어 있다. 얼핏 보기에 욥의 모든 말이 오로지 '내 고통의 원인'을 찾기 위한 발버둥 같지만, 사실 그가 찾는 건 '하나님이 누구인가'에 대한 답이다. 시종일관 '무죄'를 주장하는 그가 정작 바란 건 단지 무죄 판결이 아니라 고통 뒤에 숨은 진짜 이유다. 그런데 하나님이 "욥, 너는 죄가 없어. 넌 무죄야"라고 말하면서 정작 그가 고통받는 이유를 제대로 설명하지 못한다면, 그의 신앙은 산산조각 날 것이고, 죄 없는 사람에게서 모든 것을 앗아가는 불의한 하나님 앞에서 절규할 것이다. 그런 그에게는 또 다른 두려움도 있었는데, 아예 '무관심한 하나님', 몸부림치고 절규하는 피조물 앞에 아예 코빼기도 비치지 않는 하나님이다. 그래서 욥은 최후의 수단까지 동원해서 하나님을 소환한다. **하나님이 모습을 드러낼 수밖에 없도록 상황을 몰아가는 욥의 이야기**, 그게 그가 친구들과 시를 주고받으며 벌이는 논쟁의 핵심이다.

시 부분은 욥과 세 친구들이 벌이는 세 번의 논쟁, 그리고 또 다른 친구 엘리후의 등장, 그리고 마지막에 등장한 하나님의 긴 연설로 구성되어 있다. 성경에 쓰여진 대로 보면 순서는 다음과 같다. 첫 번째와 두 번째 논쟁은 욥-엘리바스-욥-빌닷-욥-소발의 순서다. 그런데 규칙적이던 형태가 세 번째 논쟁에 들어서면서 흔들리는데, 욥-엘리바스-욥-빌닷-욥에서 끝나고, 앞선 두 번의 논쟁에서 마지막 말을 담당했던 소발이 보이지 않는다. 게다가 마지막에 욥은 무려 여섯 장에 걸친 장언長言을 늘어놓는다.

이 책을 쓰면서 나는 이런 성경 배열의 문제를 바로잡아보았지만, 그렇다고 모든 게 다 해결되지는 않는다. 욥의 말이 끝나고 소발 대신 느닷없이 엘리후라는 정체불명의 사나이가 등장하더니, 무슨 대단한 작심이라도 했는지 욥 못지않은 긴 연설을 늘어놓는다. 엘리후가 말을 마치고 두 번에 걸친 하나님의 연설이 나오는데, 그 중간에 욥이 짧게 대답한다. 하나님의 두 번째 연설이 끝나고 나오는 욥의 대답이 시 부분의 마지막이다. 그리고 욥기는 에필로그 산문으로 넘어간다.

프롤로그와 에필로그를 구성하는 산문도 결코 만만치 않지만, 욥기 대부분을 차지하는 시는 훨씬 더 어렵다. 오죽하면 40년간 욥기만 연구한 학자가 이렇게 말할 정도니까.

> 시편은 한 편과 다음 편 사이에 아무런 관련이 없고 잠언은 한 절과 다음 절 사이에 아무런 관련이 없다. 그런데 욥기는 한 단어와 다음 단어 사이에도 관련을 찾기 힘들다. 그 정도로 욥기는 어렵다. (…) 욥기를 구성하는 히브리어는 괴팍한 관용구와 수시로 등장하는 해독 불능 텍스트로 인해 고난도 언어 연구가, 문헌학자 그리고 히브리어 연구자, 모두에게 엄청난 도전을 안겨준다.[87]

그럼에도 욥기는 시간과 정성을 쏟을 가치가 있는 책이다. 오늘날까지 학자들이 욥기 연구를 계속하는 이유다. 그들의 도움을 받아 이제 우리는 욥기라는 우거진 아마존 밀림 속을 헤치고 들어가 진짜 욥을 만날 수 있게 되었다.

칠 일간 이어진 쉬바가 끝을 향해가면서 친구들은 욥을 위로하기 위해 나름대로 감동적인 멘트를 구상하고 있었다. 졸지에 자식을 모두 잃고 눈물만 흘리는 욥, 그럼에도 하나님을 향한 경건한 신앙을 고백하는 욥은 이미 성자였다. 아마도 하나님에겐 욥을 향한 더 큰 계획, 더 다듬고 단련해 결국은 정금같이 빛나게 하려는 놀라운 섭리가 숨어 있는 게 분명했다. 그런 욥의 미래를 생각할 때 친구들은 흥분으로 숨이 막힐 것 같았다. 게다가 이런 욥이 친구라는 게 꽤나 자랑스러웠다.

쉬바를 끝낸 욥이 천천히 자리에서 일어났다. 욥의 입에서 터져 나올 감동적인 감사와 찬양을 기대하는 친구들의 눈이 반짝거렸다. 그러나 칠 일간의 침묵이 욥의 내면에 어떤 변화를 일으켰는지 알 리 없었던 그들의 귀에 들린 건, 차마 상상도 하지 못했던, 생명과 세상을 향한 지독한 저주의 울부짖음이었다.

"세상에, 이게 우리가 알던 그 욥이 맞아? 이런 말을 한다고?"

이렇게 해서 욥과 친구들 사이에 첫 번째 논쟁이 시작된다.

"망할 놈의 내 생일,
자궁에서 나를 밀어낸 망할 놈의 밤."

욥(3장)

드디어 욥이 말문을 열고, 자기 생일을 저주하면서 울부짖었다.

내가 태어나던 날이 차라리 사라져 버렸더라면,

'남자 아이를 배었다'고 좋아하던 그 밤도 망해 버렸더라면.

(3:1-3)

프롤로그 속 욥만 알던 사람이라면 욥이 내뱉은 이 첫 번째 말에 자기 귀를 의심하게 된다. 이건 마치 평생 욕이라고는 쌍시옷 한 번 발음한 적 없다고 알려진 바른 생활 연예인이 생방송 중 카메라가 켜진 줄도 모르고, "에이 씨발, 착한 척하는 지랄도 이젠 못 해먹겠네. 병신들 빨아주는 것도 정도가 있지"라며 본색을 드러내자 시청자들이 놀라는 것과 비슷하다. 욥이 프롤로그에서 했던 마지막 말이 무엇인가? 아내를 향한 신앙고백이다.

우리가 누리는 복도 하나님께로부터 받았는데,

어찌 재앙(악)이라고 해서 못 받는다 하겠소? (2:10)

그랬던 그가 쉬바를 마치고 돌변했다. 스티븐 미첼은 이 구절을 이렇게 번역했다.

"망할 놈의 내 생일, 자궁에서 나를 밀어낸 망할 놈의 밤."[88]

매튜 헨리는 "욥이 자기 생일을 저주하였지만, 그의 하나님을 저주하지는 않았다. (…) 그는 신앙을 결연하게 꼭 붙잡고 있었고"[89]라며 속 편하게 설명한다. 매튜 헨리만이 아니다. 기독교 주석가 100%가 비슷한 주장을 한다. 의로움과 인내의 상징 욥이 하나님을 저주하는 건 차마 상상도 할 수 없기 때문이다. 아무리 그래도 태어난 게, 또 잉태된 그 날이 끔찍하다는 게 저주가 아니면 도대체 뭐가 하나님을 향한 저주일까? 꼭 '하나님'이라는 단어가 들어가야만 하나? 생일날 미역국을 앞에 놓고 태어난 날을 저주하는 자식을 보는 부모는 어떨까? 슬픔을 넘어 분노까지 느낄 것이다. 미역국을 노려보며, 이 미역국을 억지로 삼켜야 하는 생일을 저주하는 자식의 화살이 향하는 곳은 부모다. 욥도 다르지 않다. 생명의 근원은 어미의 자궁이 아니라 하나님이다. 프롤로그 마지막까지도 '말로 죄를 짓지 않았다'던 욥의 입에서 하나님을 향한 저주가 터지고 있다. 아내의 충고가 갑자기 그를 사로잡은 것일까?

> 차라리 하나님을 저주하고서(배러크하고서)
> 죽는 것이 낫겠습니다. (2:9)

그런 아내를 '어리석은 여자' 같다며 핀잔을 줬던 욥이 마침내 하나님을 '배러크'하는 건가? 자식들이 행여 마음으로라도 할까 봐 두려웠던 그 죄를 지금 그가 저지르는 건가? 그건 아니다. '자기 생일을 저주하면서'에 나오는 저주에 해당하는 히브리원어는 '배러

너무도 가벼운 고통

크'가 아니라, 순수한 저주를 의미하는 '칼랄qalal'이다. 무릎 꿇은 하나님의 머리에 손을 얹고 축복하는 '배러크'와는 전혀 다른 단어다. 창세기에도 몇 번 나오는 이 단어는 하나님이 땅을 저주할 때 사용하기도 했다.[90] 중요한 건 하나님과 사탄의 내기는 욥이 '배러크'를 하는가 여부이지, '칼랄'을 내뱉는가가 아니라는 점이다. 그러나 단지 '배러크'를 안 할 뿐이지, 욥의 불평이 지금 은연중에 생명을 허락한 하나님을 가리키고 있다는 건 부정할 수 없다. 그런데 그게 다가 아니다. 욥은 이어서 이렇게 말한다.

> (내가 태어난) 그 날이 캄캄하였더라면. (3:4, 개역개정)

대놓고 하나님을 호칭하진 않지만, 욥은 사실상 창세기가 드러내는 인간 중심의 '창조 질서'를 부정한다. 자신의 태어남을 '어둠'에 빗대면서 창세기 1장 3절에서 하나님이 명령한 '빛이 있으라'를 비꼬고 있다. 하나님 스스로 '보기에 좋았더라'고 감탄하던 '아름답고 완벽한 창조'를 은연중에 부정하고 있다. 그러고는 반복해서 '왜?'라는 질문을 던진다?

> 어찌하여 내가 모태에서 죽지 않았던가?
> 어찌하여 어머니 배에서 나오는 그 순간에
> 숨이 끊어지지 않았던가? (…)
> 그렇게만 하지 않았더라도,
> 지금쯤은 내가 편히 누워서 잠들어 쉬고 있을 텐데. (3:11, 13)

한마디로 죽고 싶다는 것이다. 아예 태어나지 말거나 태어났더라도 죽은 상태로, 사산해서 나왔으면 얼마나 좋았겠냐는 것이다. 그게 바로 처음으로 속내를 드러낸 욥의 진심이다. 성경에서 이런 욥과 비슷한 말을 하는 유일한 인물은 눈물의 선지자로 불리는 예레미야다.

> 내 생일이 저주를 받았더면,
> 나의 어머니가 나를 낳던 날이 복이 없었더면.
> (예레미야 20:14, 개역개정)

그러나 예레미야의 처지는 졸지에 자식들과 모든 재산, 거기에 건강까지 잃은 욥에 비하면 꽤나 괜찮은 팔자에 속한다. 구중궁궐에서 쓸쓸히 늙어가는 내관 정도라고나 할까? 그런데도 욥에게 죽음은 파라다이스라도 되나? 그의 말을 들으면 그런 거 같다.

> 그 곳은 악한 사람들도 더 이상 소란을 피우지 못하고,
> 삶에 지친 사람들도 쉴 수 있는 곳인데.
> 그 곳은 갇힌 사람들도 함께 평화를 누리고,
> 노예를 부리는 감독관의 소리도 들리지 않는 곳인데.
> 그 곳은 낮은 자와 높은 자의 구별이 없고,
> 종까지도 주인에게서 자유를 얻는 곳인데! (3:17-19)

기독교 내세관에 비춰볼 때, 시종일관 잠만 자며 주야장천 쉬기만 하는 내세를 꿈꾸는 욥은 도무지 정상이 아니지만, 태어난 것도 아직 살아 있는 것도 저주스럽기만 한 그에게 남은 희망은 죽음뿐이다.

업종을 가리지 않고 대한민국에서 벌어지는 '갑질' 횡포에 관한 뉴스는 이제 그리 놀랍지도 않다. 종종 갑질을 견디지 못해 자살하는 뉴스도 들리는데, 아무런 힘이 없는 을 입장에서 할 수 있는 최후의 방어 수단은 사라지는 것이다. 사실상 지금 욥은 창조주가 피조물을 향해서 부리는 갑질에 시달리고 있다. 그걸 전혀 모르면서도 이런 고통에서 벗어나는 것은 자신의 존재가 사라지는 길밖에 없다고, 욥은 지금 직감적으로 느끼고 있다. 그렇기에 "죽음을 묘사하는 욥이 바라는 자유 속에는 하나님으로부터 해방이라는 갈망이 들어 있다."[91] 이렇게 한탄을 이어가던 그가 25절에서 이상한 말을 한다.

> 내가 두려워하는 그것이 내게 임하고,
> 내가 무서워하는 그것이 내 몸에 미쳤구나. (개역개정)

갑자기 이게 무슨 소리일까? '내가 두려워하는 그것'이라니, '내가 무서워하는 그것'이라니? 우리는 이미 앞에서 욥이 가장 두려워하던 '그것'을 살펴보았다. 행여 자녀들이 마음으로라도 하나님을 '배러크'하는 죄를 지어 무슨 화를 당하지나 않을까 하는 것이었다. 그래서 그는 열심히 번제를 드렸고, 하나님은 그런 욥을 보면서 의롭다고 칭찬하고 흡족해했다. 그런데 욥은 '그것'을 왜 그토록 두려워했을까? 하나님이 두려웠기 때문이다. 아니나 다를까, 그가 그토록 두려워하던 그 끔찍한 일, 자식들의 죽음은 현실이 되고 말았다. 두려움이라는 말이 나왔으니 히브리성경에서 가장 유명한 구절을 하나 살펴보자.

여호와를 '경외fear'하는 것이 지식의 근본이거늘.

(잠언 1:7, 개역개정)

욥이 느꼈던 두려움은 잠언이 말하는 '경외'와는 본질적으로 다르다. 사랑하는 부모를 향해 자녀가 갖는 마음이 '경외'라면, 잔인한 독재자를 향한 국민의 마음은 '공포'다. 지금 욥이 느끼는 감정은 바로 그런 두려움이다. 한시도 그의 마음을 떠난 적이 없는 두려움, 하나님이 자녀들에게 무슨 벌을 내릴지도 모른다는 공포, 지금 욥은 그렇게 살았던 과거를 고백하고 있다. 아니, 비극이 닥치기 전까지는 제대로 몰랐을 수도 있다. 그냥 하나님을 사랑하고 경외해서 섬긴다고 착각했을 수도 있다. 그러나 열 명이나 되는 자식들 장례를 다 치르고, 침묵의 쉬바를 보내면서야 비로소 숨어 있던 진실을 직시하게 된 것이다.

내가 하나님을 섬겼던 '까닭'은 두려움이었다고.

여기서 주목해야 할 점은 욥이 3장에서 내내 던지는 질문에 "왜?"라는 의문은 거의 보이지 않는다는 것이다. "왜 내게 이런 일이 생겼습니까? 내가 뭘 잘못했습니까?"라고 묻지 않는다. 지금 그의 시선은 세상과 주변이 아니라 오로지 '나 자신'이다. 따라서 "왜 내가 지금 살아 있습니까?"는 질문이라기보다 그냥 한탄과 넋두리에 가깝다. 여전히 숨 쉬고 있는 생명이 저주스러울 뿐이지, 억울함을 풀겠다는 어떤 결심을 다지는 게 아니다.

이런 욥을 보면 오래전에 있었던 일이 생각난다. 고등학생인 아들을 불의의 사고로 떠나보낸 어머니가 있었다. 장례 기간 내내 음식을 제대로 먹지 못한 그녀는 아들을 차가운 땅에 묻고 나서야 끝까지 자리를 지킨 조문객들과 함께 식당에 갔다. 국밥 몇 숟가락을 떠서 먹던 어머니가 이렇게 말했다.

"살아 있는 몸뚱이라고 음식이 들어가네. 자식을 땅에 묻고도 몸뚱이는 살겠다고 음식을 받아먹네."

지금 욥의 마음이 이 어머니와 비슷하지 않을까? 그런데 그런 마음을 바꾸는 사건이 발생한다. 아이러니하게도 욥을 위로하겠다는 친구들 때문이다. 애초에 친구들이 쉬바 때와 마찬가지로 탄식하는 욥의 손을 잡고 그냥 고개만 끄덕였다면 모든 상황이 달라졌을 것이다. 다른 건 몰라도 욥이 하나님을 향해 소리 지르는 일은 생기지 않았을 것이다. 그러나 예나 지금이나 '자기가 생각하는' 하나님의 뜻을 전하지 않고는 도무지 견디지 못하는 사람들이 있다. 마치 아내를 앞에 놓고 훈계를 늘어놓던 욥처럼 말이다. 그래서 그런지, 친구들에게서 위로를 가장한 잔인한 훈계를 듣는 욥을 보면 아내 가슴에 대못을 박은 인과응보라는 생각까지 든다. 하지만 중요한 사실은 친구들의 훈계가 그를 아예 다른 사람으로 탈바꿈시켰다는 점이다. 결과적으로 그들의 충고는 '혀의 저주'(5:21)가 되었다.

> "하나님은 하늘에 있는 천사도 믿지 않으시는데,
> 하물며 (…) 하루살이에게라도
> 눌려 죽을 사람이겠느냐?"
>
> 엘리바스(4 - 5장)

친구들 대답 중에서 가장 긴 엘리바스의 첫 번째 말은 적지 않은 학자들로부터 가장 탁월하다는 칭송을 받는다. 놀랍게도 바울 또한 그런 사람 중 하나인데, 고린도전서 3장 19절에서 그는 욥기 5장 13절 "(하나님은) 지혜롭다고 하는 자들을 제 꾀에 속게 하시고"를 그대로 인용했다.

> 이 세상의 지혜는 하나님이 보시기에 어리석은 것입니다.
> 성경(욥기)에 기록하기를 "하나님께서는 지혜로운 자들을
> 자기 꾀에 빠지게 하신다" 하였습니다.

그러나 바울이 엘리바스 말을 인용하는 건 심각한 문제가 되는데, 하나님이 엘리바스를 비롯해 세 친구가 한 모든 말을 틀렸다고 분명하게 선언했기 때문이다.

> 내(하나님)가 너(엘리바스)와 네 두 친구에게 분노한 것은,

너무도 가벼운 고통

너희가 나를 두고 말을 할 때에,

내 종 욥처럼 옳게 말하지 못하였기 때문이다. (42:7)

하나님이 틀렸다고 선언한 말을 신약성경에 '진리'라고 인용한 바울을 어떻게 이해해야 할까? 바울이 욥기를 끝까지 읽지 않은 게 분명하다.

자, 지금부터 엘리바스가 무슨 말을 하는지 살펴보자. 그나마 엘리바스는 욥을 배려하려는 마음에서 말을 시작하긴 했다. 그래서 서둘러 입을 열었는지도 모른다. 어쩌면 욥의 최고 절친일 가능성도 있다. 무엇보다 '거룩한 사명감'에 똘똘 뭉친 그는 이렇게 말을 시작한다.

누가 네게 말을 걸면 너는 짜증스럽겠지.

말을 하지 않으려고 했지만 참을 수가 없다. (4:2)

스티븐 미첼은 이 구절을 좀 더 맛깔나게 "지금부터 내가 하려는 말은 너를 화나게 할지도 몰라. 하지만 나는 도저히 말을 하지 않고는 견딜 수가 없어"[92]라고 번역했다. 왜 말을 하지 않고는 견딜 수 없었을까? 죽고 싶다는 욥의 말이 단순한 한탄이 아니라 신성모독으로 들려서일까? 신앙 좋은 사람의 귀에는 얼마든지 그럴 수도 있다. 저주를 뱉는 친구를 바른 길로 인도하고야 말겠다는 강한 충동을 느꼈을 엘리바스는, 기독교식으로 말하면 성령의 감동을 받은 것이다.

"이 친구, 아무리 큰일을 당했다고 해도 이렇게 대놓고 죽고 싶다고 하면 안 되지. 생명이 자기 거야? 생명을 주신 하나님 앞에서 이게 무슨 경거망동한 소리야?"

게다가 엘리바스는 보통 사람이 아니다. 일찍이 환상을 통해서 하늘의 목소리, 하늘의 비밀까지 들은 사람이다.[93]

> 한번은 조용한 가운데 어떤 소리가 들려오는데 (…)
> 두려움과 떨림이 나를 엄습하여, 뼈들이 막 흔들렸다.
> 어떤 영이 내 앞을 지나가니, 온몸의 털이 곤두섰다.
> 영이 멈추어 서기는 했으나 (…)
> 죽은 듯 조용한 가운데서 나는 이런 소리를 들었다. (4:12-16)

세상에서 가장 고집 센 사람의 특징이 무엇일까? '네가 모르는 진리를 나는 알고 있다'는 확신이다. 그러다 보니 모든 문제에 '정답'을 갖고 있다는 오만한 착각을 여유로 위장하고, 어지간해서는 그 어떤 반론에도 인자한 미소와 함께 고개를 끄덕인다. 그런데 그런 사람에게 소위 말하는 '신비한 체험'까지 일어난다면? 가히 이 지구상에 상대할 사람이 없을 것이다. 지금 엘리바스가 딱 그런 상태다. 하지만 지나친 확신으로 똘똘 뭉친 사람일수록 자기모순이라는 오류에 쉽게 빠지는데, 엘리바스도 예외가 아니다. 욥을 향해 왜 사람이 앞과 뒤가 다르냐고, 왜 말과 행동이 다르냐는 완곡한 꾸짖음으로 엘리바스는 말을 시작한다.

> 너도 전에 (…) 쓰러지는 이들을 격려하여 일어나게도 하고,
> 힘이 빠진 이들의 무릎을 굳게 붙들어 주기도 했다.
> 이제 이 일을 정작 네가 당하니까 너는 짜증스러워하고,
> 이 일이 정작 네게 닥치니까 낙담하는구나! (4:3-5)

너무도 가벼운 고통

스티븐 미첼은 주어를 강조해서 "이제 고통 받는 게 '네' 순서가 되니까 네가 떠는구나. 고통의 희생자가 '너'가 되니까, 네가 몸서리를 치는구나"[94]라고 풀었다. 그리고 엘리바스는 가장 말하고 싶은 핵심을 전한다.

> 잘 생각해 보아라.
> 죄 없는 사람이 망한 일이 있더냐?
> 정직한 사람이 멸망한 일이 있더냐?
> 내가 본 대로는,
> 악을 갈아 재난을 뿌리는 자는 그대로 거두더라. (4:7-8)

의인은 복을 받고 악인은 벌을 받는다는 히브리성경의 가르침이야말로 엘리바스가 전하고 싶은 핵심이다. 그의 훈계는 다음 장에도 이어지는데, 이 세상에 이유 없이 생기는 고난은 없고, 고난에는 다 나름의 이유가 있다는 것이다.

> 재앙이 흙에서 일어나는 법도 없고,
> 고난이 땅에서 솟아나는 법도 없다. (5:6)

그런데 바로 이어서 이렇게 말한다.

> 인간이 고난을 타고 태어나는 것은,
> 불티가 위로 나는 것과 같은 이치이다. (5:7)

이상하다. 분명히 6절에서 고난이 '땅에서 솟아나는 법이 없다'

고, 그러니까 세상에 이유 없는 고난은 없다고 주장하던 엘리바스가 7절에서 순식간에 말을 바꾸더니, 인간에게 '고난은 불티가 날아가는 것'처럼 자연스럽고 당연하다고 말한다. 그러니까 고난은 누구나 다 타고 태어나는 인간의 숙명이라는 주장이다. 왜 이러는 걸까? 갑자기 기독교 원죄 교리라도 생각난 걸까?

사실 이건 그가 주장하는 핵심 메시지 중 하나인 '정직한 사람은 멸망하지 않는다'(4:8)와 정면으로 충돌한다. 고난이 누구나 타고나는 운명이라면, 정직한 사람도 얼마든지 고난을 받아 멸망할 수 있는 거 아닌가? 따라서 '원죄론'처럼 들리는 이 말은 엘리바스가 무려 두 장에 걸쳐서 말하는 또 하나의 핵심 메시지, '이 세상에 의인은 없다'를 강조하는 와중에 저지른 '자기모순'이다. 사실 엘리바스가 신비한 '영'으로부터 들은 메시지도 바로 그것이다. 하나님의 눈에 의인은 없고, 하나님은 심지어 천사들도 의롭다고 생각하지 않는다는 것이다.

> (영이 내게 말하기를) "인간이 하나님보다 의로울 수 있겠으며,
> 사람이 창조주보다 깨끗할 수 있겠느냐?
> 하나님은 하늘에 있는 당신의 종들까지도 믿지 않으시고,
> 천사들에게마저도 허물이 있다고 하시는데,
> 하물며, 흙으로 만든 몸을 입고 티끌로 터를 삼고,
> 하루살이에게라도 눌려 죽을 사람이겠느냐?" (4:17-19)

그런데 엘리바스의 자기모순은 여기서 끝나지 않는다. 그는 욥에게 고통 중에서도 기뻐하라고 충고한다. 환난과 고통이 하나님의 사랑을 받는다는 증거이기에 도리어 복이라는 주장이다.

하나님께 징계를 받는 사람은, 그래도 복된 사람이다. (5:17)

이런 엘리바스는 마치 어린 자식을 잃고 우는 부모를 꼭 끌어안고는, "우리 애기, 남들보다 빨리 천국에 갔으니까 얼마나 좋아? 복받은 거야, 그렇지?"라고 속삭이는 사람과 조금도 다르지 않다. 졸지에 자식을 열이나 잃은 욥에게, 그걸 복이라고 부르는 사람이 있다니 말이다. 그런데 이어지는 말이 더 이상하다. 징계가 복이면, 더 받으려고 발버둥을 쳐야 하는 거 아닌가?

그(하나님)는 여섯 가지 환난에서도 너를 구원하여 주시며,
일곱 가지 환난에서도 재앙이 네게 미치지 않게 해주시며.
(5:19)

"여섯 가지 징계를 더하셔서, 더 복을 주시며…."
엘리바스라면 이렇게 말해야 하지 않나? 그런데 조금 전까지 복이라고 부르던 걸 졸지에 환난과 재앙으로 바꾸더니 피하는 게 상책이라는 식으로 말한다. 이런 자기모순은 엘리바스에게만 국한된 게 아니다. 종교에 깊이 빠진 사람은 모순을 모순으로 보지 못하는 경우가 비일비재하다.
알고 지내던 어느 집사 부부가 아기를 유산했다는 소식을 듣고 위로의 말을 전했는데, 정작 남편이 너무 행복해 보여서 당황한 적이 있다.
"우리가 경제적으로 어려움이 있는 걸 알고 하나님이 알아서 해결해주셨어요. 애가 태어났으면 정말 힘들었을 거예요. 너무 감사할 따름이지요."

나는 잠시 망설이다가 물었다.

"그럼 애초에 하나님이 왜 임신이 되게 하셨을까요?"

5장 말미에 이르러서는 욥에게 앞으로 다가올 찬란한 미래를 예언한다.

> 그래서 너는 집안이 두루 평안한 것을 볼 것이며 (…)
>
> 또 자손도 많이 늘어나서,
>
> 땅에 풀같이 많아지는 것을 보게 될 것이다. (…)
>
> **장수를 누리다가 수명이 다 차면,**
>
> 무덤으로 들어갈 것이다. (5:24-26)

이미 자식들이 다 죽어서 대가 끊기게 된 것을 뻔히 알면서 왜 '자손도 많이 늘어나서'라고 말하는 걸까? 앞으로 아내가 얼마든지 더 낳을 수 있다고 생각해서? 아무리 그래도 굳이 왜 '자손' 이야기로 죽은 자식을 떠올리게 할까? 위로와 축복이라는 이유로? 이처럼 위로와 축복이라는 허울을 쓴 엘리바스의 말 속에는 잔인함이 숨어 있다. 이 세상에 "죄 없는 사람이 망한 일이 있더냐?"라고 말하면서 엘리바스는 죄를 지은 사람의 운명을 이렇게 묘사한다.

> 모두 하나님의 입김에 쓸려 가고,
>
> **그의 콧김에 날려 갈 것들이다.** (4:9)

이 말을 들은 욥에게 무슨 생각이 떠올랐을까? 하인이 뛰어와서 전한 자녀들의 죽음이 아니었을까? 자식들이 죽은 이유는 강한 바람, 천재지변 때문이었다.

너무도 가벼운 고통

갑자기 광야에서 강풍이 불어와서,

그 집 네 모퉁이를 내리쳤고, 집이 무너졌습니다. (…)

깔려서, 모두 죽었습니다. (1:19)

'그럼 우리 애들을 죽인 게 그냥 바람이 아니고 하나님의 입김, 하나님의 콧김이었다고? 거기에 날려간 거라고? 죄를 지어서?'

엘리바스가 입김과 콧김을 언급하는 순간 욥의 가슴에서는 뭔가 뜨거운 게 올라오기 시작했다. 물론 엘리바스가 틀린 말을 하는 게 아니고, 욥도 그 사실을 모를 리 없다. 의인은 복 받고 악인은 멸망한다는 엘리바스의 주장은 성경 곳곳에 차고 넘치니까.[95] 그러나 사람이라고 옳은 말에 항상 고개를 끄덕이는 건 아니다. 너무 옳은 답이라서 더 아플 수도 있다.

장장 두 장에 걸친 짧지 않은 설교를 마친 엘리바스는 욥을 빤히 쳐다보며 은근히 기대했는지도 모른다. 감동한 친구가 다가와 "엘리바스, 고마워. 나 자식 다시 낳을 수 있겠지? 우리 집, 대가 끊기는 거 아니지? 정말 고마워"라며 눈물이라도 흘릴 거라고 생각했을지도. 그러나 결과는 정반대였다.

지금부터 욥의 입장에서 한번 생각해보자. 엘리바스의 말 속에는 도무지 욥이 이해할 수 없는 내용이 적지 않은데, 그는 이런 말까지 했다.

(욥아) 미련한 사람은 자기의 분노 때문에 죽고,

어리석은 사람은 자기의 질투 때문에 죽는 법이다. (5:2)

"엘리바스 이 친구, 왜 자꾸 죄를 들먹이고 악인을 운운하지? 내가 악인이라는 거야? 지금 이 모든 게 다 내가 악인이기 때문이라는 거야? 그래서 당연하다는 소리야? 그리고 또 뭐라고? 미련한 사람은 분노로 죽는다고? 내가 미련하다는 거야? 분노는 또 뭐야, 무슨 분노? 죽고 싶다고 한탄해서? 그게 분노라는 거야? 또 뭐라고? 어리석은 인간은 질투로 죽는다고? 내가 무슨 질투를 했다는 거지?"

앞에서 욥은 단지 살아 있는 현실을 한탄했을 뿐이다. 부모라면 누가 안 그러겠는가? 세상 그 어떤 부모가 자식을 잃고도 새벽부터 일어나 운동하고 비타민 꼬박꼬박 챙겨 먹으면서 하루라도 더 오래 살겠다고 발버둥 칠까? 그런데 지금 순식간에 자식을 모두 잃은 욥의 귀에다 대고 '자손도 많이 늘어나서 (…) 장수를 누리다가' 이런 소리를 하는 게 가당키나 한가? 게다가 빨리 죽고 싶다는 친구에게 장수를 누리라는 게 덕담일까?

어떤 말도 위로가 되지 않을 땐, 그냥 친구 손을 잡아주는 것으로도 충분하다. 그러나 엘리바스는 도무지 그럴 수가 없었다. 왜일까? 태어남을 저주하는 욥을 보면서 내심 불안했으니까. 행여 그 저주가 하나님을 향하게 될까 봐 두려웠으니까. 그래서 어떻게 하든지 살기등등한 욥의 기를 죽이겠다는 심산으로 일단 '욥의 이중성'을 비판하면서 말을 시작한 것이다. 무엇보다 훈계를 통해 욥이 원래 모습으로 돌아가도록 만들고 싶었다.

(너는 원래) 하나님을 경외하는 것이 네 믿음이고,
온전한 길을 걷는 것이 네 희망이 아니냐? (4:6)

'네가 하나님을 경외하는 믿음이 있어 받았던 축복 아니었니?

그래서 한때 의로운(온전한) 자라는 평판도 얻었잖아. 그런데 지금 왜 이런 걸까? 한번 잘 생각해봐. 행여 의로운 사람일수록 쉽게 걸려드는 교만의 죄에 빠진 건 아니니?'

이런 전제가 있었기에 행여라도 욥이 '왜 죄 없는 내게 이런 고통을 줍니까?'라며 하나님에게 삿대질을 할 위험을 미리 깨끗하게 제거함으로써 신성모독의 싹을 잘라버리는 게 그의 목적이었다. 그리고 다른 건 몰라도, 환상 중에 영으로부터 들었던 이야기를 전하면 욥이 고개를 끄덕일 것이라고 생각했다.

> 인간이 하나님보다 의로울 수 있겠으며,
> 사람이 창조주보다 깨끗할 수 있겠느냐? (…)
> 천사들에게마저도 허물이 있다고 하시는데,
> 하물며 (…) 하루살이에게라도 눌려 죽을 사람이겠느냐?

그러나 결과적으로 이런 엘리바스의 '선제공격'은 욥의 염장에 불을 질렀다. 오히려 욥에게 자기 내면을 향하던 시선을 외부로, 하나님을 향하도록 만들었다. 욥의 머릿속에 처음으로 이런 생각이 들었다.

'뭐라고? 내가 죄를 지었기 때문에 이런 일을 당한다고?'

"주신 분도 주님이시요, 가져가신 분도 주님이십니다"라고 고백했던 욥이지만, 사람의 이성과 감정이 항상 일치하는 건 아니다. 절규로 터져 나온 신앙고백이 꼭 유일무이한 진심은 아니다. 물론 사회적 동물인 만큼 최대한 고백한 대로 살려고 노력하는 게 인간이다. 굳이 고백과 상반되는 속내를 드러내서 겉과 속이 다르다고 욕을 먹을 필요가 없으니까. 그러나 속된 말로 '뚜껑'이 열리면 더 이상 그런 체면은 따지지 않게 된다. 지금 욥이 딱 그런 상황이 아닐까? 결국 어쭙잖은 위로로 친구의 속을 뒤집어놓은 엘리바스는 욥이 루비콘강을 건너도록 만든 일등공신이 되었다.

그러나 또 다른 측면에서 보면, 욥이 자기 연민을 극복하고 세상 이치를 돌아보게 한 것도 엘리바스다. 처음으로 욥은 '신앙의 눈'이 아니라 '인간의 눈'으로 세상을 바라보기 시작한다. '주신 분도 주님이시요, 가져가신 분도 주님이십니다'라는 자기고백이 주변에서 벌어지는 현실과 얼마나 괴리가 있는지 깨닫기 시작한 것이다. 이제 욥은 본격적으로 친구들과 '하나님에 관한' 논쟁을 시작한다.

욥의 대답을 살펴보기 전에 한 가지 기억할 점이 있다. 논쟁이 진행될수록 친구들을 향하던 욥의 하소연이 하나님을 향해 방향을 바꾼다. 욥은 점점 더 하나님과 직접 대면해서 할 말을 하겠다고 따지고 든다. 정식 재판을 열어달라고 말이다. 그런데 아이러니하게도 '정작 그런 아이디어를 준 사람은 다름 아닌 엘리바스'[96]다.

> 나 같으면 하나님을 찾아서, 내 사정을 하나님께 털어놓겠다.
>
> (5:8)

하나님을 보호하겠다는 신앙심으로 일어난 엘리바스가 정작 욥에게 하나님과 직접 시시비비를 가리라고 도전(자극)한 셈이 되었다. 나중에 자세히 살펴보겠지만, 엘리바스에게서 힌트를 얻은 욥은 결국 극적으로 하나님을 소환하는 데까지 성공한다. 어쩌면 이 때문에 하나님에게서 단단히 미운털이 박힌 엘리바스가 결국에는 그가 내뱉은 모든 말이 틀렸다고 정죄를 받았는지도 모른다. 세 명이 함께 길을 가면 그중에는 반드시 스승이 있다는 옛말이 있다. 비

너무도 가벼운 고통

록 친구의 가슴에 대못을 박은 엘리바스지만, 어떤 의미에서 그는 욥의 인생을 바꾼 스승이 되었다.

"거룩한 이를 향해서
나는 하고 싶었던 말을 참지 않았다."

욥(6-7장)

말을 끝낸 엘리바스는 마음이 두근거렸다. 욥의 눈물샘을 자극하겠다는 욕심에 그는 덕담으로 마무리했다.

> 또 자손도 많이 늘어나서,
> 땅에 풀같이 많아지는 것을 보게 될 것이다. (5:25)

자식을 다 잃은 친구에게 자손이 많아질 것이라는 축복으로 희망과 용기를 주고 싶었다. 그런데 욥의 첫마디는 고마움이 아니라 노골적인 섭섭함이다.

> 아, 내가 겪은 고난을 모두 저울에 달아 볼 수 있고,
> 내가 당하는 고통을 모두 저울에 올릴 수 있다면,
> 틀림없이, 바다의 모래보다 더 무거울 것이니,
> 내 말이 거칠었던 것은 이 때문이다. (6:2-3)

　　　　　　　　　　　　　　　　　　너무도 가벼운 고통

모든 성경은 '분노anger'에 해당하는 원어, '카아스ka'as'를 고난이라고 왜곡했다. 엘리바스의 말에 욥이 특별히 화를 낼 이유가 없다고 안일하게 생각했기 때문이다.[97] 그러나 지금 욥은 분노하고 있다. 특히 "미련한 사람은 자기의 분노 때문에 죽고"(5:2)라는 말이 비수로 꽂혔는데, 엘리바스가 거기서 쓴 단어가 바로 '카아스'다. 욥은 지금 이렇게 항변하는 것이다.

"엘리바스, 네가 내 심정을 알아? 아무것도 모르면서 그냥 내가 몇 마디 한 걸 가지고 '미련한 인간은 분노 때문에 죽는다'라는 저주를 던지는 거야? 그러고도 네가 친구야?"

분노도 분노지만 미련하다는 말은 특히 욥의 심기를 건드렸을 것이다. 그러나 욥에게 지금 친구의 말은 크게 중요하지 않다. 겉으로는 친구들을 향해 말하고 있지만, 욥은 자신에게 닥친 비극의 진짜 원인, 하나님을 향해 조금씩 다가가고 있다. 처음에만 해도 그는 하나님을 겨냥하지 않았다. 그랬던 그가 이제는 하나님이 자신을 콕 찍어서 고난에 처하게 했다고 말한다.

전능하신 분께서 나를 과녁으로 삼고 화살을 쏘시니[98],
내 영혼이 그 독을 빤다.
하나님이 나를 몰아치셔서 나를 두렵게 하신다. (6:4)

하나님이 쏜 독화살에 맞아 회복 불능한 상처를 입은 그가 바라는 건 죽음이 주는 안식뿐이다. 하나님이 일방적으로 시작한 사냥, 내 생명을 끊어서 제발 그 사냥을 끝내달라는 게 솔직한 심정이다. 죽여주면 '땡큐~'라는 거다.

누가 내 소망을 이루어 줄까?
하나님이 (죽고 싶다는) 내 소원을 이루어 주신다면,
하나님이 나를 부수시고, 손을 들어 나를 깨뜨려 주시면,
그것이 오히려 내게 위로가 되고,
이렇게 무자비한 고통 속에서도,
그것이 오히려 내게 기쁨이 될 것이다. (6:8-10a)[99]

하나님이 내리는 징계가 복이라는 엘리바스의 말에 욥은 조금도
동의하지 않는다. 더불어 장수를 누리다 자손에게 둘러싸여 편안히
죽는 팔자 좋은 노년, 엘리바스가 열거한 이런저런 미래의 축복은
안중에도 없다. 사랑하는 자식을 다 잃은 부모에게 찬란한 미래라
니, 도대체 가당키나 한 소리일까? 그런데 죽고 싶다던 욥이 갑자
기 '신앙고백'을 한다. 10절 후반이다.

나는 거룩하신 분의 말씀을 거역하지 않았다. (6:10b)

갑자기 이게 무슨 말일까? 이 구절과 관련해서 로버트 알터[100]는
이렇게 해설한다.

말로 표현할 수 없는 극심한 고통 가운데에서도 욥은 하나님
이 요구하는 윤리적 명령을 어기지 않았고, 하나님이 그에게
무슨 짓을 하든지 관계없이 한 점 부끄러움 없이 살았다는 사
실을 강조한다.[101]

그러나 알터의 번역보다 훨씬 더 타당성이 높은 건, 성경이 '거

너무도 가벼운 고통

역하지 않았다'로 번역한 동사 '카헤드*kachad*'를 '누르다*supress*'로 이해한 해럴드 쿠쉬너의 번역이다.

"거룩한 이를 향해서 나는 하고 싶었던 말을 참지 않았다."[102]

조금 전에 욥은 하나님에게 호소했다. 이미 당신이 쏜 화살에 치명상을 당했으니 조금이라도 빨리 죽여달라고 말이다. 그러고는 이어서 고백하는 것이다.

"그동안 당신이 무서워서 차마 하고 싶던 말도 못하고 살았는데, 죽음을 앞두고 더 이상 그러지 않아도 되니까 이렇게 하고 싶은 말을 다 하니까 이제는 여한이 없습니다."

이처럼 해럴드 쿠쉬너의 번역이 욥의 심정을 훨씬 더 자연스럽게 반영하고 있다. 그리고 이 구절은 프롤로그가 알려준 욥에 관한 사실, '욥이 입으로는 범죄하지 않았다'를 뒤집는 극적인 반전이 된다. 한때 아무리 속이 부글부글 끓어도 차마 입으로는 표현하지 못한 말, 욥이 가슴속에 쌓아둔 말까지도 가감 없이 다 쏟아내고 있는 게 지금 모습이다. 그러나 그런 와중에도 그는 점점 더 한계에 다다르는 것을 느끼고 있다.

> 그러나 내게 무슨 기력이 있어서 더 견뎌 내겠으며,
> 얼마나 더 살겠다고, 더 버텨 내겠는가?
> 내 기력이 돌의 기력이라도 되느냐?
> 내 몸이 놋쇠라도 되느냐? (6:11-12)

친구들을 향한 호소다. 악담을 쏟아낸 엘리바스에게 섭섭함을 느끼는 것은 당연하고, 그의 말에 하나같이 고개를 끄덕인 친구들도 다르지 않다. 그래서 욥은 다른 친구들에게까지도 답답함을 털

어놓는다. 만약에 엘리바스가 섣부른 판단 대신 공감으로 욥을 대했더라면, 또는 엘리바스가 욥을 몰아붙일 때 누군가가 그를 제지하고 욥의 마음을 위로했더라면, 모든 상황은 달라졌을 것이다. 그러나 욥을 바라보는 친구들의 분위기는 싸늘하기만 했다. 아니, 싸늘함을 넘어서 적대감을 느낄 정도였다. 친구들을 더 이상 믿을 수 없게 된 욥은 이제 사람에게는 의지할 게 없다는 결론에 다다르고 있다. 그러고는 나도 얼마든지 너희들을 모욕하는 말을 할 수 있다는 듯, 거칠게 친구들을 몰아붙인다.

> 너희는 남의 말 꼬투리나 잡으려는 것이 아니냐?
> 절망에 빠진 사람의 말이란, 바람과 같을 뿐이 아니냐?
> 너희는, 고아라도 제비를 뽑아 노예로 넘기고,
> 이익을 챙길 일이라면
> **친구라도 서슴지 않고 팔아넘길 자들이다.** (6:26-27)

고아와 친구를 팔아넘길 사람들이라고? 정말 대단한 독설이다. 이제 욥은 스스로에게 다짐하는데, 이 친구들이 나중에 무슨 소리를 퍼뜨리고 다닐지 도무지 믿을 수 없고, 나를 지킬 사람은 나 자신밖에 없다는 사실을 새삼 깨달았기 때문이다. 그리고 그 길은 스스로에게 부끄럽지 않은 정직함과 의로움을 지키는 방법뿐이다.

> 내가 억울한 일을 당하지 않게 해야 한다.
> 다시 한 번 더 돌이켜라.
> 내 정직이 의심받지 않게 해야 한다. (6:29)

너무도 가벼운 고통

그러면서 자신을 지킬 길은 재판밖에 없다는 데 생각이 미친다. 그래서 7장에 이르러서는 친구들 대신 하나님에게 호소하는데, 그건 사실 덫에 걸린 짐승의 울부짖음에 가깝다. 엘리바스의 설교 때문에 억눌렸던 감정이 폭발한 욥은 이제 마치 터진 둑처럼 하나님을 향한 분노를 쏟아낸다.

> 나는 입을 다물고 있을 수 없습니다.
> 분하고 괴로워서, 말을 하지 않고는 견딜 수 없습니다. (7:11)

어떻게 이럴 수 있을까? 어디서 이런 용기(?)가 나왔을까? 어차피 인생이 얼마 안 남았기 때문이다. 조금만 지나면 내 몸은 '구더기와 먼지로 뒤덮일 것이고 또 인생은 베틀의 북보다도 빠르게 지나가기'(7:5-6) 때문이다.

어쩌면 사람은 둘 중 하나일 것이다. 어차피 짧은 인생, 지금까지 참았으니 조금만 더 참아야겠다고 생각하는 사람이 있는 반면, 수명이 오백 살 정도 되면 그냥 참겠는데 너무 짧으니까 도저히 참을 수 없다는 사람. 욥은 후자다. 그가 특히 참을 수 없는 건 시선을 거두지 않는 하나님이다. 24시간 내내 관찰카메라처럼 자신만 감시하는 하나님, 그래서 "왜 그렇게 나를 못 잡아먹어서 난리입니까?"라고 외친다.

> 내가 바다 괴물이라도 됩니까?
> 내가 깊은 곳에 사는 괴물이라도 됩니까?
> 어찌하여 주님께서는 나를 감시하십니까? (7:12)[103]

그러고는 덧없는 인생을, 죽으면 모든 것이 끝나는 인생을 한탄
한다.

> 내 날이 베틀의 북보다 빠르게 지나가니,
> 아무런 소망도 없이 종말을 맞는구나. (…)
> 구름이 사라지면 자취도 없는 것처럼,
> 스올로 내려가는 사람도 그와 같아서,
> 다시는 올라올 수 없습니다.
> 그는 자기 집으로 다시 돌아오지도 못할 것이고,
> 그가 살던 곳에서도 그를 몰라볼 것입니다. (7:6, 9-10)

앞에서도 잠시 욥의 내세관을 살펴보았지만 사후세계에 대한 그
의 생각은 확고하다. 스올, 그러니까 사후세계로 내려가는 자는 다
시 올라오지 못한다. 죽으면 그냥 끝이다. 욥이 하는 말이 다 못마
땅한 친구들조차 사후세계에 관해서만은 아무도 반론을 제기하지
않는 것으로 보아, 이는 당시 보편적인 내세관이었음을 알 수 있다.
하나님을 향한 욥의 분노가 이어지는데, 어디선가 본 듯한 익숙한
말을 한다.

> 사람이 무엇이라고,
> 주님께서 그를 대단하게 여기십니까?
> 어찌하여 사람에게 마음을 두십니까?
> 어찌하여 아침마다 그를 찾아오셔서,
> 순간순간 그를 시험하십니까? (7:17-18)

너무도 가벼운 고통

개역개정으로 살펴보자.

사람이 무엇이기에,
주께서 그를 크게 만드사 그에게 마음을 두시고,
아침마다 권징하시며 순간마다 단련하시나이까.

교회를 좀 다닌 사람이라면 이 구절을 읽는 순간 시편 8편 4절을 떠올릴 것이다. 그리고 그 시편을 가사로 한 유명한 가스펠송까지 덤으로 생각날 것이다. 욥이 시편을 알았던 걸까? 중요한 건, 시편 저자에게 감동적인 신앙고백을 불러일으킨 하나님의 임재가 욥에게는 악몽이라는 사실이다. 시편 구절을 패러디하면서 욥은 시편 저자가 찬양하는 하나님이 자신에게는 180도 다른 존재라고 말하고 있다. 시편 저자는 티끌에 불과한 인간에게 주목하는 하나님에게 감동해서 시를 썼는지 모르지만, 나는 전혀 그렇지 않다는 것이다. 왜 티끌에 불과한 인간을 당신같이 전능한 존재가 못 잡아먹어서 난리인지, 하나님을 '사람을 살피시는 주님(감찰하시는 이)'라고 부르면서 노골적으로 불만을 드러낸다. 이 정도까지 되면 지금 욥에게 하나님이 어떤 존재인지 쉽게 알 수 있다. 하나님의 끊임없는 시선은 욥에게 안전과 행복이 아니라 저주다. 머리카락까지 세시는 하나님이 누군가에게는 감사 제목이지만, 욥에게는 공포의 이유다.

언제까지 내게서 눈을 떼지 않으시렵니까?
침 꼴깍 삼키는 동안만이라도,
나를 좀 내버려 두실 수 없습니까?
사람을 살피시는 주님,

내가 죄를 지었다고 하여 주님께서 무슨 해라도 입으십니까?
어찌하여 나를 주님의 과녁으로 삼으십니까?
어찌하여 나를 주님의 짐으로 생각하십니까? (7:19-20)

욥은 지금 21세기 기독교인도 거의 묻지 않는, 대단히 이성적인 질문을 던지고 있다.

내가 죄를 지었다고 하여 주님께서 무슨 해라도 입으십니까?

욥이 7장 내내 인간이 얼마나 미천한 존재인지 강조하는 데에는 엘리바스가 큰 역할을 했다. 엘리바스가 앞서 뭐라고 했던가? 환상을 통해 그가 확인한 건, 흠 많은 인간과 더불어 보잘것없는 인간의 운명이다. 하나님의 눈에 비치는 인간을 엘리바스는 이렇게 표현했다.

흙으로 만든 몸을 입고 티끌로 터를 삼고,
하루살이에게라도 눌려 죽을 존재. (4:19)

이런 엘리바스의 말을 근거로 욥은 더 자신감을 가지고 자기주장을 펼친다. 먼저 그는 하나님에게 누구를 괴롭히고 싶으면 당신에게 어울리는 상대를 찾으라고 도전한다. 인간 사회에서도 어른이 어린아이와 싸우지 않는다. 격투기에서도 체급이 다르면 싸우지 않는다. 하물며 창조자와 피조물이라니, 신과 인간이라니. 신이 왜 하루살이에게도 눌려 죽을 인간을 괴롭히냐는 것이다. 욥은 또 이렇게 외친다. 백 번 양보해서 인간이 뭔가 정말 큰 잘못을 저질렀다고 해도, 그게 하나님에게 뭐 그리 큰 영향을 미쳤냐는 것이다. 이 세상에 하루살이에게 물렸다고 죽기 살기로 하루살이를 추적하고 분풀이하는 사람은 없다. 인간과 하루살이도 그런데, 하물며 창조주와 피조물의 관계에서랴?

이런 욥의 문제 제기는 사실상 '죄로 시작해서 구원으로 끝난다'고 할 수 있는 기독교 핵심 교리를 흔드는 내용이다. 기독교에서 인간이 저지른 죄는 하나님의 거룩함을 훼손한다. 즉 하나님은 인간 때문에 엄청나게 큰 영향을 받는다. 그런데 그게 사실이라면, 그런 신을 제대로 된 신이라고 볼 수 있을까? 백만 원이 없어졌다고 파산하는 억만장자도 있나?

엘리바스가 했던 말을 하나하나 복기하면서 욥은 지금 엘리바스에게 하나님을 찬양하고 섬기는 이유가 자신에게는 분노를 일으키는 원인임을 밝히고 있다. 엘리바스가 강조한 또 다른 메시지는 '하나님이 항상 너를 지켜보고 도와주신다'이다. 그렇기에 환난도 사실은 알고 보면 다 유익이고, 근본적으로 악인이 아닌 이상 욥을 기다리는 것은 다산과 장수의 복이라는 것이다. 그러나 욥은 생각이 다르다. 자기를 주시하는 하나님의 시선뿐 아니라 앞으로 하나님이 준다는 복도 끔찍한 것이다. 왜 욥이 이렇게까지 말할까? 분노하고 있기 때문이다. 그러나 친구들의 눈에 이런 욥의 모습은 신성모독일 뿐이다. 다른 각도에서 보면, 바로 이 지점에서 욥과 친구들은 전혀 다른 길을 걷는다. 친구들과 달리 욥은 이제 누군가가 항상 지켜봐야 맘이 편한 어린아이 수준을 벗어났기 때문이다.

> (이런 욥의 태도와 친구들과의 차이는) 쉴 새 없이 "엄마, 이리 와서 내가 뭐 하는지 좀 보세요"라고 부르는 일곱 살짜리 아이와 방문 앞에 '출입금지'를 붙여놓고 엄마에게 이제 제발 혼자 있게

좀 놔두라고 말하는 열다섯 살짜리와 비슷하다.[104]

욥에게 남은 한 가지는 죽어서 내세로 들어가 쉬는 것뿐이다. 마치 간이 배 밖에 나온 사람처럼 이렇게 분노를 쏟아낼 수 있는 것도, 하나님조차 손을 쓰지 못하는 내세가 있기 때문이다. 하나님에게는 없는, 인간만이 가진 '유한성mortality'이라는 무기가 있기 때문이다.

> 이제 내가 숨져 흙 속에 누우면,
> 주님께서 아무리 저를 찾으신다 해도,
> 나는 이미 없는 몸이 아닙니까? (7:21)

유한성이야말로 피조물이 창조주에게 내세울 수 있는 마지막 카드다. 인간은 죽는 존재다. 살아 있는 동안에야 하나님이 얼마든지 괴롭힐 수 있지만, 거기에도 끝이 있다. 아무리 악독하게 괴롭히는 고참이 있는 군대라도 '제대'라는 끝이 있듯이, 욥에게 내세는 한마디로 하나님조차 관여할 수 없는 불가침 영역이다. 욥은 그래서 외친다. '죽으면 당신도 내게 손을 대지 못한다.' 이런 욥의 심정을 이해할 때 왜 처음부터 그가 살아 있는 것을, 아니 태어난 것을 저주했는지 이해할 수 있다. 그렇다, 그에게 마지막 남은 희망은 죽음이다. 하나님도 찾지 못하는 곳으로 숨어들어가는 죽음뿐이다.

그러나 죽으면 다 끝난다는 주장은 기독교에서 절대 용납할 수 없다. 기독교가 말하는 내세는 모든 게 끝나는 곳이 아니라, 모든 게 새롭게 시작하는 곳이다. 그래서 이승보다 더 선명하게 하나님을 보고 느끼는 곳이다. 그것도 하루 이틀이 아니고 영원히…. 그

너무도 가벼운 고통

유명한 '사랑 장'에서 사도 바울은 뭐라고 했던가?

> 우리가 지금은 거울로 보는 것 같이 희미하나,
> 그 때에는 얼굴과 얼굴을 대하여 볼 것이요.
> 지금은 내가 부분적으로 아나
> 그 때에는 주께서 나를 아신 것 같이 내가 온전히 알리라.
>
> (고린도전서 13:12, 개역개정)

그러나 이런 내세관은 욥과 당시 사람들에게는 SF세계와 같은 생소한 이야기였다. 내세는 천국과 지옥으로 구분되지도 않는다. 게다가 영원히 벌을 받는 지옥이라니…. 하나님이 주는 복과 벌도 오로지 이승에서만 해당되는 이야기다. 제대하면 아침저녁으로 하던 점호를 더 이상 받지 않아도 되는 것과 똑같다. 이승에서는 인간에게 절대적인 권력을 행사하던 하나님도 내세에서는 아무런 영향력을 발휘하지 못한다. 내세는 말 그대로 모든 생명이 조용히 쉬는 곳이다. 살면서 누리던 기쁨도 사라지지만, 눈물도 흘리지 않는 곳이다. 지금 욥에게 중요한 것은 고통이 없는 새로운 세상이다. 그래서 입을 열었을 때, 가장 먼저 태어난 것을 저주했고 눈물 없는 내세를 동경했다.

> 그 곳은 악한 사람들도 더 이상 소란을 피우지 못하고,
> 삶에 지친 사람들도 쉴 수 있는 곳인데.
> 그 곳은 갇힌 사람들도 함께 평화를 누리고,
> 노예를 부리는 감독관의 소리도 들리지 않는 곳인데.
> 그 곳은 낮은 자와 높은 자의 구별이 없고,

종까지도 주인에게서 자유를 얻는 곳인데! (3:17-19)

여기까지만 봐도, 욥의 심정을 이해하지 못하는 건 아니지만 지금 그의 모습은 너무도 과격하다. 프롤로그는 말할 것도 없고 3장에서 신세를 한탄하던 때와 비교해도 180도 다른 사람으로 느껴질 정도다. 엘리바스 때문에 마음의 둑이 터진 욥은 그만큼 분노에 차 있다. 너무도 격렬해서 인간에 불과한 친구들은 안중에도 없을 정도다. 그런 분노를 쏟을 대상은 오로지 창조주 하나님밖에는 없다. 13세기에 쓰여졌다는 미드라쉬[105]에는 이런 과격한 욥을 정죄하는 내용이 담겨 있다.

"욥은 불행을 만났을 때 불평했다. 그러나 아브라함과 다윗 그리고 히스기야는 그들의 불행을 담담히 받아들이고 불평하지 않았다. 욥이 이런 불평만 하지 않았어도 그는 가장 위대한 성자의 반열에 올랐을 것이다."[106]

유대교와 가톨릭, 그리고 개신교에서 하나님에게 화를 내는 건 상상할 수 없는 신성모독이다. 그러나 우리는 지금 성경에서 하나님에게 화를 내는 인물을 만나고 있다.

평생을 기독교 울타리 안에서 살아온 나는 하나님을 향해서 느끼는 원망을 누르면서 사는 사람들을 수없이 만났다. 왜 그럴까? 위선적이라서? 아니다, 하나님이 두려워서 그런 것이다. 이미 엎질러진 물(불행)은 주워 담을 수 없다고 해도 행여 하나님께 화를 냈다가 미래에 더 큰 비극을 만날까 봐 두렵기 때문이다. 그런 면에서 대부분 기독교인의 신앙은 프롤로그 속 욥의 신앙과 별반 다르지 않다. 사탄이 하나님에게 물었다.

너무도 가벼운 고통

한때 '두려움'(3:25) 때문에 신앙했던 욥이지만, 현실이 되어버린 두려움 속에서 움츠러들며 핑곗거리를 찾는 대신 그 껍데기를 깨고 나왔다. 그러나 사탄이 던진 이 도전적인 질문은 오늘날에도 여전히 유효하다. 두려움 때문에 하나님을 신앙하는 사람은 오늘날에도 적지 않다. 그런 사람들은 어떤 일을 만나도 하나님을 향해 소리치지 못한다. 두려움과 분노를 누르고 외면하며, 수단과 방법을 가리지 않고 하나님을 드높일 핑곗거리를 찾기에 급급하다.

사랑의 원자탄으로 불리는 손양원[107] 목사는 두 아들이 살해된 이후에 그 유명한 열 가지 감사기도를 올렸다. 존 파이퍼[108] 목사는 암 판정을 받자마자 감사기도 제목을 공개했다. 이런 사례는 너무 많아 일일이 열거할 수 없을 정도다. 나는 그들이 위선적이라고 생각하지 않는다. 그러나 위선이 아니기에 더 끔찍하다. 분노해야 할 상황에서조차도 로봇처럼 감사제목을 읊조리는 사람들은 어쩌면 오랜 세월 축적된 종교적 신념 때문에 감사가 아닌 다른 감정은 표현 여부를 떠나 아예 느낄 수 없게 되었는지도 모른다. 바로 이 지점에서 감사를 입에 달고 사는 종교인과 욥의 차이를 만난다. 입에 발린 감사 대신 정직함을 선택한 욥은 그 심정을 가감 없이 표현했다.

한편, 누군가를 향해 화를 낼 정도로 정직하다는 건 그 존재를 사랑하기 때문이기도 하지만, 그 이전에 그 대상이 실존하는 것을 '알기' 때문이다. 실존 자체를 의심하는 대상을 향해서도 얼마든지 절을 하고 복을 빌 수는 있다. 그러나 화를 내는 건 차원이 다르다. 허상을 향하는 분노는 허무하기 짝이 없으니까. 분노는 자신을 파괴하는 대단히 비생산적인 감정이다. 그렇기에 있지도 않은 존재를 향해 분노하는 건 특히 더 어리석다. 그러나 아무리 허상이라고 해도 복을 빌고 감사하는 건 별 문제가 되지 않는다. 그건 손해 볼 것 없는 생산적인 행동이고 긍정적인 감정이니까. 단, 너무 크게 기대하지만 하지 않는다면, 달라질 거 없더라도 잠시나마 희망을 갖는 것이 나쁘지는 않으니까.

그런데 하나님을 향한 분노를 죄악시하는 엘리바스와 같은 기독교인에게 정작 심각한 문제는 따로 있다. 그런 하나님을 사랑해야 한다는 것이다. 차마 화도 내지 못하는 대상을 사랑하라고? 그게 가능할까? 그 어떤 독재자도 차마 국민에게서 사랑까지 바라지는 않는다. 충성하라고는 해도 사랑하라고는 명령하지 않는다. 왜? 그게 가능할 리 없으니까. 그런데 하나님이 인간에게 내린 가장 큰 명령은 '사랑하라'는 것이다. 그것도 말로만이 아니라 온 마음과 정성을 다해서 말이다. 그런데 차마 화도 못 내는 대상을 사랑하라고? 이런 명령을 내리는 하나님이 이상할 걸까? 아니면 인간이 하나님을 오해하는 것일까? 말대꾸는커녕 감히 눈도 맞추지 못할 정도로 엄한 아버지를 사랑하는 착한 아들도 있을 것이다. 그러나 그런 부자 관계를 건강하다고는 할 수 없다. 하나님이 인간에게 기대하는 관계가 고작 그 정도일까? 당당하게 누군가에게 화를 낼 수 있다는 건 그만큼 그 관계가 건강하다는 증거다. 기독교에서는 하나님과 인간의 관계를 아버지와 자녀로 표현한다. 그렇다면 그 관계가 건강한지 어떻게 판단할 수 있을까? 정직한 자기표현이다. 정직한 감사뿐 아니라 정직한 분노를 표현할 수 있는가 여부다.

"뭐야? 피조물 주제에 지금 감히 나한테 따진다고? 나한테 화를 낸다고?"

이렇게밖에 하지 못하는 창조주라면, 그냥 일찌감치 그 자리를 다른 신에게 넘겨주고 내려와야 한다. 그런 의미에서 욥은 창조주와 피조물의 건강한 관계가 어떠해야 하는지 보여준다. 욥기 말미에 등장한 하나님이 욥에게 '네가 옳다'라고 말한 또 다른 측면이 여기에 있다고도 볼 수 있다.[109] 그게 맞는다면, 친구들이 틀리고 욥이 옳다고 한 하나님의 의도는 이런 것이다.

"내게 화를 내고 따지고 든 욥이 옳다. 사랑에는 정직한 용기가 필요하다는 것을 보여준 욥이 옳다."

그렇기에 우리는 6장 10절이 들려주는 욥의 고백에 다시 귀를 기울여야 한다.

"거룩한 이를 향해서 나는 하고 싶었던 말을 참지 않았다."

"네 자식들이 주님께 죄를 지으면,
주님께서 그들을 벌하시는 것은
당연한 일이 아니냐?"

빌닷(8장)

"너희는 남의 말 꼬투리나 잡으려는 것이 아니냐? 절망에 빠진 사람의 말이란, **바람**과 같을 뿐이 아니냐?(6:26)"[110]라는 욥의 말을 기억한 빌닷은 '바람'이라는 단어를 되돌려주며 말을 시작한다.

언제까지 네가 그런 투로 말을 계속할 테냐?
네 입에서 나오는 말 거센 바람과도 같아서 걷잡을 수 없구나.

(8:2)

지금 빌닷은 왜 내 말을 단지 지나가는 바람처럼 들은 척 만 척 하냐며 한탄한 욥에게 이렇게 쏘아붙이고 있다.

"뭐라고? 네 말이 지나가는 바람에 지나지 않는다고? 웃기지 말라. 네가 쏟아내는 건 거친 광풍이다. 언제까지 그 거친 입을 우리가 참아야 하는데?"

점잖은 얘기로는 아예 씨알도 먹히지 않을 거라고 일찌감치 판단한 빌닷은 도무지 참을 수 없었던지, 친구의 아킬레스건에 해당

너무도 가벼운 고통

하는 자식들을 노골적으로 언급하며 그의 심장에 비수를 찌른다.

네 자식들이 주님께 죄를 지으면,
주님께서 그들을 벌하시는 것은 당연한 일이 아니냐? (8:4)

자식들이 몰살한 이유가 다름 아니라 그들이 지은 죄 때문이라는 것이다. 그게 아니라면 하나님이 하나님일 수 없다는 게 빌닷의 생각이고, 하나님이라면 결코 정의를 불의로, 또는 불의를 정의로 응답할 리 없다고 확신하기 때문이다.

너는, 하나님이 심판을 잘못하신다고 생각하느냐?
전능하신 분께서 공의를 거짓으로 판단하신다고 생각하느냐?
(8:3)

빌닷의 결론은 명확하다. 자식들이 죽은 이유는 죄를 지었기 때문이고, 욥이 아직까지 살아 있는 이유는(비록 고생은 하고 있지만), 죽을 정도로까진 심각한 죄를 짓지 않았기 때문이다. 그의 전제는 확고하다. 하나님에게 불의란 있을 수 없고, 누군가가 사고를 당했다면 그에 걸맞은 죄를 지었기 때문이다. 엘리바스가 그나마 은유적으로 '하나님의 입김과 콧김'을 이야기하면서 자식들을 언급했다면, 빌닷은 말 그대로 노골적이고 직접적이다. 여기서 우리는 앞서 엘리바스에게 보았던 똑같은 모습을 빌닷에게서도 발견한다. 네가 모르는 진리를 나는 알고 있다는 사람, 거기에 더해 결코 포기할 수 없는 전제를 가진 사람의 모습이다. 다른 듯하면서도 사실상 쌍둥이처럼 똑같은 이들의 공통점은 도무지 말이 통하지 않는 '아집'이다.

바뀌지 않는 전제가 주는 위험은 오늘날도 여전하다. 한국 교회가 목사들이 일으키는 성범죄로 신음하게 된 건 어제오늘 이야기가 아니다. 그 어떤 파렴치한 목사에게도 열렬한 지지자가 있기 마련인데, 그게 가능한 이유는 지지자들 머릿속에 '이건 사탄의 계략이다', '목사님은 그럴 리가 없다' 등의 전제로 꽉 차 있기 때문이다. 이런 사람과 목사의 자격을 토론하는 건 시간 낭비다. 마찬가지로 '신이 존재한다'라는 전제에서 한 발짝도 물러서지 않는 사람과 신의 존재 유무를 토론하는 것도 헛된 노력이다. 목사의 자격, 신의 존재 여부만 그럴까? 주제와 관계없이 전제가 아집이 된 사람과 하는 토론처럼 비생산적인 것도 없다. '내 확고한 전제도 틀릴 수 있다'라는 일말의 여지를 두지 않는 한, 특히 종교와 정치에 관한 토론이 웃는 얼굴로 끝나는 것은 거의 불가능하다.

빌닷은 바뀔 수 없는 전제로 똘똘 뭉친 사람 같다. 그렇지 않다면 욥에게 이런 식으로까지 자식들 죽음을 이야기할 수는 없다. 그렇게 욥의 가슴에 비수를 찌른 빌닷은, 그래도 마음 한켠이 찔렸던지 위로의 말을 던진다. 욥의 경우, 아직 죽을 정도로 심각한 죄를 짓지는 않았으니 생명이 붙어 있을 때 회개하면 하나님이 다시 축복할 거라는 소리다.

> 그러나 네가 하나님을 간절히 찾으며
> 전능하신 분께 자비를 구하면,
> 또 네가 정말 깨끗하고 정직하기만 하면,
> 주님께서는 너를 살리시려고 떨치고 일어나셔서[111],
> 네 경건한 가정을 회복시켜 주실 것이다. (8:5-6)

그런데 이게 위로일까? 아니, 뺨 때리고 어르는 식인가? '자식은 죽었지만 너는 살아 있으니 얼마나 좋니?'라는 말에 웃을 부모가 있다고 생각하는 걸까? 부모의 심정을 헤아리지 못한다는 점에서 엘리바스와 빌닷은 마치 한 사람 같다. 게다가 내용도 어이가 없다. 경건한 가정을 회복시킨다고? 자식들은 다 죽었고 아내는 하나님을 저주하라고 부추기는 판에 경건한 가정이라고? 아예 이참에 이혼하고 새로운 가정을 꾸리라는 의미일까? 그러던 빌닷은 기념비적인 한마디를 던진다. 아마도 적지 않은 기독교인에게 욥기 전체를 통틀어 가장 유명한 구절일 것이다. 익숙한 개역개정으로 보자.

> 네 시작은 미약하였으나 네 나중은 심히 창대하리라. (8:7)

이 구절만큼 오늘날 기독교인의 수준을 극명하게 보여주는 상징성을 가진 것도 없다. 기독교인이 운영하는 가게 또는 사무실에 가장 많이 걸린 게 이 구절이 들어간 액자다. 이건 하나님이 틀렸다고 말한 엘리바스의 말을 버젓이 인용한 바울과 별반 다르지 않은 수준이다. 하나님이 틀렸다고 말한 사람에는 빌닷도 포함된다(42:7). 그럼에도, 차마 이 구절만은 버리기가 너무 아까운 것이다.[112] 사실 친구들이 내뱉는 한마디 한마디가 히브리성경 핵심 가르침일 뿐 아니라, 시적 감성까지 풍부한 명언이라는 점을 고려하면 당연한 결과다. 욥기가 아니라 시편이나 잠언에 실렸더라면 하나같이 교회에서 강조하는 필수 암송 구절이 되었을 것이다.

욥을 향한 빌닷의 충고가 이어진다. 시편 23편 저자를 능가하는 시적 감성[113]을 드러내며 교훈을 주고 또 주옥같은 비유로 의인과 악인을 비교하다가 이렇게 결론을 맺는다.

정말 하나님은, 온전한 사람 물리치지 않으시며,
악한 사람 손 잡아 주지 않으신다. (8:20)

이 구절에서 두 가지를 생각할 수 있다. 첫 번째로 빌닷은 엘리바스와 달리 이 세상에는 '온전한perfect' 사람이 있다고 생각한다.[114] 엘리바스의 생각은 확고하다. 천사를 포함해 이 세상에 온전한 이는 하나도 없다. 그게 '영'이 알려준 하나님의 시각이기도 하다. 그러나 빌닷은 생각이 다르다. 물론 빌닷이 욥을 온전한 사람으로 보는 건 아니다. 지금 그의 눈에 욥은 결코 하나님이 손을 잡아주는 사람이 아니다. 욥의 상태로 봐서 하나님이 물리친 사람임이 분명하다. 단지 죽어야 할 정도로 심각한 죄를 지은 자식들에 비해 갱생할 여지가 있을 뿐이다. 하지만 빌닷이 모르는 게 있다. 정작 하나님은 욥을 온전한 사람으로 보고 있다.

(하나님 왈) "이 세상에는 그 사람만큼 흠이 없고 정직한 사람,
그렇게 하나님을 경외하며 악을 멀리하는 사람은 없다." (1:8)

흠이 없고 정직하다는 것을 한 단어로 하면 '온전하다'이다. 욥이 그런 사람이다. 빌닷은 틀렸다. 따라서 모든 사람이 다 하나님의 눈에 차지 않는다는 엘리바스의 말도 틀렸다. 그래도 친구라고, 빌닷도 욥에게 희망을 이야기한다. 그 순간 그의 눈에 어쩌면 눈물이 어렸는지도 모른다. 슬그머니 욥의 손을 잡았을지도 모른다. 차마 알아볼 수 없을 정도로 상해버린 친구에게, 모든 것을 다 잃어버리고 절망에 차서 절규하는 친구에게 이렇게 말한다.

너무도 가벼운 고통

그분께서 네 입을 웃음으로 채워 주시면,

네 입술은 즐거운 소리를 낼 것이니,

너를 미워하는 사람은 부끄러움을 당할 것이며,

악인의 장막은 자취도 없이 사라질 것이다. (8:21-22)

이 말을 들었을 때 욥의 마음에 어떤 생각이 스쳐 갔을까? 도대체 누구를 생각하면서 빌닷은 '너를 미워하는 사람이 부끄러움을 당한다고' 말한 것일까? 당연히 자신과 엘리바스는 아니다. 아무리 죽은 자식들까지 언급하며 잔인한 말채찍을 날려도, 그게 다 사랑해서라고, 다 친구를 위한 희생이라고 생각하니까. 그게 '자기만이 인생에 답을 안다는' 사람, '바뀌지 않는 전제를 가진 사람'이 가진 끔찍함이다. 피가 나게 때리면서도 사랑의 채찍이라고 한다. 그런데 욥을 미워하는 사람의 결말이 부끄러움이라는 빌닷의 예언은 나중에 빌닷에게로 돌아온다. 부끄러움 정도가 아니다. 욥이 나서지 않으면 당장에라도 죽을 수밖에 없는 절체절명의 위기를 맞는다. 그런 의미에서 빌닷은 위대한 예언자다.

자, 그럼 '너를 미워하는 사람'이라는 말을 들었을 때 욥은 누구를 생각했을까? 엘리바스와 빌닷일까? 아니다. 비록 빌닷은 '사람'이라고 했지만 욥은 사람을 생각하지 않았다. 자기 가슴에 화살을 쏜 이를 생각했다. 그리고 스스로에게 이렇게 물었다.

"내 원수가 부끄러움을 당한다고? 정말? 그게 가능하다고?"

> "세상이 악인의 손에 넘어갔고
> 재판관의 얼굴도 가려졌나니,
> 그렇게 되게 한 이가 그가 아니시면 누구냐?"
>
> 욥(9-10장)

빌닷이 설파한 메시지는 하나님을 신앙하는 사람이라면 누구나 고이 간직하는 진리인 선한 자에게는 복을, 악한 자에게는 벌을 주는 하나 님이다. 그런 빌닷의 눈에 욥에게 고난이 닥친 이유는 뻔했다. 그런데 그가 알고 있는 하나님의 진리는 그게 다가 아니다. 회복의 은혜가 있 다. 그렇기에 아무리 심각한 죄를 지은 욥이라고 해도 회개하고 돌아 오면 다시 복을 주시는 분이 하나님이라는 것이다. 자, 이런 감동적인 설교를 들은 욥은 어떻게 반응할까? 욥은 9장과 10장, 두 장에 걸쳐 서 대답하는데, 여기에는 지난 수 세기 동안 정직한 마음으로 성경 을 읽은 많은 이들을 당혹케 만든 욥의 진심이 매우 극명하게 담겨 있다. 욥은 일단 이렇게 말을 시작한다.

　　사람이 어떻게 하나님 앞에서 의롭다고 주장할 수 있겠느냐?

　(9:2)

　　그냥 얼핏 읽어서는 감동적인 신앙고백이다.

　　　　　　　　　　　　　　　너무도 가벼운 고통

"그 누구도 하나님 앞에서 감히 의롭다는 말을 하면 안 됩니다. 그게 말이나 됩니까?"

이렇게 말하는 것처럼 들린다. 그럼 지금까지 욥은 뭐가 억울했다는 거지? 지은 죄가 없는데 고통을 당하니까 억울하다는 거 아니었나? 그게 아니면, 빌닷의 말에 감동받아 지금 회개라도 하는 건가? 전혀 아니다. 욥의 말은 정반대다. 아무리 의로운 인간이라고 하더라도 그런 주장이 하나님 앞에서 통하겠냐는 '반문'이다.

군사독재 시절, 피고로 군사재판에 선 인권운동가를 생각해보자. 지인이 이렇게 권유한다.

"변호사를 써야지요."

"뭐 하려요? 이미 결론은 난 상태고 재판은 다 요식행위인데요. 무죄라는 증거가 나와도 소용없어요."

이런 상황과 똑같은 것이다. 그의 말은 자연스럽게 3절로 이어진다.

사람이 하나님과 논쟁을 한다고 해도,
그분의 천 마디 말씀에 한 마디도 대답하지 못할 것이다.

서슬 퍼런 군사독재 시절 재판에서 아무리 논리적으로 무죄를 주장해도 무조건 '반란 및 내란 선동'이라는 죄목을 씌우는 정권 앞에서는 아무런 소용이 없는 것과 마찬가지다. 왜? 그건 하나님의 무한한 능력 때문이다.

하나님이 전지전능하시니,
그를 거역하고 온전할 사람이 있겠느냐?

아무도 모르는 사이에 산을 옮기시며,

진노하셔서 산을 뒤집어엎기도 하신다.

지진을 일으키시어 땅을 그 밑뿌리에서 흔드시고,

땅을 받치고 있는 기둥들을 흔드신다.

해에게 명령하시어 뜨지 못하게도 하시며,

별들을 가두시어 빛을 내지 못하게도 하신다. (…)

우리가 측량할 수 없는 큰 일을 하시며,

우리가 헤아릴 수 없는 기이한 일을 행하시는 분이시다.

(9:4-7, 10)

　　보기에 따라서는 엄청난 신앙고백 같지만 전혀 그렇지 않다. 갑자기 지각변동이 일고 천지가 깜깜해진다면 그런 세상에서 사람이 살 수 있을까? 하나님의 놀라운 능력을 찬양하는 말 같지만 욥은 지금 아예 예측이 불가능한 하나님의 변덕을 비난하고 있다. 욥은 아마 이전까지만 해도 한 귀로 듣고 한 귀로 흘려들었던 각종 자연재해를 떠올리는지도 모른다. 자연재해와 황당한 고통을 당한 욥, 비정상이라는 점에서, 뭔가 잘못되었다는 점에서는 별반 다르지 않은 것이다. 자식들이 죽은 것도 사실 자연재해 때문이었다. 그런 불가항력의 재해를 마구 일으키는 하나님이라면, 인생 하나 박살 내는 건 일도 아니라는 게 지금 욥의 생각이다. 구경꾼인 엘리바스와 빌닷에게는 이런 하나님의 능력이야말로 '찬양의 대상'이자 '찬송의 이유'가 될지 몰라도, 욥에게는 '위협'이고 '공포'일 뿐이다. 다시 말해, 자연의 질서도 안전하게 관리하지 못하는 하나님이 나같이 하찮은 인간이 주장하는 무고함에 관심이나 가지겠는가 하는 게 욥의 마음이다.

9장에 들어서 욥은 처음으로 '재판에 붙인다고 한들'이라고 하며 본격적으로 재판을 거론한다. 친구들도 인정하지 못하는 무고함을 증명하는 길은 하나님과 벌이는 재판밖에 없다고 판단했기 때문이다. 그럼에도 재판이 공정하게 이뤄질 리 없다며 하나님에 대한 불신이 여전히 마음을 괴롭힌다.

> 비록 그분께서 내가 말하는 것을 허락하신다 해도,
> 내가 부르짖는 소리를 귀 기울여 들으실까? (…)
> 재판에 붙인다고 한들 (…)
> 비록 내가 옳다고 하더라도,
> 그분께서 내 입을 시켜서 나를 정죄하실 것이며,
> 비록 내가 흠이 없다고 하더라도,
> 그분께서 나를 틀렸다고 하실 것이다. (9:16, 19-20)

사실 3장에서 처음 말을 할 때부터 욥은 감정이 격해 있었다. 입을 열자마자 태어남과 살아 있음을 저주했다. 그리고 거기에는 하나님의 창조에 대한 불신도 내포되어 있다. 과연 욥은 지금 정상적인 사고를 하는 상태일까?

> 비록 내가 흠이 없다고 하더라도,
> 나도 나 자신을 잘 모르겠고,
> 다만, 산다는 것이 싫을 뿐이다. (9:21)

마치 유행가 후렴구처럼 중간중간 죽고 싶다던 욥은 새삼 세상을 둘러보고는 하나님은 착한 사람과 나쁜 사람을 가리지 않는 자연과 다르지 않다고 결론 내린다.

> 나는 "그분께서는 흠이 없는 사람이나, 악한 사람이나,
> 다 한 가지로 심판하신다" 하고 말할 수밖에 없다. (9:22)

따뜻한 햇살과 단비가 착한 사람에게만 주어지는 건 아니다. 지진이나 홍수가 나쁜 사람에게만 닥치는 것도 아니다. 자연은 사람을 가리지 않는다. 하나님도 똑같다는 것이다. 그러니까 하나님에게 도덕이니 비도덕이니를 논할 필요가 없다는 말처럼 들린다. 그럼 하나님은 도덕적 가치 판단 자체가 없는 무도덕한amoral 존재라는 걸까? 이 구절만 보면 욥은 분명히 그렇게 생각하고 있다. 그러나 이건 견디기 힘든 고통 속에서 잠시 혼란을 겪었기 때문이다. 조금 전에 자기 입으로 뭐라고 했던가? "비록 내가 흠이 없다고 하더라도, 그분께서 나를 틀렸다고 하실 것이다"라며, 오히려 자의식이 없는 자연의 순리보다 이치에 맞지 않는 하나님을 비난했다. 그는 다시 세상을 둘러본다.

> (하나님은) 갑작스러운 재앙으로 다들 죽게 되었을 때에도,
> 죄 없는 자마저 재앙을 받는 것을 보시고 비웃으실 것이다.
> (9:23)

욥의 눈에 비친 세상은 선한 사람도 악한 사람과 똑같이 심판받는 세상, 그러니까 도덕 자체가 존재하지 않는 뒤죽박죽 또는 무도덕한amoral 세상이 아니라, 비도덕한immoral 악한 세력이 지배하는 세상이다. 옳은 것을 틀렸다고 하는 건 무도덕이 아니라 비도덕하

너무도 가벼운 고통

고 악한 것이다. 죄 없는 자가 당하는 고통을 보고 비웃는 건 무도
덕이 아니라 잔인한 비도덕이다. 억울함이 당연한 세상을 견디며
산다는 건 얼마나 큰 고통일까? 마침내 욥은 성경 전체를 통틀어서
가장 충격적인 고백을 한다.

> 세상이 악인의 손에 넘어갔고 재판관의 얼굴도 가려졌나니,
> 그렇게 되게 한 이가 그가 아니시면 누구냐? (9:24, 개역개정)

욥은 지금 무서운 말을 하고 있다. 세상이 악인의 손에 넘어갔단
다. 뭐라고? 악인이 이 세상을 다스린다고? 이 말을 듣는 엘리바스
가 믿는 세상은 어떤 세상인가?

> 잘 생각해 보아라. 죄 없는 사람이 망한 일이 있더냐?
> 정직한 사람이 멸망한 일이 있더냐? (4:7)

빌닷이 믿는 세상도 별반 다르지 않다.

> 정말 하나님은, 온전한 사람 물리치지 않으시며,
> 악한 사람 손 잡아 주지 않으신다. (8:20)

이 두 사람이 믿는 세상은 히브리성경의 정통 가르침, 선한 자
를 축복하고 악한 자를 벌하는 하나님이 다스리는 공평한 세상이
다. 그러나 욥은 이제 거기에 동의하지 않는다. 그는 성경의 가르침
과 완전히 상반된 세상을 말하고 있다. 그의 눈에 비친 세상은 악인
이 다스리는 세상, 악인이 벌을 받기는커녕 더 잘 먹고 잘 사는 세

상, 절망에 빠진 의인을 보면서 재미있다고 웃는 잔인한 절대자가 지배하는 세상이다. 끔찍하고 잔혹하다. 그럼 욥은 언제부터 이런 생각을 했을까? 언제부터 세상을 이런 눈으로 보기 시작했을까? 바로 이 지점에서 랍비들은 욥의 '죄'를 규명하고, 그에게 질문을 던진다.[115]

"욥, 당신 전에는 세상이 그렇게 잔혹하다는 걸 몰랐단 말이요? 당신 바보요? 솔직히 말해, 당신이 잘 먹고 잘 나갈 때에도 세상은 항상 그렇게 잔혹했소. 그땐 당신이 눈을 감은 거 아니요? 그러다가 막상 그 잔혹함이, 부당함이 당신에게 닥치니까 그제야 세상을 돌아보면서 이러쿵저러쿵하는 거요? 그게 바로 당신의 죄요. 세상의 불의에 침묵했던 사람, 그게 바로 당신이요."

그러면서 랍비들은 욥과 아브라함을 비교한다. 아브라함은 자기와 별 상관도 없는 소돔과 고모라의 멸망을 놓고 하나님에게 공의를 요구하며 항의했다. 그래서 랍비들은 묻는 것이다. 욥의 생애에 그런 장면이 있느냐고? 자신과 상관없는 사람들의 정의를 위해 나선 적이 있느냐고? 없다는 게 랍비들의 생각이고 그게 욥이 저지른 가장 큰 죄라는 것이다. 사실 엘리바스도 조금 맥락은 다르지만 이런 취지로 욥을 비난했다.

'이제 고통받는 게 '네' 순서가 되니까, 네가 떠는구나.

고통의 희생자가 '네'가 되니까, 네가 몸서리를 치는구나.'

하지만 과연 이걸 욥의 죄라고 다그칠 수 있을까? 세상의 공의를 요구하지 않으면 다 죄인이 되는가? 소방관이 아니어도 불이 난 집을 보면 무조건 뛰어들어야 하는가? 아프리카 어린이가 굶는다고 나도 같이 굶어 죽어야 하나? 엘리바스와 랍비들이 지적하는 무관심과 방조라는 죄목이 전혀 합당해 보이지 않는다. 오히려 이건

너무도 가벼운 고통

줄기차게 무죄를 주장하는 욥이 맘에 들지 않아 어떻게든 하나님을 변명하려는 신심에서 나온 랍비들의 억지처럼 들린다.

사실 우리는 알 수 없다. 랍비들 주장대로 불행을 만나고서야 비로소 욥이 세상에 눈을 떴는지, 아니면 원래부터 잔혹한 세상에 대해 잘 알고 있었으면서도 모른 체했는지. 하지만 한 가지는 확실하다. 세상을 향해 한때는 침묵했었는지 몰라도 이제 욥은 가장 큰 목소리로 세상의 불의를 지적하고 있다. 그를 비난하는 그 어떤 랍비도 감히 하지 못했던 일을 하고 있다. 욥은 이제 이 세상에 관한 가장 도발적인 정의definition와 함께 하나님을 향해 가장 도전적인 질문을 던진다.

> 세상이 악인의 손에 넘어갔고 재판관의 얼굴도 가려졌나니,
> 그렇게 되게 한 이가 그가 아니시면 누구냐. (9:24, 개역개정)

세상에 관해 그가 내린 정의는 무엇인가? 악인의 손에 넘어간 곳, 악인이 다스리는 곳이다. 그리고 이런 세상이 누구 책임이냐고 묻는다. 욥이 말하는 악인이 누굴까? 그리고 재판관은 누굴까? 언제나 그렇듯이 명확한 답을 가지고 있는 매튜 헨리는 나쁜 놈 나오면 무조건 사탄 또는 마귀라고 한다.

> 악인이라 번역된 단어는 원문에 단수형으로 되어 있기 때문에 악한 자 마귀를 가리키는 것일 수 있다. 이 세상의 신으로 불리는 마귀는 이 세상이 그의 손에 넘어 왔다고 자랑한다(눅 4:6).또는 여기서 악인은 당시에 그 지역에 살고 있던 어떤 악명 높은 폭군을 가리킬 수도 있는데, 이 폭군의 악행과 형통함

은 욥과 그의 친구들에게 잘 알려져 있었을 것이다.[116]

'악인'을 폭군이라고 생각할 수도 있다. 그러나 욥의 입장에서 보면 이야기가 달라진다. 욥이 당한 고통이 폭군 때문에 생겼을까? 아니다. 따라서 '악인'이라는 대상이 표현은 '사람' 같지만, 의미는 자신에게 고통을 준 '주체', 하나님을 가리킨다. 그럼 재판관은 누구일까? 시종일관 의로움을 주장하던 그는 이어지는 구절에서 어차피 재판이 열리더라도 공정한 판단을 내릴 재판관이 없다는 현실 때문에 한탄한다.

> 하나님이 나와 같은 사람이기만 하여도
> 내가 그분께 말을 할 수 있으련만,
> 함께 법정에 서서 이 논쟁을 끝낼 수 있으련만,
> 우리 둘 사이를 중재할 사람이 없고,
> 하나님과 나 사이를 판결해 줄 이가 없구나! (9:32-33)

욥은 잘 알고 있다. 피조물인 인간이 하나님을 상대로 이길 수 없다는 것을, 그리고 설혹 재판이 열린다 해도 그 결과가 어떠하리라는 것을. 무엇보다 순식간에 자기의 모든 것을 빼앗아간 하나님을 겪은 사람답게, 하나님의 능력만은 조금도 부정하지 않는다. 그건 공포 그 자체니까. 그렇기에 하나님을 넘어서는 존재가 없는 이 세상에서 그에게 남은 것은 절망뿐이다. 그래서 마지막 희망이라고는 욥기 내내 후렴구처럼 읊조리는 죽음이다. 욥은 알고 있다. 하나님은 결코 공정한 재판관이 아니라는 것을, 그리고 하나님을 판단할 재판관은 없다는 것을. 이제 이 구절의 의미가 좀 더 명확하게

너무도 가벼운 고통

드러난다.

세상이 악인의 손에 넘어갔고 재판관의 얼굴도 가려졌나니,
그렇게 되게 한 이가 그가 아니시면 누구냐.

 얼굴이 가려졌다는 건 애초에 재판관이 없다는 말과 같다. 그가
원하는 재판관은 악인, 즉 하나님까지 통제해서 이 세상을 구원할
존재지만 그런 이는 이 세상에 없다. 결국 악인이 잘 되고 의인이
고통받는 세상으로 만든 주체가 가장 능력 있는 하나님, 당신이 아
니면 누구냐고 묻고 있다.
 이 구절은 실로 오랜 시간 많은 랍비들을 괴롭혀왔지만, 기독교
신학자에게는 전혀 고민거리가 되지 않는다. 매튜 헨리처럼 단순,
통쾌, 명쾌한 신학자에게 악인은 그냥 사탄, 마귀니까. 그 결과 오
늘날까지도 여전히 그런 해석에서 벗어나지 못하는 기독교에서 욥
기는 가장 경시받는 성경 중 하나다. 말이 나왔으니 이 구절에 관한
매튜 헨리의 촌평을 살펴보자.

 욥이 여기에서 말하는 것 속에는 너무나 많은 혈기가 들어 있
 다는 것이 인정되어야 함. 그가 토라져서 화가 나 있다는 것이
 역력하다. (…) (욥은 하나님에 관해서 이런 식으로 나쁘게 말해서는 안
 되었다.) (…) 우리의 심령이 논쟁이나 불만으로 인해서 열을 받
 았을 때, 우리는 입술에 보초를 세워서 신령한 일들에 대하여
 말함에 있어서 적절한 예의를 갖추고 있는지를 잘 살필 필요
 가 있다.[117]

"화가 날수록 말조심해라"가 매튜 헨리가 이 구절에서 뽑아낸 유일한 교훈이다. 이렇듯 기독교 신학에서 도통 만나기 힘든 게 '깊이 있는 고민'이다. '하나님을 향한 변명' 또는 '정통 신학 고수'를 위한 의미 왜곡이 난무하는 신학에서도 욥기는 특히 더 심하다.

이 글을 쓰는 현재 온 세상이 코로나로 고통받고 있다. 특히 우리나라는 교회가 코로나 전파에 적지 않은 원인이 되어왔는데, 자녀를 눈동자처럼 지킨다고 약속한 하나님이 왜 코로나로부터 지켜주지 않는지, 왜 예배드리겠다고 교회에 오는데도 코로나에 걸리게 하는지, 게다가 독생자 예수가 피 값으로 산 교회가 왜 코로나 전파의 주범으로 욕을 먹게 하는지…. 정직하게 욥처럼 질문하는 사람은 찾기 힘들다. 변명하며 떠드는 기독교인은 거의 다 현대판 매튜 헨리다.

여기서 질문 하나가 떠오른다. 도대체 욥은 어떤 사람인가? 하나님을 아예 '악인(악한 신)'이라고 부르는 그의 정체는 무엇인가? 하나님을 악하다고 하면 마음이 편해지나? 차라리 그런 신은 없는 게 낫지 않나? 유신론자 또는 무신론자라는 정체성도 결국은 조금이라도 더 마음 편한 결론을 지칭하는 호칭일 뿐이다. 신이 있는 게 편한 사람은 유신론자로 살고, 아닌 사람은 무신론자도 살면 된다. 이 지점에서 욥은 대다수 사람들과 생각이 다르다. 신도 없고 질서도 없는 뒤죽박죽된 세상보다 악한 신이라도 다스리는 세상을 그는 바란다. 아니, 그에게는 애초에 선택 가능한 일이 아니었다. 하나님이 존재한다는 '전제'에서 결코 벗어날 수 없었던 고대인 욥에게 아예 신이 존재하지 않는 세상(amoral)이라는 결론은 상상 밖의 영역이었을 테니까. 결국 그가 정직하게 다다른 잠정 결론은 지금 이 세상을 다스리는 건 악한 신(immoral)이라는 것이다. 그러나 이 지점에서

너무도 가벼운 고통

잊지 말아야 할 사실이 있다. 욥은 아직 완전한 결론에 도달한 게 아니다. 그는 여전히 하나님을 향한 기대를 버리지 못하고 있다. 무한한 능력을 가진 하나님이 공정하고 선하다고, 내가 지금 오해하는 거라고. 하나님의 설명을 듣고 자신이 틀렸기를 바라고 있다. 그렇기에 이 말 속에 숨은 진짜 의미를 이렇게 이해해야 한다.

"내가 이렇게까지 이야기합니다. 당신을 악한 신이라고 말입니다. 아니지요? 결코 의인에게 이유 없는 고통을 주는 신이 아니지요? 그러니 제발 대답 좀 해주세요. 내가 뭘 잘못했는지, 왜 이런 고통을 받는지 설명해달라고요."

그리고 하나님이 대답할 때까지 할 말을 하겠다고, 하나님이 모습을 드러낼 때까지 계속해서 도전하겠다고 선언한다. 왜냐하면 욥에게 하나님을 소환할 수 있는 가장 효과적인 무기는 도발이기 때문이다. 욥은 9장 마지막 구절에서 그런 결심을 피력하는데, 성경에 쓰인 대로 읽어서는 무슨 말인지 이해하기 힘들다.

그렇게 되면 나는 두려움 없이 말하겠다.
그러나 나 스스로는, 그럴 수가 없는 줄을 알고 있다. (9:35)[118]

우리나라에서 번역한 《욥의 노래》도 사정은 별반 다르지 않다.
"두려움 접고 말할 수 있겠지. 하지만 그것은 내게 불가능한 일."[119]

욥을 여전히 하나님 앞에서 두려움에 떠는 사람으로 그리고 있다. 그러나 그건 하나님을 '악인'이라고 부르며 도전하는 욥과는 전혀 어울리지 않는다. 정확한 번역은 이것이다.
"이제 제대로 말하겠다. 나는 그를 두려워하지 않겠다. 그건 나의 원래 모습이 아니기 때문이다."[120]

9장 마지막에서 결심을 다진 욥은 10장에 들어서자 더 용감해진다. 1절에서 이렇게 고백한다.

> 산다는 것이 이렇게 괴로우니,
> 나는 이제 원통함을 참지 않고 다 털어놓고,
> 내 영혼의 괴로움을 다 말하겠다.

사실 이 구절에는 자기 생명에 대한 경멸이 숨어 있다.
"나라는 모든 존재가 내 생명을 경멸한다."[121]
살아 있음에 대한 혐오감은 그의 심정을 이해하는 데 매우 중요하다. 앞에서 말했듯 욥이 갖고 있는 유일한 무기는 '유한한 생명'이다. 즉, 언젠가는 죽어서 하나님도 손 쓸 수 없는 사후세계로 들어가는 것이다. 그런 그에게 '영원한 생명'은 저주다. 죽지 않는다는 것은 하나님으로부터 받는 영원한 고통을 의미하니까. 따라서 생명을 저주하는 욥의 고백에는 두 가지 의미가 들어 있다. 현실에 대한 탄식과 더불어 하나님을 향한 일종의 '협박'이다. 욥은 어쩌면 아내의 말을 기억하고 있는지도 모른다.

> 하나님을 욕하고 죽으라. (2:9, 개역개정)

만약에 이 말 속에 '자살'의 의미까지도 숨어 있다면 말이다. 점점 더 용감해진 욥은 다시 자신의 의로움을 주장한다.

> 어찌하여 주님께서는 기어이 내 허물을 찾아내려고 하시며,

너무도 가벼운 고통

내 죄를 들추어내려고 하십니까?

내게 죄가 없다는 것과,

주님의 손에서 나를 빼낼 사람이 없다는 것은,

주님께서도 아시지 않습니까? (10:6-7)

한마디로 왜 생사람을 잡느냐는 것이다. 나의 무죄를 제일 잘 알면서 왜 이러냐는 것이다. 여기까지만 봐도 대단히 강한 톤인데, 에드윈 굿의 번역은 거기서 한 걸음 더 나아간다. 하나님이 죽어라고 욥의 허물을 찾아내는 이유는 '궁금함'이 아니라 '악의'에서 비롯되었다는 것이다. 그러니까 욥이 죄가 없다는 것을 너무 잘 알고 있기 때문에 오히려 그를 더 압박한다는 주장이다.[122] 그래야 (애초에 욥을 함정에 빠뜨린) '주님의 손에서 나를 빼낼 사람이 없다'는 말과 더 자연스럽게 연결된다.

"왜 죽어라 내 허물을 찾습니까? 그건 내게 죄가 없다는 것을 당신이 가장 잘 알고 있기 때문입니다. 그렇기에 그 누구도 그런 당신의 손에서 나를 구할 수 없습니다."[123]

사극 드라마에는 종종 무고한 사람을 의금부에 끌고 가서 고문하는 장면이 나오는데, 죄를 부인할수록 고문의 강도는 더 강해진다.

"안 되겠다. 죄를 토설할 때까지 더 강하게 주리를 틀어라."

이때 무고한 사람에게 남은 건 두 가지다. 끝까지 무죄를 주장하며 고문받다가 죽거나 아니면 의금부가 듣고 싶어 하는 '없는 죄'를 토설하거나. 대부분은 후자를 택한다. 그만큼 고통을 참기 힘들기 때문이다. 특히 '죄인 만들기'가 어떤 정치적인 이유에서 비롯된 경우, 고문은 더 잔혹해지기 마련이다. 지금 욥은 자신을 그런 처지로 바라보고 있다. 짓지도 않은 죄를 용서해달라고 빌 때까지 하나님

은 고난을 멈추지 않을 거라고, 결코 이 상황을 바꾸지 않을 거라고
보고 있다. 그런 하나님으로부터 자기를 구할 이는 그 어디에도 없
다. 그런데 갑자기 한 가지 의문이 떠오른다.

주님께서 손수 나를 빚으시고 지으셨는데,
어찌하여 이제 와서, 나에게 등을 돌리시고,
나를 멸망시키려고 하십니까? (10:8)

나를 창조할 때는 언제고, 이제 와서 이렇게 죽이는 이유가 뭐냐
는 것이다. 그리고 하나님이 인간을 얼마나 정성 들여 창조했는지
구구절절 읊조리던 욥은 13절에 가서야 그 궁금증이 풀렸다. 이렇
게 정성스럽게 인간을 창조한 '무서운' 이유를 깨달은 것이다. 괴롭
히기 위해서. 마치 힘들여 도미노를 쌓는 이유가 결국은 다 부숴버
리기 위한 것처럼 말이다. 그런데 이 무서운 이유를 개역개정성경
은 이해하기 어렵게 번역해놓았다.

그러한데 주께서 이것들을 마음에 품으셨나이다.
이 뜻이 주께 있는 줄을 내가 아나이다.

《욥의 노래》는 한 걸음 더 나아가서 아예 '님을 향한 사랑 고백'
으로 바꾸었다.
"이런 것들 님은 마음 안에 고이 숨기셨지만, 님 속 그 마음을
헤아릴 수 있습니다."[124]
그러나 다행히도 새번역은 정확하게 번역했다.

그러나 지금 생각해 보니,

주님께서는 늘 나를 해치실 생각을 몰래 품고 계셨습니다.

스티븐 미첼은 이 구절을 "바로 이게 당신이 감추고 있던 것인가? 나를 해치는 게 당신의 목적이었던가?"[125]라며 도발적으로 번역했다. 그렇게 힘들게 창조해놓고, 나를 보면서 "너무 좋다"라고 할 정도로 멋지게 만들어놓고, 그게 다 나중에 나를 괴롭히기 위해서였냐는 것이다. 나같이 잘못한 것도 없는 사람이 고통받는 것을 보면서 재미있어 하는 게 목적이었냐는 것이다. "(하나님은) 갑작스러운 재앙으로 다들 죽게 되었을 때에도, 죄 없는 자마저 재앙을 받는 것을 보시고 비웃으실 것이다"(9:23) 하던 한탄과도 정확하게 일치한다. 그리고 욥은 다시 호소한다.

내가 살 날도 이제 얼마 남지 않았습니다.

나를 좀 혼자 있게 내버려 두십시오.

내게 남은 이 기간만이라도,

내가 잠시라도 쉴 수 있게 해주십시오. (10:20)

내가 살아봤자 얼마나 산다고, 곧 사라질 존재인데 이렇게까지 괴롭히는 이유가 뭐냐고, 하루살이같이 잠깐 사는 인생 좀 편하게 놔둘 수 없겠냐는 것이다. 제발 24시간 관찰카메라처럼 지켜보면서 괴롭히지 말라는 것이다. 당신같이 영원히 사는 존재가 왜 나 같은 하찮은 존재한테 관심을 가지는지, 왜 이런 고통을 가져다주는지 이해할 수 없다는 것이다. 욥에게 지금 하나님은 한 달에 근근이 먹고사는 사람의 지갑 속에 든 단 몇 만 원을 뺏지 못해 갖가지 모략을 쓰는 수천 억 가진 갑부와 다르지 않다. 그리고 마지막으로 호소한다. 어차피 죽으면 다 끝나겠지만, 그래도 내가 살아 있는, 영원에 비하면 찰나에 불과한 그 시간만이라도 쉬게 해달라고 간구한다.

> 어둡고 캄캄한 땅으로 내려가면,
> 다시는 돌아오지 못합니다.
> 그리로 가기 전에 잠시 쉬게 해주십시오. (10:21)

처음부터 시종일관 죽고 싶은 게 욥의 마음이었다. 그런데 죽고 싶은 이유가 바뀌었다. 아까까지만 해도 '살아 있는 것 자체가 너무 고통스러웠기 때문'이라면, 지금은 한때나마 믿었던 그 세상이 무너졌기 때문'[126]이다.

너무도 가벼운 고통

"하나님이 네게 내리시는 벌이
네 죄보다 가볍다는 것을 알아야 한다."

소발(11장)

소발이 첫 번째 논쟁의 마지막 주자가 되어 나선다. 죄가 없다고 우기는 걸 넘어서 하나님을 모든 죄악의 근원으로 여기며 끊임없이 떠드는 욥에게 비위가 상할 대로 상한 소발은 처음부터 강하게 압박한다.

> 네가 하는 헛소리를 듣고서,
> 어느 누가 잠잠할 수 있겠느냐?
> 말이면 다 말인 줄 아느냐?
> 네가 혼자서 큰소리로 떠든다고 해서,
> 우리가 대답도 하지 못할 것이라고 생각하느냐?
> 네가 우리를 비웃는데도,
> 너를 책망할 사람이 없을 줄 아느냐? (11:2-3)

소발은 진지한 욥의 고민을 '헛소리'로 매도한다. 모든 진리를 다 깨쳤다고 믿는 사람의 눈에는 깊이 씨름하는 다른 사람의 고민이 유치하고 미성숙함의 발로로밖에 보이지 않는다. 그런 소발의 눈에 욥은 시종일관 자기 생각만이 옳다고 주장하는 철부지일 뿐이다. "(욥아) 너는 네 생각이 옳다고 주장한다"(11:4)고 비판하고는 이어서 예언 비슷한 말을 한다.

> 하나님이 입을 여셔서 네게 말씀하시고,
> 지혜의 비밀을 네게 드러내어 주시기를 바란다. (11:5-6a)

'하나님이 입을 여셔서'를 조만간 일어날 하나님 현신에 대한 예언으로 볼 수도 있지만, 그보다는 자기 말을 하나님의 말과 동일시하는 습관성 발언으로 보는 게 더 타당하다. 그런 면에서 소발은 '내 생각이 하나님의 생각이다'라는 식으로 말하는 기독교인의 조상이다. 그러고는 친구들 중에서 처음으로 '지혜'라는 주제를 꺼낸다.

> 지혜란 우리가 이해하기에는 너무나도 어려운 것이다. (11:6b)

소발의 눈에 지혜에서 가장 거리가 먼 사람이 바로 욥이다. 백 대 맞을 걸 열 대만 때렸는데도 억울하고 아프다고 소리치고 있으니까.

> 하나님이 네게 내리시는 벌이
> 네 죄보다 가볍다는 것을 알아야 한다. (11:6c)

욥은 '모르는' 사람이고, 소발은 '아는' 사람이다. 떠들면 떠들수록 욥은 소발의 눈에 점점 더 모르는 사람이 될 뿐이다. 그런데 그

너무도 가벼운 고통

렇게 아는 게 많은 소발이 딱 하나 모르는 게 있다. 욥이 무슨 죄를 지었는지 모른다. 죄인은 있는데 죄명이 미스터리다. 사형 대신 징역형을 받았으니 다행이라고 말하면서, 정작 죄명을 알려주지 않는 게 얼마나 앞뒤가 맞지 않는지 정말 모를까? 그것도 지혜를 떠드는 사람이? 소발은 고작 이런 논리로 욥을 설득할 수 있다고 생각하는 걸까? 그러나 죄명은 소발에게 그리 중요하지 않다. 욥의 말을 들으면서 확신했으니까. 하나님에 대해서 저 정도 신성모독을 쏟아낼 정도면, 뭔지는 몰라도 지금 받는 고통과는 비교도 안 될 정도로 엄청난 죄를 지은 게 틀림없다고 말이다. 그러니까 그것만으로도 욥은 차마 죽음으로도 갚을 수 없는 죄를 짓는다고 생각했으니까. 그리고 소발은 오늘날 기독교인이 비극을 당한 사람에게 가장 자주하는, 바로 그 말을 던진다.

> 네가 하나님의 깊은 뜻을 다 알아낼 수 있느냐?
> 전능하신 분의 무한하심을 다 측량할 수 있느냐? (…)
> 그 길이는 땅 끝까지의 길이보다 길고,
> 그 넓이는 바다보다 넓다. (11:7, 9)

어떤 황당한 일이 생겨도 다 하나님의 숨겨진 뜻이 있다고, 인간이 어떻게 하나님의 뜻을 다 알겠냐며, 그러고는 꼭 따라오는 말이 있다.

"우리가 하나님의 뜻을 전부 다 알면 인간이 하나님이란 소리 아니겠어?"

이어서 소발은 하나님의 지혜를 나열한다. 그런데 그의 말을 듣고 있자니 장면 하나가 떠오른다. 천상회의에서 사탄의 부추김에 넘어갔음을 시인한 하나님의 모습이다. 그런 하나님이야말로 지금 소발이 묘사하는 지혜와 가장 거리가 멀다. 그런 사실을 알 리 없는 소발에게 하나님은, "어떤 사람이 잘못하는지를 분명히 아시고, 악을 보시면 곧바로 분간하시는"(11:11) 지혜로움 그 자체다. 그러니까 소발의 눈에 지혜의 근본인 하나님을 욥처럼 모르는 사람도 없다. 욥을 향한 모욕이 이어진다.

> 미련한 사람이 똑똑해지기를 바라느니,
> 차라리 들나귀가 사람 낳기를 기다려라. (11:12)

욥이 하나님의 지혜를 깨우치는 것보다 나귀가 사람을 낳는 게 더 쉽겠다는 소리다. 그런데 그도 다른 친구들처럼 조금씩 욥이 안쓰러워졌나 보다. 갑자기 지혜가 생길 리는 만무하지만 그래도 내일의 희망은 있으리라 생각한 걸까? 욥에게 희망을 이야기한다.

> 악에서 손을 떼고, 네 집안에 불의가 깃들지 못하게 하면,
> 너도 아무 부끄러움 없이 얼굴을 들 수 있다. (11:14-15a)

그런데 이상하다. 도대체 무슨 악에서 손을 떼라는 걸까? 죄명을 알려줘야 손을 떼든지 발을 떼든지 할 게 아닌가? 나는 몰라도 욥 너는 알지 않느냐는 소리일까? 말이 안 된다. 죄명을 알려달라고 시종일관 외치는 욥이 알 리가 없다. 차라리 지혜의 달인 소발이 그 정도는 알려줘야 하지 않나? 그러나 소발은 거기에 대해서 아무런 말이 없다. 여전히 죄명은 언급하지도 않으면서, 그냥 막무가내로 악에서 손을 떼란다. 이어서 소발은 기독교의 핵심 진리라고 해

너무도 가벼운 고통

도 과언이 아닌 중요한 말을 하는데, 바로 하나님이 한번 용서하면 확실하게 용서한다는 기독교의 구원 교리다.

> 곧 네 환난을 잊을 것이라,
> 네가 기억할지라도 물이 흘러감 같을 것이며 (11:16, 개역개정)

바울조차도 '완전한 용서'라는 개념을 소발처럼 탁월하게 표현하지 못했다. 좋지 않은 기억일수록 더 잊지 못하는 인간과 달리 이미 흘러간 물처럼 죄를 다시는 기억하지 않는 하나님이라는, 기독교의 구원 교리를 정확하게 짚고 있다. 아쉽게도 '예수님만 믿으면…'이라는 용서 조건이 없지만, 그럼에도 이 구절은 교회에서 인기가 높다. 그리고 소발은 앞서 욥이 했던 말을 기억하고 이렇게 말한다.

> 그러나 악한 사람은 눈이 멀어서,
> 도망 칠 길마저 찾지 못할 것이다. (11:20a)

앞에서 욥은 의인과 악인을 구분하지 않는 하나님을 비판했다.

> 나는 "그분께서는 흠이 없는 사람이나, 악한 사람이나,
> 다 한 가지로 심판하신다" 하고 말할 수밖에 없다. (9:22)

소발은 지금 망하고 죽는 건 오로지 악인뿐이라고, 욥의 말을 바로잡고 있다. 그리고 욥에게 비수를 꽂는 한마디를 던진다. 중간중간 입에 발린 말도 하지만 그의 눈에 욥은 그냥 입만 열면 생명을

저주하며 죽고 싶다고, 하나님을 모욕하는 악인일 뿐이다. 이제 소발은 예언자가 되어 가장 하고 싶었던 말, 욥의 운명을 예언한다.

> 그(악인)의 희망이라고는
> 다만 마지막 숨을 잘 거두는 일뿐일 것이다. (11:20b)

"너 계속 죽고 싶다고 했지? 그것만으로 네가 악인임을 증명하는 거야. 하나님을 믿는 자가 왜 생명을 이야기하지 않고 죽음을 이야기해?"

정말 소발은 모르는 걸까? 그게 욥의 소원이라는 것을? 가슴에 화살을 쏜 하나님을 향해 욥이 바라는 건 단 하나, 제발 끝내달라는 것이었다.

> 누가 내 소망을 이루어 줄까?
> 하나님이 내 소원을 이루어 주신다면,
> 하나님이 나를 부수시고, 손을 들어 나를 깨뜨려 주시면,
> 그것이 오히려 내게 위로가 되고,
> 이렇게 무자비한 고통 속에서도
> 그것이 오히려 내게 기쁨이 될 것이다. (6:8-10)

지혜를 말하는 소발이 정작 기억력은 좋지 않았던 걸까? 그래서 욥의 소원을 저주로 돌려준 걸까?

너무도 가벼운 고통

'죽고 싶다'는 욥의 탄식은 친구들로부터 격한 반응을 불러일으켰다. "하나님 앞에서는 모든 인간이 도덕적으로 희망이 없어. 하물며 천사도 완전하지 않다니까!"가 엘리바스의 주장이라면, "제발 더 늦기 전에 빨리 죄를 고백하고 바로잡아"가 빌닷이 강조하는 핵심이다. 그리고 죄목이 뭔지는 모르지만 지금 욥이 받고 있는 벌은 가볍다고 생각하는 게 소발이다. 아무튼 이런 친구들 설교(?) 덕분에 욥은 바뀌었다. "더 이상 살고 싶지 않다"던 탄식이 "이렇게는 억울해서 못 죽겠다. 죽더라도 알아야 할 건 알고 죽어야겠다"로 달라졌다. 욥은 이제 입장을 정리한 것으로 보인다. 친구들 말처럼 세상 모든 사람이 다 공정하다고 외쳐도, 내게 공정하지 않으면 세상은 공정하지 않은 것이다. 내가 왜 다른 사람의 눈으로 세상을 봐야 하는가? 내 눈으로, 내 마음으로 보고 결정한다. 내 눈에 공정하지 않은 세상, 욥은 지금 거기에 답을 요구하고 있다. 순식간에 자식들을 앗아가는 잔인함 속에 어떤 공정함이 있는지, 어떤 정의가 숨어 있는지 알려달라는 것이다. 그리고 여기에 답을 줄 수 있는 존재는 하나님뿐이라는 것을 욥은 알고 있다. 그러면서도 욥은 직감적으로 느끼고 있다. 죄명이 뭔지는 몰라도 천상에서는 이미 내게 '유죄' 판결을 내렸다는 것을, 그렇기에 거기에 따른 죗값을 이렇게 받고 있다는 것을. 하지만 죄명도 모르는 상태에서 유죄를 인정하는 건 더더욱 말도 안 된다. 사실상 욥은 지금 자기도 모르는 사이에 내려진 천국 판결에 불복하는 항소를 하고 있다.

> "너희는 하나님을 죄 없게 만들려고
> 거짓말을 할 것인가?
> 하나님을 위해서 위증을 할 것인가?"
>
> 욥(12-14장)

장장 세 장에 걸친 욥의 말은 크게 두 부분으로 나눌 수 있다. 12장 1절부터 13장 18절까지가 친구들에게 하는 말이고, 13장 19절부터 14장 22절까지는 하나님을 향한 호소다. 형식상 새로운 논쟁의 시작이지만, 내용상 앞선 논쟁의 연결 선상에 있는 만큼 욥은 '지혜'라는 주제를 꺼낸 소발을 향한 냉소로 입을 연다.

> 지혜로운 사람이라곤 너희밖에 없는 것 같구나.
> 너희가 죽으면, 지혜도 너희와 함께 사라질 것 같구나. (12:2)

죄가 없다고 주장하는 욥에게 "이제 옛 세대에게 물어 보아라. 조상들의 경험으로 배운 진리를 잘 생각해 보아라"(8:8)며 강하게 압박했던 빌닷을 향해 욥은 세상은 지금 너희들이 생각하는 것과는 전혀 다르게, 엉망진창으로 돌아간다고 반박한다.

> 강도들은 제 집에서 안일하게 지내고,

하나님을 멸시하는 자들도 평안히 산다.
그러므로 그들은, 하나님까지 자기 손에 넣었다고 생각한다.
(12:6)

이렇게 뒤죽박죽되어버린 세상에 관해서는 굳이 '옛 세대'나 '조
상'까지 갈 필요도 없고, 그냥 주변에 보이는 동물도 다 아는 이치
라며 빌닷을 조롱한다.

짐승들에게 물어 보아라.
그것들이 가르쳐 줄 것이다.
공중의 새들에게 물어 보아라.
그것들이 일러줄 것이다. (12:7)

그러면서도 "모든 생물의 생명이 하나님의 손 안에 있고, 사람
의 목숨 또한 모두 그분의 능력 안에 있지 않느냐?"(12:10)라며, 욥
은 하나님의 전적인 통치를 고백한다. 단지 그 통치가 정의롭지 못
하다는 것이다. 그런데 지혜와 권능을 가진 하나님 때문에 이 세상
에는 아무런 문제가 없다고 하는 다음 고백이 이상하다.

지혜와 권능은 본래 하나님의 것이며,
슬기와 이해력도 그분의 것이다.
하나님이 헐어 버리시면 세울 자가 없고,
그분이 사람을 가두시면 풀어 줄 자가 없다.
하나님이 물길을 막으시면 땅이 곧 마르고,
물길을 터놓으시면 땅을 송두리째 삼킬 것이다. (12:13-15)

이건 사실상 "하나님 때문에 이 세상이 제대로 돌아가고 있어!" 라는 외침인데, 조금 전까지만 해도 강도들이 편안하게 사는 세상을 욕하지 않았던가? 사람이 어떻게 같은 자리에서 생각이 순식간에 180도 바뀔 수 있을까? 한 번 더 상기하자. 여기까지 읽은 독자라면 논리정연하고 이해하기 쉬운 친구들의 말과 달리 욥의 말에는 이해하기 어려운 부분이 적지 않다고 느낄 것이다. 그 이유는 자명하다. 100% 히브리성경의 가르침을 읊어대는 친구들은 왜곡할 부분도, 또 왜곡할 이유도 없지만, 사실상 100% 신성모독을 남발하는 욥은 사정이 다르다. 하지만 욥이 누구인가? 신약성경 야고보서 저자까지 의인이라고 결론을 내린 사람이다.(야고보서 5:11) 따라서 그런 욥이라면 공정한 하나님을 찬양해야 한다. 그리고 13절 이하가 정말로 진심이라면, 친구들과 전혀 다를 게 없는 그가 굳이 숨 가쁜 논쟁을 벌일 아무런 이유가 없다. 그렇기에 평서문을 반문하는 의문문으로 바꿔야 한다. 그래야 세상을 공정하게 운영한다는 하나님을 노골적으로 조롱하며 냉소를 퍼붓는 욥의 심정이 제대로 드러난다.

지혜와 권능은 본래 하나님의 것이라고?
슬기와 이해력도 그분의 것이라고?
하나님이 헐어 버리시면 세울 자가 없다고?
그분이 사람을 가두시면 풀어 줄 자가 없다고?
하나님이 물길을 막으시면 땅이 곧 마른다고?
물길을 터놓으시면 땅을 송두리째 삼킨다고?

"웃기고 있네!"
장난치지 말라는 것이다. 그러나 의문문을 평서문으로 바꾸는 순간 냉소는 졸지에 신앙고백으로 둔갑한다. 성경 편집자가 가장 즐겨 사용한 왜곡 방식이다.[127] 이어지는 16절부터 마지막 25절까지도 다 마찬가지다. 모두 의문문으로 바꿔야 한다. 16절과 17절만 보자.

> 능력과 지혜가 그분의 것이니,
> 속는 자와 속이는 자도 다 그분의 통치 아래에 있다.
> 하나님은 고관들을 벗은 몸으로 끌려가게 하시는가 하면,
> 재판관들을 바보로 만드시기도 하신다.

"뭐? 능력과 지혜가 그에게 있고 속은 자와 속이는 자가 다 그에게 속하였다고? 고관의 옷을 벗겨서 끌어가시며 재판관을 어리석은 자가 되게 하신다고? 웃기고 있네!"

13장에 와서도 친구들을 향한 호소를 계속하는데, 특히 초반은 욥의 말 중에서 드물게 별다른 어려움이 없다.

> 내가 이 모든 것을 내 눈으로 똑똑히 보고,
> 내 귀로 다 들어서 안다.
> 너희가 아는 것만큼은 나도 알고 있으니,
> 내가 너희보다 못할 것이 없다.
> 그러나 나는 전능하신 분께 말씀드리고 싶고,
> 하나님께 내 마음을 다 털어놓고 싶다.
> 너희는 무식을 거짓말로 때우는 사람들이다.
> 너희는 모두가 돌팔이 의사나 다름없다.
> 입이라도 좀 다물고 있으면,
> 너희의 무식이 탄로 나지는 않을 것이다. (13:1-5)

나도 너희들만큼 안다는 말이다. 너희들이 아는 만큼 하나님에 대해서, 이 세상 돌아가는 이치에 대해서 나도 안다고 말하고 있다. 그런데도 마치 초등학생 가르치듯이 이런저런 훈계를 늘어놓는 너희들과는 더 이상 말을 섞고 싶지 않고, 하나님께 직접 따지겠다는 선언이다.

"나, 이제 하나님과 직접 얘기할 테니까, 너희들은 제발 입 좀 다물어라. 더 이상 듣고 있기가 힘들다."

그런데 조금 이상한 부분이 있다. "나는 전능하신 분께 말씀드리고 싶고, 하나님께 내 마음을 다 털어놓고 싶다"는 3절이다. 마음을 털어놓으면 뭐가 달라질까? 아직도 욥은 하나님을 신뢰하는 건가? 하나님이 재판을 공정하게 진행할 리가 없고, 또 하나님과 다툴 때 중재를 맡을 더 높은 존재가 없다는 사실에 절망했던 욥은 어디가고, 지금 와서 하나님께 다 털어놓겠다는 걸까? 그러면 마치 뭐가 달라질 것처럼 이야기하는 이유는 뭘까? 중간중간 욥도 정신줄을 놓고 자기모순에 빠진 걸까? 아니면, '미워도 다시 한번' 같은 심정인가? 어차피 밑져야 본전이라는 마음으로? 그것도 아니면 잔인한 친구들보다는 하나님이 그나마 더 공정할 거라는 상대적 비교에서 나온 말일까? 하나님을 향한 욥의 이런 갈등 내지 오락가락하는 마음은 뒤에서도 다시 나온다. 아무튼 욥은 친구들에게 따끔하게 일침을 놓으며 말을 잇는다.

너희는 왜 허튼 소리를 하느냐?
너희는 하나님을 위한다는 것을 빌미삼아
알맹이도 없는 말을 하느냐?
법정에서 하나님을 변호할 셈이냐?

하나님을 변호하려고 논쟁을 할 셈이냐? (13:7-8)

스티븐 미첼은 이 부분을 이렇게 번역했다.

"하나님을 죄 없게 만들려고 거짓말을 할 것인가? 하나님을 위해서 위증을 할 것인가? 하나님이 옳다면서 맹목적으로 그의 편만을 들 것인가?"[128]

욥이 지금 핵심을 찌르고 있다. '하나님을 위한 변명', 욥의 표현을 빌리면 '하나님을 위한 위증', 이걸 한 단어로 하면 '신학' 아닌가? 욥은 지금 하나님을 위한 변호 내지 변명은 허튼소리라는 것이다. 그럼 욥의 친구들이 변명하는 하나님은 어떤 하나님인가? 능력이 있을 뿐 아니라 공정한 신이다. 그렇기에 그는 선한 자를 축복하고 악한 자를 벌한다. 이게 그들이 이해하는 이 세상의 법칙이다. 따라서 누군가가 고통을 받는다면 그건 그가 죄를 지었기 때문이지, 그 외에는 다른 어떤 이유도 있을 수가 없다. 정말 그런가?

이 글을 쓰기 시작한 2020년 여름, 미국 애리조나에서 한 한국인 교수가 실종 신고 후 몇 달이 지나 시신으로 발견되었다. 일찌감치 범인을 잡은 경찰이 쓰레기 매립장을 무려 2개월 가까이 수색한 끝에 부패할 대로 부패한 시신을 찾은 것이다. 범인들은 단지 차 한 대를 훔치려고 피해자를 죽이고 시신을 길가 쓰레기통에 넣고 달아났다고 한다.

지금 이 글을 쓰는 2021년 1월, 젊은 부부에게 입양되어 갖은 학대를 받다가 처참하게 살해[129]된 정인이 뉴스로 온 나라가 시끄럽다. 수백만 명이 가스실에서 죽은 홀로코스트까지 갈 것도 없다. 차마 말도 할 수 없는 끔찍한 비극이 우리 주변에서 끊이지 않고 발생한다. 그들이 친구들 말대로 죄를 지었기 때문인가? 빌닷의 말대로 죽은 사람은 죽을 만한 죄를 지었기 때문인가? 그럼 정인이는 무슨 죄를 지었기에 그렇게 죽었을까? 태어나면서 죄인이라서? 아니면 소발의 말처럼 숨겨진 하나님의 깊은 뜻이 있어서? 도대체 사람을 그렇게 죽여서까지 이루고 싶은 하나님의 뜻은 무엇일까? 그런 식으로 죽이지 않고는 그 뜻을 이룰 다른 방법이 하나님한테는 없는 건가?

그런데 바로 이 지점에서 욥은 친구들과 정반대 가능성을 제시한다. 선한데도 고통받는 자신을 볼 때 하나님이 공정하지 않다는 것이다. 물론 자식들 생명을 한순간에 앗아가는 압도적인 능력에 관해서는 티끌만큼의 의심도 없다. 그건 생각만 해도 오금이 저려올 지경이다. 세상에서 가장 무서운 게 누굴까? 공정과는 거리가 먼데도 엄청난 권력을 가진 존재가 아닐까? 하물며 그게 삼라만상을 움직이는 신이라면? 그래서 욥은 하나님이 아닌 다른 누군가가 재판관이 되면 좋겠다고까지 말한다. 오죽하면 세상을 공정성 없이 맘대로 운영하는 하나님을 '악인'이라고까지 부를까? 따라서 그런 욥에게 하나님이 공정하다고 우기는 친구들의 말은 하나님을 위한 변명 내지 위증으로밖에 보이지 않는 것이다. 그들이 욥을 설득하는 길은 하나밖에 없다. 욥이 무슨 죄를 지었는지 말하면 된다. 욥이 인정할 수밖에 없는 확실한 증거만 들이대면 된다. 그러나 지금까지 그 누구도 욥의 죄명을 말하지 못했다. 그건 친구들만이 아니다. 침묵하고 있는 하나님도 다르지 않다. 그렇기에 욥은 9장에서 재판을 요구했지만 바로 마음을 고쳐먹었다. 재판이 공정하지 않으리라는 두려움 때문이었다.

비록 내가 옳다고 하더라도,

그분께서 내 입을 시켜서 나를 정죄하실 것이며,

비록 내가 흠이 없다고 하더라도,

그분께서 나를 틀렸다고 하실 것이다. (9:20)

그랬던 욥이 다시 마음을 바꿔 재판을 요구한다.

하나님이 나를 죽이려고 하셔도,

나로서는 잃을 것이 없다.

그러나 내 사정만은 그분께 아뢰겠다. (13:15)

'내 사정만은 그분께 아뢰겠다'도 왜곡이다. 신앙고백 같지만 정확한 의미는 이것이다.

"하나님의 면전에서 따져야겠다."[130]

하나님에 대한 변명과 위증을 늘어놓으며 스스로를 설득하는 친구들과 달리 욥은 하나님에게 이유와 설명을 요구한다. 내게 죄가 있다면 제발 알려달라고, 그래서 나를 설득해달라고 요구한다. 그럼 하나님의 면전에서 따지겠다고까지 말하는 욥이 진짜 바라는 건 뭘까? "욥아, 정말로 미안하다. 네가 죄 없는 건 나도 안다. 하지만 말이다…." 이런 사과를 바라는 걸까? 그런데 행여 고통당하는 '진짜' 이유를 알게 된다면? 그게 다 하나님이 사탄의 충동질에 넘어가서 생긴 사단이라는 걸 알게 된다면? 욥은 어떻게 반응할까? 그보다는 친구들이 더 걱정이다. 그들의 믿음과는 전혀 다르게 돌아가는 세상 이치에 정작 욥보다 더 큰 충격을 받지 않을까? 무엇보다 **하나님이 그런 진실을 드러낼 수 있을까?** 과연 그런 용기와 배짱이 하나님에게 있을까? 욥기를 이해하는 핵심이다.

다음 구절로 넘어가기 전에 15절 전반부에 대해서 언급할 필요가 있다. 기독교가 자랑하는 킹 제임스 성경은 이 구절을 180도 왜곡해서 번역했고, 그러다 보니 욥의 신앙을 대표하는 구절로 오랫동안 교회에서 사랑을 받았다.

> 비록 하나님이 나를 죽이실지라도 나는 그를 신뢰할 것이다.[131]
>
> (현대인의 성경)

그러나 정확한 번역은 이것이다.

"그는 나를 곧 죽일 것이다. 나는 더 이상 기다릴 수 없다."[132]

그리고 시선을 친구들에서 하나님으로 바꾼 욥의 진심이 무엇인지 19절을 통해 조금이나마 힌트를 얻을 수 있다.

> 하나님, 나를 고발하시겠습니까?
>
> 그러면 나는 조용히 입을 다물고
>
> 죽을 각오를 하고 있겠습니다. (13:19)

하나님의 정의를 확인하고 싶은 것이다. 정말로 자식들이 다 죽어야 할 정도로까지 저지른 끔찍한 죄가 무엇인지, 그 진실을 깨닫고 입을 다무는 것이다. 해럴드 쿠쉬너는 '욥기 주석'에 직접 겪은 이야기 하나를 실었다.[133] 어느 날 그는 은행에서 잔고가 없다는 전화를 받았다. 매번 지출할 때마다 꼬박꼬박 기록하며 잔고 관리를 하던 쿠쉬너는 은행의 착오라고 생각했다. 그러나 확인 결과 기록하지 않은 지출이 있었고, 그 순간 자신이 느낀 감정을 이렇게 기록했다.

너무도 가벼운 고통

"그건 안도감이었다. 잔고가 바닥난 것 때문에 부끄럽기도 했지만, 내가 느낀 압도적인 감정은 안도감이었다."

왜 안도했을까? 소중한 내 재산을 맡고 있는 은행이 엉터리가 아니었음을 확인했기 때문이다. 그러면서 그는 이게 바로 욥의 심정이 아니겠냐고 말한다. 차라리 내가 죄를 지어서 이런 고통을 받는 게 낫지, 하나님이 불의해서 선한 사람, 악한 사람 가리지 않고 고통을 주는 세상에서 어떻게 살겠냐는 것이다. 그건 친구들의 믿음이기도 하다. 그렇기에 그들은 줄기차게 욥에게 죄를 고백하라고 요구하는 것이다. 그래서 욥은 계속해서 하나님을 압박한다. 제발 내게 모습을 드러내라고 다그친다.

> 하나님, 하나님께서 먼저 말씀하시면, 내가 대답하겠습니다.
> 그렇지 않으시면 내가 먼저 말씀드리게 해주시고,
> 주님께서 내게 대답해 주십시오. (13:22)

스티븐 미첼은 이 구절을 이렇게 번역했다.
"하나님, 나를 고소하시오. 내가 대답하겠소이다. 그게 아니라면 내가 먼저 말을 하겠습니다. 그러니 대답해보시오."[134]
그러던 욥이 23절에 와서 갑자기 '또' 신앙고백을 한다. 아니, 지은 죄를 고백한다. 죄가 없다던 사람이 죄가 많다고 고백을 하다니, 이걸 어떻게 이해해야 할까? 개역개정이 의문문을 평서문으로 만들었기 때문이다.

> 나의 죄악이 얼마나 많으니이까?
> 나의 허물과 죄를 내게 알게 하옵소서.

다행히 새번역은 의문문으로 정확하게 바로잡았다.

> 내가 지은 죄가 무엇입니까?
> 내가 무슨 잘못을 저질렀습니까?
> 내가 어떤 범죄에 연루되어 있습니까?

그러던 욥이 다시 묻는다.

> 어찌하여 주님께서 나를 원수로 여기십니까? (13:24)[135]

친구들은 하나같이, "너같이 신성모독을 저지르는 인간이 원수가 아니면 누가 원수겠냐?"라고 생각했을 것이다. 이어서 욥은 다시 사정한다.

> 주께서 나를 대적하사 괴로운 일들을 기록하시며,
> 내가 젊었을 때에 지은 죄를 내가 받게 하시오며,
> 내 발을 차꼬에 채우시며 나의 모든 길을 살피사,
> 내 발자취를 점검하시나이다. (13:26-27, 개역개정)

전자발찌가 생각나는 이 말 역시 엄청나게 신실한 신앙고백으로 들린다. 이렇게 잘못을 회개하는 사람이 왜 재판을 열자고 하는지 이해할 수 없을 정도다. 그러나 이 말도 의문문으로 고쳐야 그 뜻이 정확해진다.

"하나님은 왜 내가 젊었을 때 지은 죄까지 들춰내서 나를 괴롭힙니까? 왜 내 발에 차꼬를 채우고 내가 가는 모든 길을 감시합니까?"

욥은 지금 따지고 있다. 다시 강조하지만 반문하는 의문문이 평서문이 될 때, 게다가 개역개정과 같은 고어체까지 더해질 때, 신성모독은 순식간에 신앙고백으로 둔갑한다. 14장에 들어서자 욥은 유한하고 쏜살같이 지나가는 허무한 인생을 읊조린다.[136]

> 이와 같은 자를 주께서 눈여겨보시나이까,
> 나를 주 앞으로 이끌어서 재판하시나이까. (14:3, 개역개정)

왜 순간에 지나지 않는 이런 하찮은 인간을 당신같이 전능한 존재가 신경 쓰고 힘들게 하느냐는 고통의 토로다.[137] 그러고는 하루살이 같은 유한한 피조물은 제발 좀 그냥 놔두라고, 관심 좀 갖지 말라고 애원한다. 영원하고 무한한 신답게 유한하고 곧 죽을 인간은 제발 좀 놔달라는 것이다. 다시 말하지만, 이건 시편과 같은 신앙고백이 아니다. 새번역으로 첫 줄만 다시 보자.

> 주님께서는 이렇게 미미한 것을 눈여겨 살피시겠다는 겁니까?
>
> (14:3a)

14장 내내 유한한 인간의 운명을 한탄하면서도 욥은 중간중간 이것도 저것도 아닌 애매모호한 소리를 반복하며 신성모독과 신앙고백 사이를 오가는데, 가장 큰 주범은 개역개정[138]이다. 다행히 새번역은 정확하게 바로잡았다.

> 인생이 살아갈 날 수는 미리 정해져 있고,
> 그 달 수도 주님께서는 다 헤아리고 계십니다.

주님께서는 사람이 더 이상 넘어갈 수 없는
한계를 정하셨습니다.
사람에게서 눈을 돌리셔서 그가 숨을 좀 돌리게 하시고,
자기가 살 남은 시간을 품꾼만큼이라도 한 번
마음껏 살게 해주십시오. (14:5-6)

스티븐 미첼은 특히 6절을 이렇게 번역했다.

"꼭 인간을 그렇게 주목해야겠습니까? 꼭 인간에게 책임을 물어야겠습니까? 제발 딴 데를 좀 보세요. 인간을 좀 혼자 내버려두라고요. 한순간만이라도 평안을 누리도록, 좀 그냥 놔두세요."[139]

그러다가 고개를 돌려 주변을 살펴보고는 새삼 나무 한 그루보다도 못한 게 인간이라는 생각에 한탄한다. 물만 주면 다시 살아나는 나무와 달리 인간은 한번 눈을 감으면 다시는 뜨지 못하니까.

한 그루 나무에도 희망이 있습니다. (…)
물기운만 들어가면 다시 싹이 나며,
새로 심은 듯이 가지를 뻗습니다. (…)
사람도 죽습니다.
죽었다 하면 다시 일어나지 못합니다.
하늘이 없어지면 없어질까,
죽은 사람이 눈을 뜨지는 못합니다. (14:7-9, 12)

그래도 나무의 생명력에서 희망을 보았을까? 한 번 더 하나님에 대한 기대를 품는다.

너무도 가벼운 고통

주님의 진노가 가실 때까지만이라도 나를 숨겨 주시고,

기한을 정해 두셨다가

뒷날에 다시 기억해 주실 수는 없습니까? (…)

이 고난의 때가 지나가기까지 기다리겠습니다.

그 때에 주님께서 나를 불러 주시면, 내가 대답하겠습니다.

주님께서도 손수 지으신 나를 보시고 기뻐하실 것입니다.

(14:13-15)

'죽은 거 같은 나무도 다시 살아나는데, 물만 주면 다시 푸르러지는데, 혹시 내가 착각한 거 아닐까? 사람도 죽으면 다시는 일어나지 못하는 거 같지만, 사실은 그게 아니라 나무처럼 다시 살아날 수도 있는 거 아닐까?'

그러나 욥은 바로 정신을 차린다. 이런 감성적인 호소가 통할 리 없기 때문이다.

그러므로 지금은 주님께서

내 모든 걸음걸음을 세고 계시지만,

그 때에는 내 죄를 살피지 않으실 것입니다.

주님께서는 내 허물을 자루에 넣어 봉하시고,

내 잘못을 덮어 주실 것입니다. (14:16-17)

욥의 고뇌를 신앙고백으로 바꾼 또 다른 왜곡이다. 지금까지 그의 말을 종합할 때, 걸음걸음을 세는 하나님은 고통 그 자체다. 감시카메라다. 바로 앞 장에서 이렇게 한탄했던 그가 아니던가?

내 발에 차꼬를 채우시고,

내가 가는 모든 길을 낱낱이 지켜보시며,

발바닥 닿는 자국까지 다 조사하고 계십니다. (13:27)

따라서 '내 죄를 살피지 않으실 것입니다'는 '제발 내가 무슨 죄를 짓는지 일일이 감시하지 말라'는 의미다. '내 잘못을 덮어 주실 것입니다'라는 17절도 마찬가지다. 하나님의 공정함을 믿을 수 없다면서, 게다가 무슨 죄를 지었는지도 모르겠다면서 무작정 내 죄를 모른 체하고 덮어주는 하나님을 찬양한다고? 전혀 그런 의미가 아니다. '내 허물을 자루에 넣어 봉하시고'는 지은 죄가 뭔지는 모르겠지만, 하나님이 지금 그 죄를 꼭꼭 싸매고 알려주지 않는다는 의미이며, '내 잘못을 덮는다'는 시시비비를 가리지 않고 이것저것 마구 휘젓는다는 뜻이다. 13장 23절에서 욥은 죄의 종류를 하나하나 구분하면서 이렇게 따졌다.

내가 지은 죄가 무엇입니까?

내가 무슨 잘못을 저질렀습니까?

내가 어떤 범죄에 연루되어 있습니까?

따라서 14장 13절에서 17절까지의 요지는 이것이다.

"하나님, 겨울이면 죽은 것 같은 나무처럼 나도 하나님의 눈 밖에서 잠시라도 살 수 없을까요? 지금 너무 진노해서 나를 죽일 듯이 보는데, 잠시 나를 잊어줄 수 없을까요? 아, 내가 잠시 착각했어요. 나를 24시간 감시카메라처럼 보는 하나님, 내 죄를 꽁꽁 싸매서 숨겨놓을 뿐 아니라, 또 마구 섞어서 내게 뒤집어씌우는 하나님을

너무도 가벼운 고통

내가 잠시 잊었네요."

다시 정신을 차린 그의 머리를 스치는 건 이제 더 이상 새싹을 돋우는 나무가 주는 희망이 아니다. 무너져 내리는 산이 주는 절망이다. 정작 나무를 떠받치고 있어야 할 산이 그의 눈앞에서 무너져 내리고 있다. 그게 욥이 느끼는 현실이다.

> 산이 무너져 내리고,
> 큰 바위조차 제자리에서 밀려나듯이,
> 물이 바위를 굴려 내고
> 폭우가 온 세상 먼지를 급류로 씻어 내듯이,
> 주님께서는 연약한 사람의 삶의 희망도 그렇게 끊으십니다.
>
> (14:18-20)

욥이 내린 결론은 이것이다. 그렇다, 나 '욥*Iyob*'은 이제 정말로 하나님의 '적*Oyeb*'이다. 이런 현실 앞에서 인간이 바라는 마지막 보루는 하나님에게는 없는, 오로지 인간만이 가진 유한함이다. 그래서 또 죽음을 이야기한다.

> 자손이 영광을 누려도 그는 알지 못하며,
> 자손이 비천하게 되어도 그 소식 듣지 못합니다. (14:21)

행여 하나님이 자손에게 복을 준다고 해도 나는 상관없고, 나보다 더 큰 고통을 준다 해도 나는 모를 것이다. 이미 숨을 거둔 내게 당신이 줄 수 있는 더 이상의 고통은 없다. 이 마지막 말을 하는 욥의 눈에서는 분명 뜨거운 눈물이 흘렀을 것이다.

"욥아, 너를 정죄하는 것은
네 입이지, 내가 아니다.
바로 네 입술이 네게 불리하게 증언한다."

엘리바스(15장)

친구들에겐 한 가지 공통점이 있다. 욥이 도대체 무슨 죄를 지었는지 모른다는 것이다. 그런데 논쟁을 진행할수록 그들은 더 이상 욥이 지은 죄도 궁금하지 않다. 그가 과거에 무슨 죄를 지었는지는 중요하지 않다. 보면 볼수록, 또 들으면 들을수록 너무도 확실한 죄 하나가 코브라 대가리처럼 높이 쳐들고 있기 때문이다. 바로 욥의 '혀'이다.

너야말로 하나님을 두려워하는 마음도 내던져 버리고 (…)
네 죄가 네 입을 부추겨서. (15:4-5)

엘리바스는 이렇게 말하고 있다.

"죄가 없다고 끊임없이 하는 말 자체가 바로 네가 죄인이라는 증거야."

스티븐 미첼은 "죄가 이미 너의 마음을 휘어잡았고, 그 결과 너의 혀가 거짓을 뱉어내는구나"[140]라고 번역했다. 욥의 혀는 피로 물

너무도 가벼운 고통

든 살인자의 손보다 더 선명한 죄의 증거다. 앞서 엘리바스는 이렇게 욥을 비꼬았다.

> 지혜롭다는 사람이, 어찌하여 열을 올리며 궤변을 말하느냐?
> (15:2)

새번역은 이 구절을 지나치게 의역했는데, 개역개정이 원문에 가장 가깝다.

> 지혜로운 자가 어찌 헛된 지식으로 대답하겠느냐
> 어찌 동풍을 그의 복부에 채우겠느냐?

여기서 '헛된'의 원래 의미는 '바람과 같은windy'이다. 엘리바스가 특히 더 황당하게 생각하는 건, 말을 하면 할수록 혀로 짓는 죄가 태산처럼 쌓여만 가는 욥이 재판하자며 열을 올리는 모습이다. '뭐라고? 재판에서 무죄를 증명하겠다고?' 엘리바스가 보기에는 너무 우스운 것이다. 그에게 욥은 스스로 지혜롭고 의롭다는 착각에 빠져 정신을 못 차리는 궤변론자에 지나지 않는다. 그래선지 6절에서 확실하게 단속한다.

> 너를 정죄하는 것은 네 입이지, 내가 아니다.
> 바로 네 입술이 네게 불리하게 증언한다.

"욥, 너는 지금 우리가 괜히 널 괴롭힌다고 생각하지? 웃기지 마라. 네가 말하는 것만 봐도 네가 얼마나 죄인인지 바로 알 수 있다니까!"

그리고 피조물에 불과한 인간답게, 제발 주제 파악을 하라고 말한다.

> 네가 맨 처음으로 세상에 태어난 사람이기라도 하며,
> 산보다 먼저 생겨난 존재라도 되느냐? (15:7)

그런데 이 구절에는 놀라운 게 하나 숨어 있다. 나중에 욥 앞에 나타난 하나님이 던진 첫 질문과 아주 비슷하기 때문이다.

> 내가 땅의 기초를 놓을 때에,
> 네가 거기에 있기라도 하였느냐? (38:4)

그렇다면 엘리바스는 하나님의 심중을 꿰고 있었던 걸까? 8절에서 이어지는 질문을 보면 정말로 그가 하나님의 마음을 읽는 사람인가 싶은 생각이 들 정도다.

> 네가 하나님의 회의를 엿듣기라도 하였느냐? (15:8)

"네가 언제 천상회의에 참석하기라도 했느냐?"라는 질문처럼 들린다. 하늘의 영으로부터 메시지를 듣는 특별한 사람(4:12-21)이 엘리바스라는 건 알고 있었지만, 설마 그 영이 천상회의 내기까지 알려줬다는 걸까? 그게 사실이라면 엘리바스야말로 진정한 사이코패스다. 고난받는 이유를 속속들이 알면서도 욥을 다그치고, 의인이 상을 받고 악인이 벌을 받는 세상을 읊어대는 그가 사이코가 아

너무도 가벼운 고통

니면 누가 사이코일까? 그러나 이 시나리오가 사실일 가능성은 거의 없다. 엘리바스는 단지 아까 얘기했던 영을 만난 신비한 체험을 상기시키고 싶은 것이다. 그러니까 이런 말이다.

"나는 이런저런 환상도 체험하는 사람이야. 하지만 너는 그런 비슷한 거라도 있어?"

이어지는 구절은 엘리바스에 관한 신상정보 하나를 알려준다.

> 우리 중에는 머리가 흰 사람도 있고 연로한 사람도 있고,
> **네 아버지보다 나이가 많은 사람도 있느니라.** (15:10, 개역개정)

욥의 아버지보다 나이가 많은 사람이 엘리바스일 가능성이 가장 높다. 그래서 친구들 중에서 가장 먼저 이야기를 한 게 아닐까? 연장자답게 이제는 더 직접적이고 노골적으로 꾸짖는데, 점잖은 말로는 욥을 깨닫게 할 수 없다고 판단 내렸기 때문이다. 그러면서 도통 알 수 없는 말을 한다.

> 하나님이 네게 위로를 베푸시는데도,
> 네게는 그 위로가 별것 아니란 말이냐?
> 하나님이 네게 부드럽게 말씀하시는데도,
> 네게는 그 말씀이 하찮게 들리느냐? (15:11)

도대체 무슨 위로를 말하는 걸까? 부드러운 말씀이라니, 이건 또 무슨 소리일까? 하나님이 언제 어디서 욥에게 나타나서 위로와 부드러운 말씀을 했다는 건지 알 길이 없다. 지금 욥이 힘들어하는 것 중 하나가 다름 아닌 하나님의 침묵이다. 그런 침묵 속에 숨은

깊은 뜻을 보라는 의미인가? 그게 아니라면, 소발이 11장 6절에서 한 어이없는 말, "하나님이 네게 내리시는 벌이 네 죄보다 가볍다는 것을 알아야 한다"를 돌려서 말하는 걸까? 정체불명의 이유를 대던 엘리바스가 다시 질책의 강도를 한층 높인다.

> 무엇이 너를 그렇게 건방지게 하였으며,
> 그처럼 눈을 부라리게 하였느냐?
> 어찌하여 너는 하나님께 격한 심정을 털어놓으며,
> 하나님께 함부로 입을 놀려 대느냐? (15:12-13)

그가 특히 참을 수 없는 건 하나님을 향한 욥의 분노다. 엘리바스에게 하나님은 경배의 대상이지 결코 분노의 대상이 될 수 없다. 피조물이 감히 창조주에게 화를 낸다는 게 말이나 되는 소리인가? 이 장면에서 떠오르는 인물이 있다. 히브리성경 대표적 영웅 중 하나인 다윗 왕이다. 일개 목동에 불과했을 때, 다윗은 왜 무모하게 거인 골리앗에게 덤볐을까? 골리앗이 하나님을 모욕했기 때문이다. 한마디로 다윗 맘속에서 불타오른 '거룩한 분노'가 그에게 생명을 걸고 골리앗을 향해 나아가게 했다. 그렇다, 분노의 대상은 하나님이 아니라 골리앗같이 하나님을 모독하는 인간이어야 한다. 지금 엘리바스는 다윗이 가졌던 바로 그 '거룩한 분노'를 똑같이 느끼고 있다. 엘리바스의 눈에 욥은 골리앗과 하나도 다르지 않으니까. 하나님에게 분노를 퍼붓는, 신성모독을 저지르는 욥을 향해 엘리바스는 이제 조금도 조심하지 않는다. 그런데 이게 다가 아니다. 진짜 놀라운 이야기가 그의 입에서 흘러나오는데, 당시 그 누구도 생각할 수 없었던 기독교의 핵심 교리다.

인생이 무엇이기에 깨끗하다고 할 수 있겠으며,

여인에게서 태어난 사람이 무엇이기에

의롭다고 할 수 있겠느냐? (15:14)

엘리바스는 지금 '원죄 교리'를 이야기하고 있다. '구약성경'에도 원죄 교리가 담겼다는 기독교 신학의 자가당착적 주장과 달리 오리지널 히브리성경에는 '원죄'라는 개념 자체가 없다. 태어나면서부터 인간이 악하다는 주장, 그렇기에 구원을 받아야 한다는 주장은 히브리성경 가르침에 비춰볼 때 외계어에 가깝다.[141] 따라서 기독교 신학자라면 이 구절을 보는 순간 환호성을 질러야 한다. 에덴동산에서 원죄를 끄집어내는 무리수 대신 이 구절을 근거로 원죄 사상이 히브리성경에 있다고 주장하는 게 낫다. 엘리바스의 원죄 이론은 한 걸음 더 나아가는데, 앞서 말했던 환상, '하나님은 당신의 천사들마저도 반드시 신뢰할 수 있다고 여기지는 않으신다'(4:18)를 반복하고 이렇게 말한다.

그분 눈에는 푸른 하늘도 깨끗하게만 보이지는 않는다. (15:15)

엘리바스는 지금 천지창조 후에 하나님이 천명한 선언, '보시기에 좋았더라'(창세기 1:31)를 180도 부정하고 있다. 죄에 물든 인간은 말할 것도 없고 자연을 포함한 피조물 세계 자체를 하나님이 경멸한다는, 정말 충격적이고 놀라운 주장이다. 이건 히브리성경 그 어디에서도 찾을 수 없는, 신약성경에 가서야 만날 수 있는 사상이다. 기독교 교리에 따르면 인간은 말할 것도 없고, 온 우주가 사탄 때문에 타락했다.

피조물은 하나님의 자녀들이 나타나기를
간절히 기다리고 있습니다. (…)
피조물도 썩어짐의 종살이에서 해방되어서,
하나님의 자녀가 누릴 영광된 자유를 얻으리라는 것입니다.
모든 피조물이 이제까지 함께 신음하며,
함께 해산의 고통을 겪고 있다는 것을, 우리는 압니다.

(로마서 8:19, 21-22)

이처럼 정확하게 기독교 교리를 설파한[142] 엘리바스는 이제 아예 욥을 '악인'으로 규정하고 신랄한 비난을 쏟아낸다.

'구역질나도록 부패하여 죄를 물 마시듯 하는 사람'[143]
'하나님께 대항하여 주먹을 휘두르는 자'
'전능하신 분을 우습게 여기는 자'
'전능하신 분께 거만하게 달려들고,
방패를 앞세우고 그분께 덤비는 자'

엘리바스가 특히 참을 수 없는 건, 도통 '하나님을 두려워하지 않는' 태도다. 모든 지혜의 근본이 하나님을 경외하는 것이라고 믿는 그의 눈에, 하나님을 향한 두려움이라곤 티끌만큼도 없어 보이는 욥은 이제 구제불능이다. 엘리바스는 사실상 이런 기도를 하고 있다.

"하나님, 왜 저런 악한 자를 살려두십니까? 지금이라도 불을 내려 태워 죽이십시오."

그러고는 욥과 같은 악한 자들의 운명을 예견한다.

하나님을 두려워하지 않는 무리는 **이렇게 메마르고.** (15:34)

'메마르고'라는 새번역은 오해의 소지가 있다. 개역개정이 정확한 의미를 전달한다.

경건하지 못한 무리는 자식을 낳지 못할 것sterile이며.

"욥, 너 같은 인간은 아예 대가 끊겨야 해. 참, 자식들 벌써 다 죽어서 어차피 대가 끊겼지? 그거 보라고, 아주 당연한 결과라니까?"

조금 전까지만 해도 욥을 기다리는 찬란한 미래, 그것도 새로 태어날 자식들까지 예언하며 축복하던 친구의 모습은 이제 사라지고 없다. 그나마 신중하게 욥을 대하던 엘리바스까지 왜 이렇게 바뀌었을까?

이런 엘리바스를 보면 이 말이 생각난다. "신념으로 똘똘 뭉친 돌쇠처럼 무서운 사람도 없다." 특히 종교와 정치에서 지나친 확신은 다름을 틀린 것으로, 다른 사람을 '적'으로 본다. 친구는 말할 것도 없고 가족도 예외가 아니다. 그래서 친한 사이일수록 가능하면 종교와 정치 얘기를 피하라는 건 현명한 충고다. 평생 같은 교회를 다니면서 '형제님, 자매님' 부르던 사람들이 목사 한 사람에 대한 생각 차이로 원수가 되는 건 비일비재하다. 단지 정치 성향이 다르다는 이유로 다른 기독교인에게 '수구꼴통' 또는 '공산주의자'라는 딱지를 붙인다. '할렐루야~' 하며 웃는 얼굴로 저주를 쏟아내는 목사들이 유튜브에 널리고 널렸다. 비록 입술로는 치명적인 맹독을 내뿜으면서도 얼굴에는 거룩한(?) 미소를 짓는, 메소드 연기자들이 적지 않다. 이처럼 오늘날에도 현대판 엘리바스는 어디에서나 만난다.

친구를 위로하겠다는 일념 하나로 멀리서 달려와 함께 칠 일을 울어주던 엘리바스는 욥에게 가장 아픈 자식의 죽음을 언급하며 친구이기를 포기했다. 다만 욥이라는 인간의 입을 꿰매고 싶은 마음뿐이다. 하나님을 두려워하지 않는 자는 친구가 될 수 없다. 그에게 중요한 건 언제나 하나님이지 인간이 아니니까.

"하나님이 나를 세우고 과녁을 삼으시니,
그가 쏜 화살들이 사방에서 나에게 날아든다.
그가 사정없이 내 허리를 뚫으시고,
내 내장을 땅에 쏟아 내신다."

욥(16-17장)

이제 거의 체념한 걸까? 독하디독한 엘리바스의 말에도 욥은 별로 동요하지 않는다.

이런 말은 내가 많이 들었나니,
너희는 다 재난을 주는 위로자들이로구나. (16:2, 개역개정)

그리고 앞서 엘리바스가 자신의 말을 바람에 비유했듯이[144] 욥도 같은 표현을 써서 대답한다.

너희는 이런 헛된(바람과 같은windy) 소리를
끝도 없이 계속할 테냐? (16:3)

욥은 또한 재판이 열리는 경우 그가 쏟아낸 말이 불리한 증거로 작용할 것이라는 엘리바스의 비난에도 동의할 수 없다.

너(욥)를 정죄하는 것은 네 입이지, 내가 아니다.
바로 네 입술이 네게 불리하게 증언한다. (15:6)

자신에게는 절대적으로 유리한 증거이자 재판이 시작되면 하나님에게 결정적으로 불리하게 작용할 고통이라는 증거가 있기 때문이다. 그리고 지금 하는 모든 말도 애초에 하나님이 초래한 고통의 결과물일 뿐이기에 오히려 자신에게 유리하게 작용할 것이라고 생각한다.

내게 있는 것이라고는, 피골이 상접한 앙상한 모습뿐입니다.
이것이 바로 주님께서 나를 치신 증거입니다. (16:8)

이런 욥이기에 말에서만은 지고 싶지 않아 따박따박 반박하지만, 사실 그의 마음은 자포자기에 가깝다.
"증거가 유리한들 뭐하고, 불리한들 뭐하냐? 어차피 결과는 정해져 있는데….'
이미 욥은 앞에서도 이런 진심을 내비쳤다.

비록 내가 옳다고 하더라도,
그분께서 내 입을 시켜서 나를 정죄하실 것이며,
비록 내가 흠이 없다고 하더라도,
그분께서 나를 틀렸다고 하실 것이다. (9:20)

얼마 전 유튜브에서 사극 〈용의 눈물〉을 봤다. 동생들까지 죽이고 왕이 된 후 왕권강화를 최우선 과제로 삼은 태종 이방원에게 가

너무도 가벼운 고통

장 큰 걸림돌이 외척세력이었다. 태종 입장에서 눈엣가시 같은 외척을 제거하는 가장 효과적인 방법이 뭘까? '역모'로 엮는 것이다. 독자들은 다 알겠지만, 조선 시대 역적모의라는 게 귀에 걸면 귀걸이고 코에 걸면 코걸이다. "에이, 세상이 왜 이렇게 살기 힘들어?" 이 한 마디도 얼마든지 역모에 해당할 수 있다. 굴비처럼 엮여서 태종 앞에 끌려온 외척들에게 증거나 증언이 무슨 소용이 있을까? 이미 다 결론이 난 상태에서 끼워 맞출 뿐인데. 지금 욥이 딱 그런 심정이다. 그러나 다른 건 몰라도, 친구들이 하는 말에 그냥 바보같이 침묵의 맞장구를 치고 싶은 마음이 전혀 없는 그는 좀 전에 엘리바스가 진단했던 고통의 이유를 기억한다.

> (욥 네가) 전능하신 분께 거만하게 달려들고,
> 방패를 앞세우고 그분께 덤빈 탓이다. (15:26)

여기에도 욥은 전혀 동의할 수 없다. 정작 달려든 이는 자신이 아니라 하나님이니까.

> 하나님이 나를 갈기갈기 찢고 또 찢으시려고
> 용사처럼 내게 달려드신다. (16:14)

그런 하나님은 또 어떤 하나님인가? 가만있는 사람을 건드려서 박살을 내야 직성이 풀리는 존재다.

> 나는 평안히 살고 있었는데,
> 하나님이 나를 으스러뜨리셨다.

내 목덜미를 잡고 내던져서,

나를 부스러뜨리셨다.

그가 나를 세우고 과녁을 삼으시니,

그가 쏜 화살들이 사방에서 나에게 날아든다.

그가 사정없이 내 허리를 뚫으시고,

내 내장을 땅에 쏟아 내신다. (16:12-13)

여기까지 말을 하자 갑자기 자기처럼 억울했던 한 사람, 성경 속 첫 번째 살인 피해자 아벨이 떠오른 욥이 외친다.

땅아 내 피를 가리지 말라. (16:18, 개역개정)[145]

창세기 4장 10절에서 하나님은 가인에게 이렇게 말했다.

네 아우(아벨)의 핏소리가 땅에서부터 내게 호소하느니라.

(개역개정)

히브리성경은 의로운 자가 흘린 피는 그 자체로서 생명의 근원인 하나님을 향한 울부짖음이라고 말한다. 욥은 지금 하나님에게 내가 흘리는 피와 아벨이 흘린 피가 뭐가 다르냐고 호소하고 있다. 그러고는 기독교인이 가장 자주 인용하는 말을 외친다.

지금 나의 증인이 하늘에 계시고

나의 중보자가 높은 데 계시니라. (16:19, 개역개정)

　　　　　　　　　　　　　　　　　　너무도 가벼운 고통

'하늘에 있는 증인'이라니, '나의 중보자'라니 누구를 말하는 걸까? 앞서 9장 33절에서 욥은 "하나님과 나 사이를 판결해 줄 이가 없구나!"라고 한탄했다. 여기서 말하는 증인, 중보자는 그럼 전에 말한 판결할 이와는 다른 사람인가? 앞에서는 분명히 없다고 했는데, 여기서는 있다고 하니 말이다. 그리고 그 중보자에게 기대하는 것도 명확하다.

> 사람과 하나님 사이에와 인자와 그 이웃 사이에
> 중재하시기를 원하노니. (16:21, 개역개정)[146]

이 구절의 명확한 의미는 이것이다.

"사람들 간 분쟁을 중재하듯, 하나님과 인간(mortal) 사이에서도 명확한 판단을 내려주길 원한다."

기독교에서는 이 중재자를 예수라고 생각하기에 욥은 '메시아를 기다린 사람'으로도 불린다. 예수가 태어나기 무려 천 년도 더 이전에 살았던 이방인 욥도 '메시아 소망'을 가지고 살았는데, 예수가 왔다 간 지 이천 년이 지난 지금까지도 여전히 예수를 거부하는 유대인은 기독교인에게 이해하기 불가능한 민족이다. 그런데 욥이 정말로 예수를 기다렸을까? 욥은 예수가 누구인지 알기는 했을까? 이 문제는 조금 있다가 다시 생각하자.

말이 나왔으니 기독교에서 욥이 갖는 가치를 잠깐 살펴보자. '메시아를 기다린 사람' 외에 그가 상징하는 것은 '예수의 그림자'다. 그러니까 고난받는 욥에게서 예수를 떠올릴 수 있다는 말인데, 기독교인이 쓴 욥기 관련한 책이라면 어디서나 쉽게 찾을 수 있는 주장이다.

하느님이 만인의 죄를 용서하는 일에는 의인의 대속 행위가 있다. 그것은 세상 사람들이 받아야 할 벌을 대신 받는 것이다. (…) 욥기는 그리스도의 수난을 예견하는 책이다. (…) 수난받는 의인 덕분에 나머지 사람들이 산다. (…) 의인들의 어려움 덕분에 하느님이 아직 세상을 심판하지 않는다는 생각은 인간의 정신세계를 깊게 만든다.[147]

기독교에서 성자로까지 추앙받는 성 아우구스티누스[148]는《하나님의 도성》에서 이런 욥의 가치를 분명하게 밝혔다.

욥기는 기독교 성경 주해에서 아주 중요한 위치를 차지하고 있다. 욥은 다름 아니라 앞으로 오실 그리스도를 미리 보고 예언한 사람이기 때문이다. 또한 동시에 죄가 없는데도 고난당한 예수님을 상징하는 인물로도 그려진다.[149]

욥이 예수를 상징한다고? 그럼 그 둘을 한번 비교해보자. 예수는 죄인들을 대신해서 죽었다. 그런데 욥은 누구를 대신해서 고통을 받았다는 걸까? 욥은 지금 악인들이 받아야 할 고난을 대신 받고 있는 게 아니다. 욥의 고난은 하나님이 사탄과 벌인 충동적인 내기 때문이고, 거기에 더해서 친구들의 무자비한 말은 그를 더 힘들게 하고 있다. 게다가 예수는 고난을 받으면서 억울하다고 외친 적이 없다. 그런데 욥은 지금 한사코 억울하다고 불평하고 있다. 예수가 십자가에서 외친 "아버지, 왜 나를 버립니까?"를 억울함의 표현으로 보고 욥과 비교하는 걸까? 뭐니 뭐니 해도 가장 중요한 건, 예수는 죄가 없는데도 고난을 받았다는 점이다. 그럼 욥도 죄가 없다

너무도 가벼운 고통

는 의미일까? 아닐 것이다. 에덴동산에서 최초로 '원죄'를 찾아낸 성 아우구스티누스는 말할 것도 없고, 똑같은 인간인 욥이 죄가 없다는 데 동의할 기독교인은 단 한 명도 없다.

그럼 도대체 어떤 의미로 욥이 예수를 상징하는, 예수의 그림자라는 걸까? 기독교 입장에서 욥은 잘해야 '의인 코스프레'를 하는 문제 많은 죄인일 뿐인데, 그런 그를 예수의 그림자라고 부르는 건 스스로 만든 올무에 걸리는 것이다. 그런데 그걸 기독교가 모를까? 모를 리가 없다. 그런데도 그러는 이유는 뭘까? 절박함이다. 기독교 교리와는 달라도 너무 다른 욥기를 어떡하든지 기독교 교리에 맞춰 해석해야 한다는 절박감. 그러나 예수와 욥을 동일선상에 놓고 비교하는 게 무리수라는 걸 잘 아는 기독교는 예수의 그림자로서의 욥이 아닌, 메시아 예수를 기다렸던 욥을 더 강조한다. 그런 면에서 지금 살펴본 16장 19절은 나중에 나올 19장 25절과 더불어 기독교가 욥기를 성경이라 부를 수 있게 하는 산소호흡기 같은 구절이다. 그럼 매튜 헨리는 이 구절을 어떻게 보았을까?

> 욥의 자랑은 나의 증인이 하늘에 계신다는 것이다. 선한 자가 형제들로부터 비난을 받고 있을 때에 자신의 결백을 아시는 하나님, 그의 누명을 곧 벗겨 주실 하나님이 하늘에 계시다는 사실은 그에게 이루 말할 수 없는 큰 위로가 된다는 것을 명심하라.[150]

"뭐라고요? 욥의 누명을 벗겨주실 하나님?"
바로 전에 욥은 하나님을 향해서 뭐라고 했던가?

나는 평안히 살고 있었는데,

하나님이 나를 으스러뜨리셨다.

내 목덜미를 잡고 내던져서,

나를 부스러뜨리셨다.

그가 나를 세우고 과녁을 삼으시니,

그가 쏜 화살들이 사방에서 나에게 날아든다.

그가 사정없이 내 허리를 뚫으시고,

내 내장을 땅에 쏟아 내신다. (16:12-13)

이랬던 욥이 고작 몇 초도 지나지 않아, 결백을 아시는 하나님, 누명을 벗겨주실 하나님을 기다렸다고? 매튜 헨리, 좀 심하다는 생각이 든다. 아무튼 많은 자료를 찾아보았지만, 아직까지 이 중재자가 누구인지에 대해서 '이거다!'라고 무릎을 치게 하는 설명을 만나지 못했다. 그러나 한 가지는 확실하다. 그 중재자가 매튜 헨리가 말하는, 욥의 누명을 벗겨줄 하나님은 절대 아니라는 것이다. 예수는 더더욱 아니다. 하나님이 중재자가 될 수 없는 이유는 지금까지 하나님이 욥에게 어떤 존재로 비쳐왔는지 살펴보면 쉽게 알 수 있다. 그럼 예수는 왜 안 될까? 시종일관 변치 않는 욥의 주장을 보면 확실하게 알 수 있다.

"난 죄가 없다, 나는 의인이다, 내가 받는 고통은 부당해."

자, 그럼 욥이 기다리는 중재자가 예수라고 가정해보자. 예수가 욥을 중재할 수 있을까? 전혀 아니다. 예수 입장에서 구원할 수 없는 사람 영순위가 욥이다. 예수를 믿어 구원받기 위한 선결조건은 다름 아니라 나 스스로 죄인임을 깨닫고 죄를 고백하는 것이다. 그런데 지금 욥은 정반대가 아닌가? 따라서 내가 무슨 죄를 지었냐며

너무도 가벼운 고통

하나님께 따지고 있는 욥이야말로 예수가 아무리 구원하고 싶어도 불가능한 죄인이다. 그런데도 욥이 중재자로 예수를 기다렸다면, 그는 성경 속 인물 중에서 가장 어리석은 사람이다.

유대교 랍비 중에는 그나마 중재자로 가능한 존재가 익명의 천사가 아닐까 하는 주장을 펼치는 사람도 있다. 그러니까 천상회의에 참석했던 천사, 욥이 고통받는 원인이 하나님이 사탄과 벌인 내기 때문임을 아는 천사라면 욥의 무죄를 증언하는 중재자가 될 수 있다는 주장이다. 그렇다면 욥에게 사탄만큼 확실한 중재자도 또 없을 것이다. 그러나 욥이 천사 또는 사탄을 마음에 두고 이런 말을 했을 리는 없다. 게다가 욥의 머릿속에 사탄이라는 존재가 있었다고 보는 것도 무리가 있다.[151]

16장 마지막 구절인 22절에 이르러서 욥은 지금까지 일관되게 하던 주장을 반복한다. 이 구절은 나중에 19장 25절을 이해하는 데에도 중요한 역할을 하는데, 죽으면 아무 소용이 없으니 중재자가 나올 거면 지금 당장 나와야 한다는 것이다.

이제 몇 해만 더 살면,
나는 돌아오지 못하는 길로 갈 것이다.

17장에서도 욥의 한탄이 이어진다.[152]

기운도 없어지고, 살 날도 얼마 남지 않고,
무덤이 나를 기다리고 있구나. (17:1)

심각한 우울증 모드에 돌입했다는 느낌이 들 정도다. 그러고는 또다시 죽고 싶다고 노래한다.

> 내 유일한 희망은, 죽은 자들의 세계로 가는 것이다.
> 거기 어둠 속에 잠자리를 펴고 눕는 것뿐이다.
> 나는 무덤을 '내 아버지'라고 부르겠다.
> 내 주검을 파먹는 구더기를
> '내 어머니, 내 누이들'이라고 부르겠다.
> 내가 희망을 둘 곳이 달리 더 있는가?
> 내가 희망을 둘 곳이 달리 어디 있는지, 아는 사람이 있는가?
>
> (17:13-15)

이 정도면 정말 비상 상황이다. 사실 욥기를 읽다 보면, 자살하지 않고 친구들과 논쟁을 이어가는 모습이 기적에 가깝다는 생각마저 든다. 무덤을 아버지라고 부르고, 시체에 득실거리는 구더기를 어머니, 누이라고 부르겠다니 말이다. 그럼 죽음 이후에는 희망이 있을까? 마지막 16절은 무슨 말인지 이해하기 어렵다.[153]

> 내가 죽은 자들이 있는 곳으로 내려갈 때에,
> 희망이 나와 함께 내려가지 못할 것이다.

스티븐 미첼은 이렇게 번역했다.
"희망도 나를 따라 무덤 속으로 갈 것이다. 그리고 먼지가 되어 내 곁에 머물 것이다."[154]

뭐가 되었든 지금 욥의 정신상태가 보통 심각하지 않다는 점만은 변함이 없다. 그래도 한때 친구였던 사람이, 이토록 처절하게 울

너무도 가벼운 고통

부짖는데도 친구들은 냉담하기만 하다. 그래도 인정이 있다면 마음을 고쳐먹고 손이라도 잡아줄 텐데, 상황은 오히려 정반대로 돌아간다. 그걸 이미 내다봤기 때문일까? 욥은 앞에서 이렇게 예언했다.

> 정직하다고 자칭하는 자들이 이 모습을 보고 놀라며,
> 무죄하다고 자칭하는 자들이
> 나를 보고 불경스럽다고 규탄하는구나.
> 자칭 신분이 높다는 자들은,
> 더욱더 자기들이 옳다고 우기는구나. (17:8-9)

아니나 다를까, 빌닷은 욥의 염장을 지른다.

"악인의 뒤를 잇는 자손이
남아 있지 않을 것이다.
악인의 집안에는 남아 있는 이가
하나도 없을 것이다."

빌닷(18장)

빌닷은 이제 욥을 설득하는 것을 깨끗하게 포기했다.

> 화가 치밀어서 제 몸을 갈기갈기 찢는 사람아,
> 네가 그런다고 이 땅이 황무지가 되며,
> 바위가 제자리에서 밀려나느냐? (18:4)

굳이 빌닷이 황무지와 바위를 언급하는 건 세상이 욥이라는 인간 하나 때문에 바뀌지 않는다는 것을 강조하기 위해서다.

"욥, 이 세상이 너 하나 때문에 바뀔 거 같아? 의인은 복 받고 악인은 벌을 받는다는 하나님이 정한 세상 원칙이 너 때문에 달라질 거 같아? 네가 의인이라고 우긴다고 세상이 달라지겠냐고?"

빌닷도 엘리바스와 마찬가지로 욥을 '악인'으로 규정하고, 악인에게 닥치는 운명을 구구절절 나열한다. 그러고는 차마 친구로서는 할 수 없는 말을 내뱉는데, 엘리바스가 던진 저주에 전염성이 있었던 걸까?

　　　　　　　　　　　　　　너무도 가벼운 고통

그(악인)의 뒤를 잇는 자손이 남아 있지 않을 것이다.

그의 집안에는 남아 있는 이가 하나도 없을 것이다. (18:19)

자식들이 다 죽은 이유가 욥이 악인이기 때문이라는 것이다. 처음에만 해도, 빌닷은 욥의 자식들이 죽은 이유는 그들이 지은 죄 때문이라고 생각했다. 그러나 욥의 말을 듣는 중에 생각이 바뀌었다. 너무나도 지독한 '죄인 욥'을 보다 못한 하나님이 그의 대를 끊기로 결정했고, 그 결과 자식들까지 다 죽었다는 것이다. 그러고는 욥을 '하나님을 알지 못하는 자'(18:21)라고 결론 내린다.

내가 죽더라도 자식만 있다면 생명이 이어진다고 생각한 고대에는 무자식은 완전히 끊어지는 생명을 의미했다. 아브라함이 그토록 간절하게 아들을 원했던 이유도 그래서였다. 따라서 지금 빌닷은 욥에게 '진짜 죽음'이라는 저주를 퍼붓고 있다. 그는 왜 이렇게까지 화를 내는 걸까?

욥이 빌닷의 현실을 흔들고 있기 때문이다. 누구나 안정을 보장하는 기존 현실status quo이 흔들릴 때 불안해한다. 그리고 그런 불안감이 분노로 바뀌는 건 순간이다. 하나님을 향해 주먹질을 하는 욥을 보면서 엘리바스가 느낀 감정이 소위 말하는 '거룩한 분노'라면, 빌닷이 느낀 건 불안감이 야기한 분노다.

욥, 네가 그런다고 이 땅이 황무지가 되며,

바위가 제자리에서 밀려나느냐?

이 말을 하는 빌닷에게서는 그래서, '내가 믿는 하나님에 대한 신학'을 포기할 수 없다는 인간의 절박함이 느껴진다. 네가 아무리

우겨도 내 현실은 무너지지 않을 거라고, 스스로를 향해 거는 주문처럼 들린다. 그럼에도 분명 조금은 흔들린 듯하다. 빌닷은 "욥, 너는 언제 입을 다물 테냐?"(18:1)라며 말을 시작하는데, 정확한 의미는 이것이다.

"네가 얼마나 더 말의 올무snare를 놓겠느냐?"[155]

즉, 욥의 말이 빌닷에게는 짐승을 잡는 올무, 함정으로 느껴졌다는 것이다. 행여 그 올무에 걸리면 어떡할까 불안해하는 마음을 엿볼 수 있다. 이런 빌닷을 보면 한 가지 질문이 떠오른다.

"부정할 수 없는 현실과 현실을 부정(왜곡)하는 신학 사이에서 사람은 어떤 선택을 할까?"

욥이 진리로 선택한 것은 그가 인식하는 현실이다. 그에 반해 친구들의 선택은 기존 신학이다. 그 신학에 따르면 욥이 고통을 받는 건 죄를 지었기 때문이다. 그러나 이 부분과 관련해서도 욥과 친구들 사이에는 분명한 차이가 있다. 욥은 자신이 죄를 지었을 수도 있다는 여지를 두고 있다. 그냥 막무가내로 지은 죄가 없다고 우기는 게 아니다. 그렇기에 하나님에게 알려달라고, 내가 잘못한 것이 무엇인지 알고 싶다며 재판을 요청하고 있다. 그래서 과거에 신앙하던 공정한 하나님에 대한 믿음을 계속 가질 수 있게 해달라고 간청하고 있다. 그러나 욥의 친구들에게는 여지가 없다. 하나님이 불공정할 수도 있다는 가능성은 아예 존재하지 않는다. 따라서 욥의 현실 인식을 받치는 토대가 '정직'인 반면, 친구들의 현실 인식을 받치는 기초는 타협의 여지가 없는 '교리'다.

C. S. 루이스[156]는 한때 고난에 대한 나름의 '교리'를 가지고 있다. 그는 고난과 관련한 유명한 어록도 꽤 많이 남겼다.

"하나님은 고난이라는 끌칼을 가지고 우리를 다듬어 하나님이 원하는 모습으로 빚어간다."

"고난은 귀머거리에게 하나님을 알게 하는 신비한 확성기다."

그러나 그런 루이스도 사랑하는 여인을 잃은 후 생각을 바꿨다고 한다. 그게 맞는다면 그는 현실이라는 도무지 부정할 수 없는 진실 앞에서 교리를 바꾼 것이다. 그러나 욥의 친구들에게서 그런 자세는 기대하기 어렵다. 진실, 정직 그리고 변화에 필요한 용기는 조금도 보이지 않는다. 친구들로부터 이제는 아예 '악인' 취급을 받는 욥의 위대함은 그래서 고난을 이긴 신앙이 아니라, 고난 속에서 찾아낸 정직과 용기다.

"내가 알기에는 나를 위해
복수할 이가 살아 계시니."

욥(19장)

빌닷의 말에 욥의 감정은 이제 클라이맥스로 향한다. 친구들을 향한 호소는 허공에 울리는 메아리에 불과하지만, 그럼에도 하나님이 보이지 않는 상태에서 그가 말할 수 있는 이는 친구들밖에 없다. 욥은 애원한다.

> 네가 언제까지 내 마음을 괴롭히며,
> 어느 때까지 말로써 나를 산산조각 내려느냐?
> 너희가 나를 모욕한 것이 이미 수십 번이거늘,
> 그렇게 나를 학대하고도 부끄럽지도 않으냐?
> 참으로 내게 잘못이 있다 하더라도, 그것은 내 문제일 뿐이고,
> 너희를 괴롭히는 것은 아니다. (19:2-4)

그리고 모든 잘못을 하나님 탓으로 돌리는데, 빌닷이 앞에서 쓴 단어 '올무'와 연결해서 목소리를 높인다.

너무도 가벼운 고통

나를 궁지로 몰아넣으신 분이 하나님이시고,

나를 그물로 덮어씌우신 분도 하나님이시다. (19:6)

스티븐 미첼은 "하나님이 나를 함정으로 유인했다"[157]라고 번역했다. 애초에 모든 고통의 발단이 천상회의에서 벌어진, 어이없는 내기 때문이라는 것을 어느 순간 욥이 알게 되었을까? 그래서 '그물(올가미)', '궁지(함정)'라는 단어를 썼을까? 그건 아니다.

점점 격해지는 감정 속에서 나를 향해 '진노'하는 하나님, 나를 '원수같이'(19:11) 보는 하나님을 향해 한탄하던 욥은 주변을 둘러보고는 새삼 곁에 남은 사람이 아무도 없다는[158] 것을 깨달았는지, 떠나버린 그들을 떠올리며 비참한 처지를 비유적으로 비관한다.

종을 불러도 대답조차 안 하니,

내가 그에게 애걸하는 신세가 되었고,

아내조차 내가 살아 숨 쉬는 것을 싫어하고,

친형제들도 나를 역겨워한다.

어린 것들까지도 나를 무시하며,

내가 일어나기만 하면 나를 구박한다. (19:16-18)

그리고 친구들을 향해 "어찌하여 너희마저 마치 하나님이라도 된 듯이 나를 핍박하느냐? 내 몸이 이 꼴인데도, 아직도 성에 차지 않느냐?"(19:22)는 한탄과 더불어 한 가지 소박한 소망을 피력하는데, 억울한 자신의 이야기가 기록되어 남겨지는 것이다.

아, 누가 있어 내가 하는 말을 듣고 기억하여 주었으면!

누가 있어 내가 하는 말을 비망록에 기록하여 주었으면!

누가 있어 내가 한 말이 영원히 남도록

바위에 글을 새겨 주었으면! (19:23-24)

다른 건 몰라도 이 소원은 성취되었다. 그의 억울한 호소가 '욥기'를 통해 기록되었으니까. 자, 이렇게까지만 보면 19장은 별 문제가 없다. 그러나 진짜 19장은 이제부터 시작이다. 25절에서 29절을 개역개정으로 살펴보자.

내가 알기에는 나의 대속자가 살아 계시니

마침내 그가 땅 위에 서실 것이라.

내 가죽이 벗김을 당한 뒤에도

내가 육체 밖에서 하나님을 보리라.

내가 그를 보리니

내 눈으로 그를 보기를 낯선 사람처럼 하지 않을 것이라.

내 마음이 초조하구나.

에드윈 굿은 《새로운 번역으로 욥기 읽기: 폭풍우 속에서In Turns of Tempest, A reading of Job》라는 탁월한 욥기 주석을 썼다.[159] 평생 욥기를 연구했다고 해도 과언이 아닌 이 유명한 히브리어 학자도 손을 놓도록 만든 구절이 있는데, 바로 19장 25절에서 27절까지다. "내가 알기에는 나의 대속자가 살아 계시니," 한 줄을 빼고 나머지 여섯 줄을 저자는 아예 공란으로 남겼다.

내가 알기에는 나의 대속자가 살아 계시니

—

—

—

—

—

—

25절에서 27절은 욥기를 연구하는 학자들을 미치게 만든다. 나는 지난 35년간 이 구절이 도대체 무슨 의미인지 이해하려고 노력했지만, 자신 있게 말할 수 있는 구절은 오로지 25절 전반부에 해당하는 첫 줄, '내가 알기에는 나의 대속자가 살아 계시니'뿐이다. (…) 나머지 부분이 내가 원하는 내용을 의미한다는 생각에 자의적 번역을 하는 대신, 나는 정직하게 다음 여섯 줄을 공란으로 비운다.[160]

물론 모든 학자가 다 에드윈 굿처럼 생각하지는 않는다. 스티븐 미첼은 이 구절을 다음과 같이 번역했다.

"언젠가 나의 증언자가 올 것이다. 그리고 내 복수를 해줄 자가 돌에 새긴 내 이야기를 읽을 것이다. 그리고 그는 하나님의 법정에서 나를 대신해 호소할 것이다. 그가 자리에서 일어나 내 결백을 밝혀 내 명예를 회복할 것이다."[161]

사실 이 구절은 히브리어 학자들 사이에서 끊임없는 논쟁거리다. 그러나 앞에서도 몇 번 언급했듯, 기독교는 그런 논쟁에 별반 관심을 기울이지 않는데, '필요한 것만 취하고 골치 아픈 것은 깨끗하게 무시한다'는 단순, 통쾌, 명쾌한 기독교 신학의 특징 때문이다. 그래서 그런지, 여기서도 꼭 필요한 25절 하나만 확실하게 취하고 그 외 여러 복잡한 논쟁거리는 깨끗하게 무시한다. 19장 25절은 기독교가 욥을 포기할 수 없게 하는 중요한 근거를 제공한다.

> 내가 알기에는 나의 대속자가 살아 계시니
> 마침내 그가 땅 위에 서실 것이라. (19:25, 개역개정)

이게 도대체 무슨 소리일까? 매튜 헨리는 이 구절이 "예수의 성육신을 가리킨다"[162]라고 단정한다. 또 《무디 성경 주석》은 "대속자라는 단어의 의미는 메시아 사상을 시사한다"[163]라고 주장한다. 대부분의 기독교 신학자는 이 구절을 근거로 욥이 예수를 기다렸다고 확신하는데, 과연 그럴까? 얼핏 보기에는 정말로 욥이 예수를 기다리는 거 같기도 하다. 게다가 '대속자'라니, 이건 누가 봐도 예수 아닌가? 그러나 이 경우에 생기는 문제가 한두 가지가 아니다.

여기 등장하는 '대속자Redeemer'는 히브리어로 '가엘go'el'이다. 문제는 '가엘'을 어떻게 번역하는가이다. 기독교는 이 단어를 '대속자'로 번역했지만,[164] 정확한 의미는 '복수자avenger'다. 같은 단어가 민수기 35장 19절과 신명기 19장 6절, 12절에도 나온다. 예를 들어, 마을 주민이 다른 부족민에게 살해당한 경우, 족장은 '가엘'을 지정해 복수를 하는데, 이 경우 그 사람은 단순한 '가엘'이 아니라 '가엘 하담go'el ha-dam' 즉, '피의 복수자'가 된다. 이렇게 '복수자'라는 명확한 의미를 가진 '가엘'을 기독교는 대속자라고 번역했다. 이건 마치 예수의 처녀 탄생 교리를 만들기 위해 이사야 7장 14절에 나오는, '젊은 여자'를 의미하는 히브리어 '알마'를 처녀에 해당하는 히브리어 '베툴라'가 분명히 있는데도 불구하고 '처녀'로 번역한 것과

비슷하다.[165]

하지만 우리는 이미 16장 19절 "지금 나의 증인이 하늘에 계시고 나의 중보자가 높은 데 계시니라"를 다루면서 이런 이현령비현령식 설명이 가져다주는 문제점을 살펴보았다. 여기서도 욥이 말하는 '대속자'가 정말로 예수라면, 똑같은 문제가 발생한다. 다시 말하지만, 예수 입장에서 죄가 없다고 끝끝내 우기는 욥이야말로 도무지 구원할 수 없는 사람이니까. 그런데도 욥이 예수를 '대속자'라고 부르면서 기다렸다고? 상황이 이런데도 이 구절이 16장 19절보다 훨씬 더 유명한 이유는 욥기를 통틀어 욥의 신앙을 상징하는 대표 구절 중 하나이기 때문이다. 에드윈 굿은 '복수자'를 '대속자'로 왜곡할 때 생기는 문제를 이렇게 설명한다.

> '가엘go'el이 대속자라는 기독교의 해석은 아예 고려할 여지도 없는데, 왜냐하면 여기서 욥이 말하는 '가엘'은 욥 자신과 하나님 사이에 더 끔찍한 적대 관계를 일으키는 존재이기 때문이다. 그런데 기독교에서 말하는 대속자는 죄인인 인간과 하나님 사이를 회복시키는 존재가 아니던가? 따라서 25절 속 '가엘'을 예수로 생각하고 싶은 기독교의 소망은 잘해야 대속자에 대한 오해이고, 최악의 경우에는 기독교의 믿음과는 정반대로 예수를 반 대속자anti-Redeemer로 만들게 된다.[166]

그렇다고 모든 학자가 다 '가엘'을 '복수자'라고 번역하지는 않는다. 양심상 차마 '대속자'라고는 번역하진 않더라도 '복수자' 대신 '중재자' 또는 '화해자' 정도의 적절한 선에서 타협하는 학자들이 적지 않다.

오랫동안 기독교에서 그리스도론에 입각해 해석된 이 유명한 구절은 욥이 이때까지 여러 번 반복해 주장한 재판에 관한 상상과 연결해서 해석해야 한다. 대속자는 단지 욥을 위해 나서서 증언해줄 사람일 뿐이다. 아마도 가족 중 누군가일 수 있는데, 여기서 '일어난다(서실 것이다)'도 법정 용어로 이해하면 된다.[167]

과연 그럴까? 그러나 그러기에는 문제가 있다. 앞서 욥은 그럴 만한 존재가 없다고 분명히 선언했기 때문이다.

나와 하나님 사이에 손을 얹을 판결자(중재자)도 없구나.
(9:33, 개역개정)

그럼 '가엘'을 증인 또는 중보자로 보는 건 어떨까? 욥도 증인이 하늘에 있다고 앞에서 언급했으니까.

지금 나의 증인이 하늘에 계시고,
나의 중보자가 높은 데 계시니라. (16:19, 개역개정)

그러나 욥은 그 증인이 지금 하늘에, 그러니까 하나님 앞에 있다고 말했다. 따라서 문맥으로만 볼 때 그건 하나님의 영향력 아래 있는 천사 정도로 보는 게 타당하고, 그들이 할 수 있는 건 잘해야 욥의 결백함을 증언하는 수준에 불과하다. 그러나 욥이 여기서 기대하는 존재가 고작해야 그런 천사라고 보기는 어렵다. 게다가 뜬금없이 천사를 왜 찾을까? 한 가지 기억할 점은 어려울수록 기본에 충실한 게 정답일 가능성이 높다는 상식이다. 따라서 이 구절을 해석하는 데 가장 중요한 건, '복수자'라는 분명한 의미를 가진 '가엘'이라는 단어와 하나님이 욥에게 어떤 존재인지 살펴보는 것이다. 욥은 하나님의 원수다. 욥이 생각하기에 자기를 원수로 여기는 하나님은 지금도 그를 죽이지 못해서, 그의 살을 갈기갈기 찢지 못해서 안달이 난 상태다.

> 주님께서 내게 분노하시고, 나를 미워하시며,
> 내게 이를 가시며, 내 원수가 되셔서,
> 살기 찬 눈초리로 나를 노려보시니 (…)
> 그가 나를 갈기갈기 찢고 또 찢으시려고
> 용사처럼 내게 달려드신다. (16:9, 14)

> 하나님이 내게 불같이 노하셔서, 나를 적으로 여기시고,
> 나를 치시려고 군대를 보내시니. (19:11-12)

이런 하나님을 앞에 둔 그의 심정을 고려할 때, 욥이 기다리는 '가엘'은 어떤 존재여야 할까? 게다가 욥이 하나님을 뭐라고 불렀던가?

> 세상이 악인의 손에 넘어갔고 재판관의 얼굴도 가려졌나니,
> 그렇게 되게 한 이가 그가 아니시면 누구냐. (9:24, 개역개정)

욥은 하나님을 '악인'이라고 불렀다. 악인에게 넘어간 이 세상을 누군가는 나서서 구해야 하는 게 아닐까? 그리고 무엇보다 그 악인

이 지금 욥을 적으로 삼고 용사같이 달려들어 죽이려고 한다. 이런 상황에서 욥에게 가장 필요한 존재는 누구일까? 생명의 위협을 받는 사람에게 가장 필요한 이는 나를 지켜주는 존재, 나의 억울한 한을 풀어줄 정도의 힘은 있어야 하지 않을까? 그게 하나님 밑에 있는 천사 정도로 가능하기나 할까? 이 구절에서 욥은 드물게 '안다'라는 확신에 찬 동사를 쓴다.

내가 알기에는 나의 대속자가 살아 계시니.

욥이 '안다'라는 이 동사를 쓴 건 13장 18절에서 "내가 정의롭다 함을 얻을 줄 아노라" 이후 처음이다. 그만큼 단호한 그의 심정이 분명하게 드러난다. '안다'라는 이 동사와 더불어 논쟁이 되는 단어 '가엘'에 관해 에드윈 굿은 이렇게 설명한다.

> 욥은 '복수자'가 살아 있다는 점을 강조한다. 많은 학자들이 이 구절이 우가리트Ugarit에서 발견된 바알Baal 텍스트[168]와 놀라울 정도로 흡사하다는 점을 지적한다. "내가 알거니와 바알은 살아계시니." 이 구절이 들어간 텍스트는 살해당한 다산fertility의 신 바알이 다시 살아서 돌아올 것에 관한 내용이다. 이는 욥의 상황에서 충분히 공감할 수 있는 주제로 볼 수도 있다. 복수자가 살아 있다는 욥의 확신은 하나님의 공격 앞에서 그가 느끼는 무력감, 그리고 하루라도 빨리 죽고 싶은 열망과 대조된다. (⋯) 또한 복수자는 원한을 갚아야 할 사람(저자 첨가: 이 경우 욥을 의미함)이 죽어야 비로소 복수를 감행할 수 있는지도 모른다. 그런 의미로 볼 때 죽음을 향한 욥의 갈망과 그가 살

아 있다고 확신하는 '가엘*go'el*'을 강하게 대조하는 것은 은유적
으로 볼 때 매우 합당하다.[169]

그렇다, 욥은 하나님만큼 힘을 가진 누군가의 도움을 받아 복수
하고 싶은 것이다. 그러나 다른 책도 아니고 성경에, 그것도 인내
하는 의인의 상징으로 칭송받는 욥의 입에서 하나님을 향한 '복수
자' 운운하는 말이 나왔다는 건 누구라도 인정하고 싶지 않은 것이
다. 그러니까 어떻게든 '가엘'의 의미를 중화하거나 약화하려고 한
다. 그런데 욥이 정말로 갈망한 존재가 '복수자'가 맞는다면, '복수
자'를 통해서 무엇을 어떻게 하고 싶다는 것일까? 아쉽게도 26-27
절의 의미를 정확하게 알 수 없는 한 단정할 수 없다. 한 가지 확실
한 건, 복수하고 싶은 대상이 욥에게는 하나님으로 끝나지 않는다
는 사실이다. 친구들을 향해서 욥이 말한다.

> 너희는 칼을 두려워할지니라
> 분노는 칼의 형벌을 부르나니
> 너희가 심판장이 있는 줄을 알게 되리라. (19:29, 개역개정)

여기서 말하는 심판장이 '가엘'을 의미하는 걸까? 확신할 수는
없지만 그럴 가능성이 아주 높다. 그리고 그 '가엘'의 손에 들린 건
날카로운 칼이다. 중요한 건, 철저하게 하나님의 입장에서 잔인한
공격을 멈추지 않는 친구들도 욥에게 원수라는 사실이다. 어딘가
에 그런 욥의 한을 풀어줄 '가엘'의 칼이 정말로 있다면, 지금까지
친구들이 쏟아낸 잔인한 말을 생각할 때, 그 칼끝이 가장 먼저 향할
곳은 그들의 입이 될지도 모른다.

"입을 다물고 있으려 했으나,
네 말을 듣고 있자니
화가 나서 참을 수가 없다."

소발(20장)

아예 협박조의 말을 들은 소발은 도무지 가만있을 수 없다.

> 입을 다물고 있으려 했으나,
>
> 네 말을 듣고 있자니 화가 나서 참을 수가 없다.
>
> 네가 하는 말을 듣고 있자니 모두 나를 모욕하는 말이다.
>
> (20:2-3)

스티븐 미첼의 해석을 보자.

"내 맘이 분노로 끓고 있다. 격노가 나로 하여금 말을 하지 않을 수 없도록 만드는구나. 너의 모욕적인 말은 이제 충분히 들었다. 너는 우리가 전해주는 지혜를 거짓말로 대답하고 있다."[170]

하나님을 경외하는 기독교인이라면 분노에 찬 이런 소발을 이해하고도 남을 것이다. 감히 어떻게 하나님을 향해 복수 운운하는 말까지 할까? 아무리 자식을 다 잃었다고 해도 사람이 할 말이 있고, 해서는 안 될 말이 있지 않은가? 여기까지만 봐서는 정말 뭔가 엄

너무도 가벼운 고통

청난 반격이 나올 듯하다. 게다가 소발은 이렇게 밑밥까지 깐다.

> 그러나 깨닫게 하는 영이 내게 대답할 말을 일러주었다. (20:3)

'깨닫게 하는 영'이라니, 엘리바스에게 나타났다는 신비한 '영'을 말하는 듯하지만, 사실 이건 소발의 언어 습관이다. 앞에서도 소발은 이렇게 말했다.

> 이제 하나님이 입을 여셔서 네게 말씀하시고,
> 지혜의 비밀을 네게 드러내어 주시기를 바란다. (11:5-6)

자기가 하는 말은 무조건 '하나님의 뜻'이라고 믿고 사는 소발, 이 친구는 그 엄청난 은사를 여기서 다시 발휘한다. 앞에서는 자기 말을 하나님의 입과 연결하더니 여기서는 깨닫게 하는 영에 갖다 붙인다. 그런데 깨닫게 하는 영이라니? 과연 얼마나 대단한 지혜를 쏟아놓을까? 실망스럽게도 악인이 흥하는 게 얼마나 무익한가에 관한 지루한 설명이다.

> 악한 자의 승전가는 언제나 잠깐뿐이었으며,
> 경건하지 못한 자의 기쁨도 순간일 뿐이었다. (…)
> 그의 몸에 한때는 젊음이 넘쳤어도,
> 그 젊음은 역시 그와 함께 먼지 속에 눕게 될 것이다. (…)
> 악한 자가 삼킨 것은 독과도 같은 것,
> 독사에 물려 죽듯이 그 독으로 죽는다. (20:5, 11, 16)

그러니까 악인을 부러워하지 말라는 뻔한 충고인데, 이 지점에서 소발에게 되물어야 한다.

"언제 욥이 악인이 흥하는 게 부럽다고 말한 적 있어?"

전혀 없다. 욥은 그와 비슷한 말도 한 적이 없다. 단지 내가 죄가 없다고 주장할 뿐이다. 거창하게 시작한 소발은 왜 뜬금없이 악인 타령을 늘어놓을까? 그렇다고 앞선 빌닷처럼 욥을 아예 악인이라고 부르는 것도 아니다. 비록 틀린 말은 하나도 없지만 소발의 악인 타령, 그것도 깨닫게 하는 영이 주었다는 그의 말이 도무지 어떤 맥락에서 나왔는지 이해하기 어렵다.

너무도 가벼운 고통

두 번째 라운드까지만 봐서는 욥이 진짜로 바라는 것을 파악하기가 쉽지 않다. 시시비비를 가리자며 재판을 요구하는 와중에도 하나님을 향한 기대와 불신 사이에서 갈팡질팡할 뿐 아니라, 19장에 들어와서는 아예 하나님을 대항할 '복수자'를 염원하는 걸 보면, 너무 극심한 고통에 시달리는 바람에 아예 신앙을 접었나 하는 생각이 들 정도다. 그렇다면 굳이 이렇게까지 논쟁을 이어가는 건 더더욱 이해하기 힘들다. 욥이 바라는 게 뭘까? 욥에게 하나님은 정말 어떤 존재일까? 이런 질문을 던지면서 세 번째 라운드를 지켜보자.

단 여기서 한 가지 기억할 점이 있는데, 앞선 두 번의 라운드와 달리 친구들의 말과 욥의 말이 마구 섞인 부분이 적지 않다는 것이다. 따라서 성경을 100% 오류가 없는 하나님의 말씀으로 믿는 기독교인에게, 이 세 번째 라운드는 이해 자체가 불가능할 것이다. 지킬 박사와 하이드와 다름없는 욥을 만나기 때문이다. 그러나 다행스럽게도 여러 학자들의 노력으로 우리는 오류투성이 성경 배열을 바로잡고, 욥의 말과 친구들의 말을 적절하게 구분할 수 있게 되었다.

> "의인이든 악인이든,
> 그들 두 사람은 다 함께 티끌 속에 눕고 말며,
> 하나같이 구더기로 덮이는 신세가 된다."
>
> 욥(21장)

소발이 언급한 깨닫게 하는 영이 악인을 부러워한 적 없는 욥의 패러다임을 바꿔버렸는지, 21장에서 특히 두드러진 것은 '차라리 내가 악인이면 좋겠다'라는 심정까지 내비치는 욥의 반발심이다.

> 어찌하여 악한 자들이 잘 사느냐?
> 어찌하여 그들이 늙도록 오래 살면서 번영을 누리느냐?
> 어찌하여 악한 자들이 자식을 낳고, 자손을 보며,
> 그 자손이 성장하는 것까지 본다는 말이냐? (…)
> 어린 자식들은, 바깥에다가 풀어 놓으면, 양 떼처럼 뛰논다.
>
> (21:7-8, 11)

"소발아, 뭐라고? 악인을 부러워하지 말라고? 왜 그러면 안 되는데? 나보다 낫잖아? 자식들도 죽지 않고 다 행복하게 같이 살잖아? 그런 악인을 왜 부러워하면 안 되는데?"

지금 욥은 원통해서 가슴을 치고 있다.

너무도 가벼운 고통

"평생 하나님을 섬기고 살다가 자식까지 다 잃은 나는 뭔데?"

그런데 행복하게 잘 먹고 잘 사는 악인들, 그들의 정체는 무엇인가? 하나님을 인정하지도 않는 사람들이다.

> 그런데도 악한 자들은,
> 자기들을 그냥 좀 내버려 두라고 하나님께 불평을 한다.
> 이렇게 살면 되지, 하나님의 뜻을 알 필요가 무엇이냐고 한다.
> 전능하신 분이 누구이기에 그를 섬기며,
> 그에게 기도한다고 해서 무슨 도움이 되겠느냐고 한다.
>
> (21:14-15)

그래서 욥도 그렇게 되고 싶다는 건가? 친구들의 비난대로 아예 '하나님을 모르는 자'가 되는 게 행복의 지름길이라고 생각하기에, 하나님을 향해 점점 더 강도 높은 말을 쏟아내는 것일까? 그럴 리 없다. 지금 욥의 관심사는 악인도, 악인의 행복도 아니다. 악인이 되어 그들처럼 행복해지고 싶다는 건 더더욱 아니다. 욥은 오로지 하나님만을 겨냥하고 있다. 욥에게 문제가 되는 건 행복한 악인이 아니라 하나님이다. 일방적이고 공정하지 않은 하나님이 문제다.

이어지는 구절에서 개역개정은 반문하는 의문문을 평서문으로 만들어 신성모독을 신앙고백으로 왜곡했다.[171] 다행스럽게도 새번역은 이 문제를 깨끗하게 해결했다. 욥은 지금 현실을 둘러보며 세상 돌아가는 행태를 조롱하고 있다.

> 악한 자들의 등불이 꺼진 일이 있느냐?[172]
> 과연 그들에게 재앙이 닥친 일이 있느냐?

하나님이 진노하시어,
그들을 고통에 빠지게 하신 적이 있느냐?
그들이 바람에 날리는 검불과 같이 된 적이 있느냐?
언제 폭풍에 날리는 겨와 같이 된 적이 있느냐?

(21:17-18)

그러면서 지금 세상이 잘못 돌아가는 이유가 하나님의 게으름 때문이라고 말한다. 정작 죄를 지은 아버지에게 가야 할 죗값을 미루고 미루다가 자식에게 돌리는 하나님이 문제라는 것이다. 죗값을 치러야 할 죄인이 진노의 잔을 피하는데, 세상이 어떻게 제대로 돌아가겠냐는 것이다.

너희는 "하나님이 아버지의 죄를 그 자식들에게 갚으신다"
하고 말하지만,
그런 말 말아라! 죄 지은 그 사람이 벌을 받아야 한다.
그래야만 그가 제 죄를 깨닫는다.
죄인은 제 스스로 망하는 꼴을 제 눈으로 보아야 하며,
전능하신 분께서 내리시는 진노의 잔을 받아 마셔야 한다.

(21:19-20)

욥은 지금까지 살아온 인생이 후회스럽다. 뭐 하러 그렇게 하나님을 두려워하면서 살았는지, 자식들이 잔치를 벌이고 나면 뭐가 무서워서 그렇게 일일이 번제를 올리면서 전전긍긍했는지, 어차피 세상에는 그 어떤 정의도 없는데 말이다.

너무도 가벼운 고통

어떤 사람은 죽을 때까지도 기력이 정정하다.

죽을 때에도 행복하게, 편안하게 죽는다.

평소에 그의 몸은 어느 한 곳도 영양이 부족하지 않으며,

뼈마디마다 생기가 넘친다.

그러나 어떤 사람은 행복하고는 거리가 멀다.

고통스럽게 살다가, 고통스럽게 죽는다. (21:23-25)

그리고 악인이나 의인이나, 결과는 다 똑같은 죽음이다. 아무리 눈을 씻고 찾아봐도 의인과 악인이 다를 게 없다.

그들 두 사람은 다 함께 티끌 속에 눕고 말며,

하나같이 구더기로 덮이는 신세가 된다. (21:26)

의인의 죽음과 악인의 죽음이 뭐가 다르냐고 묻고 있다. 악인의 무덤에만 구더기가 끓는 것도 아니다. 중요한 건 살아 있을 때 얼마나 행복한가의 여부다. 이제 욥의 시야는 지평선 너머까지 이르렀다. 세상이, 세상이 온통 잘못되었다는 것을 점점 더 선명하게 깨달아가고 있다. 스티븐 미첼의 번역으로 살펴보자.

"너희들 지금 무슨 생각하고 있는지 다 안다. 너희들이 나를 향해 던지려는 거짓말도 알고 있다. 너희들은 '부자가 어디 있는데? 행복하게 잘 사는 악인이 어디 있는데?'라고 말하는구나. 너희들은 여행자들과 대화도 한 번 한 적 없냐? 그 사람들로부터 들은 이야기도 없냐? 악인은 다 멸망에서 벗어나고 또 진노의 날에도 살아남는다는 이야기를 듣지 못했느냐? 그 악인들을 정죄하거나 벌주는 자가 없다. 그래서 악인은 화려하게 죽고 또 수천 명이 울면서 그의

관 뒤를 따른다. 그는 땅속에 고이 모셔지고 그의 무덤 위에는 꽃이
핀다."[173]

욥은 이제 무죄를 주장하고 싶은 마음도 없다. 누가 의인이고 누
가 죄인인지는 더 이상 중요하지 않다. 단지 후회하는 게 있다면,
차라리 과거에 악인으로 살지 못한 것이다. 만약에 그랬다면, 지금
도 아내와 자식들의 웃음소리를 들으면서 행복하게 살고 있을 테니
말이다.

"내가 뭐 하러 하나님 앞에서 의롭게 살았을까?"

욥은 상상도 못하겠지만, 사실 그게 지금 그가 고통당하는 진짜
이유다. 그가 의롭지 않았다면, 애초에 하나님은 사탄과 내기를 하
지도 않았을 테니까. 천상회의 내막을 모르는데도 욥은 조금씩 진
실을 향해 다가가고 있다. 자기가 저지른 과오를 조금씩 알아가고
있다. '의인으로 살아왔던 삶', 그것이야말로 그가 저지른 가장 치
명적인 과오다. 욥은 지금 이렇게 말하고 있다.

"하나님, 나는 당신을 사랑했습니다. 그래서 당신이 명한 모든
명령을 지키면서 의롭게 살았습니다. 그런데 지금 보니까 당신이
사랑한 사람들은 따로 있었군요. 당신을 무시하고 조롱하던 이들이
야말로 당신의 사랑을 받는 사람들이더군요. 배신감에 치가 떨려
한참 떨었습니다. 친구들이 나를 미친놈이라고 여길 정도로 당신
에게 대들었습니다. 하지만 어떻게 내게 이럴 수가 있습니까? 이토
록 울부짖었는데도 내게 아무런 대답도 하지 않고, 어떻게 이토록
철저하게 나를 무시할 수 있습니까? 당신을 사랑하고 순종한 게 잘
못입니까? 그게 내가 저지른 잘못입니까? 그래서 내게 이런 고통을
주는 겁니까? 그럼 이제부터 당신을 조롱하고 무시하는 저 악인들
처럼 살겠습니다. 그럼 다른 건 몰라도 이 세상에서 고통은 당하지

너무도 가벼운 고통

않을 테니 말입니다."

욥의 분노에 담긴 감정은 불경함이 아닌 배신감이다. 깊은 사랑
뒤에 따라오는 차가운 배신감, 사랑하지 않았다면 느낄 리도 없고
따질 리도 없는 배신감이다.

"너는 하나님과 화해하고,
하나님을 원수로 여기지 말아라.
그러면 전능하신 분이 네 보물이 되실 것이다."
엘리바스(22장)

지금까지는 그래도 신앙고백으로 둔갑시킨 욥의 말만 잘 풀어내면 본문의 의미를 파악하는 데에는 별 문제가 없었지만, 세 번째 라운드에 들어오면서 상황이 바뀐다. 당장 엘리바스부터 사람이 싹 달라진다. 욥의 과거를 열거하고는, 잘 살 때 약자들에게 잔인했다며 막무가내로 욥을 비난하는데, 아예 그를 남의 재산이나 훔치는 도둑으로 몰아붙인다.

> 오히려 네 죄가 많고, 네 죄악이 끝이 없으니,
> 그러한 것이 아니냐?
> 네가 까닭 없이 친족의 재산을 압류하고,
> 옷을 빼앗아 헐벗게 하고,
> 목마른 사람에게 마실 물 한 모금도 주지 않고,
> 배고픈 사람에게 먹을 것도 주지 않았기 때문이 아니겠느냐?
> (…)
> 너는 과부들을 빈손으로 돌려보내고,

너무도 가벼운 고통

고아들을 혹사하고 학대하였다. (22:5-7, 9)

엘리바스 이 사람, 이제 와서 무슨 소리를 하는 걸까? 아까까지
만 해도 최소한 욥의 인간적인 선함은 인정하지 않았던가?

너도 전에 많은 사람을 가르치기도 하고,
힘없는 자들의 두 팔을 굳세게 붙들어 주기도 했으며,
쓰러지는 이들을 격려하여 일어나게도 하고,
힘이 빠진 이들의 무릎을 굳게 붙들어 주기도 했다. (4:3-4)

그랬기에 욥이 받는 고통도 하나님이 사랑하는 이에게 주는 연
단이라며 격려하지 않았던가? 그런데 왜 갑자기 이렇게 태도를 바
꾸었을까? 물론 두 번째 이야기를 할 때부터 엘리바스의 톤이 많
이 달라진 건 사실이다. 하지만 아무리 그래도 욥의 과거를 깡그리
부정하는 건 말이 안 된다. 욥이 넘어지는 자를 말로만 붙들어줬을
까? 물질적으로도 도와주었을 것이다. 정말로 엘리바스는 욥을 '까
닭 없이 친족의 재산을 압류하고, 옷을 빼앗아 헐벗게 하고, 목마른
사람에게 마실 물 한 모금도 주지 않고, 배고픈 사람에게 먹을 것도
주지 않았던' 사람으로 보는 걸까? 그런데 그의 오해 내지 음해는
거기서 그치지 않는다. 욥을 더 강하게 압박한다.

그런데도 너는 "하나님이 무엇을 아시겠으며,
검은 구름 속에 숨어 계시면서
어떻게 우리를 심판하실 수 있겠느냐?
짙은 구름에 그가 둘러싸여 어떻게 보실 수 있겠느냐?

다만 하늘에서만 왔다갔다 하실 뿐이겠지!" 하는구나.

(22:13-14)

엘리바스는 지금 이렇게 추궁하고 있다.

"욥, 왜 너는 하나님에게 '당신이 뭘 제대로 볼 수나 있습니까? 당신이 뭘 제대로 아는 게 있습니까?'라면서 따지는 건데?"

문제는 욥은 그런 말을 한 적도 없을 뿐 아니라, 정작 욥의 불만은 보지 못하는 하나님이 아니라 너무 자세히 관찰하는 하나님이다.

내가 바다 괴물이라도 됩니까?

내가 깊은 곳에 사는 괴물이라도 됩니까?

어찌하여 주님께서는 나를 감시하십니까? (7:12)

내가 살 날도 이제 얼마 남지 않았습니다.

나를 좀 혼자 있게 내버려 두십시오.

내게 남은 이 기간만이라도,

내가 잠시라도 쉴 수 있게 해주십시오. (10:20)

짓지도 않은 죄를 지었다는 엉뚱한 공격으로 시작한 엘리바스는 아예 한 걸음 더 나아가, 하지도 않은 말을 했다며 욥을 모함한다. 그런데 거기서 끝나지 않는다. 조금 전에 욥이 했던 말 "(잘 먹고 잘 사는) 악한 자들은, 자기들을 그냥 좀 내버려 두라고 하나님께 불평을 한다"(21:14)를 인용하면서 잘 먹고 잘 사는 악인이 하나님에게 그런 모독적인 말을 할 리가 없다며, 이번에는 욥의 '신학'을 비판한다.

너무도 가벼운 고통

그들은(악인은) 하나님께 말하기를
"우리를 좀 그냥 내버려 두십시오.
전능하신 분이라고 하여 우리에게
무슨 일을 더 하실 수 있겠습니까?" 하였다.
그들의 집에 좋은 것을 가득 채워 주신 분이
바로 하나님이신데도
악한 자들이 그런 생각을 하다니, 나는 이해할 수 없다.

(22:17-18)

한마디로 축복받은 악인이 하나님에게 불평을 할 리가 없다는 주장인데, 순간 엘리바스는 '아차' 했다. 하나님을 향한 변명에 너무 골몰한 나머지 또 한 번 모순을 저지른 것이다. 악인은 결코 축복받을 수 없다던 그가 악인도 얼마든지 축복받아 잘 살 수 있다고, 자기 입으로 인정해버린 셈이 되었다. 그래서 급하게 수습하는데, 잠시 잠깐 잘 사는 것 같아도 악인은 결국 멸망하고 의인은 그런 악인을 보며 하나님의 정의를 기뻐한다고 말한다.

그런 악한 자가 형벌을 받을 때에,
의로운 사람이 그것을 보고 기뻐하며,
죄 없는 사람들이 그것을 보고 비웃기를
"과연 우리 원수는 전멸되고,
남은 재산은 불에 타서 없어졌다" 할 것이다. (22:19-20)

중요한 건, 엘리바스가 말하는 '악인'에 욥이 포함된다는 사실이다. 그래야 잠시나마 말실수를 한 자신을 변명할 수 있기 때문이다.

엘리바스는 지금 이렇게 말하고 있다.

"이봐, 욥, 악인은 결코 잘 될 수 없다는 내 말, 틀리지 않았어. 내 말 잘 들어, 악인도 잘 살 수 있어. 하지만 그건 메뚜기 한 철이야. 너를 보면 알잖아? 네가 한때 좀 잘 살았어? 동방 제일의 부자로도 불렸잖아? 하지만 지금 네 꼴을 봐. 이게 다 뭘 말하는 거야? 악인은 결국에는 다 멸망하고 벌을 받는다는 하나님의 진리를 증명하는 거 아니겠어?"

이런 엘리바스를 과연 친구라고 부를 수 있을까? 그런데 진짜 문제는 21절부터 시작한다. 욥을 악인으로 생각하는 그가 갑자기 톤을 180도 바꾼다.

> 그러므로 너는 하나님과 화해하고,
> 하나님을 원수로 여기지 말아라.
> 그러면 하나님이 너에게 은총을 베푸실 것이다.
> 하나님이 친히 말씀하여 주시는 교훈을 받아들이고,
> 그의 말씀을 네 마음에 깊이 간직하여라. (…)
> 그러면 전능하신 분이 네 보물이 되시고,
> 산더미처럼 쌓이는 은이 되실 것이다. (…)
> 사람들이 쓰러지거든,
> 너는 그것이 교만 때문이라고 일러주어라.
> 하나님은 겸손한 사람을 구원하신다. (22:21-22, 25, 29)

오락가락하는 엘리바스의 정신상태는 잠시 옆으로 밀어놓고, 이 구절 자체에만 집중해보자. 정말 시편 속 그 어떤 구절보다도 뛰어나다. "그의 말씀을 네 마음에 깊이 간직하라"는 그 유명한 시편

1편 2절을 떠올리게 한다.

> 의인은 (…) 오직 여호와의 율법을 즐거워하여
> 그의 율법을 주야로 묵상하는도다. (개역개정)

특히 '전능하신 분이 네 보물이 되시고'라는 구절에서 나는 존 파이퍼를 떠올렸다. 한때 나는 "하나님을 기뻐하라Christian hedonism"는 그의 신학에 푹 빠져서 살았던 적이 있다. 상대를 생각만 해도 얼굴에 미소가 피어나고 가슴이 뛰는 첫사랑에 빠진 연인의 마음, 하나님을 향한 마음도 그래야 한다는 것이다. 지금 엘리바스가 주장하는 게 바로 존 파이퍼의 신학이다. 하나님이 보화가 되고 고귀한 은이 된다는 건, 쑥쑥 올라가는 매출과 차곡차곡 잔고가 쌓여가는 통장에 하루의 피로가 다 풀리는 장사꾼처럼 하나님과 화목하고 평안한 사람은 하나님을 생각만 해도 기쁨에 넘칠 거라는 주장이다. 정말로 주옥같은 충고다. 글자 하나 버릴 게 없을 정도다. 그런데 문제는 엘리바스가 믿는 신학이 맞는다면, 욥은 한때 잘 살다가 결국은 멸망해버린 악인일 뿐인데, 그런 그에게 이런 충고가 가당키나 하냐는 것이다.

"하나님이 설혹 나를 채로 거른다고 해도,
나는 금처럼 정결하게 나올 거야!"

욥(23-24장)

23장에서 욥은 단 두 가지에만 집중한다. 하나님의 부재와 더불어 하나님의 공의에 대한 '불신'이다. 사실 이 내용은 지금까지 욥이 계속해서 펼친 주장의 연장선상에 있다. 일단 욥은 엘리바스의 말도 안 되는 음해에 적극적으로 대응하면서 말을 시작한다. 앞에서 엘리바스는 "하나님이 무엇을 아시겠으며, 검은 구름 속에 숨어 계시면서 어떻게 우리를 심판하실 수 있겠느냐?"라고 욥이 하지도 않은 말을 했다고 우기면서, 욥이 하나님을 무식한 존재로 치부했다고 비난했다. 그러나 욥은 그런 부당한 비난 앞에서 마지막이라는 심정으로 자신이 바라는 건 오로지 하나님 앞에서 무죄를 드러내는 공정한 재판뿐임을 다시 한번 강조한다.

> 내게 대답하시는 말씀을 내가 알며
> 내게 이르시는 것을 내가 깨달으랴
> 그가 큰 권능을 가지시고 나와 더불어 다투시겠느냐
> 아니로다 도리어 내 말을 들으시리라

너무도 가벼운 고통

거기서는 정직한 자가 그와 변론할 수 있은즉

내가 심판자에게서 영원히 벗어나리라. (23:5-7, 개역개정)

이 부분은 황당하게 번역한 새번역[174]에 비해서 그나마 개역개정이 정확하지만, 의미를 제대로 이해하려면 학자들의 번역을 참조해야 한다.

"나는 그의 대답을 알고 그가 내게 하시는 말씀을 이해할 것이다. 그가 권능을 휘두르며 나를 고소하실까? 아니, 그는 내 말을 들으실 것이다. 거기서는 정직한 자가 하나님과 논쟁할 수 있다. 그렇기에 나는 그분께 내가 처한 상황을 똑바로 알려드릴 것이다. (그렇기에 나는 제대로 된 재판을 받게 될 것이다.)"[175]

지금 욥은 다시 한번 하나님에게 기대를 거는 걸까? 그러나 욥에게는 여전히 풀리지 않는 근본적인 문제가 있는데, 그건 계속 자신을 피해다니는 듯한 하나님이다. 그러다 보니 욥의 마음은 말 그대로 둘로 갈라져서 어떤 때는 "재판만 하면 모든 게 풀릴 거야"라고 생각하다가 또 어느 순간에는 "과연 그게 가능할까? 지금도 숨어서 보이지가 않잖아?" 하는 생각에 갈팡질팡하고 있다.

그러나 동쪽으로 가서 찾아보아도, 하나님은 거기에 안 계시고,

서쪽으로 가서 찾아보아도, 하나님을 뵐 수가 없구나.

북쪽에서 일을 하고 계실 터인데도, 그분을 뵐 수가 없고,

남쪽에서 일을 하고 계실 터인데도, 그분을 뵐 수가 없구나.

(23:8-9)

그럼에도 그는 확신한다. 하나님과 만나기만 한다면 무죄를 증명하고 재판에서 승리할 수 있을 거라고, 내가 의인이라는 사실이 만천하에 분명히 드러날 거라고 말이다. 그래서 10절에서 외치는 그의 말에는 비장감마저 서려 있다.

"그는 내가 걸어온 삶의 길을 아는 분이야. 나를 테스트하라고 해, 그럼 나는 순금처럼 나타날 테니."[176]

그런데 기독교에서 이 구절은 전혀 이런 의미로 알려지지 않았다. 가장 유명한 번역은 많은 기독교인이 즐겨 암송하는 개역한글 번역이다.

나의 가는 길을 오직 그가 아시나니
그가 나를 단련하신 후에는 내가 정금 같이 나오리라.

매튜 헨리는 "욥은 하나님 자신이 그의 결백을 증언해주실 증인이라는 것으로 위로를 삼고, 그렇기 때문에 그 결과가 좋으리라는 것을 의심하지 않았다"[177]라며 욥을 180도 왜곡했다. 욥이 하나님 때문에 위로를 받고 있다고? 그러나 여기서 중요한 건 욥의 진심이 아니다. "네 시작은 미약하였으나 네 나중은 심히 창대하리라"는 빌닷의 말처럼, 기독교에서 내 귀에 듣기 좋은 구절이면 앞뒤 글맥을 싹둑 자르는 건 아무런 문제가 되지 않는다. 그러다 보니 이 구절을 모티브로 한 가스펠송도 여러 개인데, 그중에서도 〈주가 보이신 생명의 길〉[178]은 특히 유명하다. 이 구절을 예수를 향한 욥의 절절한 고백으로 바꾼 게 가사의 내용이다.

"예수님, 나의 죄를 용서하신 예수님, 당신은 내 미래까지도 알고 있지 않습니까? 그러니까 나를 좀 단련시켜주세요. 그래서 정금

같은 자가 되어서 쓰임 받도록 도와주세요."

이게 대부분 기독교인이 바라보는 욥의 모습이다. 성경 번역대로 이 구절 하나만 딱 떼어놓고 보면, 욥의 신앙고백은 감동적이다. 게다가 여간 의미심장한 게 아니다. 갑자기 나를 단련하라니? 도대체 무슨 소리일까? 지금 당하는 고통도 부족해서 '추가 단련'이 필요하다는 걸까? 도대체 얼마나 더 고통을 받아야 정금같이 나온다는 건지. 이건 거의 '마조히즘'[179] 수준이다.

"주님, 지금 너무 힘들어요. 죽을 것처럼 힘들어요. 하지만 아직까지 나는 99.9% 순금은 아니에요. 여전히 불순물이 섞인 14K 정도예요. 그러나 조금만, 조금만 더 단련을 받으면 정금이 될 거 같아요. 그럼 더 강해지지 않을까요? 그러니 주님, 제발 나를 더 단련시켜주세요."

그러나 이 구절은 전혀 이런 의미가 아니다. 앞에서 본 에드윈 굿의 번역도 훌륭하지만 더 실감나게 번역한 건 욥의 마음을 가장 잘 표현한 스티븐 미첼이다.

"그는 내가 무죄라는 것을 알고 있어. 그가 설혹 나를 체로 거른다고 해도 나는 금처럼 정결하게 나올 거야."[180]

체에 걸러 사금을 채취할 때 가장 무거운 금만 남고 나머지 불순물은 다 밑으로 빠져나가게 된다. 욥이 지금 하나님에게 요구하는 게 그것이다. 자신의 인생을 체에 걸러보라는 것이다. 죄를 드러내기 위해서 아무리 흔들어대도 남는 건 정금 같은 의로움밖에 없을 거라는 자신감이다. 지금 욥이 자기편을 들어줄 하나님을 의지하고 있다는 매튜 헨리의 주석은 욥의 마음을 심각하게 왜곡하고 있다. 이 세상에서 욥의 결백을 믿는 사람은 자신밖에 없고, 전능한 하나님은 자신의 결백을 뻔히 알면서도 고통을 주는 존재다. 그럼에도 재판 외에 다른 길이 없는 그로서는, 공정한 재판과 믿을 수 없는 하나님 사이에서 끊임없이 오락가락하고 있다. 따라서 매튜 헨리 같은 전형적인 기독교식 해석은 어이가 없을 뿐이다.[181]

문제는 하나님의 부재다. 머리카락도 보이지 않을 정도로 꼭꼭 숨어버린 하나님, 욥이 어디로 갈지 기가 막히게 미리 알고는 숨고 나타나지 않는 하나님이다. 그래서 '내가 앞으로 가도 그가 아니 계시고 뒤로 가도 보이지 아니하며'라는 한탄과 함께 답답한 가슴을 움켜쥐고 외치는 게 바로 이 구절이다.

그러면서도 마음 한편에서 욥은 두려움을 떨치지 못하고 있다. 비참한 현실 가운데에서 뒹굴고 있는 자신을 보면서 두려움은 점점 더 커져만 간다.

'하나님이 과연 공정하게 내 인생을 체에 거를까?'

도통 하나님의 공의를 믿을 수 없는 것이다. 믿을 수 있는 건 단 하나, 하나님의 능력뿐이다. 문제는 그 능력을 하나님이 과연 공정하게 사용할 것인가? 친구들이 주장하는, 의인에게 복을 주고 악인에겐 벌을 준다는 하나님은 티끌만큼도 공감할 수 없다. 시간이 갈수록 하나님은 무소불위의 능력을 아무런 원칙 없이 마구 휘두르는 존재처럼 보일 뿐이다. 어쩔 수 없이 일말의 기대를 가지고 재판을 요구하지만 맘속에 숨은 불안감은 사라질 수 없다. 그런 불안감을 드러내는 23장 13절에서 16절을 스티븐 미첼은 이렇게 번역했다.

"그러나 그가 원하시면, 누가 그를 멈출 수 있겠는가? 그는 원하시는 것을 하시는 분이 아닌가. 그는 어차피 자신의 계획대로 밀어붙이며, 내게 끝없는 고통을 안기는 분이 아닌가. 그래서 지금도 공포가 나를 사로잡고 있고, 하나님을 만날 생각을 하면 내가 두려운 이유로다."[182]

너무도 가벼운 고통

24장에 들어 그는 본격적으로 하나님의 공의가 부재한 세상, 하나님의 변덕으로 뒤죽박죽 되어버린 세상의 공포와 혼란을 묘사한다. 그리고 그 원인을 하나님에게 돌린다.

> 인구 많은 성중에서 사람들이 신음하며 상한 자가 부르짖으나
> 하나님이 그 불의를 보지 아니하시느니라. (24:12, 개역한글)

스티븐 미첼은 이 구절을 이렇게 번역했다.
"하나님은 뭐가 잘못된 것인지 알지 못한다."[183]

> (24장을 보면) 약한 자들도 하나님의 타겟이 되지만 강한 자들도 그의 압제에 괴로움을 당하는 타겟이 된다. (…) 우리는 이제 23장 후반에서 욥이 재판을 요구하면서도 왜 공포에 떨었는지, 그 이유를 24장을 통해서 똑바로 알 수 있게 된다. 인간 타락의 원인 제공자인 하나님이 타락하지 않은 인간을 사면할 것 같지 않기 때문이다.[184]

24장은 하나님의 부재를 묘사하는 중요한 장이다. 욥은 이제 클라이맥스를 향해서 나아가고 있다.

> 그가 책임져야 할 세상에서 부재한 하나님은 무책임하다. 그 결과로 인간은 더 악해진다. 그나마 하나님이 도덕적으로 중립일 거라고 생각했던 욥은 이제 은연중에 하나님이야말로 모든 악에 책임을 져야 한다는 생각으로 바뀌었다. 하나님은 악한 자에게 상을 주는 셈이고, 또한 악함의 원인이 되기 때문이

다. 부재함으로 하나님은 이 세상을 바로 다스리는 데에 실패했다. 따라서 그런 하나님은 타락한 존재일 뿐 아니라, 다른 이들까지도 타락하게 만든다.[185]

이렇게 하나님을 향한 비난을 쏟아내던 욥은 마지막 구절에서 중요한 말을 한다.

> 내가 한 말을 부인할 사람이 누구냐?
> 내가 한 말이 모두 진실이 아니라고 공격할 자가 누구냐?
>
> (24:25)

이 말은 "내가 지금까지 한 말이 다 틀렸다고 해도, 그러니까 하나님에 대한 내 생각이 다 틀렸다고 해도, 내게 문제 삼을 이가 누가 있는가?"라는 것이다. 왜 갑자기 이런 말을 할까? 이제는 아무리 사정해도 하나님이 나타날 리 없다고 결론 내렸기 때문일까? 그러니까 지금 욥으로부터 갖은 원망을 듣고 있는 당사자, 하나님이 나타나지 않는 한 욥이 어떤 비방을 한들 무슨 상관이냐는 것이다. 정말로 대담한 도전이다. 이 구절을 에드윈 굿은 이렇게 진단한다.

> 친구들은 애초에 이런 욥의 도전에 응할 수준이 못 된다. 그리고 야훼는 아예 제대로 된 대답을 할 시도조차 하지 않는다(38-41장). 한마디로 욥은 이미 논쟁에서 승리를 거둔 것이다.[186]

너무도 가벼운 고통

"어리석은 욥아,
그분의 권능에 찬 우레 소리를
누가 이해할 수 있겠느냐!"

빌닷(25장, 26:5-14)

성경에 따르면 빌닷은 25장에서 아주 짧게 대답했다.

> 하나님 앞에서 사람이 어찌 의롭다 하며
> 여자에게서 난 자가 어찌 깨끗하다 하랴. (25:4, 개역개정)

엘리바스도 15장에서 이와 비슷한 기독교의 원죄 개념을 피력했었다.

> 인생이 무엇이기에 깨끗하다고 할 수 있겠으며,
> 여인에게서 태어난 사람이 무엇이기에
> 의롭다고 할 수 있겠느냐? (15:14)

엘리바스의 설교에 정작 설득된 사람은 욥이 아니라 빌닷이었을까? 아니면 편집상 오류로 엘리바스의 말이 잘못된 위치에 있는 걸까? 사실 앞선 엘리바스의 이야기도 한 사람의 일관된 생각이라고 하기에는 뒤죽박죽 모순이 너무 많았다. 아무튼 지금 이 말을 누가 했는가는 그리 중요한 문제가 아니다. 친구들 말을 그냥 다 하나로 묶어서 한 사람의 말이라고 해도 크게 달라지는 건 없으니까.

빌닷은 태어나면서부터 악한 인간에 대해서 말한다. 그가 생각하는 인간의 본질은 '구더기 같은 사람, 벌레 같은 인생'(25:6)이다. 인간은 태어나면서부터 속속들이 썩었다는 기독교의 비참한 인간관과 정확하게 일치한다.

이렇게 짧은 25장 빌닷의 말이 끝나면 26-27장에 걸쳐 욥의 대답이 나오는데, 문제는 이 두 장에 욥의 말과 친구들의 말이 마구 섞여 있다는 것이다. 친구들의 말은 굳이 주체를 구분할 필요가 없지만, 욥과 친구들은 확실하게 선을 그어야 한다. 왜 그래야 하는지 여기까지 읽은 독자라면 충분히 이해할 것이다. 그런데 25장에 너무도 짧게 나온 빌닷의 말이 26장 5절부터 다시 이어진다. 그는 구더기 같은 인간과 대비되는 하나님의 위대함을 찬양한다.

죽은 자들이 떤다.
깊은 물 밑에서 사는 자들이 두려워한다. (26:5)

그러고는 기독교 창조론자들이 특히 사랑하는 말을 한다.

하나님이 북쪽 하늘을 허공에 펼쳐 놓으시고,
이 땅덩이를 빈 곳에 매달아 놓으셨다. (25:7)

상기하자. 성경에는 이 말을 한 게 빌닷이 아니라 욥이다. 따라서 창조론자는 이 구절 속 '빈 곳에'라는 단어를 근거로 수천 년 전

　　　　　　　　　　　　　너무도 가벼운 고통

에 살았던 욥이 이미 지구가 우주에 떠 있다는 과학적 사실을 알고 있었다며 흥분한다. 그래서 창조론자 입장에서는 이 말이 욥의 입에서 나와야지 빌닷이 하는 말이면 안 된다. 나중에 하나님이 빌닷의 모든 말을 다 틀렸다고 했으니까. 이런 창조론자의 속도 모르고 하나님의 위대하심에 대한 빌닷의 찬양은 계속되는데, 이제까지 정황상 이런 말이 욥의 입에서 나왔을 리가 없다.

> 그분께서 꾸짖으시면, 하늘을 떠받치는 기둥이 흔들린다.
> 능력으로 '바다'를 정복하시며, 지혜로 라합을 쳐부순다.
> 그분의 콧김에 하늘이 맑게 개며,
> 그분의 손은 도망 치는 바다 괴물을 찔러 죽인다. (25:11-13)

가장 먼저 눈에 띄는 단어는 '하나님의 콧김'이다. 앞에서 엘리바스가 죄를 지은 사람의 운명, 더 정확하게 말하면 죽음을 맞은 욥의 자식들을[187] 어떻게 묘사했던가?

> 모두 하나님의 입김에 쓸려 가고,
> 그의 콧김에 날려 갈 것들이다. (4:9)

그런데 욥이 '콧김'을 언급하면서 하나님을 찬양한다고? 누가 봐도 이건 하나님을 찬양한다는 구실로 욥의 오장육부를 한 번 더 뒤집기 위해 빌닷이 의도적으로 사용한 단어다.

이 구절에서 또 하나 생각할 점은 빌닷이 말한 모든 내용이 잠시 후 만날 하나님의 연설과 정확하게 일치한다는 점이다. 주어 '그분'을 '나'로 바꾸면 거의 싱크로율 100%에 가깝다. 달리 말해서, 나중에 하나님은 빌닷이 한 이야기를 욥에게 반복했다고도 볼 수 있다. 그런데 이게 성경에 나온 대로 욥의 고백이라면, 하나님이 이미 바른 고백을 한 욥에게 같은 말로 훈계를 주는 건 말이 되지 않는다. 그럼 하나님은 왜 자기와 전혀 다르지 않은 말을 한 빌닷까지도 나중에 틀렸다고 했을까? 빌닷은 다시 하나님의 위대함을 열거한다.

> 그러나 이런 것들은, 그분이 하시는 일의 일부에 지나지 않고,
> 우리가 그분에게서 듣는 것도 가냘픈 속삭임에 지나지 않는다.
> 하물며 그분의 권능에 찬 우레 소리를 누가 이해할 수 있겠느냐!
>
> (26:14)

하나님의 지혜를 감히 티끌 같은 인간이 어떻게 이해할 수 있느냐는 건, 원래 소발의 전매특허다. 빌닷은 소발의 말을 빌려 '하나님을 누가 감히 이해할 수 있겠냐!'라며 감동적인 찬양으로 마무리한다.

너무도 가벼운 고통

"내가 사라질 때까지
나는 나의 온전함 integrity 을 포기하지 않을 것이다.
나의 의로움을 단단히 붙잡고,
나는 약해지지 않을 것이다."

욥(26:2-4, 27:2-7)

성경에 쓰인 대로라면 짧은 25장 빌닷의 대답에 이어 욥은 26장부터 31장까지 무려 여섯 장에 걸친 긴 독백을 쏟아낸다. 그러나 욥은 그렇게 길게 말하지 않았다. 욥의 대답은 두 부분으로 나눠야 한다. 욥과 친구들의 말이 마구 혼재된 26장과 27장, 모든 논쟁이 끝난 후 욥의 마무리에 해당하는 29장에서 31장까지다.

먼저 26장과 27장에는 결코 욥의 입에서 나왔을 리 없는, 앞에서 했던 말과 180도 모순되는 말이 적지 않다. 그러다 보니 이렇게 설명하는 신학자도 있다.

"이건 욥이 지금 미쳐가고 있다는 겁니다. 친구들과 대화를 하다 보니 스트레스가 너무 커져서 전혀 논리에 맞지 않는 헛소리로 횡설수설하는 겁니다."[188]

또 이렇게 이해하는 학자도 있다.

"성경에는 분명히 '욥의 말'로 되어 있지만, 누가 봐도 욥의 말이 아닌 게 마구 섞여 있는 이 두 장은 사실상 욥과 친구들이 서로 소리를 지르면서 논쟁하는 것을 표현한 거예요. 그러니까 그 전까지는 최소한 한 사람이 이야기를 끝낼 때까지 기다렸는데, 그런 인내심이 사라지고 네 사람이 상대가 듣든 말든 서로 막 소리를 지르면서 자기 입장만 내세우는 거죠. 그래서 이렇게 뒤죽박죽으로 쓰인 겁니다."[189]

학자마다 26-27장에서 욥의 말과 친구들의 말을 나누는 방식이 다르다. 자, 그럼 이 문제를 어떻게 처리해야 할까? 그중에서도, 내가 생각할 때 가장 합리적으로 이 두 장의 대화를 분석한 스티븐 미첼의 구분[190]을 따라서 살펴보자.

26장과 27장 중에서는 딱 두 부분만이 욥의 말에 해당한다. 26장 2-4절과 27장 2-7절이다.[191] 26장 2절에서 욥은 친구들을 조롱한다. 그의 말에는 냉소가 가득하다.

> 나를 그렇게까지 생각하여 주니, 고맙다.
> 나처럼 가난하고 힘없는 자를 도와주다니!

그리고 27장에 들어서 그는 다시 무고함을 주장한다. 누가 봐도 욥의 지문fingerprint을 확인할 수 있는 내용이다. 공동번역이 비교적 잘 번역했지만,[192] 그보다 훨씬 더 정확한 에드윈 굿의 번역으로 살펴보자.

> 내가 제기한 재판을 외면하는 살아계신 하나님이여,
> 내 영혼을 괴롭히는 전능자시여,
> 내가 숨을 쉬는 한,
> 하나님이 부는 바람이 내 코에 붙어 있는 동안,
> 내 입술이 악의에 찬 말을 한다면,

내 혀가 거짓을 뱉는다면,

내가 당신이 옳다고 말을 한다면 나는 저주를 받을 것이다.

내가 사라질 때까지 나는 나의 온전함 integrity을 포기하지 않

을 것이다.

나의 의로움을 단단히 붙잡고, 나는 약해지지 않을 것이다.

내가 살아온 날에서 나는 조금도 부끄러움을 찾을 수 없다.

(27:2-6)[193]

많은 욥기 학자들이 욥기의 백미 중 백미로 꼽는 다섯 구절이다. 특히 5절을 "하나님, 내가 당신을 옳다고 하는 날은 결코 있을 수 없습니다"[194]라고 번역한 해럴드 쿠쉬너는 이렇게 말한다.

욥기를 통틀어 27장 2절에서 7절까지를 말하는 욥은 가장 찬

란하게 빛난다. 그는 인간으로서 가지는 진리와 정의에 대한

자신의 기준을 결코 낮추지 않을 것이라고 하나님을 향해 도

전하고 있다.[195]

이제 욥은 평생 의지하던 하나님에게서 조금씩 떨어지고 있다. 하나님 신앙을 절대적 인생의 가치로 여기던 인간이 자신, 곧 인간 내면이 만들어가는 가치를 향해 시선을 돌리고 있다. 신을 떠나서는 아예 살 수도 없었던 한 인간이 이제 신으로부터 독립을 선언하는 것이다.

욥은 오로지 한 가지 가치에만 매달린다. 의로움은 그 자체로서 소중한 가치를 가진다. 그리고 그가 가진 의로움이 아무런

보상을 받지 못한다고 해도 그는 그 가치를 결코 포기하지 않겠다는 것이다. (…) 비록 생명을 잃는다고 해도 붙잡고 있는 온전함intergrity를 결코 포기할 수 없다고 지금 선언하고 있다.[196]

27장 속 욥의 마지막 말인 7절에서 그는 충격적인 선언을 한다.[197]

"내 적이여, 이제는 사악한 자wicked로 간주되어라. 나를 공격하는 자여, 악의에 찬 자vicious로 간주되어라."[198]

여기서 욥이 저주를 퍼붓는 '적'이 누구일까? 그걸 알아내는 건 전혀 어렵지 않다. 앞서 나왔던 욥의 말을 상기해보자.

> 어찌하여 주님께서 나를 원수로 여기십니까? (13:24)
> 주님께서. (…) 내 원수가 되셔서. (16:9)
> 하나님이. (…) 나를 적으로 여기시고. (19:11)

그리고 특히 중요한 구절은 9장 24절인데, 거기서 욥은 이미 하나님을 '악인'으로 규정했다.

> 세상이 악인의 손에 넘어갔고 재판관의 얼굴도 가려졌나니,
> 그렇게 되게 한 이가 그가 아니시면 누구냐. (9:24, 개역개정)

하나님을 '적'으로 규정했던 욥은 이제 한 걸음 더 나아가, 그런 하나님을 '사악한 자', 그리고 '악의에 찬 자'로 간주한다.

하나님은 단지 욥을 공격하는 적일 뿐 아니라 이제는 아예 사

너무도 가벼운 고통

악하고 악의에 찬 존재로 강등되었다. 욥은 이제 끝끝내 침묵하는 신과 단절하고, 그를 손이 미칠 수 없는 자라고 저주하며 기존에 가졌던 '부패한 권력'의 이미지를 완성한다. 욥은 단지 하나님의 적이 아니다. 아니, 오히려 그는 하나님보다 도덕적으로 더 우위에 있는 존재다. 그는 6절에서 자신은 의롭지만 rightness, 7절에서 하나님을 사악하다고wicked 선언한다. 4절에서 자신은 결코 '입술로 악한 말을 하지 않는다'라고 하지만, 7절에서 하나님을 '악의에 찬 존재vicious'라고 말한다.[199]

이 엄청난 선언을 앞 구절과 연결해서 읽어보자.

"내 영혼을 괴롭히는 전능자시여, 내가 숨을 쉬는 한, 하나님이 부는 바람이 내 코에 붙어 있는 동안, 내 입술이 악의에 찬vicious 말을 한다면, 내 혀가 거짓을 뱉는다면, 내가 당신이 옳다라고 말을 한다면 나는 저주를 받을 것이다. 내가 사라질 때까지 나는 나의 온전함integrity을 포기하지 않을 것이다. 나의 의로움rightness을 단단히 붙잡고, 나는 약해지지 않을 것이다. 내가 살아온 날에서 나는 조금도 부끄러움을 찾을 수 없다. 내 적이여, 이제는 사악한 자wicked로 간주되어라. 나를 공격하는 자여, 악의에 찬 자vicious로 간주되어라." (27:2-7)

이런 질문이 생길 수 있다.

"지금 욥은 하나님 앞에서 맹세하는 거 아니에요? 자신이 의롭다는 것을 하나님 앞에서 맹세한다면서, 정작 그 맹세하는 대상을 악하다고 하다니, 그게 말이 됩니까?"

욥의 선언은 평생 아버지를 존경하며 살던 아들이 어느 날 아버지의 추악한 정체를 발견하고 충격을 받아 이렇게 외치는 것과 비숫하다.

"아버지, 나는 아버지같이 살지 않겠어요!"

그럼에도 그 아들은 부정할 수 없다. 아버지가 없었으면 자신은 태어날 수 없었다는 것을, 아버지가 살아 있지 않았다면 자신에게 애초에 생명은 주어지지 않았다는 것을. 아버지를 부정하고 전혀 다른 삶을 살겠다고 고집하지만, 여전히 그는 아버지와 결별할 수 없는 존재다. 어떤 경우에도 '아버지와 아들'이라는 사실이 변할 수는 없으니까. 욥의 심정이 바로 이런 아들의 마음이 아닐까?

욥은 이제 하나님을 적이라고 선언한다. 그리고 그 선언이 주는 냉철한 깨달음이 크면 클수록 그에게 남은 무기는 나 자신에게까지 부끄럽지 않은 의로움뿐이다. 전능한 신의 잔인한 공격 앞에서도 나를 지킬 수 있는 건 온전함뿐이다. 이제 그가 가야 할 길이 명확해진다. 하나님 앞에서 의로운 자가 아니라, 스스로에게 의로운 자가 되는 길이다.

너무도 가벼운 고통

"불경스런 자는 하나님께서 끊어버려,
그 목숨을 거두시는데
무슨 희망이 남아 있으랴?"

소발(27:8-23)

성경에 욥의 말로 되어 있는 27장 나머지를 소발의 말로 보는 이유
는 두 가지다. 첫 번째는 욥이 이런 말을 할 리가 없기 때문이다.

> 하나님이 경건하지 않은 자의 생명을 끊고,
> 그의 영혼을 불러 가실 때에,
> 그의 희망이란 과연 무엇이겠느냐?
> 환난이 그에게 닥칠 때에,
> 하나님이 그의 부르짖음을 들어주시겠느냐?
> 그들은 전능하신 분께서 주시는 기쁨을 사모했어야 했고,
> 그분께 기도했어야 했다. (27:8-10)

지금 욥이 죽어가는 악인을 걱정하는 게 말이나 될까? 이 와중에
죽어가는 악인의 영혼이 왜 갑자기 욥에게 중요해진 걸까? 게다가
지금까지 욥이 했던 말과도 한참 동떨어진 이야기다. 그가 생각하는
현실은 무엇인가? 악인은 죽어도 남은 가족들이 다 잘 살고 아무런

문제가 없다는 것이다. 게다가 죽고 나면 의인이나 악인이나 하등 다를 게 없다는 것이다. 그런데 죽어가는 마당에 영혼이 어떻고, 희망이 어떻다고? 욥에게는 배부른 소리다. 이게 욥의 주장이다.

> 어떤 사람은 죽을 때까지도 기력이 정정하다.
> 죽을 때에도 행복하게, 편안하게 죽는다.
> 평소에 그의 몸은 어느 한 곳도 영양이 부족하지 않으며,
> 뼈마디마다 생기가 넘친다. (…)
> (악인이나 의인이나) 다 함께 티끌 속에 눕고 말며,
> 하나같이 구더기로 덮이는 신세가 된다. (21:23-24, 26)

그랬던 욥이 갑자기 생각을 바꾸고 임종을 앞둔 악인을 걱정한다고? 그럼 소발이라면 이런 말을 하는 이유는 뭘까? 악인은 결국 다 상응하는 벌을 받는다는, 지금까지 줄기차게 하던 말을 반복하는 것이다. 그리고 이어서 악인에게 닥칠 비참한 운명을 나열한다.

> 비록 자손이 많다 해도,
> (악인은) 모두 전쟁에서 죽고 말 것이다.
> 그 자손에게는 배불리 먹을 것이 없을 것이다.
> 살아남은 사람은 또 염병으로 죽어 매장되니,
> 살아남은 과부들은 기가 막혀서 울지도 못할 것이다. (27:14-15)

한마디로 악인이 맞을 인과응보를 묘사하고 있다. 만약에 성경에 쓰인 대로 이게 욥의 말이라면, 욥이 정말로 이렇게 생각한다면, 욥기는 쓰이지도 않았다. 애초에 친구들과 논쟁을 벌일 하등 이유

너무도 가벼운 고통

가 없으니까. 소발은 마지막으로 결코 욥이 동의할 리 없는, 악인의 결말을 묘사하면서 말을 마친다.

> 사람들은 그(악인)를 바라보며 손뼉치고,
> 그의 처소에서 그를 비웃으리라. (27:23, 개역개정)[200]

27장 8절 이하가 소발의 말이라고 보는 두 번째 이유는 앞선 두 번의 논쟁과 달리 세 번째 논쟁에서 소발이 빠졌기 때문이다. 특별한 이유도 없이 저자가 소발을 뺐을 리가 없다. 그럼 왜 소발의 이름이 보이지 않을까? 가장 가능성이 높은 건 성경 필사자의 실수겠지만, 시간이 흐르면서 편집상 왜곡도 있었을 것이다. 기독교 입장에서야 소발의 거룩한 말을 욥이 했다고 하면 일거양득이다. 욥의 정체야 더 깊은 미궁에 빠지겠지만, 그럴수록 도움이 된다. 욥이 애매할수록 기독교 신학을 욥에게 주입할 수 있으니까. 게다가 지금 논쟁은 후반으로 치닫고 있는 상황이다. 신앙고백과 다름없는 소발의 말을 욥의 입술에 담으면 담을수록, 욥이 회개의 길에 들어서고 있다고 확실하게 말할 수 있으니까.

자, 27장을 정리하기 전에 지금까지 소발이 한 말은 조금 전에 끝난 욥의 말, 그러니까 1절에서 7절까지의 말을 듣고 대답한 내용이라는 점을 기억해야 한다. 따라서 8절 이하에서 소발이 비참한 운명을 맞게 될 악인이라며 나열하는 사람이 누구를 가리키는지 충분히 짐작할 수 있다. 소발은 지금 욥에게 경고하는 것이다. 하나님을 악인이라 부르며, 자신은 의롭고 하늘을 우러러 부끄러운 게 없다는 욥을 향한 소발의 경고가 바로 27장 8절 이하 내용이다. 27장을 가장 잘 번역한 공동번역으로 읽어보자. 소발은 "이봐 욥, 너 말이야…" 하면서 말을 시작한다.

불경스런 자는 하느님께서 끊어버려,

그 목숨을 거두시는데 무슨 희망이 남아 있으랴?

재앙이 그 위에 떨어질 때

하느님께서 그의 부르짖음을 들으시랴? (⋯)

불의한 자가 하느님에게서 물려받을 분깃을 모르는가?

포악한 자가 전능하신 분에게서 이어받을 유산을 모르는가?

(⋯)

아무리 알뜰하게 집을 지어도 고작 거미줄이요,

아무리 살뜰하게 세워도 고작 파수꾼의 초막이라,

흐뭇하게 여기며 드는 잠자리도 그것으로 마지막이요,

눈을 떴을 때는 이미 돌이킬 수 없는 알거지라네.

홍수처럼 몰아치는 공포와 밤에 일어나는 폭풍에 쓸려갈 몸, (⋯)

하느님께서 사정없이 쏘아대시는데

누가 그의 손에서 빠져나갈 수 있으랴?

사람들이 손뼉치며 모여오고 휘파람을 불며 몰려오니

쥐구멍을 찾지 않을 수 없으리라. (27:8-9, 13, 18-20, 22-23)

너무도 가벼운 고통

지혜는 어디서 얻으며
명철이 있는 곳은 어디인고?

미상(28장)

성경에 따르면 욥은 무려 26장에서 31장에 이르는, 거의 필리버스터에 준하는 일장 연설을 하는데, 그중에서도 28장은 정말 뜬금없는 말로 시작한다.

> 은을 캐는 광산이 있고, 금을 정련하는 제련소도 있다.
> 철은 흙에서 캐어 내며, 구리는 광석을 녹여서 얻는다. (28:1-2)

내내 지혜에 대한 담론을 나열하는 28장을 '지혜 찬양Hymn in Praise'이라고 부른다. 욥기를 연구하는 비기독교 학자를 크게 두 부류로 나눌 수 있다. 한 글자도 빼지 않고 욥기 전체를 순수한 학문의 대상으로 연구하는 학자와 욥기가 전달하는 메시지를 정확하게 이해하는 것을 목적으로 삼는 학자다. 후자는 아예 28장을 빼고 번역하는 경우도 있다.

대부분의 학자는 28장이 욥기에 들어갈 내용이 아니고, 애초에 욥기를 쓴 저자의 작품이 아니라는 데 동의한다. 이 내용은 앞선 토론의 연장선상에 있는 것도 아니고 욥기가 완성되고 한참 후 누군가 삽입한 내용이다.[201]

물론 모두가 이런 의견에 찬성하지는 않는다. 오류가 있을 수 없는 하나님의 말씀으로 성경을 받아들이는 신학자는 어떤 궤변을 늘어놓아서라도 이 말을 욥의 말로 만들어낸다.[202]

이 장의 어조는 욥기의 나머지 부분과 사뭇 다르다. 욥은 여기에서 자신의 모든 고통과 슬픔을 다 잊고 달관한 듯이 철학자나 대가처럼 말한다. 여기에 나오는 그의 말 속에는 자연 철학과 도덕 철학이 아주 많이 담겨 있다.[203]

사막의 오아시스, 가뭄 속 단비 같은 28장을 만난 매튜 헨리는 말도 못하게 기뻤을 것이다. 처음으로 욥이 신앙인처럼 말을 하기 때문이다. 그래서 그는 28장에 특히 긴 주석을 달았는데, 욥이 지금 어리석은 친구들을 가르친다고 주장한다. 매튜 헨리와 같은 식으로 해석한다면, 28장에 지혜에 관한 내용 대신 《조선왕조실록》 세종대왕의 어록이 실렸어도 욥의 말이라고 주장하는 건 별 문제가 되지 않을 것이다. 지금 이 책의 목표는 욥기의 모든 내용이 아니라 핵심 메시지를 파악하는 것이다. 따라서 걸림돌에 불과한 28장은 건너뛰자.

너무도 가벼운 고통

"내 아내가 다른 남자의 노예가 되거나,
다른 남자의 품에 안긴다 해도,
나는 할 말이 없을 것이다."

욥(29-31장)

9장에서 처음으로 재판을 생각했고, 그 이후 13장과 19장을 지나면서 그 생각을 점점 구체화한 욥은 이제 재판장으로 하나님을 소환하기 위해 마지막 카드를 던진다. 처음부터 일관되게 '나는 죄가 없다'고 주장하는 욥을 믿기는커녕 조롱하고 저주하는 친구들 앞에서 그의 억울함은 점점 더 쌓여갔다. 억울한 사람이 할 수 있는 수단이 무엇일까? 재판이다. 마지막 세 장에 걸쳐서 욥은 치밀하게 재판을 위한 수순을 진행한다.

29장에서 먼저 행복했던 과거를 되돌아본다. 30장에서는 현재의 비참한 상황을 생생하게 묘사한다. 그리고 가장 중요한 31장에서 또다시 무죄를 주장하는 동시에, 하나님을 향한 마지막 승부수를 던진다. 29장을 시작하며 욥은 지난 세월을 향한 진한 그리움을 드러낸다.

지나간 세월로 되돌아갈 수만 있으면,
하나님이 보호해 주시던

그 지나간 날로 되돌아갈 수 있으면 좋으련만!
그 때에는 하나님이 그 등불로 내 머리 위를 비추어 주셨고,
빛으로 인도해 주시는 대로,
내가 어둠 속을 활보하지 않았던가?
내가 그처럼 잘 살던 그 시절로
다시 돌아가서 살 수 있으면 좋으련만!
내 집에서 하나님과 친밀하게 사귀던
그 시절로 되돌아갈 수 있으면 좋으련만!
그 때에는 전능하신 분께서 나와 함께 계시고,
내 자녀들도 나와 함께 있었건만. (29:2-5)

이 말은 고향을 잃은 사람, 사랑하는 사람을 잃은 사람, 과거를 생각하면 가슴이 먹먹한 모두의 심금을 울리고도 남는다. 어쩌면 홀로코스트 당시 수용소에 갇힌 유대인들이 흐르는 눈물을 닦으며 숨죽여 외웠을지도 모를 구절이다. 욥이 기억하는 그때는 '전능하신 분께서 나와 함께 계시던 때'다. 그러나 그는 이미 알고 있다. 친구들이 뭐라고 말을 해도 지금 닥친 고통은 하나님이 자신을 버린 '결과'라는 것을. 이어서 엘리바스의 눈을 똑바로 보면서 그는 이렇게 말한다.

내게 도움을 청한 가난한 사람들을 내가 어떻게 구해 주었는지,
의지할 데가 없는 고아를 내가 어떻게 잘 보살펴 주었는지를
자랑하고 다녔다.
비참하게 죽어 가는 사람들도,
내가 베푼 자선을 기억하고 나를 축복해 주었다.

너무도 가벼운 고통

과부들의 마음도 즐겁게 해주었다.

나는 늘 정의를 실천하고, 매사를 공평하게 처리하였다.

나는 앞을 못 보는 이에게는 눈이 되어 주고,

발을 저는 이에게는 발이 되어 주었다. (29:12-15)

조금 전에 엘리바스가 뭐라고 비난했던가?

네가 까닭 없이 친족의 재산을 압류하고,

옷을 빼앗아 헐벗게 하고,

목마른 사람에게 마실 물 한 모금도 주지 않고,

배고픈 사람에게 먹을 것도 주지 않았기 때문이 아니겠느냐?

너는 권세를 이용하여 땅을 차지하고,

지위를 이용하여 이 땅에서 거들먹거리면서 살았다.

너는 과부들을 빈손으로 돌려보내고,

고아들을 혹사하고 학대하였다. (22:6-9)

그런 적 없다는 것이다. 이렇게 과거를 회상한 욥은 현실로 눈을 돌린다. 현실은 어떤가? 모두가 조롱한다. 하나같이 그를 버리고 떠난다.

그런데 이제는 나보다 어린 것들까지 나를 조롱하는구나.

내 양 떼를 지키는 개들 축에도 끼지 못하는

쓸모가 없는 자들의 자식들까지 나를 조롱한다. (30:1-2)

사람들의 조롱이 거기서 끝나지 않는다. 욥에 관한 이야기를 노래로 만들어서까지 그를 놀린다고 한다(30:9). 어떤 노래일까?

"하나님만 사랑하고 섬기던 사람이 있었더래요.

자식들을 위한 번제를 새벽마다 드리던 사람이 있었더래요.

그런데 하나님으로부터 버림받아 자식들은 다 죽었죠.

갖고 있던 재산도 다 사라지고 친구들도 모두 그를 버렸죠.

게다가 욕창까지 나서 기와로 몸을 박박 긁고 있네요.

그게 바로 한때 동방제일의 부자였던 욥이랍니다."

대략 가사가 이런 식이 아닐까? 그런데 그게 다가 아니다. 30장 19절을 보자.

하나님이 나를 진흙 속에 던지시니,

내가 진흙이나 쓰레기보다 나을 것이 없다.

스티븐 미첼은 "하나님이 내가 먼지에 지나지 않는다는 사실을 확실하게 알게 하신다"[204]라고 19절 후반부를 의역했지만, 정확한 의미는 이것이다.

"나는 먼지나 재와 별반 다르지 않은 클리셰cliché다."[205]

클리셰라니? 이게 무슨 의미인가? 히브리어 '마샬masal'에서 유래한 일종의 '뻔한 이야기'를 의미한다. 욥은 바로 앞에서 사람들이 자기 이야기를 노래로 만들어 조롱할 거라고 했는데, 거기서 한 걸음 더 나아가 이제 '욥' 하면 '하찮은 존재'를 의미하는 일종의 뻔한 이야기, 클리셰가 될 것이라는 말이다. 물론 현실은 전혀 다르다. 오늘날 사람들이 아는 욥은 '고난 속에서도 인내로 승리해서 복을 받은 사람', 또는 '해피 엔딩'을 의미하는 클리셰다. 욥기의 메시지를 제대로 이해하지 못하고 왜곡한, 신약성경 야고보서의 저자 같

너무도 가벼운 고통

은 사람 때문이다. 그러나 욥은 결코 '인내의 영웅'으로 불리길 원하지 않았다. 그렇기에 그는 자기 이름을 '축복'의 클리셰가 아닌, 비참함을 상징하는 '먼지와 재'의 클리셰에 비유했다.

이렇게 한탄을 늘어놓던 욥이 31장에 가서 완전히 태도를 바꾼다. 자리에서 일어나 친구들이 아닌 하늘을 바라보며 말하기 시작한다. 욥은 정확하게 열네 가지 죄를 하나하나 열거하면서, 자기는 그중 어떤 죄도 짓지 않았다고 항변한다. 하필이면 왜 열네 가지, 14일까? 성경에서 7은 완전함을 의미한다. 그 완전함을 곱절로 만들어 자신의 의로움을, 무죄를 강조하기 위해서다. 31장 내내 욥이 말하는 문장 구조는 규칙적이고 단순하다.

"나는 이러이러한 죄를 지은 적이 없다. 만약에 내가 지금 하는 말이 거짓말이라면, 그 어떤 벌도 기꺼이 받겠다."

열네 가지 죄를 짓지 않았다고 맹세하면서 욥은 행여 이 맹세가 거짓말이면 내게 이런 벌을 내리라고 요구한다.

> 내 아내가 다른 남자의 노예가 되거나,
> 다른 남자의 품에 안긴다 해도,
> 나는 할 말이 없을 것이다. (31:10)

> 내 팔이 부러져도 할 말이 없다.
> 내 팔이 어깻죽지에서 빠져 나와도 할 말이 없다. (31:22)

> 벌로 사형을 받아도 마땅하다. (31:28)

> 내 밭에서 밀 대신 찔레가 나거나

보리 대신 잡초가 돋아나더라도,

나는 기꺼이 받겠다. (31:40)

그리고 마지막에 가서 이 모든 맹세가 오로지 하나님을 만나기 위해서라고 분명하게 말한다.

이제는, 전능하신 분께서 말씀하시는 대답을 듣고 싶다. (⋯)

나는, 내가 한 모든 일을 그분께 낱낱이 말씀드리고 나서,

그분 앞에 떳떳이 서겠다. (31:35, 37)[206]

욥은 왜 이런 방식을 택했을까? 하나님에게 맹세를 하는 건 무슨 의미이고, 그 맹세가 거짓이면 어떤 벌도 달게 받겠다는 건 또 무슨 의미일까? 이게 어떻게 하나님을 재판장에 소환하기 위한 마지막 승부수가 될 수 있을까?

출애굽기에는 사람들 사이에 분쟁이 생기는 경우, 해결방법에 대한 자세한 설명이 나온다.

소든지 나귀든지 양이든지 의복이든지,

그 밖의 어떤 분실물이든지,

그것을 서로 자기 것이라고 주장하는 사건이 생기면,

양쪽 다 하나님 앞으로 나아가야 하며,

하나님께 유죄 판결을 받은 사람은

그 상대방에게 갑절로 물어주어야 한다. (출 22:9)

양측이 팽팽하게 자신이 옳다고 주장하는 경우에 출애굽기가 제

시하는 해결방법은 하나님 앞에서 재판을 받게 하는 것이다. 지금 욥과 친구들이 이런 입장이다. 하나님의 말씀에 근거해서 욥이 죄인이라고 주장하며 하나님을 대변하는 친구들과 거기에 동의할 수 없는 욥은 팽팽하게 맞선 상태다. 보기에 따라서 욥과 친구들뿐 아니라 욥과 하나님이 대결하는 모양새다.

자, 다시 출애굽기로 돌아가자. 소든지 나귀든지 분쟁이 난 경우 하나님이 어떻게 판결한다는 걸까? 이런 다툼이 있을 때마다 하늘에서 음성이라도 들린다는 걸까? 거짓말하는 사람 머리에 벼락이라도 내리는 걸까? 아니다, 11절을 보자.

> 그것을 맡은 사람이 이웃의 짐승을 가로채지 않았음을
> 주 앞에서 맹세함으로써,
> 둘의 옳고 그름을 가려야 한다.
> 이 경우에 그 임자가 맹세를 받아들이면,
> 그는 물어 내지 않아도 된다.

그러니까 누구라도 하나님 앞에서, 하나님 이름으로 맹세하면 재판에서 이긴다는 것이다. 당연히 이런 의문이 든다. 만약에 양측이 다 하나님 이름으로 맹세하면 어떻게 될까? 출애굽기 시절 유대인들에게 하나님은 태양과 공기보다 더 확실한 실존 대상이었다. 그렇기에 하나님 이름을 들먹이면서 맹세를 하는 게 얼마나 심각한지 아는 그들에게 '거짓 맹세'는 생명을 포기하는 것과 다름없었다. 차라리 도둑질을 한 벌을 받는 게 낫지, 고작 소 한 마리 갖겠다고 하나님 이름으로 맹세하고 생명을 버릴 수는 없는 노릇이었다.[207]

지금 욥은 이런 출애굽기 22장을 생각하면서 31장에서 맹세를

반복하고 있다. 거짓 맹세를 하나만 해도 죽을지 모르는데, 무려 열네 가지를 가지고 하나님 이름을 들먹이면서 맹세하고 있따. 이게 무엇을 의미할까?

"하나님, 이래도 안 나올 겁니까? 이래도 침묵할 겁니까? 나오세요. 나와서 나를 죽이든지 살리든지 하라고요. 내가 들고 있는 게 뭔지 보이지요? 나는 지금 당신이 택한 백성에게 내린 모세의 율법을 가지고 나아가고 있습니다. 그런데도 침묵할 겁니까?"

욥의 반복되는 맹세를 듣는 친구들의 얼굴은 점점 더 파랗게 질려갔는데, 행여라도 욥이 이렇게 말할까 봐 두려웠기 때문이다.

"자, 너희들 중에 누가 나처럼 맹세할래? '욥이 진짜로 무죄라면, 나는 이 자리에서 바로 죽어도 좋습니다'라고 누가 맹세할래?"

친구들 중 그 누구도 맹세하지 않았을 것이다. 그들 입장에서 행여 1%라도 욥이 무죄인 경우를 고려해야 하니까. 자, 욥은 이렇게 마지막 카드를 썼다. 조금 전 30장 20절에서도 욥은 이렇게 말했다.

> 주님, 내가 주님께 부르짖어도,
> 주님께서는 내게 응답하지 않으십니다.

욥에게 아무리 울부짖어도 대답 없는 하나님을 불러낼 마지막 수단은 '하나님 이름을 놓고 하는 맹세'였고, 그건 생명을 건 도박이었다. 그러나 욥은 잘 알고 있었다. 맹세를 통해 하나님을 불러내는 순간 판돈의 규모가 달라진다는 것을. 이제부터 중요한 건 단지 욥의 유무죄 여부가 아니게 되었다는 것을 말이다.

바로 하나님의 실존과 위신이다.

만약에 이런 상황에서도 하나님이 대답하지 않는다면 어떻게 될까? 당장 하나님의 실존 여부부터 심각한 위기에 빠지게 될 것이다. 시편 기자는 살아 있는 하나님을 확신하며 이렇게 고백했다.

> 어리석은 사람은 마음속으로 "하나님이 없다" 하는구나.
>
> (시편 53:1)

하나님이 살아 있다는 사실이 너무도 선명하고 확실하기에, 그 것도 보지 못하는 사람은 어리석다는 것이다. 이스라엘의 하나님은 다른 신과 달리 자신의 존재를 분명하게 드러내기 때문에 더욱이 그렇다는 것이다. 엘리야 선지자가 바알 선지자들과 내기를 벌인 적이 있다. 바알 선지자들이 아무리 기도해도 바알이 살아 있다는 증거를 보여주지 않자, 엘리야는 그들을 놀렸다.

> 더 큰소리로 불러보시오.
> 바알은 신이니까, 다른 볼일을 보고 있을지,
> 아니면 용변을 보고 있을지, 아니면 멀리 여행을 떠났을지,
> 그것도 아니면 자고 있으므로 깨워야 할지, 모르지 않소!
>
> (열왕기상 18:27)

이 정도로 엘리야는 하나님의 실존을 확신했고, 그 확신에 걸맞게 하나님은 불을 내려서 살아 있는 신의 위엄을 증명했다. 그런데 욥의 맹세를 듣고 있는 지금 하나님의 상황은 엘리야가 바알 선지자와 싸울 때보다 더 심각하다. 사실 엘리야에게는 하나님이 응답하지 않았어도 별 문제가 되지 않았다. 엘리야는 어떤 의미에서 하나님을 '시험'한 것이었고, 하나님이 이스라엘 민족에게 준 계명에

는 '네 하나님을 시험하지 말라'가 분명히 들어 있으니까. 그러나 욥은 다르다. 욥은 지금 모세의 계명을 근거로 하나님께 나아가고 있다. 그런데도 하나님이 침묵한다면, 바알이 들었던 것과 같은 조롱을 들어도 할 말이 없게 된다.

"더 큰소리로 불러보시오. 야훼는 신이니까, 다른 볼일을 보고 있을지, 아니면 용변을 보고 있을지, 아니면 멀리 여행을 떠났을지, 그것도 아니면 자고 있으므로 깨워야 할지, 모르지 않소!"

이제 세상 사람들이 이렇게 이야기해도 어쩔 수 없게 된다.

"하나님이 없다고 생각하면 어리석은 사람이라고? 웃기고 있네. 난 생각만 하는 게 아니야. 크게 소리도 칠 수 있어. 여봐, 하나님! 있으면 한번 나와보라고. 주무시나? 욥 앞에 못 나온 게, 사실은 없어서 그런 거 아니야? 있으면 코빼기라도 비치지 않을까?"

당장 친구들만 해도 그렇다. 신앙심이 돈독한 그들이기에 당장 하나님의 실존까지야 의심하지 않겠지만, 아무리 시간이 흘러도 바람 한 점 없는 푸른 하늘에 새 한 마리 날지 않는다면? 서로를 쳐다보며 깊은 당혹감에 빠지지 않았을까?

"다른 것도 아니고 모세의 율법이 걸린 문제인데, 욥이 옳다는 거야, 틀리다는 거야? 왜 아무 일도 벌어지지 않는 거야? 이것도 저것도 아니면 도대체 뭐가 맞는다는 거야?"

시간이 지남에 따라 그들에게조차 하나님의 실존 여부는 위기를 맞게 될 것이다. 상황이 그렇기에 하나님은 존재를 드러내야만 한다. 거기에는 여러 가지 선택지가 있겠지만, 누가 봐도 가장 좋은 건 하나님이 직접 욥에게 나타나서 그가 왜 고통을 받는지 그 이유를 알려주는 것이다. 그것이야말로 욥과 친구들이 가장 원하는 것이다.

자, 지금 욥과 친구들은 하늘을 쳐다보며 서 있다. 욥의 마음속에는 여전히 한 단어만이 맴돌고 있다.

"왜, 왜, 왜입니까? 왜냐고요?"

그리고 이제 우리는 31장 마지막 구절을 만난다.

> 이것으로 욥의 말이 모두 끝났다. (31:40)

앞에서도 언급했지만, 욥을 놓고 벌이는 하나님과 사탄의 '내기'에 명확하지 않은 게 있다면, 거기에 걸린 판돈이다. 그럼에도 하나님과 사탄이 각자의 자존심을 걸고 승부를 벌인다는 사실만은 의심할 여지가 없다. 사탄은 이렇게 하나님에게 도전했다.

> 이제라도 주님께서 손을 드셔서,
>
> 그가 가진 모든 것을 치시면,
>
> 그는 주님 앞에서 주님을 축복할(배러크할) 것입니다.

사실 이런 사탄의 도전은 앞에서도 살펴보았듯이 하나님 입장에서 얼마든지 거절할 수 있었다. 그러나 사탄 이상으로 욥의 신앙이 궁금했던 하나님이 그 도전을 기꺼이 받아들인 것이다. 그 결과, 지금 상황은 그때와 비슷한 것 같지만 아주 많이 다르다. 사탄이 도전했을 때와는 달리 이번에는 하나님에게 선택의 여지가 없는데, 다른 것도 아닌 하나님의 실존과 위신이라는 판돈이 걸려 있기 때문이다. 특히 천상회의와 지상논쟁을 모두 목격한 천사들은 전혀 예상하지 못한 궁지에 몰린 하나님이 이 상황을 어떻게 돌파할지 촉각을 곤두세우고 있다. 다시 강조하지만, 하나님은 얼마든지 거부할 수 있는 사탄의 도전을 기꺼이 수락했다. 거기에는 존엄 유지와 호기심 충족이라는, 하나님에게도 얻는 게 있었기 때문이다. 그러나 욥의 도전은 성격이 다르다. 사탄이 도전할 때와는 달리 하나님에게는 거부할 여지가 없다. 그런데 더 안 좋은 건, 하나님으로선 얻을 것도 없다는 사실이다. 유지할 존엄은 말할 것도 없고 충족할 호기심도 없다. 그냥 잘해야 본전인 셈이다. 행여 욥이 '과거의 욥'으로 돌아간다고 해도, 그것조차 본전에 불과하니까 말이다.

자, 그럼 "욥의 말이 모두 끝났다"라는 마지막 문장까지 읽은 독자의 마음속에 자연스럽게 떠오를 다음 장면은 무엇일까? 당연히 하나님의 등장이다. 그것 외에는 그 어떤 전개도 자연스럽지 않다.

"이것으로 욥이 말이 끝났다. 그러자 하늘에서 굉음과 함께 폭풍우 속에서 하나님이 나타나셨다…."

이렇게 진행되는 게 누가 봐도 자연스럽다. 그런데 그렇지 않다. 황당함을 넘어 기괴하다고 해도 과언이 아닌 엉뚱한 이야기가 우리를 기다리고 있다.

너무도 가벼운 고통

"도대체 욥 어른과 같은 사람이
또 어디에 있겠습니까?
그는 하나님을 조롱하는 말을
물 마시듯 하고 있지 않습니까?"

엘리후(32-37장)

하나님의 등장을 기대하고 장을 넘긴 독자 앞에 나타나는 건, 말 그
대로 뜬금없는 장면이다. 32장 1절은 이렇게 시작한다.

　욥이 끝내 자기가 옳다고 주장하므로,
　이 세 사람은 욥을 설득하려고 하던 노력을 그만두었다.

　그러면 더 설득해야 하지 않나? 그리고 이어지는 구절은 한 가
지 새로운 사실, 논쟁 현장에 시종일관 엘리후라는 사람이 있었다
는 것을 알려준다. 갑자기 이제 와서 끼어든 이 엘리후는 무려 여섯
장에 걸친 긴 설교를 늘어놓는다. 그러나 '지혜 찬가'를 건너뛰는
것과 동일한 이유로 엘리후의 장황한 설교도 송두리째 무시하는 학
자들이 적지 않은데, 욥기를 이해하는 데 심각한 걸림돌만 되기 때
문이다. 문자주의를 고집하는 기독교 신학자를 빼고 사실상 오늘날
이 여섯 장에 걸친 엘리후의 말이 후대에 삽입된 내용이라는 사실
을 부정하는 학자는 단 한 사람도 없다. 그 정도로 엘리후의 글에서

는 노골적인 '조작' 냄새가 난다. 몇 가지만 짚어보자.

가장 먼저 프롤로그 산문에서뿐 아니라, 세 번에 걸친 논쟁 내내 엘리후는 그림자도 비추지 않는다. 말 그대로 갑자기 하늘에서 뚝 떨어진 존재다. 게다가 엘리후의 말은 욥과 친구들이 구사하는 시와 비교할 때 수준이 너무 떨어진다. 시 형식을 빌렸지만, 차마 시라고 부르기 힘든 어정쩡한 평서문, 평이함을 넘어 진부하게 느껴질 정도다. 우리말 성경만 봐도 그 점은 쉽게 알 수 있다. 엘리후는 또 유일하게 욥을 '이름'으로 부른다. 친구들 중 그 누구도 욥의 이름을 언급한 사람은 없다. 그런데 엘리후는 다르다.

> 나는 세 분이 하시는 말씀을 주의 깊게 들었습니다.
> 그런데 세 분께서는 어느 한 분도,
> 욥 어른의 말을 반증하거나
> 어른의 말에 제대로 답변하지 못하셨습니다. (32:12)

건방이 하늘을 찌르는 엘리후가 너무나 어이가 없어서일까? 친구들과의 논쟁 내내 한마디도 지지 않던 욥이 엘리후에게는 아무런 반박도, 변명도 하지 않는다. 또 하나 특이한 점은 엘리후가 욥기에 등장하는 유일한 이스라엘 이름이라는 사실이다. 욥기 저자는 의도적으로 욥을 비롯해 친구들의 이름을 다 이방인의 이름으로 했다. 욥기가 다루는 주제가 이스라엘에 국한된 문제가 아니라는 점을 강조하고 싶었기 때문이다. 그런데 어찌된 일인지, 엘리후는 이스라엘 이름을 가졌을 뿐 아니라, 그의 아버지 이름은 바라겔이며 아브라함 가족의 핏줄에 속한 람 족속이라는 세부적인 사실까지 등장한다.

너무도 가벼운 고통

엘리후는 람 족속에 속하는 부스 사람 바라겔의 아들이다.

(32:2b)

게다가 나이도 세 친구들과 비교해서 아주 젊단다. 욥보다 훨씬 어린 게 분명하다.

그들 가운데서 엘리후가 가장 젊은 사람이므로,
그는 다른 사람들이 말을 끝낼 때까지 기다려야만 하였다.

(32:4)

정작 주인공인 욥의 신상에 관해선 비밀에 부친 욥기가 엘리후에 대해서 이렇게 자세히 소개하는 것을 어떻게 이해해야 할까? 그런데 나중에 등장한 하나님은 이 엘리후에 대해서 아예 언급조차하지 않는다. 왜 그럴까? 프롤로그와 논쟁 내내 엘리후가 나오지 않는 것과 같은 이유인데, 정말 다행스럽게도 엘리후 부분을 삽입한 이가 '오리지널 욥기'를 건드리지 않고 엘리후 부분만 삽입했기때문이다. 아마도 그 사람에게 가장 큰 고민은 이것이었을 것이다.
"오리지널을 그대로 살리면서 엘리후를 집어넣으려면 어디가좋을까?"
그러던 중에 찾아낸 곳이 바로 여기, 욥이 말을 마치고 하나님이등장하기 직전이다.

이것으로 욥의 말이 모두 끝났다. (31:40)

자, 그럼 이 엘리후 부분을 쓴 사람은 과연 누구일까?[208] 엘리후의 말을 통해 몇 가지를 추론할 수 있다. 그 인물은 분명히 오리지널 욥기를 필사하던 경건한 유대인 남자였을 것이다. 그리고 욥기 원본을 필사하는 내내 분노를 느낀 게 틀림없다. 욥이 저지르는 신성모독을 보면서, 그리고 제대로 대응하지 못하는 친구들의 답답한 대답을 보면서 말이다. 필사하는 내내 입술에서 피가 나도록 깨물며 고민했을 것이다.

"아니, 이렇게밖에 말을 못해? 성경이라 내 맘대로 바꿀 수는 없고 정말 답답해 죽겠네. 이거 누가 봐도 욥한테 친구들이 밀리고 있잖아? 우리 하나님이 이런 걸 보면 얼마나 가슴 아프실까?"

그러다가 어느 순간 결심했다. 나라도 하나님을 위한 제대로 된 변명(변증)을 해야겠다고. 그러고는 필사 내내 하나님이 기뻐할 진리를 어디에 심을지 유심히 살폈다. 그러던 중 그의 펜이 이 구절을 필사했다.

　이것으로 욥의 말이 모두 끝났다.

그 순간 그는 "그래, 바로 여기야!"라고 무릎을 쳤을 것이다. 따라서 32장 4절은 사실상 이 필사자의 마음이다.

　그는 다른 사람들이 말을 끝낼 때까지 기다려야만 하였다.

그리고 이어지는 하나님의 연설을 미리 훑어보고는 어떤 식으로 욥에게 선제공격을 할지 잠시 고민했다. 일단 엘리후가 등장하는 이유를 설명해야 했다.

욥이 이렇게 자기가 옳다고 주장하면서

모든 잘못을 하나님께 돌리므로,

옆에 서서 듣기만 하던 엘리후라는 사람은,

듣다 못하여 분을 더 이상 참지 못하고 화를 냈다. (…)

엘리후는 또 욥의 세 친구에게도 화를 냈다.

그 세 친구는 욥을 정죄하려고만 했지,

욥이 하는 말에 변변한 대답을 하지 못하였기 때문이다.

(32:2a, 3)

그런데 처음부터 이렇게 노골적으로 감정을 드러내는 엘리후를 보면서 나는 갑자기 이런 생각이 들었다.

"정체불명의 내용 추가자, 정체불명 필사자의 진짜 이름이 엘리후가 아닐까? 그리고 아버지 이름은 바라겔, 람 족속에 속하는 부스 사람이 아닐까?"

영화 〈베스트오퍼Best Offer〉[209]의 주인공, 위작을 잡아내는 탁월한 미술품 감정가 올드먼은 어느 날 아주 교묘한 고대 위작 하나를 잡아내면서 이런 말을 한다.

"위작자는 그림 어딘가에 반드시 자기 흔적을 남깁니다."

엘리후도 같은 마음이 아니었을까? 그는 욥기라는 히브리성경 속에 자신의 이름을 남기고 싶었다. 그리고 기왕 남기는 거, 효심에 가득한 그는 아버지 이름까지 덤으로 적어넣었다.

엘리후는 람 족속에 속하는 부스 사람 바라겔의 아들이다.

만약에 이런 내 추측이 맞는다면, 어쩌면 비록 일부 내용이기는 하지만 욥기는 히브리성경 중에서 저자를 특정할 수 있는, 정말로 몇 안 되는[210] 희귀한 성경이 되는 셈이다.

이렇게 후대 삽입이 분명한 엘리후 부분은 욥기 이해라는 측면에서 전혀 도움이 되지 않는다. 그래서 나도 '지혜 찬가'처럼 아예 생략할까 고민하다가 생각을 바꿨는데, 엘리후의 말 속에 숨은 아주 중요한 의미를 찾았기 때문이다. 자, 그가 뭐라고 하면서 말을 시작하는지 살펴보자.

> 세 분이 말씀하시는 동안에,
> 나는 참으며 듣기만 하였습니다.
> 세 분이 지혜로운 말씀을 찾으시는 동안에,
> 나는 줄곧 기다렸습니다.
> 나는 세 분이 하시는 말씀을 주의 깊게 들었습니다.
> 그런데 세 분께서는 어느 한 분도,
> 욥 어른의 말을 반증하거나
> 어른의 말에 제대로 답변하지 못하셨습니다. (32:11-12)

욥기를 필사하는 내내 느꼈을, 성경에 내용을 추가해서라도 진리를 전하고 싶다는 엘리후의 열정이 느껴진다.

> 나는 지금 진지하게 말하고 있습니다.
> 나는 진실을 말하려고 합니다.
> 하나님의 영이 나를 만드시고,
> 전능하신 분의 입김이 내게 생명을 주셨습니다. (…)
> 하실 말씀이 없으시면, 조용히 들어 주시기만 바랍니다.

너무도 가벼운 고통

그러면 내가 어른께 지혜를 가르쳐 드리겠습니다. (…)

조금만 더 참고 들으시기 바랍니다.

아직도 하나님을 대신하여 드릴 말씀이 있습니다.

(33:3-4, 33 : 36:2)

'진실을 말한다.'

'하나님의 영이 나를 만들었다.'

'전능하신 분의 입김이다.'

'지혜를 가르쳐주겠다.'

'내가 하나님을 대신한다.'

이 정도 확신이 없었다면 애초부터 감히 정경에 내용을 추가할 배짱도 없었을 것이다. 그리고 엘리후는 필사하는 내내 욥에게 하고 싶었던 '자기 말'을 오리지널 욥기에 심었다.

이런 엘리후에게서 내가 찾은 가치는 이것이다.

욥기는 사실 가장 이해하기 어려운 성경이다. 무엇보다 뜻을 정확하게 알 수 없는 고대 히브리어 때문이다. 그런데 내가 필사자이자 삽입자로 확신하는 이 엘리후라는 사람은 지금과는 비교도 할수 없을 정도로 정확한 원문을 가지고 있었을 것이다. 그렇다면 엘리후가 이해한 욥기야말로 오리지널에 가장 근접한 욥기다. 다시 말해 **엘리후가 삽입한 여섯 장은 사실상 오리지널 욥기의 '최초 주석'**인 셈이다.

기독교는 욥의 신성모독 발언을 왜곡함으로써 어떻게든 그를 의인으로 둔갑시키려고 애를 썼다. 그러나 그런 시도는 엘리후 때문에 이미 오래전에 허사가 되었다고 보아야 한다. 엘리후가 내리는 욥에 대한 판단이야말로 오리지널 욥기가 담은 욥의 정체, 그의 진짜 모습이다. 따라서 욥을 아직도 신앙의 모범으로 생각하는 기독교인은 반드시 최초의 욥기 강해서인 엘리후의 말에 귀를 기울여야 한다. 야고보서 저자의 착각에 속으면 안 된다. 욥은 결코 믿음으로 하나님을 바라보며 인내한 사람이 아니었다. 욥은 반복해서 신성모독을 저질렀고, 그 결과 우리는 엘리후라는 인물까지 만나게 되었다. 그가 드러내는 욥의 '정체'를 살펴보자.

> 욥이 이렇게 자기가 옳다고 주장하면서
> 모든 잘못을 하나님께 돌리므로. (32:2a)

> 욥 어른께서 이런 말씀을 하셨습니다.
> "내게는 잘못이 없다.
> 나는 잘못을 저지르지 않았다.
> 나는 결백하다.
> 내게는 허물이 없다.
> 그런데도 하나님은 내게서 흠 잡을 것을 찾으시며,
> 나를 원수로 여기신다." (33:8-10)

> 도대체 욥 어른과 같은 사람이 또 어디에 있겠습니까?
> 그는 하나님을 조롱하는 말을 물 마시듯 하고 있지 않습니까?
> (…)
> (욥 어른은 또)
> "사람이 하나님을 기쁘게 해드린다 해도,
> 덕 볼 것은 하나도 없다!" 하고 말합니다. (34:7, 9)

너무도 가벼운 고통

욥 어른이 한 말을 세 분은 곰곰이 생각해 보시기 바랍니다.

세 분께서는, 그가 말하는 것이

악한 자와 같다는 것을 아시게 될 것입니다.

욥 어른은 자신이 지은 죄에다가 반역까지 더하였으며,

우리가 보는 앞에서도 하나님을 모독하였습니다. (34:36-37)

또 (욥 어른은 말하기를) 하나님께

"내가 죄를 짓는다고 하여,

그것이 하나님께 무슨 영향이라도 미칩니까?

또 제가 죄를 짓지 않는다고 하여,

내가 얻는 이익이 무엇입니까?" 하고 물으시는데. (35:3)

엘리후의 귀에 들리는 욥의 모든 말은 하나님을 향한 노골적인 신성모독이다. 그 이상도 이하도 아니다. 욥은 하나님이야말로 세상을 악하게 만든 책임자, 악인이라고까지 했다. 그런 욥의 정체를 만천하에 드러낸 엘리후는 이제 성경 속에 영원히 남을 자신을 좀 더 지혜롭게 만들기로 작정하고, 미리 내용을 숙지한 하나님의 연설에서 몇 가지를 발췌해 자신의 입에 담는 교묘한 방법을 썼다.

여기서 잠깐 시선을 기독교 신학계로 돌리자. 엘리후는 기독교 주석가로부터 특별한 사랑을 받는데, 그를 천사, 아예 거기서 한 걸음 더 나아가서 인간의 몸을 입은 예수라고 주장하는 사람이 있을 정도다.[211] 기독교는 왜 엘리후를 그렇게 높이 평가할까? 단순하다. 100% 하나님의 감동으로 쓰였다고 믿는 성경에 엘리후의 다음과 같은 말이 담겨 있기 때문이다.

나는 진실을 말하려고 합니다. (…)

하나님의 영이 나를 만드시고,

전능하신 분의 입김이 내게 생명을 주셨습니다. (…)

아직도 하나님을 대신하여 드릴 말씀이 있습니다. (33:3-4, 36:2)

게다가 친구들은 정죄한 하나님이 엘리후는 책망하지 않았기 때문이다. 덧붙여 37장 내내 교묘하게 깔아놓은 밑밥 때문에 엘리후는 더 특별해졌는데, 그는 곧 나타날 하나님과 별반 다르지 않은 말을 한다.

천둥과 같은 하나님의 음성이 들립니다.

번갯불이 번쩍이고 나면, 그 위엄찬 천둥소리가 울립니다.

(37:4)

폭풍우 속에서 등장할 하나님을 이미 알고 있던 엘리후는 이렇게 노골적인 밑밥을 깐다. 그게 다가 아니다. 37장 내내 자연의 신비를 논하면서, 하나님의 연설을 미리 숙지한 사람답게 하나님이 욥에게 던진 것과 별반 다르지 않은 질문을 던진다.

욥 어른은 이 말을 귀담아 들으십시오.

정신을 가다듬어서,

하나님이 하시는 신기한 일들을 곰곰이 생각해 보십시오.

하나님이 어떻게 명하시는지,

그 구름 속에서 어떻게

번갯불이 번쩍이게 하시는지를 아십니까?

　　　　　　　　　　　　　　　　　　너무도 가벼운 고통

구름이 어떻게 하늘에 떠 있는지를 아십니까?

하나님의 이 놀라운 솜씨를 알기라도 하십니까? (37:14-16)

그러다 보니 엘리후를 정말 차원이 다른 특별한 존재로 보는 기독교 신학자가 적지 않다. 그런데 하나님을 지키겠다며 붓을 든 필사자, 엘리후에게는 아주 치명적인 문제가 있다. 애초에 욥기를 쓴 오리지널 저자와 비교해 문장력에서도, 지식에서도 떨어져도 너무 떨어진다는 점이다. 그는 사실 친구들이 말한 내용에서 단 한 걸음도 더 나아가지 못했다. 그냥 같은 결론을 반복하고 있을 뿐이다.

그러나 이제 욥 어른은

마땅히 받으셔야 할 형벌을 받고 계십니다.

심판과 벌을 면할 길이 없게 되었습니다. (36:17)

엘리후가 화가 난 이유는 확실하다. 욥의 신성모독이다. 친구들과 하나도 다르지 않다. 엘리후 역시 욥이 저지른 죄가 무엇인지는 모른다. 그 점도 친구들과 똑같다. 물론 천상회의 장면까지 필사했기에 욥이 당하는 고통의 원인은 잘 알고 있다. 그러나 차마 그 이야기를 언급할 수는 없었다. 그러는 순간 욥의 무죄가 만천하에 드러날 테니까. 그러니까 엘리후야말로 욥의 무고함을 가장 잘 아는 사람이다. 그런데도 그는 욥에게 화가 났다. 욥의 말을 참을 수 없었기 때문이다. 아무리 억울한 고통을 당해도 할 말이 있고 못할 말이 있다고 생각했으니까. 그래서 과감하게 하나님의 이름까지 들먹이며 붓을 들었다. 이런 엘리후와 가장 거리가 먼 단어가 있다면 염치다. 이 친구에게서는 최소한의 부끄러움도 찾을 수 없다. 친구들이 이미 한 말을 반복하면서, 그것도 훨씬 떨어진 수준으로 떠들면서 도리어 그들에게 호통치는 모습을 보면 어이가 없다.

> 세 분이 말씀하시는 동안에,
> 나는 참으며 듣기만 하였습니다.
> 세 분이 지혜로운 말씀을 찾으시는 동안에,
> 나는 줄곧 기다렸습니다.
> 나는 세 분이 하시는 말씀을 주의 깊게 들었습니다.
> 그런데 세 분께서는 어느 한 분도,
> **욥 어른의 말을 반증하거나**
> **어른의 말에 제대로 답변하지 못하셨습니다.** (32:11-12)

그럼 자기는 제대로 반증하고 답변했다는 건가? 엘리후 생각은 그렇다. 대부분은 자기 자신에게는 너그러우니까. 엘리후 역시 인간은 누구나 하나님을 두려워하고 순종해야 한다는 원론적 가르침을 읊조리고 있을 뿐이다. 인간은 다 죄인인데, 네가 뭔데 하나님 앞에서 건방지게 대드냐고, 그거보다 더 큰 죄가 어디 있냐는, 이미 친구들이 수도 없이 반복한 하나마나한 소리를 또 하고 있을 뿐이다. 그러나 우리는 다 알고 있다. 억울한 고통이 닥치기 전까지 욥은 하나님을 향해 단 한 번도 반항한 적이 없다. 스스로 지혜롭다고 생각한 적도 없고, 또 인간의 의로움을 내세운 적도 없다. 하나님을 향해 제대로 고개 한번 든 적도 없다. 그런 욥을 바꾼 건 하나님이다. 그렇기에 그 사실을 가장 잘 알고 있는 엘리후에게 그가 뱉은 마지막 말을 되돌려주어야 한다.

하나님은 스스로 지혜롭다고 하는 사람을 무시하십니다.

(37:24)

엘리후, 그는 스스로 지혜롭다는 착각뿐 아니라 하나님을 위해 진리를 설파하겠다는 망상에 취해 되지도 않을 첨삭으로 오리지널 욥기를 심각하게 훼손한 사람이다. 무엇보다 효심 깊은 바라겔의 아들, 이 친구 때문에 히브리성경을 통틀어 가장 장엄한 하나님의 등장theophany이 한참이나 지체되고 말았다.

3부 폭풍우 속 하나님과 욥

개인의 고통을 우주적 차원으로 돌리는 것은 해결이 아니다. 아니, 문제를 더 심각하게 만들 뿐이다. 한 사람 한 사람은 그 자체로 다 시작이고 끝이다. 그렇기에 위로 자체가 대답이 되지 않는 한, 누구든 위로가 아닌 대답을 들을 권리가 있다.
– 엘리 위젤, 《Messengers of God》

저는 욥을 좋아했죠. 그는 하나님께 두려움 없이 솔직했거든요. 하나님한테 진지했죠. 욥과 제가 다른 점은, 끝이 다르다는 점이죠. 하나님은 욥의 모든 고통 끝에 그에게 나타나셨죠. 하지만 제게는 나타나지 않았어요.
– 필립 얀시, 《하나님 당신께 실망했습니다》 속 리처드의 말

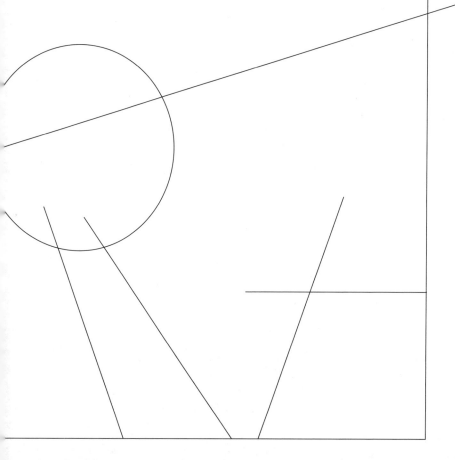

고위직 경찰 남편에 부동산 중개업을 하는 아내, 누가 봐도 행복한 사십대 잉꼬부부가 있었다. 바람난 아내와 이혼한 동료 경찰이 어느 날 회식자리에서 던진 말 한마디 때문에 남편 마음속에 아내에 대한 의문이 싹튼다.

"이봐, 자네 정말로 제수씨 믿어? 나도 그 여자 정말 믿었는데, 세상에 젊은 놈이 유혹한다고 그렇게 쉽게 넘어갈 줄이야. (소주를 맥주잔에 따르더니 단숨에 마시고는) 정말로 어이가 없어. 등잔 밑이 어둡다고. (친구를 지그시 바라보며) 제수씨도 일 때문에 남자들 많이 만나지? 너무 믿지 마. 믿는 도끼에 발등 찍힌다고, 미리미리 대비하고 확인하고 조심하라고. 치안 단속 못지않게 중요한 게 마누라 단속이야. 행여 내 꼴 나지 않으려면 말이야."

그냥 술주정으로 치부하고, 친구 잔이 빌 때마다 소주를 따라주던 남편이었다. 그런데 시간이 갈수록 점점 의심이 들기 시작했다. 아내의 화장이 조금만 진해도 '누구를 만나는데 이렇게?'라는 생각이 들 정도가 되고 말았다. 결국 참다못해 사람을 사서 미행까지 시켰지만, 아내에게는 아무런 문제가 없었다. 그런데도 확신이 서지 않은 남편은 진짜 확실한 한 번의 테스트로 이 의심병에서 완전히 벗어나야겠고 결심했다. 그러고는 충동질한 그 친구에게 큰소리로 자랑하고 싶었다.

"야, 일급 제비까지 붙여봤는데도 내 아내는 꿈쩍도 안 하더라고. 바람난 네 마누라하고는 아예 차원이 달라. 알겠어?"

남편은 과거에 담당했던 신사동 유부녀 춤바람 사건을 떠올렸고, 지금도 강남 최고라고 불리는 일명 '물찬 제비'를 시켜 아내를 유혹하도록 했다. 차마 경찰의 명령을 거절할 수 없었던 제비는 작전을 개시했는데…. 노골적인 제비의 유혹에도 아내는 넘어가기는커녕 미동도 하지 않았다. 자존심이 상할 대로 상한 제비가 이번에는 도리어 남편을 충동질했다.

"세상에 내 유혹에 안 넘어가는 여자는 처음입니다. 하지만 술자리에서는 달라지겠죠? 뭐, 형님께서 거기까진 허락할 자신이 없다고 해도 이해합니다."

아내를 향한 자신감이 치솟은 남편이 호기롭게 대답했다.

"그래 한번 해봐. 그래도 안 넘어갈걸? 하하하~ 단, 절대 다치지 않게 해. 실수로라도 상해를 입히면 안 돼. 조금이라도 다치면 넌 그날로 끝이야. 그런데 너도 이제 은퇴해야 하는 거 아니야?"

며칠 후, 의기양양한 제비가 다시 남편을 찾았다.

"상처 하나 입히지 않았지만 술기운에 몽롱해지니까 별 저항 못하던데요? 덕분에 좋은 시간 보냈습니다. 괜히 이거 가지고 나중에나 괴롭히는 거 아니죠? 그동안 대화한 거 다 녹취했습니다. 이거 다 형님이 시켜서 한 거예요."

차마 녹취는 상상도 못했던 남편은 덜컥 불안해졌지만, 정작 더 힘든 건 아내의 배신이었다.

'고작 술 한잔에 정조를 버렸다고?'

평화롭던 부부의 삶은 점점 더 피폐해져만 갔고, 고민하고 괴로 워하던 아내는 결국 우울증에 걸려 약 없이는 정상적인 생활을 할 수 없는 지경에 이르고 말았다. 결혼 생활 내내 유혹에 넘어갈 적당 한 핑계를 찾고 있었던 건 아닌지, 금지된 욕망을 갈망하고 있었던 건 아닌지, 남편은 남편대로 이제 아내 얼굴조차 똑바로 보기가 힘 들어졌다. 비록 자기가 벌인 시험이긴 하지만, 한낱 양아치에게 넘 어간 아내를 용서할 수 없었다.

그렇게 몇 달이 흐른 어느 날, 아내가 남편에게 말했다.

어떤 인간이 집을 사겠다면서 접근했다고, 몇 번 조건에 맞는 물 건을 소개했는데도 딱지를 놓기에 이상하게 생각해서 전화번호까 지 지우고 차단했는데, 어느 날 다시 나타나서는 제일 비싼 집을 사 겠다며 맥주 한잔만 같이 하자고 집요하게 굴었지만 단칼에 거절했 다고. 깜짝 놀란 남편이 물었다.

"술을 안 마셨다고?"

"당연하지요. 누가 봐도 사기꾼인데, 그런 인간하고 왜 같이 술 을 마셔요?"

술을 안 마셨다는 데 놀라는 남편이 조금 이상하긴 했지만, 아내 는 말을 이었다. 다음 날 아예 계약금 수표와 함께 캔 커피 두 개를 들고 사무실에 나타난 그와 커피를 마신 이후 아무런 기억이 나지 않는다고 했다. 그리고 모텔에서 깨어났을 때는 이미 정조를 도둑 맞은 상태였다고. 아내는 흐느끼며 말했다.

"약을 탄 게 분명해요. 여보, 그놈 좀 잡아줘요. 그동안 당신한 테 미안해서 아무 말도 못 했지만, 이렇게는 억울하고 분해서 살 수가 없어요. 사무실 CCTV에 그 인간 다 찍혀 있어요. 왜 나한테 그런 짓을 했는지 물어봐야겠어요. 아니면 살 수 없을 것 같아요. 여보, 제발 나 좀 도와줘요."

정신과 약을 먹는 아내를 보며 '그나마 정조를 팔아넘기고도 양심의 가책은 느끼나 보군…' 정도로만 생각하던 남편이 진실을 알게 된 것이다. 그 순간 아차했지만, 이미 엎질러진 물이었다. 제비의 교활한 술수에 놀아났다는 것을, 상해만 입히지 말라고 한 자신의 어리석음도 깨달았다.

그렇다고 남편이 제비를 잡아 법정에 세울 수 있을까? 진실을 밝힐 수 있을까? 무엇보다 아내에게 자초지종을 말할 수 있을까? 당장 제비를 잡아 찢어 죽이고 싶어도, 그럴 수 없다. 더 큰 문제는 아내가 진실을 알게 되는 것이다. 이제 남편은 길에서라도 아내가 우연히 제비와 부딪히는 일이 없도록 조치해야 한다. 당장 아내 사무실과 모텔 CCTV를 포함해, 행여 아내가 사람을 써서라도 제비를 추적할 수 있는 단서부터 모두 지웠다. 그리고 제비에게 전화를 걸었다.

"너, 우연히라도 내 아내 눈에 띄면 쥐도 새도 모르게 죽는다. 알겠냐?"

"하나님을 고소하던 자가
이제 항복하는 거냐?"

하나님(38-40:2)

아내를 제비에게 넘긴 남편과 욥을 시험한 하나님, 누가 더 나쁠까? 사라진 생명으로 따지면야, 남편은 차마 하나님 앞에 명함도 내밀 수 없다. 제비 때문에 죽은 사람은 없지만, 욥의 경우에는 무려 열 명이라는 생명이 사라졌으니까. 이 두 비극 사이에 차이가 하나 있다면, 성폭행 사건에 남편이 관련되었을 거라고는 일말의 의심도 하지 않는 아내와 달리 욥은 은연중에 하나님이 연관되었다고 느낀다는 점이다. 생명을 관장하고 자연을 움직이는 힘은 오로지 하나님에게만 있기 때문이다. 그럼에도 남편만 믿는 아내처럼, 하나님이 답을 갖고 있다고 확신하는 욥도 하나님을 의지한다. 그가 하나님을 만나겠다고 조르는 이유다.

자, 마침내 욥이 그토록 간절하게 기다리던 하나님이 나타났다.[212] 하나님은 욥에게 어떤 말을 할까? 욥이 그토록 궁금해하던 질문에 속 시원한 답을 줄까? 매튜 헨리는 하나님이 왜 굳이 지금 등장했는지 그 이유를 이렇게 썼다.

욥이 엘리후가 이치를 따져서 분명하게 제시한 변론에 의해서 그래도 꽤 마음이 누그러져서 하나님이 무슨 말씀을 하시든지 들을 준비가 되었을 때, 마침내 하나님은 말씀하시기 시작하신다. (엘리후처럼) 주의 길을 준비하는 것이 사역자들이 할 일이다.[213]

역시 매튜 헨리답다. 하나님이 나타난 이유가 엘리후가 시작한 '작업'을 마무리하기 위해서라는 것이다. 그런데 매튜 헨리 입장에서라면 엘리후의 긴 설교가 끝나고도 아무런 반박이 없는 욥이 이미 회개했다고 봐도 무방하지 않을까? 그런데도 굳이 하나님이 모습을 드러낸 건, 오로지 하나님만이 할 수 있는 설명이 있기 때문일까? 그럼 그게 과연 무엇일까?

평생 교회를 다닌 기독교인도 하나님의 장엄한 등장을 담은 38장에서 41장까지를 본문으로 한 설교는 거의 들은 적이 없을 정도로, 여기 담긴 내용은 뜬금없고 당혹스럽다.[214] 그러다 보니 매튜 헨리 같은 황당한 이유를 갖다 붙이는 게 고작이다. 두 번에 걸친 긴 연설 속에 욥이 던진 질문에 대한 답은 고사하고 친구들과 논쟁한 주제와 연결점을 찾을 수 있는 내용도 전혀 없다. 농구 시합 중에 누가 반칙을 했는가를 놓고 다투는 선수들에게 나타난 심판이 임진왜란의 참상을 늘어놓는 것과 다름없다.

그럼 하나님은 왜 굳이 모습을 드러냈을까?

욥이 상황을 그렇게 만들었기 때문이다. 그러나 정말로 그게 다일까? 그래도 명색이 창조주 신인데, 100% 인간에게 떠밀려서 억지로 나타났다고 보는 건 설득력이 떨어진다. 거기에는 진짜 이유가 따로 있다. 그리고 그 진짜 이유를 알아야 겉으로는 마냥 뜬금없게만 느껴지는 하나님의 연설과 욥의 대답도 제대로 이해할 수 있다. 따라서 "하나님이 왜 나타났는가?"라는 가장 중요한 질문을 비껴가는 한, 우리는 결코 욥기의 핵심에 다다를 수 없다.

하나님이 욥에게 나타난 이유는 단 하나, '**사탄과의 내기에서 최종 승리를 선언하기 위해서**'였다. 하나님을 향해 계속해서 삿대질을 하며 신성모독을 저지르는 욥이 언제 '배러크'의 단계로 나아갈지 모르기 때문이다. 그렇게 되는 순간 승리는 사탄에게 돌아간다. 그럼 어떻게 해야 하나님이 이길 수 있을까?

이 정도 수준에서 욥이 질문을 멈추고 예전 모습으로 돌아가는 것이다.

애초에 하나님은 굳이 모습을 드러내지 않고도 내기에서 이길 수 있다고 기대했다. 친구들이 욥을 설득할 수만 있다면, 하나님 입장에선 손 안 대고 코 푸는 결과가 되는 셈이다. 그래서 세 번에 걸친 긴 논쟁 동안 하나님은 철저하게 관망했을 뿐 아니라, 엘리바스에게 신비한 '영'까지 보내 하늘의 비밀을 알려주는 '꼼수'를 쓰기도 했다(4:12-19). 그런데도 친구들은 욥을 설득하지 못했다. 아니, 오히려 그들의 말은 욥의 울분이 점점 더 하나님을 향하도록 만드는 악수가 되고 말았다. 이제 내기에서 승리하는 길은 하나님이 직접 욥을 되돌리는 방법밖에는 남지 않은 것이다.

하나님에겐 세 가지 방법이 있었다.

첫 번째는 가장 이상적이지만 불가능한, 욥이 그토록 알고 싶어 하는 자신의 죄가 무엇인지 알려주는 것이다. 그래서 모르고 있던 죄를 깨달은 욥이 회개하며 무릎 꿇는 것이다. 그러나 이건 말이 안 된다. 정작 천상회의에서 욥을 의인이라고 선언한 존재가 하나님 자신이다 보니, 다른 건 몰라도 욥이 유죄라고 말을 뒤집을 수는 없다. 없는 죄를 지어낼 수도, 그렇다고 납득할 수 없는 이유를 들이대며 자식과 재산을 앗아간 이유를 설명할 수도 없다. 그런 무리수를 두는 하나님을 욥이 다시는 신앙할 리 없고, 그 결과는 내기의 패배로 이어질 게 자명하다.

두 번째는 천상회의 진실을 공개하고, 욥에게 솔직하게 사과하는 것이다.

"욥아, 미안하다. 이게 다 내가 허세에 빠져서 사탄의 꾐에 넘어가는 바람에, 그놈하고 내기를 해서 생긴 일이다. 확실하게 얘기하마. 너는 아무런 죄가 없다. 다 내 잘못이다. 내가 '죄신罪神'이다. 이미 죽은 자식들까지는 나도 어쩔 수 없지만, 너의 남은 인생 동안 내가 어떻게 해야 네 상처를 어루만져줄 수 있을지, 나도 같이 고민하마."

이랬다면 하나님과 욥은 서로 부둥켜안고 뜨거운 눈물을 흘렸을지도 모른다. 피조물에게조차 사과하는 창조주에게 감동받은 욥이 신앙을 회복할 가능성도 있다. 그러나 이건 누가 봐도 리스크가 너무도 크다. 오히려 180도 다른 최악의 결과가 나올 수도 있다. 따라서 천상회의 공개는 하나님의 입장에서 위신이 땅에 떨어지는 일이다. 영화 〈어 퓨 굿맨〉[215]에는 증언석에 앉은 대령 잭 니콜슨이 풋내기 검사 탐 크루즈에게 이렇게 외치는 장면이 나온다.

"넌 진실을 감당할 수 없어!"

이게 어쩌면 하나님이 욥에게 하고 싶은 말인지도 모른다. 천상회의는 욥이 감당할 수준의 진실이 아닌 것이다. 게다가 앞에서 든 남편의 예만 봐도, 이 경우의 수는 하나님 입장에선 더더욱 불가능하다. 인간인 남편조차도 '사랑 테스트'라는 진실을 아내에게 밝힐 수 없다. 그런데 하물며 창조주가 어떻게 피조물에게 '도통 네 신앙

너무도 가벼운 고통

을 믿을 수 없어 테스트를 했다고, 그 와중에 어쩌다 보니 네 자식들도 다 죽이게 되었다'는 천상회의 진실을 밝힐 수 있을까?

하나님 입장을 이해하지 못하는 건 아니지만, 그래도 이 두 번째 시나리오를 생각하면 절로 한숨이 나온다. 그래서 이 세상에는 거대한 권력이 은폐한, 드러날 수 없는 진실이 이토록 많은 걸까? 모든 의문이 깨끗하게 해결되었다는 뉴스를 만나기가 그토록 힘든 이유가 다 '권력의 위신' 때문인가? 그리고 그 권력은 오늘도 고통받는 피해자를 향해서 "넌 진실을 감당할 수 없어. 그냥 묻어버리고 살아"라고 외치는 건가? 욥기에서 배우는 교훈 중 하나가 그것이다. 진실을 감추고도 세상은 돌아간다는 것, 무엇보다 하나님부터 진실을 은폐하기에 급급하니 말이다.

세 번째는 여전히 진실을 묻은 상태에서 욥을 과거로 되돌리는 것이다. 마치 시간이 약이 되어 성폭행당한 아내가 모든 악몽을 잊고 예전 다정한 모습으로 돌아갈 수 있는 것처럼. 그런데 이게 과연 가능할까?

가능하다고 확신했기에 하나님은 욥 앞에 모습을 드러낸 것이다. 앞선 두 가지가 불가능하다는 걸 가장 잘 아는 하나님인 만큼, 지금부터 살펴볼 세 번째 전략이 없었다면 애초에 모습을 드러내는 무리수를 쓰지 않았을 것이다. 그럼 뭘 어떻게 하려는 걸까? 지금부터 하나님의 의중을 살펴보도록 하자.

등장에서부터 하나님은 치밀하게 신경을 쓴 게 역력하다. 따뜻한 햇살 대신 사나운 폭풍을 동반해서 나타났다. 새번역 외에 공동번역만이 38장 1절 속 동사를 정확하게 번역했다.

야훼께서 욥에게 폭풍 속에서 대답하셨다.

다른 한글 성경들은 '대답했다'를 '말씀했다'로 번역했는데, 틀렸다. 원문의 동사는 '대답했다'이다. 이건 매우 중요한 차이인데 '말씀했다', 즉 말하는 것은 질문이 없어도 얼마든지 할 수 있지만, 대답은 질문이 있을 때만 가능하다. 따라서 이 문장을 제대로 번역하면 누구나 다 "야, 이제야 하나님이 비로소 욥이 던진 모든 질문에 대답하는구나"라는 기대를 갖게 된다. 그런데 하나님의 연설을 다 읽고 나면 이런 의문이 절로 들기 마련이다.

"아니, 무슨 대답을 한 거지? 그냥 다 뜬금없는 소리잖아?"

그 누구보다 이런 사실을 잘 알고 있던 사람이 성경편찬자들이었다. 그렇기에 그들은 '하나님을 위해' 동사 '대답했다'를 '말씀했다'로 바꿨다.[216]

자, 그럼 마침내 눈앞에 나타난 하나님으로부터 '대답하겠다'라는 말을 들은 욥은 무슨 생각을 했을까? 아마도 두 가지 예상 대답이 떠올랐을 것이다. 가장 좋은 대답은 이것이다.

내 말을 다 들으시고 나서는,
단호하게 무죄를 선언하실 것이다. (23:7)

그러니까 하나님이 '무죄 선고'를 내리는 동시에, 그럼에도 욥이 왜 고통을 받았는지 합당한 설명이 있을 것이라는 기대다. 이 경우는 정말 말 그대로 하나님과 욥이 윈-윈 하는 상황이다. 욥은 의인으로서 자존심을 지키게 되고 또 하나님의 공정성도 전혀 훼손되지 않는다. 그러나 최악의 대답도 있다.

비록 그분께서 내가 말하는 것을 허락하신다 해도,

너무도 가벼운 고통

내가 부르짖는 소리를 귀기울여 들으실까? (9:16)

한마디로 창조주라는 권위로 욥을 일방적으로 찍어 누르는 경우다. 햇빛이 아니라 폭풍우를 동반한 하나님의 등장으로 볼 때, 누가 봐도 이 '찍어 누르기 시나리오'에 더 무게를 두게 되는데, 욥의 생각도 다르지 않았을 것이다. 그럼 하나님은 왜 하필이면 폭풍우 속에서 나타났을까? 그건 하나님이 자신을 원망하던 욥의 말을 기억했기 때문이다.[217]

> 그가 폭풍으로 나를 치시고,
> **까닭 없이 내 상처를 깊게 하시며.** (9:17, 개역개정)

"욥아, 네 말대로 내가 폭풍우 속에서 나타나서 너를 한번 확실하게 쳐주마. 아무런 까닭이 없지만, 그래도 너의 상처를 한번 깊게 만들어주마."

하나님의 의도는 이것이었을까? 그게 아니라면 반대였을까?

"내가 폭풍 속에서 너를 괴롭힌다고? 아니, 네 생각이 완전히 잘못되었다는 것을 보여주마. 네가 반전의 희열을 맛보도록 해주마. 폭풍 속에서도 너를 어루만지는 모습을 보여주마."

그러나 욥을 꾸짖는 다음 구절을 보면 전자가 맞을 가능성이 훨씬 높다.

> 네가 누구이기에 무지하고 헛된 말로 내 지혜를 의심하느냐?
> 이제 허리를 동이고 대장부답게 일어서서,
> 묻는 말에 대답해 보아라. (38:2-3)

쉬운 문장이 아니지만 누가 읽더라도 말 속에 스며 있는 분명한 차가움과 적대감을 느낄 수 있다. 하나님의 첫마디는 결코 호의적이지 않다. 히브리성경에서 하나님이 자신을 드러내는 경우에는 그 대상이 아브라함, 모세, 엘리야와 같은 '신앙의 영웅'이었기 때문인지는 몰라도, 위엄 속에서도 언제나 따뜻함을 품고 있었던 하나님을 생각하면 이런 신경질적인 모습은 참으로 예외적이다. 한마디로 하나님의 눈에 욥이 '신앙의 영웅'과는 거리가 먼 것이다. 야고보서 저자가 생각한 '인내로 모든 고통을 이겨낸' 성자라는 평가처럼 하나님 판단과 동떨어진 것도 없다. 하나님의 눈에 욥은 단지 성가신 책망의 대상이지, 아브라함이나 모세와 같이 확신과 믿음을 심어줄 대상이 아니었다. 따라서 욥은 어쩌면 하나님이 자신의 모습을 드러내고 육성까지 들려준 성경 속 유일한 '악인'인지도 모른다.

본문을 살펴보자. 당장 "네가 누구이기에 무지하고 헛된 말로 내 지혜를 의심하느냐?"라는 첫 줄부터 선뜻 이해하기가 쉽지 않다. 일단 여기서 하나님이 지칭하는 '너'는 단수형이다. 따라서 '너'가 지칭하는 대상은 욥이 분명하다.[218] 새번역은 '의심하느냐'라고 원문과 동떨어진 의역을 했지만, 정확한 의미는 '어둡게 하다'이다. 개역개정이 정확하게 번역했다.

무지한 말로 생각을 어둡게 하는 자가 누구냐?

그럼 도대체 욥이 왜 이런 말을 들어야 할까? 친구들과 논쟁하면서 쏟아낸 말 때문이다. 지금 하나님은 욥이 했던 모든 말을 세세하게 기억하고 있다. 앞선 내용을 잠깐 소환하자.

하나님을 호칭하진 않지만, 욥은 사실상 창세기가 드러내는 인간 중심의 '창조 질서'를 부정한다. 창세기 1장 3절에서 하나님이 명령한 '빛이 있으라'를 비꼬며 이렇게 말한다.

(내가 태어난) 그 날이 캄캄하였더라면. (3:4, 개역개정)

욥은 자신의 태어남을 '어둠'에 빗대면서 창세기 1장 3절에서 하나님이 명령한 '빛이 있으라'를 비꼬고 있다. 욥은 지금 '보기에 좋았더라'며 하나님이 창세기에서 선언한 '아름답고 완벽한 창조'를 은연중에 부정하고 있다.[219]

그러니까 하나님은 지금 이렇게 말하고 있다.

"내가 준 찬란한 생명을 저주하면서 그날이 캄캄했으면 좋겠다고 했지? 내가 창조한 찬란한 빛을 조롱했지? 그래, 너라는 인간은 정말로 어둡게 하는 자가 맞는구나. 내가 창조한 빛을 부정하며 어두움을 만드는 자가 맞는구나."

그럼 도대체 욥이 무엇을 '어둡게 한다'는 것일까? 목적어가 한글 성경마다 제각각인데, 개역개정은 '생각'이라고 했다. 그런데 누구의 생각인지는 알 길이 없다. 개역한글은 그냥 막연하게 누군가의 '이치'를 어둡게 한단다. 그리고 비교적 최근에 번역된 성경들은 하나같이 다 '나의 뜻, 나의 지혜'라고 번역함으로써 욥이 하나님에게 뭔가 안 좋은 영향을 끼치고 있음을 암시한다. 그럼 당연한 질문이 따라온다.

"욥이 하나님의 무슨 지혜와 뜻을 어둡게 했지? 다 떠나서, 하나님의 지혜와 뜻이 욥 때문에 어두워지는 게 말이 되나?"

그러나 히브리어 원문에는 하나님 자신을 지칭하는 '나의'라는 소유격이 없다. 따라서 애매하지만, 소유격이 없는 개역개정(개역한글)이 그나마 정확하게 번역한 것이다. 그러나 질문은 여전히 남는다. 도대체 뭘 어둡게 했다는 걸까?

'어둡게 한다'는 동사 목적어로 영어성경이 쓰는 '조언counsel' 또는 '충고advice'에 해당하는 히브리어는 '엣싸*esah*'이다. 그렇다면 욥은 지금 누군가의 '충고 내지 조언'을 어둡게 한다는 말인가? 가장 가능성이 큰 건 친구들이다. 욥이 친구들과 토론하는 내내 단 한번도 하나님이 나와서 무슨 말을 한 적이 없기에, 가능한 경우는 딱하나, 하나님이 이렇게 꾸짖는 것이다.

"욥 너는 왜 친구들의 '고언'을 제대로 새겨듣지 않고 무시하느냐?"

그러나 이 경우에는 심각한 문제가 있다. 이미 앞에서 몇 번이나 언급했듯이, 하나님이 조만간 친구들의 말을 다 틀렸다고 선언하기 때문이다.

(너희들은) 내 종 욥처럼 옳게 말하지 못하였기 때문이다. (42:7)

따라서 이런 해석도 가능해진다. 친구들이 한 '틀린 말'을 욥이 어둡게(반대) 한 건, 결과적으로 욥이 '바로잡았다'가 되고, 따라서 하나님은 지금 욥을 칭찬하고 있다. 그러나 누가 봐도 하나님의 말은 호의적이지 않다. 그런데 '엣싸'에는 '조언'뿐 아니라 '계획plan'이라는 의미도 있다. 이 경우 두 가지 해석이 가능하다.

첫 번째는 '엣싸'가 하나님이 천상회의에서 사탄과 내기를 할 때 가졌던 '계획', 그러니까 사탄의 코를 납작하게 해서 모든 천사들

너무도 가벼운 고통

앞에서 높이 들림을 받고 싶었던 애초 그 계획을 가리키는 경우다. 그리고 욥이 그 계획을 어둡게 했다는, 망쳤다는 책망이다. 이런 해석도 설득력이 떨어지는 이유는, 천상회의에 관해 아는 게 없는 욥에게 하나님이 이런 의도로 책망하는 건 말이 안 되기 때문이다. 바보가 아닌 이상, 하나님이 그런 하나마나한 소리를 했을 리 없다는 게 내 생각이다.[220]

두 번째로 '엣싸'가 '하나님의 창조 계획 또는 창조 질서'를 의미하고, 그중에서도 창조주와 피조물의 명확한 관계 설정을 지칭하는 경우다. 피조물은 그냥 창조주가 주는 대로 받고 감사하면서 찬양하면 된다. 창조주가 고통을 주면 이를 악물고 참으면서 '쨍하고 해 뜰 날'을 기다리는 게 피조물이 가져야 할 바른 태도. 피조물에게 허락되지 않은 게 있다면, 창조주 뜻을 의심하고 감히 질문을 던지는 것이다. 지금 욥은 그런 면에서 하나님께 숱한 질문을 던짐으로써 하나님의 '계획 내지 질서'를 어둡게 하고 있다. 그런데 여기에도 문제가 있다. 나중에 하나님이 욥이 한 모든 말을 옳다고 결론 내렸기 때문이다.

내 종 욥처럼 옳게 말하지 못하였기 때문이다. (42:7)

옳은 말을 한 욥을 책망할 리 없으니, 결국 하나님만이 아는 숨겨진 이유가 있다고밖에는 생각할 다른 길이 없다. 어쩌면 그 이유는 '아무 이유가 없는 것'일 수도 있다. 그러니까 아무 근거도 없이, 그냥 욥을 몰아붙이려고 한 말에 불과한 경우다. 나는 이 가능성이 가장 높다고 생각하는데, 그거야말로 하나님이 들고 나온 전략의 핵심이기 때문이다. 하나님은 계속해서 엄한 기조로 말을 이어간다.

이제 허리를 동이고 대장부답게 일어서서,

묻는 말에 대답해 보아라. (38:3)

'허리를 동이는'이라는 표현은 히브리성경에 자주 나온다.[221] 하나같이 전투에 나서기 전에 갖추는 '철저한 준비'를 상징한다. 보기에 따라서는 하나님이 욥을 생각해서 하는 말일 수도 있다. 프로격투기 선수가 스파링하자고 덤비는 일반인에게 "그래, 그럼 일단 헤드기어부터 써. 다치면 안 되니까"라고 말하는 것으로 이해할 수도 있지만, 그런 호의가 아닐 가능성이 훨씬 크다. 게다가 욥에게 군이 '대장부처럼' 일어서라고 말한 이유도 명확하다. 욥이 했던 모든 말을 기억하고 있기 때문이다. 앞서서 태어난 날을 저주하며 했던 말을 욥에게 돌려주기 위해서다.

내가 태어나던 날이 차라리 사라져 버렸더라면,

'남자 아이를 배었다'고 좋아하던 그 밤도 망해 버렸더라면.

(3:3)

'남자 아이'라고 번역한 이 단어는 히브리어 '게버geber'이고, 그냥 '남자man'를 의미한다. 하나님은 지금 이렇게 욥을 비꼬는 것이다.

"너라는 남자를 임신한 그 날이 없었으면 좋겠다고 저주했지? 그런데 너 남자 맞니? 진짜 남자로 태어나긴 한 거야? 그럼 지금부터 내가 묻는 말에 남자답게 한번 대답해봐라."

그게 다가 아니다. 하나님에게는 피조물과 달리 남자, 여자가 없다. 성 구분은 오로지 피조물에만 있는 것이고, 따라서 이 말에는 이런 의미도 담겨 있다.

　　　　　　　　　　　　　　　　　너무도 가벼운 고통

"너 말하는 폼새를 보니 피조물이라는 위치를 잊어버린 모양인데, 피조물인 주제에 내가 묻는 질문에 대답을 할 수 있는지 한번 보자."

그리고 '묻는 말에 대답해 보아라'의 정확한 의미는 '나를 가르쳐 보아라'이다. 그런데 하나님이 조금 전에 욥을 뭐라고 불렀는가? '무지한 말'을 하는 사람이라고 했다. 그런 무식한 욥에게 나를 가르치라고 한다. 피조물에게 창조주를 한번 가르쳐보라고 한다. 여기까지만 봐도 지금 욥에게 쏟아내는 하나님의 냉소는 정도가 지나치다. 폭풍우 속에서, 그것도 창조주로부터 이런 협박 비슷한 음성을 듣고 있는 욥의 머릿속에 무슨 생각이 또 마음속엔 무슨 감정이 솟아올랐을까?

자, 그럼 하나님이 던지는 질문은 무엇인가? 한두 개가 아니다. 하나님이 뿜어내는 질문은 38장 4절부터 39장 끝까지 쉬지 않고, 숨 쉴 틈 없이 이어지는데, 내용상으로 볼 때 두 가지로 나눌 수 있다. 첫 번째는 "욥아, 너는 내가 가진 지식을 가지고 있느냐?"이다.

> 내가 땅의 기초를 놓을 때에,
> 네가 거기에 있기라도 하였느냐?[222]
> 네가 그처럼 많이 알면,
> 내 물음에 대답해 보아라. (⋯)
> 세상이 얼마나 큰지 짐작이나 할 수 있겠느냐?
> 이 모든 것을 알고 있다면, 어디 네 말 한 번 들어 보자.
> 빛이 어디에서 오는지 아느냐?
> 어둠의 근원이 어디에 있는지 아느냐? (38:4,18-19)

두 번째는 "욥아, 내가 하는 일을 너도 할 수 있느냐?"이다.

> 네가 지금까지 살아오면서 네가 아침에게 명령하여,
> 동이 트게 해 본 일이 있느냐?
> 새벽에게 명령하여, 새벽이 제자리를 지키게 한 일이 있느냐?
> (…)
> 네가 북두칠성의 별 떼를 한데 묶을 수 있으며,
> 오리온 성좌를 묶은 띠를 풀 수 있느냐? (…)
> 번개를 내보내어, 번쩍이게 할 수 있느냐?
> 그 번개가 네게로 와서
> "우리는 명령만 기다립니다" 하고 말하느냐? (38:12, 31, 35)

사실 이런 질문 앞에 서면 그냥 숨이 컥 막힌다. 하나님은 지금 욥이 피조물이라는 사실을 망각하고 있나? 이건 신이 신한테나 할 질문이지, 신이 인간에게 던질 질문이 아니다. 두 장에 걸친 장황한 질문을 굳이 다 살필 이유가 없는 건[223] 하나같이 이치에 맞지 않기 때문인데, 이건 마치 아버지가 세 살 아이에게 나가서 돈을 벌어오 라는 말 또는 남자에게 애를 낳으라는 말과 별반 다르지 않기 때문 이다.

애사심에 불탄 신입 직원이 몇 달이 지나고 사장실 문을 두드렸 다고 생각해보자. 몇 날 며칠을 고민해서 쓴 글, '우리 회사가 개선 하기를 바라는 점'이라는 글을 떨리는 목소리로 읽고 나자 사장이 이렇게 말한다.

"그래? 네가 그렇게 잘났어? 그럼 네가 사장 해."

지금 하나님의 연설이 딱 이런 경우다. 사장에게 주눅 든 신입 직원이 속된 말로, '아닥' 하고 찌그러지듯이, 욥도 그렇게 되길 기대하고 있다. 그래서 그런지 하나님의 연설을 냉소의 극치라고 해석하는 학자들이 적지 않다. 창조주인 하나님이 그냥 심심풀이로 피조물의 연약함을 놀리는 거라고, 이런 하나님을 보면 프롤로그에서 사탄과 내기한 하나님이 바로 이 하나님이 맞는다고 말한다. 하나님에게 욥은 그냥 짓밟아도 별문제 되지 않는 하찮은 존재에 불과한 것이다. 엘리 위젤은 그래서 이렇게 말한다.

"욥이 던진 수많은 질문들 중에서 하나님이 대답한 건 딱 하나, 이 질문밖에 없다. 욥이 물었다, '어찌하여 주님께서 나를 원수로 여기십니까?'(13:24) 하나님은 지금 이 질문에 대해서 긴 연설을 통해 '그렇다, 나는 정말로 너를 원수로 생각한다'라고 대답했다."[224]

하찮은 피조물이기에 하나님 입장에서 원수로 삼아도 별문제가 없다는 것일까? 물론 틀린 말은 아니다. 그러나 이 장을 시작하면서 물었던 가장 중요한 질문, '하나님은 왜 욥에게 나타났을까?'를 잊으면 안 된다. 그 질문에 근거해서 다시 물어야 한다.

"왜 하나님은 이런 식으로 거칠게, 도무지 대답할 수 없는 질문을 던질까?"

이미 살펴본 대로 **하나님의 목표는 천상회의 진실을 감춘 채 욥을 과거 모습으로 되돌리는 것이다.** 그럼 구체적으로 어떻게 하겠다는 걸까? 지금까지 내용으로 봐서 가장 가능성이 높은 건, 무력한 피조물을 향해 창조주의 전능한 능력을 내세워서 기를 누르는 것이다. 사나운 폭풍우를 동반해서 나타난 후, 쉴 틈 없이 던져대는 공격적이고 위협적인 질문을 통해 무력한 피조물의 한계를 구체적으로 나열함으로써 욥 스스로 자신이 얼마나 허망하고 가치 없는 존재인지 깨닫도록 하는 전략, 그래서 앞으로 질문은커녕 다시는 입도 열지 못하도록, 한 걸음 더 나아가서 이렇게 고백하면서 회개하기를 노린 것이다.

"아이고, 하나님. 제가 하나님의 능력을 간과했습니다. 제 무지를 용서하십시오."

다시 회사 사례를 들면, 이런 경우와 비슷하다. 재벌 오너 일가의 회사 운영에 심각한 비리가 있는 것을 발견한 말단 대리가 공식적으로 문제를 제기하자 회장이 대리를 불러서 이렇게 말한다.

"내가 작년에만 비행기 타고 하늘에서 250일을 보냈어. 지난주에만 3조 물량을 계약하고 돌아와서 잠도 못 자고 지금 바로 출근한 상태야. 너, 통장에 얼마 있어? 일억 원이라도 손에 쥐어봤어? 아니, 일억 원 본 적이나 있어? 그냥 월급 받고 사는 게 다 누구 때문인지 알아? 뭐라고? 비리? 너희들을 지금 먹여 살리는 게 누군데, 비리가 뭐가 어째? 너 같은 게 세상이 어떻게 돌아가는지 알아?"

창조주의 능력과, 피조물의 무능과 무지를 드러내는 열여덟 가지 질문 정도면 욥이 무릎 꿇는 데 충분하다는 게 하나님의 생각이었다. 물론 평소에도 하나님의 능력을 의심한 적 없는 욥이지만, 머리로 이해하는 것과 지금처럼 눈과 귀로 생생하게 확인하는 것은 차원이 다를 테니, 자연스럽게 욥이 꼬꾸라질 것이라고 본 하나님의 기대는 조금도 이상하지 않다. 그런데 상황이 전혀 다른 방향으로 돌아가기 시작했다. 무릎 꿇고 회개하며 울기는커녕 욥이 아예 꿀 먹은 벙어리가 되는 게 아닌가? 그런데 하나님의 능력에 압도되어, 두렵고 떨려서도 아닌 것이 분명했다.

'이게 뭐지?'

확인이 필요한 하나님이 한 번 더 욥을 압박하는 질문을 던진다.

전능하신 이와 변론하는 자야, 어찌 물러서려느냐?

(40:2a, 공동번역)

스티븐 미첼은 이 구절을 "하나님을 고소하던 자가 물러서는 거냐? 나를 비난하던 자가 혓바닥을 삼켜버렸느냐?"[225]라고 번역했지만, 정확한 의미는 이것이다.

"하나님을 고소하던 자가 이제 항복하는 거냐?"

하나님은 지금 초조하다. 이미 너무 말을 많이 했다. 아브라함과 모세에게도 이렇게까지 한 적은 없는데, 가장 만만하게 보았던 욥 때문에 이토록 길게 말해야 하다니. 쉬바를 끝내자마자 이 인간이 왜 이렇게 돌변했는지, 하나님도 욥의 마음을 알 길이 없다. 아니, 진짜 원인은 욥이 아니라 재미있다고 내기를 승낙한 하나님 자신에게 있다. 인간도 자기 잘못을 쿨하게 인정하는 경우는 극히 드물다. 정작 원인을 제공하고도 속 편하게 다 잊고는 상대방을 원망하기 일쑤니까. 하물며 창조주인 경우에야 말할 나위도 없다. 보잘것없는 인간 하나 때문에 이런 상황에까지 처한 현실을 차마 믿을 수 없다. 무엇보다 철저하게 침묵으로 일관하는 욥의 내심을 도통 알 길이 없는 게 하나님 입장에서 가장 답답한 노릇이다. 그렇다고 언제까지 '북두칠성, 오리온성좌, 번개'를 떠들고만 있을 수도 없는 노릇 아닌가? 이 정도 상황이 되면 오히려 옆에서 지켜보는 이들이 더 민망해진다. 주변에서 지켜보는 천사들도 '좀 지겹네, 이 정도면 충분하지 않나?' 하는 표정이 역력하다. 결국 참다못한 하나님이 침묵하는 욥을 몰아붙였다.

"하나님을 고소하던 자가 이제 항복하는 거냐?"

욥이 어떻게 나올까? 하나님은 이제 욥이 항복하고 상황이 이 정도에서 정리되기만을 간절히 바랄 뿐이다. 그런다고 해도, 사실 이미 많이 늦었으니까. 그럼에도 무릎 꿇은 욥이 "하나님, 찬양합니다. 제가 아는 게 없었습니다"라고 두 손을 들기만 한다면, 천상에서는 하나님의 최종 승리를 확인하는 팡파르가 웅장하게 울려 퍼질 예정이었다.

"전능한 자여,
난 솔직히 당신에게 더 이상 할 말이 없습니다.
당신을 향한 기대도 접겠습니다."

욥(40:3-5)

굳이 모세 율법까지 끄집어내면서 하나님을 소환한 건, 그나마 욥에게 희망이 있었기 때문이다. 누가 누구를 만나려고 하는 건, 그래도 가능성을 보기 때문이다. 친구들 눈에야 변명처럼 들리는 말이겠지만, 그래도 '하나님은 분노 아래에 숨은 내 진심을 보지 않을까' 하는 일말의 기대를 가졌다.

> 내가 한 이 변명을 들어줄 사람이 없을까?
> 맹세코 나는 사실대로만 말하였다.
> 이제는, 전능하신 분께서 말씀하시는 대답을 듣고 싶다. (…)
> 나는, 내가 한 모든 일을 그분께 낱낱이 말씀드리고 나서,
> 그분 앞에 떳떳이 서겠다. (31:35, 37)

그러나 그런 희망은 하나님의 첫마디에서 무너졌다.

> 네가 누구이기에 무지하고 헛된 말로 내 지혜를 의심하느냐?

이제 허리를 동이고 대장부답게 일어서서,

묻는 말에 대답해 보아라.

그리고 쏟아지는 질문들은 대답은커녕 무슨 말인지도 알아들을 수도 없었다. 그러는 내내 머리에서는 한때 품었던 희망이 떠올랐다.

(…) 사실대로만 말하였다.

(…) 전능하신 분께서 말씀하시는 대답을 듣고 싶다.

(…) 그분께 낱낱이 말씀드리고 나서,

요란한 폭풍우 소리와 그 폭풍우를 압도하는 하나님의 질문 속에서 욥은 '내가 뭐 하러 하나님을 만나자고 했을까?' 하는 자괴감에 아무런 말도, 심지어 고개도 끄덕일 수 없었다.[226] 마냥 멍하게 듣고만 있던 욥의 귀에 처음으로 무슨 말인지 이해할 수 있는 질문이 들렸다.

"하나님을 고소하던 자가 이제 항복하는 거냐?"

'뭐라고 항복하라고? 뭘 항복하라는 거지?'

하나님의 질문을 선뜻 이해할 수 없었다. 욥이 기대한 건 둘 중 하나였다. 이 고통을 초래한 내 죄를 알려주든가, 아니면 지은 죄가 없는데도 고통받는 이유를 알려주든가. 그런데 지금까지 하나님의 연설에는 그 어떤 대답도 없다. 그런데 뭘 항복하라는 걸까? 폭풍우를 동반하고 등장했을 때부터 공포를 느꼈다. 그리고 다짜고짜 귓전을 때린 하나님의 첫마디는 충격적이었다.

네가 누구이기에 무지하고 헛된 말로 내 지혜를 의심하느냐?

너무도 가벼운 고통

이제 허리를 동이고 대장부답게 일어서서,

묻는 말에 대답해 보아라. (38:2-3)

욥은 어리둥절할 수밖에 없었다. '내가 뭘 어둡게 했지? 뭘 대답하라는 거지?' 그리고 이어서 "내가 땅의 기초를 놓을 때에, 네가 거기에 있기라도 하였느냐?"를 시작으로 파도처럼 쏟아지는 질문에 느낀 건 절망감이었다. 그러고는 갑자기 항복하냐고? 욥의 머리에 떠오른 건 질문에 대한 답이 아니라, 아까 친구들에게 말한 "내 영혼을 괴롭히는 전능자시여"로 시작하는 '인간 선언'이었다.

내 영혼을 괴롭히는 전능자시여,

내가 숨을 쉬는 한,

하나님이 부는 바람이 내 코에 붙어 있는 동안,

내 입술이 악의에 찬vicious 말을 한다면,

내 혀가 거짓을 뱉는다면,

내가 당신이 옳다라고 말을 한다면 나는 저주를 받을 것이다.

그러고는 스스로에게 다짐했다.

내가 사라질 때까지

나는 나의 온전함integrity을 포기하지 않을 것이다.

나의 의로움rightness을 단단히 붙잡고,

나는 약해지지 않을 것이다.

내가 살아온 날에서 나는 조금도 부끄러움을 찾을 수 없다.

비록 말은 하나님을 향해서 '사악한 자'라고 '악의에 찬 자'라고
소리쳤지만, 그래도 설마 하는 마음이 없지는 않았다.

> 내 적이여, 이제는 사악한 자wicked로 간주되어라.
> 나를 공격하는 자여, 악의에 찬 자vicious로 간주되어라.
>
> (27:2-7)

그런데 지금 아까 한 말이 마치 예언처럼 정확하게 실현되고 있
다. '사악한 자여, 악의에 찬 자여…' 마음속으로 중얼거렸다. 하나
님이 내가 쓴 단어 '게버'를 사용하여 되묻는 것을 보면 지금까지
친구들에게 한 모든 말을 예의주시하면서 들은 게 분명하다.
'그러니까 내가 뭘 알고 싶은지 모를 리가 없어. 모를 수가 없어.'
그런데도 답을 주기는커녕 계속해서 윽박지르며 도저히 대답할
수 없는 질문만 던지는 하나님 앞에서 욥은 머리가 점점 더 복잡해
졌다.
"난 하나님과 대적하려는 게 아니었는데, 아니 도대체 무슨 항
복을 하라는 걸까? 내가 언제 하나님과 싸워서 이기고 싶다고 했
나? 나는 알고 싶을 뿐이었어. 진실만 알 수 있다면 나를 패배자라
고 하든 뭐라고 불러도 아무 상관 없어. 그런데 뭐라고? 항복?"
그렇게 간절히 원하던 하나님과의 독대가 점점 더 부담스러워진
다. 뭐라도 대답을 해야 하는 상황, 그러나 길게 말하고 싶은 마음
도, 그럴 힘도 남지 않았다. 욥은 천천히 입을 열었다.

> 저는 비천한 사람입니다.
> 제가 무엇이라고 감히 주님께 대답할 수 있겠습니까?

너무도 가벼운 고통

다만 손으로 입을 막을 뿐입니다.

이미 말을 너무 많이 했습니다.

더 할 말이 없습니다. (40:4-5)

적지 않은 기독교 주석가는 이 대답을 근거로 욥이 회개의 문에 들어섰다며 기뻐한다. 매튜 헨리는 "이제 욥은 제정신으로 돌아와서 경건한 슬픔 속으로 녹아들기 시작하였다. (…) 진리의 성령이 오셔서 욥으로 하여금 자신의 죄를 깨닫게 하셨다"[227]라고 주석했다. 매튜 헨리가 맞는다면, 그러니까 하나님도 그렇게 생각했다면, 욥기는 여기서 끝났을 것이다. 그러나 하나님은 매튜 헨리처럼 아둔하지 않다. 하나님은 이렇게 말하는 욥의 진심을 꿰뚫어 보았다.

'전능한 자여, 알겠습니다. 난 솔직히 당신에게 더 이상 할 말이 없습니다. 당신을 향한 기대도 접겠습니다. 그러니 나를 떠나주십시오. 앞으로 잠자코 살겠습니다. 당신을 향해 아무 말도 하지 않겠습니다.'

이 말은 사실상 이런 의미다.

"항복하겠냐고요? 나는 이제 그런 거 더 이상 관심 없습니다. 이걸 항복이라고 생각해도 좋고 아니라고 해도 어쩔 수 없습니다. 나의 침묵으로 묵을 쑤어 팔든지 말든지 알아서 하십시오. 다만 그냥 날 이대로 놔두십시오. 더 이상 날 괴롭히지만 마십시오."[228]

다시 강조하지만, **기독교 주장대로 욥이 정말로 회개했다면 하나님은 거기서 연설을 끝냈어야 한다.** 그러나 하나님은 그러지 않았다. 욥의 대답이 하나님이 원하는 대답이 아니었기 때문이다. 많은 학자들이 주장하는 대로 욥이 대답을 아예 거부했기 때문이다. 친구들과 논쟁하는 내내 "하나님은 침묵으로 욥을 괴롭혔다. 욥은 이제 거의 침묵에 가까운 대답으로 야훼를 고통 속에 남겨두려고"[229] 한다는 잭 마일스의 분석은 그래서 정확하다.

우주를 통치하는 압도적인 능력을 앞세워 욥이 더 이상 진실을 파헤치지 않고 그냥 무릎 꿇리려던 하나님의 계획은 실패했다. 물론 하나님 입장에서도 쉬운 길shortcut이 있었다. 거부에 가까운 이 대답을 '회개'로 간주해버리는 것이다. 그리고 일방적으로 축복을 부어주는 것이다. 욥의 마음에 들어가지 않는 한 어차피 누구라도 그의 진심을 알 수는 없고, 하나님이 이 대답을 프롤로그 속 욥의 신앙고백처럼 받겠다는데 누가 뭐라고 토를 달 수 있을까? 하지만 차마 그럴 수 없었는데, 일단 창조주의 자존심이 허락하지 않았고, 또한 사탄이 그냥 넘어갈 리 없기 때문이다. 그래서 하나님은 두 번째 단계로 진입한다.

"욥아, 네 끓어오르는 분노를 그들에게 쏟아 내고,
그들의 기백을 꺾어 보아라. (…)
그러면, 나는 너를 찬양하고,
네가 승리하였다는 것을 내가 인정하겠다."

하나님(40:3-41)

'남자답게 대답하라'는 처음 명령에 숨은 진짜 의미는 '이제 그만 피조물답게 무릎을 꿇으라'였다. 그런데 한참이 지나서야, 그것도 마지못해 나온 욥의 대답은 하나님 눈에 조금도 피조물답지 않았다. 그래서 피조물답게 주제 파악을 하고 대답하라는, 똑같은 말로 하나님은 한 번 더 욥을 압박한다.

> 이제 허리를 동이고 대장부답게 일어서서,
> 내가 묻는 말에 대답하여라. (40:7)

그러고는 두 번째 연설 첫 질문을 던진다.

> 아직도 너는 내 판결을 비난하려느냐? (40:8a)

'하나님이 언제 무슨 판결을 내렸지?'라는 상식적인 질문은 접어두자. 새번역에서 '판결'로 번역한 히브리 원어는 '미쉬파트*mispat*

인데, 다른 한글 성경에서는 '공의' 또는 '심판'으로 번역했고, 영어 성경은 '질서'로 번역하기도 했다. 아무튼 하나님은 지금 욥에게 "네가 감히 내게 도전하느냐?"라는 의미로 추궁하는 건 분명하다. 그럼 욥이 하나님에게 도전하는 내용은 무엇일까? 바로 이어지는 구절이다.

> 네가 자신을 옳다고 하려고,
> 내게 잘못을 덮어씌우려느냐? (40:8b)

이게 도대체 무슨 의미일까? 몇 가지 설명이 가능하다. 첫 번째 시나리오는 하나님이 욥이 틀렸다며 추궁하는 경우다.

"욥아, 네가 죄를 지어서 고통을 당하는 건데, 계속 죄를 지은 적 없다고 우기는구나. 죄가 없는데도 내가 너에게 고통을 준다는 식으로 지금 너는 내게 누명을 씌우고 있구나."

이 경우라면 남은 수순은 간단하다. 욥이 지은 죄가 무엇인지 알려주면 모든 게 끝난다. 수긍한다면 욥은 입을 막은 손을 내리고 진심으로 하나님 앞에서 회개할 것이다. 거기에 더해 분노를 쏟아낸 입술까지도 같이 회개할 것이다. 그러나 우리는 그게 불가능한 시나리오라는 것을 잘 알고 있다. 욥을 의인이라고 천명한 이가 하나님이니까. 물론 욥이 친구들에게 주장한 내용을 가지고 그의 죄를 물을 수도 있지만, 그 경우에도 심각한 문제가 발생한다. 욥이 하나님을 비난한 이유는 단 하나, 자신이 지은 죄가 뭔지 알 수 없었기 때문이다. 억울해서 쏟아낸 말의 내용을 문제 삼아 '죄인'이라고 몰아붙이는 것은 피해자다움을 요구하는 판사처럼 비겁한 일이다. 물론 악의적으로 해석한다면, 하나님에게는 애초에 이런 상식적인 설명 자체가 통하지 않는지도 모른다. 아무리 부당한 비극을 당해도 피조물이라면 무조건 입을 다무는 게 하나님의 법칙이라면, 하나님이 허락한 불의와 부조리에 항의하는 것 자체를 '죄'라고 본다면 말이다. 그러나 하나님이 그럴 리 없다고 생각한다. 애초에 인간을 그런 로봇으로 생각했다면 사탄과 내기도 하지 않았을 테니까. 애초에 욥 앞에 나타난 이유 중 하나가 하나님에게 인간의 자유의지가 중요하기 때문이라고 생각하는 게 타당하다.

두 번째로 가능한 시나리오는 욥은 말할 것도 없고 친구들조차 모르는, 이 세상을 움직이는 숨겨진 법칙을 하나님이 암시하는 경우다. 그러니까 하나님은 지금 욥과 친구들에게 이렇게 말하고 있는 셈이다.

"이 녀석들아, 지금까지 너희들 헛짓 한 거야. 세상이 어떻게 돌아간다고? 뭐? 악인은 벌 받고 의인은 상을 받는 식으로 돌아간다고? 세상이 무슨 수학 공식처럼 그렇게 간단하게 돌아가는 줄 아냐? 아무것도 모르는 무식한 녀석들. 아무것도 모르면서 계속 내 탓만 하고 있었던 거야? 특히 너 욥 말이다."

자, 그럼 하나님은 이 두 가지 중에서 어떤 대답을 하는 것일까? 둘 다 아니라면, 하나님의 진짜 의도는 무엇일까? 첫 연설에서 말한 "무지한 말로 생각을 어둡게 하는 자가 누구냐?"처럼 단지 욥을 압박하려는 의도일까? 나머지 하나님의 연설을 들어보자. 첫 연설과 비슷한, 욥을 향한 하나님의 도전적인 질문이 이어진다. 그런데 톤이 조금 다르다.

네 팔이 하나님의 팔만큼 힘이 있느냐? (…)
(그렇다면) 교만한 자들을 노려보며,

네 끓어오르는 분노를 그들에게 쏟아 내고,

그들의 기백을 꺾어 보아라. (…)

그렇게만 할 수 있다면,

나는 너를 찬양하고,

네가 승리하였다는 것을 내가 인정하겠다. (40:9, 11, 14)

이 말 속에 숨은 의도를 파악하는 건 쉽지 않다. 혹시 하나님은 이런 말을 하는 걸까?

"지금 네가 내 자리에 있으면 이 세상을 훨씬 더 잘 운영할 거 같지? 나도 세상에 문제가 많다는 것 정도는 알고 있어. 너, 내가 그걸 해결하지 못한다고 불만인 거지? 그럼 내게 있는 힘이 너한테 있으면 교만한 인간들의 기백을 꺾어가며 이 세상을 더 좋은 곳으로 만들 수 있을 거 같니? 과연 그럴까? 그게 가능할 거 같아? 네가 그럴 수 있다면, 나는 너한테 고개를 숙이겠다."

하지만 이건 하나 마나 한 소리다. 일단 욥에게는 '하나님의 팔만 한 힘'이 없다. 이건 그냥 말장난에 불과한 '가정'일 뿐이다. 그런데도 왜 이런 말을 할까? 은연중에라도 이 세상을 도덕적으로 운영하지 못한 데 대한 책임을 인정하는 건가? 비록 욥에게 "잘못했다"라고 말한 건 아니지만, 욥이 바라는 수준으로 세상을 공정하게 다스리지 못한 것에 대한 자기고백 내지 자기변명인가? 게다가 하나님이 욥을 '찬양하고 그의 승리를 인정하겠다고?' 창조주가 피조물을 향해 '찬양'이라는 말을 쓴다고? 첫 연설과 비슷해 보이지만, 하나님의 말투에 어떤 변화가 생긴 게 분명하다.

이제 하나님은 40장과 41장에 걸쳐 두 가지 동물을 언급한다. 앞선 첫 번째 연설에서 흔히 만날 수 있는 동물과 자연 이치를 들어서 욥에게 질문을 던졌다면, 이번에는 사실상 신비의 동물이라고 할 수 있는 베헤못과 리워야단[230]을 집중적으로 언급하는데, 먼저 베헤못이 등장한다.

> 베헤못을 보아라.. (…)
> 허리에서 나오는 저 억센 힘과,
> 배에서 뻗쳐 나오는 저 놀라운 기운을 보아라. (…)
> 누가 그것의 눈을 감겨서 잡을 수 있으며,
> 누가 그 코에 갈고리를 꿸 수 있느냐? (40:15, 16, 24)

한마디로 베헤못을 컨트롤할 수 있는 건 하나님밖에 없다는 이야기다. 그런데 이어 등장하는 리워야단은 베헤못보다도 몇 수 위다. 하나님 입장에서도 결코 쉽지 않은 존재라는 건 욥기 외에 다른 여러 성경 구절이 증명한다. 이사야서는 리워야단을 기독교가 하나님의 라이벌로 간주하는 사탄급으로 보는 게 아닐까 싶을 정도로 대단하게 평가하는데, 미래 어느 시점에 하나님과 리워야단 사이에 큰 전투가 있을 것이라고 예언한다.

> 그 날에 여호와께서 그의 견고하고 크고 강한 칼로
> 날랜 뱀 리워야단, 곧 꼬불꼬불한 뱀 리워야단을 벌하시며
> 바다에 있는 용을 죽이시리라. (이사야 27:1, 개역개정)

시편 74편 저자는 하나님의 능력을 드러내는 대표적인 업적으로 리워야단 타도를 들고 있다. 이 사건이 이사야서 저자가 예언한 미래의 '그 날'에 일어난 게 아니라면, 리워야단은 한 마리가 아닌 게

분명하다.

> 주님께서는, (…) 리워야단의 머리를 짓부수셔서
>
> 사막에 사는 짐승들에게 먹이로 주셨으며. (시편 74:13-14)

비록 이름이 거명되진 않았지만 리워야단은 창세기 1장에서부터 등장하고, 또한 창조되었을 때부터 하나님께 쉽지 않은 상대였다고 보는 시각도 적지 않다.

> 하나님이 **커다란 바다 짐승들**과 물에서 번성하는
>
> 움직이는 모든 생물을 그 종류대로 창조하시고. (창세기 1:21)

유대교 전승에 의하면 '커다란 바다짐승'이 다름 아닌 리워야단이며, 하나님이 땅과 바다를 가른 창조 닷샛날부터 당장 이 리워야단과 큰 전투를 치러야 했다는 것이다. 수메르 신화를 비롯한 여러 전승에는 하나님이 리워야단과 벌인 치열한 전투가 등장하지만, 창세기는 그 부분을 생략했다는 것이다. 아무튼 그런 리워야단은 하나님 입장에서도 결코 쉽지 않은 존재임이 분명하다.

게다가 욥도 리워야단이 얼마나 엄청난 존재인지 잘 알고 있었다.[231] 그게 아니라면 하나님이 하는 모든 말은 의미가 없으니까. 아이스크림을 먹어보지도 않은 사람에게 아이스크림 맛을 설명하는 것과 똑같으니까. 그렇기에 리워야단 이야기를 시작하면서 하나님은 욥에게 이렇게 말한다.

네가 낚시로 리워야단을 낚을 수 있으며,

끈으로 그 혀를 맬 수 있느냐? (41:1)

욥에게 이건 태양을 뜨게 할 수 있냐는 말과 별반 다르지 않았을 것이다. 그러고는 리워야단에 대한 하나님의 평가가 이어진다.

> (리워야단을) 손으로 한 번 만져만 보아도,
> 그것과 싸울 생각은 못할 것이다.
> 리워야단을 보는 사람은,
> 쳐다보기만 해도 기가 꺾이고, 땅에 고꾸라진다.
> 그것이 흥분하면 얼마나 난폭하겠느냐?
> 누가 그것과 맞서겠느냐?
> 그것에게 덤벼들고 그 어느 누가 무사하겠느냐?
> 이 세상에는 그럴 사람이 없다. (41:8-11)

이렇게 시종일관 리워야단이 얼마나 대단한 존재인지 나열하던 하나님의 마지막 말은 이것이다.

> 땅 위에는 그것과 겨룰 만한 것이 없으며,
> 그것은 처음부터 겁이 없는 것으로 지음을 받았다.
> (리워야단은) 모든 교만한 것들을 우습게 보고,
> 그 거만한 모든 것 앞에서 왕노릇을 한다. (41:33-34)

이렇게 하나님의 두 번째 연설이 끝났다. 비록 베헤못에 관한 이야기로 시작했지만, 사실상 리워야단으로 시작해 리워야단으로 끝난 연설이라고 해도 과언이 아니다. 자, 그럼 이런 내용을 어떻게 받아들여야 할까? 일단 하나님이 리워야단을 통해 하고 싶은 이야기는 분명하다.

> 그것이 흥분하면 얼마나 난폭하겠느냐?
> 누가 그것과 맞서겠느냐?
> 그것에게 덤벼들고 그 어느 누가 무사하겠느냐?
> 이 세상에는 그럴 사람이 없다. (41:10-11)

감히 그 어떤 사람이 하지 못하는 '리워야단 길들이기'를 내가 지금 하고 있다는 말을 하고 싶어서다. 그럼 그걸 통해서 무슨 메시지를 전하고 싶은 걸까? 하나님의 능력? 앞에서 그렇게 얘기했는데 아직 부족해서? 아직까지도 욥이 하나님의 엄청난 능력을 제대로 깨닫지 못하는 거 같아서? 욥이 아직 겁을 덜 먹은 거 같아서?

"너, 리워야단이 얼마나 무서운지 알지? 너 같은 인간은 차마 그 근처에도 갈 수 없는 대단한 놈이야. 그놈을 내가 지금 꽉 잡고 있어. 내가 그런 존재야. 그런데 지금 네가 나한테 반항을 한다고? 나한테 질문을 던지고 내가 운영하는 이 세상 법칙에 의문을 제기한다고? 리워야단의 발톱 때만도 안 되는 주제에 감히 나한테 도전한다고?"

하지만 무한한 능력을 나열하는 하나님의 작전은 이미 실패했다. 하나님이 첫 번째 연설을 할 때와 똑같은 의도로 두 번째 연설을 한다고 생각하면 큰 오해다. 따라서 비슷하게 들리는 이 두 연설 사이의 차이를 찾아내고, 그 이유를 밝혀야 한다. 두 번째 연설에는 첫 연설과 확연하게 다른 특징이 하나 있다. 첫 연설이 일방적인 능력 과시라면, 두 번째 연설에는 하나님의 고뇌가 묻어 있다는 점이

너무도 가벼운 고통

다. 두 번째 연설 초반 내용을 다시 상기하자.

"지금 네가 내 자리에 있으면 이 세상을 훨씬 더 잘 운영할 거 같지? 나도 세상에 문제가 많다는 것 정도는 알고 있어. 너, 내가 그걸 해결하지 못한다고 불만이지? 그럼 내게 있는 힘이 너한테 있으면 교만한 인간들의 기백을 꺾어가며 이 세상을 더 좋은 곳으로 만들 수 있을 거 같니? 과연 그럴까? 그게 가능할 거 같아? 네가 그럴 수 있다면, 나는 너한테 고개를 숙이겠다. 심지어 너를 찬양하겠다."

이 말의 연장선상에서 볼 때, 베헤못과 리워야단을 나열하는 하나님의 심정은 여기에 가깝다.

"내가 베헤못과 리워야단 같은 녀석들을 컨트롤하는 게 얼마나 힘든지 네가 알 수나 있겠냐? 그런데 그놈들을 그냥 놔두면 어떻게 되는지 알아? 당장 너희가 사는 세상이 풍비박산이 난다. 내가 그 놈들을 잡고 있기 때문에 태양이 제때에 뜨고 비가 제때에 내려서 너희가 먹고 살 수 있는 거야. 욥아, 너같이 똑똑한 놈이 그걸 왜 모르냐 말이다. 왜 몰라주냐 말이다."

자, 두 번째 연설을 하는 하나님의 의도는 무엇일까? 능력 과시로 욥을 바꿀 수 없다는 걸 확인한 상황에서 남은 카드가 과연 뭘까? 욥에게 이해를 구하는 전략이다. 조금 나쁘게 이야기하면, 욥의 동정심에 호소하는 것이다.

"욥아, 이 세상에 정의를 구현하면서 운영한다는 것은 리워야단을 길들이는 것만큼 힘들단다. 이해해라. 리워야단 같은 놈을 길들일 수 있니? 그건 나도 못 한다. 내가 왜 리워야단 이야기를 꺼낸 줄 아니? 리워야단같이 결코 길들일 수 없는 이 세상을 설명하기 위해서야."

진짜로 길들이는 게 불가능한 리워야단이란 동물이 있어서든,

아니면 리워야단이라는 상징을 통해 뒤죽박죽인 세상을 묘사하는 것이든, 하나님은 지금 욥을 납득시키려고 한다. 뭘 납득시키고 싶은 걸까? 리워야단이 마구 날뛰는 잔혹한 현실이 이 세상인 만큼, 욥이 겪는 고통 정도는 감수하라는 것이다. 이제 세상이 어떻게 돌아가는지 대충 알았으니, 나를 향해 '정의를 구현하라'며 휘두르는 주먹질을 멈추고 예전 모습으로 돌아가면 좋겠다는, 일종의 '타협안'을 제시하며 다독이는 것이다. 그렇게 할 때 내가 너를 과거처럼 다시 축복하겠다는 암시와 함께 말이다.

이게 바로 하나님이 첫 번째 연설에서 끝나지 않고 두 번째 연설이라는 카드를 꺼내든 이유다. 성폭행의 진실을 찾겠다는 아내 앞에서 잠복근무를 밥 먹듯이 하며 속옷 갈아입을 시간도 없이 일부러 더 이리 뛰고 저리 뛰는 남편과 비슷하다.

"내가 당신을 신경 쓰지 않는 게 아니야. 하지만 지금 연쇄살인 사건으로 온 나라가 얼마나 시끄러운지 알지? 당신 사건이야 사실 그냥 당신 하나만 눈 감고 지나가면 되지만, 지금 이 사건은 빨리 해결하지 않으면 누가 언제 또 죽을지 몰라. 어떤 게 더 중요한지 그걸 모를 정도로 당신이 멍청하다고는 생각하지 않아. 나 이해할 수 있지?"

그럴 때 아내가 이렇게 말한다면 남편의 오랜 체증은 단숨에 사라질 것이다.

"맞아, 내가 당한 걸 어떻게 연쇄살인하고 비교해?"

하나님이 바라는 것도 다르지 않다. 그런데 과연 욥이 이렇게 말해줄까?

"날뛰는 리워야단을 잡는 게 중요하지, 내 비극은 리워야단이 날뛰는 거에 비하면 아무것도 아니지. 하나님이 이렇게 힘드셨구

나. 하나님이 이렇게 고생하셔서 그나마 우리 인간들이 숨을 쉬고 살 수 있었구나. 이제야 알았네. 하나님을 이해해야지, 이렇게 바쁜데 나 같은 놈 개인사에 관심을 가져달라고, 나 같은 인간 무죄나 증명해달라고 조른 내가 너무했네."

베헤못과 리워야단을 통해 전혀 모르고 있던 새로운 세상에 눈을 뜸으로써 욥이 하나님을 이해하게 되는 것이다. 진실 여부와 관련 없이 그렇게만 된다면, 상황은 종료되고 승리는 하나님께로 돌아간다.

그러나 여기서 착각하면 안 되는 게 있다. 하나님이 결코 리워야단 때문에 이 세상을 신경 쓰지 못하는, 그런 무력한 존재가 아니라는 사실이다. 리워야단뿐 아니라 인간의 생사화복을 주관하는 신이 하나님이다. 그러나 하나님의 입장에서 다른 사람은 몰라도 욥만은 그런 진실을 모르길 바란다. 모두가 다 전능한 하나님을 찬양하더라도, 욥만은 하나님이 힘들게 리워야단을 잡고 있기 때문에 그나마 태양이 제때 뜨고, 비가 제때 내린다고 생각하기를 바란다. 이 세상을 운영하느라 너무 바쁜 나머지 미처 욥에게 생긴 불행을 알지 못했기에 지금이라도 욥을 부여안고 같이 슬픔을 나누고 싶은, 그런 불완전한 신으로 자신을 바라보길 원한다.

문제는 욥이다. 두 번째 연설을 과연 그는 어떻게 받아들였을까? 하나님의 의중을 눈치챘을까? 현재 이 모든 상황을 다 알고 있는 유일한 존재는 천사들과 사탄이다. 욥에게 죄가 없다는 사실은 물론, "내가 뭘 잘못했습니까?"라는 욥의 물음에 하나님이 대답할 수 없다는 것도 잘 알고 있다. 하지만 지금 하나님과 사탄이 벌이는 내기는 하나님이 옳은가, 욥이 옳은가를 가리는 게 아니다. 사실 하나님이 '틀렸다'는 사실은 모든 천사가 알고 있다. 게다가 지금 상황은 누가 봐도 하나님에게 절대적으로 불리하다. 그러나 내기는 욥이 '배러크'하지 않고 과거 신앙자로 돌아가는가 아닌가에 달렸다. 욥이 진실을 알고 돌아가든, 아무것도 모르고 착각해서 돌아가든, 과정은 관계없다. 프롤로그 속 욥으로 돌아가기만 한다면, 사탄과 내기의 승리는 하나님의 차지다.

　이제 칼자루는 욥의 손에 들려 있다. 결코 진실을 밝힐 수 없는 하나님 입장에서는 쓸 수 있는 마지막 카드를 쓴 셈이다. 두 번째 연설을 통해 하나님은 두 가지 가능성을 동시에 타진했다. 베헤못과 리워야단을 길들이는 능력에 압도되어 욥이 짓지도 않은 죄를 지었다며 회개하든가, 아니면 행간에 숨긴 메시지 '내가 얼마나 힘든지 아니?'를 읽음으로써 하나님을 이해하고 다시 신앙을 회복하든가이다. 그런데 전혀 예상하지 못한 일이 발생했는데, 리워야단에 관한 마지막 구절을 보자.

> (리워야단은) 모든 교만한 것들을 우습게 보고,
> 그 거만한 모든 것 앞에서 왕노릇을 한다. (41:34)

　누가 봐도 이건 결론이 아니다. 하나님에게는 아직 할 말이 남았다. 모든 거만한 것들 앞에서 왕 노릇하는 리워야단을 관리하는 게 얼마나 힘든지 더 설명해야 욥이 하나님의 사정을 제대로 이해할 것 같기 때문이다. 그런데 그만 말이 여기서 끝나버린다. 그건 욥이 하나님의 말을 끊었기 때문이다. 여기서 하나님도 놀라고 이 광경을 보고 있던 모든 천사들도 놀랐다.

　'감히 인간이 하나님의 말을 끊다니?'

　아까까지만 해도 사실상 대답을 거부하던 욥이 아닌가? 혹시나

　　　　　　　　　　　　　　　　　　　　너무도 가벼운 고통

행간에 숨은 타협안을 진즉에 읽고는 감동을 참지 못해 하나님이
내민 손을 잡으려는 것일까? 하나님의 가슴이 기대감으로 뛰기 시
작한다.

> "이렇게 직접 주님을 보니,
> 내가 단지 티끌과 재라는 게
> 너무도 답답하고 가슴 아플 뿐입니다."[232]

욥(42:1-6)

손으로 입을 막아 이 상황을 벗어날 수 있으리라고는 욥도 애초에
기대하지 않았다. 그렇다고 그 대답이 하나님의 화를 더 돋울 거라
고도 생각하지 않았다. 욥의 입장에서는 최대한 솔직하고 정중하게
말한 것이다. 게다가 그 긴 연설 내내 하나님은 단 한 번도 욥의 이
름을 부르지 않았다. 그러나 욥은 하나님을 향해 과거에 부르던 호
칭[233]을 사용했다.

> 제가 무엇이라고 감히 주님*Shaddai*께 대답할 수 있겠습니까?
>
> (40:4)

마음이야 시종일관 '욥아' 대신 '너'라고 하는 하나님에게 똑같
이 '당신'이라고 부르고 싶었지만 그러지 않았다. 한 걸음 양보한
것이다.
"나는 심지어 당신을 주님이라고까지 부르지 않았습니까? 이제
그만 하시죠."

너무도 가벼운 고통

그러나 하나님은 그럴 생각이 없는 게 분명했다. 한동안 잠잠하던 폭풍우가 다시 치기 시작했다.

그러자 주님께서 폭풍 가운데서 다시 말씀하셨다. (40:6)

그리고 아까 들은 말 '남자답게 대답하라'에 이어 이런 질문이 들렸다.

네가 자신을 옳다고 하려고,
내게 잘못을 덮어씌우려느냐? (40:8)

이 질문을 듣는 순간 욥은 다시 눈을 크게 떴다.
'내가 뭘 옳다고 우겼지? 그래, 내가 우긴 건 죄가 없다는 거였어. 그거밖에 없어. 그래서 하나님을 찾은 거 아니야? 그래서 하나님을 만나자고 한 거 아니야? 그래, 하지만 내가 하나님께 잘못을 덮어씌운 것처럼 보일 수도 있어. 그럼 내가 뭘 잘못했는지 알려주면 되는 거 아니야? 이제부터 그 얘기를 해주겠다는 거야?'
하나님의 새로운 질문이 시작되었다. 그런데 처음 연설과 별반 다르지 않은, 여전히 이해할 수 없는 질문이 쏟아질 뿐이었다.

네 팔이 하나님의 팔만큼 힘이 있느냐?
네가 하나님처럼 천둥소리 같은 우렁찬 소리를 낼 수 있느냐?
(40:9)

그러고는 상황이 더 악화되더니 아예 샛길로 빠지는 느낌이다.

느닷없이 베헤못과 리워야단이 등장한 것이다. 게다가 한번 시작한 리워야단 이야기는 끝날 기미가 보이지 않는다. 언제까지 이런 소리를 듣고 있어야 하는지 욥은 난감해졌다. 그건 욥만이 아니었다. 옆에 장승처럼 서 있는 친구들도 마찬가지였다. 욥은 결단을 내리겠다고 마음을 먹었다. 어차피 더 이상 살고 싶은 마음도 없다. 사람은 적응의 동물이라 그런지 이젠 폭풍우 속에서 울리는 하나님의 음성도 처음처럼 엄청나게 두렵지는 않았다.

> (리워야단은) 모든 교만한 것들을 우습게 보고,
> 그 거만한 모든 것 앞에서 왕노릇을 한다. (41:34)

순간, 욥은 하나님의 말을 가로막았다.

> 욥이 주님께 대답하였다. (42:1)

하나님이 잠시 욥을 노려보는 듯했다. 정작 가장 놀란 건 친구들이었다. 욥은 눈을 감았다. 순식간에 하나님의 입에서 나온 불이 나를 태울 수도 있다고 생각했다. 그러나 아무 일도 생기지 않았고, 욥은 천천히 눈을 떴다. 누그러진 하나님의 표정에는 호기심 비슷한 기대감도 있는 듯했다.[234] 일단 리워야단까지 길들이는 하나님의 능력에 대해서는 무슨 말이라도 해야 했다.

> 주님께서는 못하시는 일이 없으시다는 것을,
> 이제 저는 알았습니다.
> 주님의 계획은 어김없이 이루어진다는 것도,

　　　　　　　　　　　　　　　너무도 가벼운 고통

저는 깨달았습니다. (42:2)

그런데 하나님이 처음에 던진 질문이 생각났다.

무지한 말로 생각을 어둡게 하는 자가 누구냐? (38:2, 개역개정)

내가 그렇게 무지한 말을 했나? 그럼 하나님은? 하나님이 지금까지 내게 한 말은 지혜로운 말인가? 도대체 나더러 어떡하라는 거지? 욥이 원한 건 어려운 게 아니었다.

"하나님, 내가 무죄라는 것을 입증하든가 아니면 내 죄가 뭔지 보여주시오."

이 질문에 답을 주는 게 그렇게 어려운가? 베헤못과 리워야단을 다스리는 것보다 더 어렵다는 건가? 욥은 하나님이 던진 질문을 그대로 돌려주었다.

무지한 말로 이치를 가리는 자가 누구니이까? (42:3a, 개역개정)

기독교는 당연히 욥이 지금 자신의 무지에 관해 처절하게 회개한다고 생각한다. 그래서 몇몇 성경은 아예 원문에도 없는 '그게 납니다'라는 문장까지 덧붙여서 번역을 해놓았다.[235] 과연 그럴까? 전혀 아니다. 욥은 지금 이렇게 외치고 있다.

"이해할 수 없는 말로 내 질문을 회피하는 자, 하나님 당신이 아닙니까?"

첫마디를 할 때만 해도 욥은 정확하게 입장을 정하지 못했다. 그러나 하나님이 던진 질문을 그대로 돌려줌으로써 사실 욥은 루비콘

강을 건넜고, 이제 거침없이 말을 이어간다.

> 나는 깨닫지도 못한 일을 말하였고,
> 스스로 알 수도 없고 헤아리기도 어려운 일을 말하였나이다.
> (42:3b, 개역개정)

문맥의 흐름으로 봐서는 앞선 질문에 대한 답으로 보인다. 기독교 시각에서 보면 이런 뜻이다.

> 무지한 말로 이치를 가리는 자가 누구니이까?
> (바로 납니다)
> 나는 깨닫지도 못한 일을 말하였고,
> 스스로 알 수도 없고 헤아리기도 어려운 일을 말하였나이다.

하지만 이렇게도 볼 수 있다.

> 무지한 말로 이치를 가리는 자가 누구니이까?
> (바로 당신이 아닙니까?)

사실 이 말의 진짜 의미는 이것이다.
"이해할 수 없는 말로 내 질문을 회피하는 자, 하나님 아닙니까?"
그리고 욥은 이렇게 고백한다.

> 나는 깨닫지도 못한 일을 말하였고,
> 스스로 알 수도 없고 헤아리기도 어려운 일을 말하였나이다.

너무도 가벼운 고통

'이치를 가리는 자', '질문을 회피하는 자'가 하나님이라고 생각한다면, 왜 욥은 '깨닫지도 못한 일을 말했다고' 후회하는 것일까? 당연하다. 욥은 지금 지나온 모든 시간이 원통하고 후회스럽다. 왜? 하나님에 대해서 너무 몰랐기 때문이다. 욥은 평생 동안 죄를 멀리하며 의롭게 살았다. 그건 신앙하는 하나님이 정의로운 신이라고 믿었기 때문이다. 친구들과 논쟁하면서도 일말의 기대를 가지고 내 억울함을 풀어줄 하나님을 말했다. 그런데 지금 보니, 미지의 신을 신앙하면서 안다고 착각하고 알지도 못하는 말을 떠들었던 게 자신이 아닌가? 그게 다 하나님에 대해서 무지했기 때문이다. 그런 욥은 이렇게 외치고 있다.

"난 당신에 대해서 너무도 몰랐습니다. 당신에 대해서 아는 게 하나도 없었는데, 당신에 대해서 이러쿵저러쿵 말을 했습니다. 당신에게 기대를 가졌었습니다."

그리고 이어지는 말은 개역개정을 읽어서는 결코 이해할 수 없다. 마치 욥이 하나님에게 할 말이 있고, 또 질문할 게 있다는 식으로 되어 있기 때문이다.

> 내가 말하겠사오니 주는 들으시고,
> 내가 주께 묻겠사오니 주여 내게 알게 하옵소서.
>
> (42:4, 개역개정)

이 구절을 읽고 나면 이런 질문이 떠올라야 한다.

"욥이 무슨 말을 한다는 거야? 지금 하고 있는 말? 그럼 질문은 뭔데? 끝까지 질문 같은 거 던진 적 없잖아?"

당연하다. 지금 욥은 자기가 질문을 던지겠다는 게 아니라 하나님의 말을 인용하고 있으니까. 그런데 인용구가 빠지는 바람에 하나님의 말이 그만 욥의 말이 되어버렸다. 다행히 다른 성경에서는 이 오류가 바로잡혔다.

당신께서는 말씀하셨습니다.
"이제 들어라. 내가 말하겠다.
내가 물을 터이니 알거든 대답하여라." (공동번역)[236]

사실상 욥은 지금 하나님이 앞에서 두 번이나 반복한 그 말을 인용하고 있다.

이제 허리를 동이고 대장부답게 일어서서,
묻는 말에 대답해 보아라. (38:3; 40:7)[237]

욥은 이렇게 외치고 있다.
"하나님, 나한테 대답하라고 했지요? 남자답게 허리를 동이라고 했지요? 그리고 무엇보다 피조물로서 대답하라고 했지요? 잘 들으세요. 이게 내 대답입니다."
따라서 다음에 나오는 두 구절이 사실상 욥이 하고 싶은 말의 핵심이다. 지금까지 한 말은 모두 이 말을 하기 위한 포석이었다. 대표적인 한글 성경 세 가지로 살펴보자.

지금까지는 제가 귀로만 들었습니다.
그러나 이제는 제가 제 눈으로 주님을 뵙습니다.
그러므로 저는 제 주장을 거두어들이고,

너무도 가벼운 고통

티끌과 잿더미 위에 앉아서 회개합니다. (42:5-6)

내가 주께 대하여 귀로 듣기만 하였사오나,
이제는 눈으로 주를 뵈옵나이다.
그러므로 내가 스스로 거두어들이고
티끌과 재 가운데에서 회개하나이다. (개역개정)

당신께서 어떤 분이시라는 것을 소문으로 겨우 들었었는데,
이제 저는 이 눈으로 당신을 뵈었습니다.
그리하여 제 말이 잘못되었음을 깨닫고
티끌과 잿더미에 앉아 뉘우칩니다. (공동번역)

첫 구절 "지금까지는 제가 귀로만 들었습니다. 그러나 이제는 제가 제 눈으로 주님을 뵙습니다"를 해석하는 데에는 별 이견이 없다. 단 접속사를 '그리고'로 할 것인가 아니면 '그러나'로 할 것인가에만 이견이 있는데, 그건 히브리어 접속사가 두 가지 의미로 다 쓰이기 때문이다. 전자는 "주님에 대해서 귀로 들었습니다. 그리고 이제는 눈으로 봅니다"이고, 후자는 "귀로만 들었습니다. 그러나 이제는 눈으로도 봅니다"라는 의미다. 후자가 좀 더 극적인 의미를 가져다준다. 공동번역이 심하게 의역[238]한 것처럼 '귀로만 들을 때는 제대로 몰랐는데 눈으로 보니 확실히 알겠습니다'라는 의미가 되기 때문이다. 그리고 대부분 성경은 이어지는 구절을 더 극적으로 만들기 위해 하나같이 '그러나'로 번역했다. 독자가 이런 궁금증을 갖도록 유도하기 위해서다.

"귀로만 듣다가 비로소 눈으로 보고 확실하게 알게 된 하나님,

그래서 어떻게 되었는데? 뭐가 달라졌는데?"

자, 이제 우리는 욥기 전체를 통틀어 가장 중요한 일곱 개 히브리 단어로 만들어진 문장에 도달했다. 42장 6절이다.

Al Ken em'as v'nihamti al afar v'efer.
알 켄 에마스 웨니함띠 알 아파르 웨에페르.[239]

이 문장 속 네 단어의 뜻에 관해서는 학자들 사이에 이견이 없다.
- '알 켄*Al Ken*'은 우리말 '그러므로therefore'에 해당한다.
- '아파르 웨에페르*afar v'efer*'는 '티끌과 재dust and ashes'라는 뜻이고, 중간에 있는 '웨*v*'는 '그리고'라는 의미의 접속사다.

(접속사 '웨'는 '티끌과 재'뿐 아니라, 동사 '에마스*em'as*'와 '니함띠*nihamti*'도 연결한다.)

문제는 남은 세 단어다. '에마스'와 '니함띠'라는 두 동사의 뜻과 '니함띠' 뒤에 붙은 전치사 '알*al*'의 역할을 파악하는 것이다.

먼저 '에마스'를 살펴보자. 이 단어는 '육체적인 반감이라는 뜻과 더불어 거부의 의미를 가진 타동사'[240]다. 그러니까 '역겹다, 토할 거 같다, 경멸하다, 끔찍하게 싫어하다'라는 의미인데, 욥은 이미 몇 번이나 이 단어를 사용했다.

내 생명을 천히 여기는구나. (9:21, 개역개정)

어린 것들까지도 나를 무시하며. (19:18)

타동사 '에마스'에 목적어가 붙어 나(욥)와 어린 것들이 '에마스' 하는 것이 무엇인지 알려준다. 욥이 에마스 하는 것, 즉 천히 여기는 목적어는 '생명'이고, 어린 것들이 '에마스'하는 것, 그러니까 무시하는 목적어는 욥이다.[241] 그런데 우리말 성경을 보면 하나같이 '에마스'를 '경멸하다, 싫어하다'의 의미가 아니라, '취소하다recant'로 번역했다.

  - 그러므로 내가 스스로 거두어들이고
  - 그러므로 저는 제 주장을 거두어들이고
  - 그리하여 제 말이 잘못되었음을 깨닫고

'에마스'의 원래 의미인 '경멸하다'에서 아예 한 걸음 더 나아가서 아주 적극적으로 의역한 셈이다.

"뭔가를 했는데 그걸 경멸한다면, 다시는 하고 싶지 않다는 의미 아니겠어? 그러니까 취소하고 싶다는 거지."

왜 이렇게 번역했을까? 그 정도로 욥의 말이 기독교 입장에서 부담스러운 것이다. 단지 '나를 혐오한다, 싫어한다'로 애매하게 한탄하는 정도로는 도무지 성에 차지 않는 것이다. 후회나 한탄이 아니라, 구체적이고도 분명하게 '과거에 한 모든 말을 취소한다'고 언급해야 욥의 회개에 진정성이 있다고 본 것이다. 물론 모든 성경이 다 그렇지는 않다. 영어 성경에도 한글 성경처럼 '내 말을 거두어들이고'로 번역한 경우도 있지만, 가장 권위 있는 킹 제임스 성경을 비롯해서 NIV와 RSV 등은 '에마스'를 원래 의미인 '혐오한다'로 정확하게 번역했다.

그런데 '에마스'의 뜻과 관계없이 모든 성경에는 한 가지 공통점이 있는데, '에마스' 뒤에 히브리어 원문에 없는 목적어를 창작해서 넣었다는 것이다. '혐오하다'로 번역한 경우에는 '나 자신'을 넣었고, '취소하다'일 때는 '내가 한 말'을 목적어로 만들었다. 이건 심각한 문제를 내포하는데 '에마스'와 관련한 학자들 의견을 잠시 들어보자.

'에마스'를 '취소하다recant'라고 번역한 사람은 거기에 맞는 목적어로 그동안 욥이 쏟아낸 말이 가장 어울린다고 생각했다. 그러나 '에마스'에 애초에 '취소하다, 거두어들인다'라는 뜻을 붙인 건 100% 번역자의 창작이고, 그런 용례는 고대 히브리어 어디에서도 찾을 수 없다. (…) 이 단어에 가장 어울리는 뜻은 '경멸하다despise'이다. 그럼 경멸할 대상이 필요한데 기독교 번역자는 인간이 가장 경멸해야 할 대상은 죄인인 '나 자신'이라는 생각에 원문에는 없는 목적어를 만들어냈다.[242]

(히브리 성경의 헬라어 번역본인) 70인 역은 (…) '에마스'의 목적어로 (…) 욥이 본능적으로 혐오하는 대상이 '나 자신'이 되어야 한다고 결정하고 번역본에 적절한 그리스어 대명사 '에마우톤'을 덧붙였다. (…) ('나는 내 말을 경멸한다' 따라서 '나는 내 말을 취소한다'.) (…) 그런 식으로 목적어가 붙여져야만 '에마스'라는 단어는 취소나 회개의 문장에서 서술어가 될 수 있다. '나 자신'이나 '나의 말들'과 같은 재귀적인 목적어는 번역자들이 그 동사의 의미가 그런 재귀적인 목적어를 필요로 한다고 믿었기 때문에 붙여진 것이다. (…) 따라서 '나 자신'이나 '나의 말들'과 같은 목적어를 붙이지 않는다면, 이 구절에서 가정되고 있는

　　　　　너무도 가벼운 고통

나머지 취소의 의미도 사라져 버리고 만다.[243]

영어 성경이 흔히 번역하는 "나 자신을 경멸한다"는 아예 있을 수 없는, 불가능한 번역이다. 그러나 기독교의 사상, 모든 인간은 회개해야 한다는 생각에 바탕을 둔 번역자는 지극히 불확실한 어원학적인 근거에서 이렇게 하고 있다. 정통적인 그리스도교의 관념에 근거할 때 그들이 원하는 욥의 모습은 신을 만난 죄인이다. 그리고 그런 욥이 보이는 반응으로 가장 적절한 것은 참회와 자기 비하다. 문제는 그런 잘못된 생각이 다음 구절에까지 이어진다는 점이다.[244]

그 어떤 히브리 문서에도 경멸하는 대상이 '나 자신'이 되는 경우는 없다. '나를 경멸한다'라는 욥의 말은 결코 있을 수 없는 번역이고, 따라서 여기서는 실종된 목적어를 유추해야만 한다. 기독교는 원죄에 근거해서 이 구절을 이런 식으로 왜곡함으로써 하나님에게 도전한 욥이 스스로를 가치 없는 존재로 고백하도록 만들었다. 그러나 나는 욥기의 저자가 막판에 가서 욥을 이렇게 가치 없는 존재로 만들기 위해 이 긴 글을 썼다고는 상상하기 어렵다.[245]

"'에마스'를 타동사로 쓰려면 목적어가 필요한데, 다시 강조하지만 히브리 원문에는 목적어가 없다. 그래서 성경은 '인간은 죄인이다'라는 기독교 교리에 근거해 '에마스' 뒤에 목적어를 만들어냈다."
이 정도로 정리하고, 두 번째 동사 '니함띠'를 살펴보자. '에마스'를 제대로 이해하려면 '그리고'라는 의미의 접속사 '웨'가 연결하는 '니함띠'까지 알아야 한다. '니함띠' 뒤에는 전치사 '알'이 따라오는데, 이 경우 '니함띠'는 '○○○에 관해서 죄송하게 생각하다, ○○○가 유감스럽다'라는 의미가 된다. 때로는 '죄송한 대상에 관한 생각을 바꾸다'라는 의미가 되고, 거기서 한 걸음 더 나아가서 '회개하다'라는 의미로까지 확장이 가능하다. 그럼 이 문장에서 '니함띠'가 유감스럽게 생각하는 대상은 무엇일까? '알'이 '니함띠'와 연결하는 '티끌과 재', '아파르 웨에페르*afar v'efer*'이다. 따라서 다음과 같은 다양한 번역이 가능하다.

"나는 티끌과 재에 관해서 죄송하게 생각한다."
"나는 티끌과 재가 유감이다."
"나는 티끌과 재에 관해서 회개한다."
"나는 티끌과 재에 관한 생각을 바꾼다."
그런데 '티끌과 재'는 30장 19절에서 이미 욥이 사용한 단어다.

> 하나님이 (…) 나를 **티끌과 재** 같게 하셨구나. (개역개정)

아브라함도 같은 표현을 사용했다.

> 아브라함이 대답하여 이르되, 나는 **티끌**이나 **재**와 같사오나.
> (창세기 18:27, 개역개정)

자, 전치사 '알'이 동사 '니함띠'를 '티끌과 재'와 연결한다는 것을 전제로 다음 두 가지를 덧붙여서 기억하자.

첫 번째로 '티끌과 재'는 성경에서 언제나 '유한한 인간의 비참한 상태'를 비유적으로 표현할 때 사용된다. 간혹 슬픔과 애통 또는

　　　　　　　　　　　　　　　너무도 가벼운 고통

후회의 상징으로 쓰이기도 하는데, 그런 감정을 표현하기 위해서 티끌이나 재를 머리에 뒤집어쓰는 장면이 더러 있기도 하다. 그러나 그 어떤 경우에도 '티끌과 재'가 '장소'로 쓰이는 사례는 없다.[246]

두 번째로 기억할 점은 전치사 '알'이 결코 주어가 위치한 장소를 가리키는 법이 없다는 사실이다. '알'은 언제나 주어가 '니함띠' 하는 대상, 그러니까 '유감스럽게 생각하는 대상'을 가리킨다.

이 두 가지 사실을 토대로 볼 때, 성경 번역에 얼마나 심각한 문제가 있는지 쉽게 알 수 있다.

> 티끌과 잿더미 위에 앉아서 회개합니다. (42:6b)

첫 번째로 그 어떤 히브리 관습에서도 슬픔과 애통을 표현하려고 **티끌과 잿더미에 앉는 법은 없다.** 아주 가끔이지만 티끌이나 재를 머리에 뒤집어쓰는 경우는 있어도 티끌과 잿더미를 엉덩이에 깔고 앉지는 않는다.

두 번째로 이 번역은 **'알'을 장소를 지칭하는 전치사로 잘못 사용했다.** 그 결과 원문에는 없는 새로운 동사 '앉다'까지 만들어서 넣었다.

자, 그럼 이 구절을 어떻게 해석해야 할까? 그 전에 잊어버리기 쉬운 사실 하나를 기억하도록 하자. 지금 욥은 시로 말을 하고 있다. 그 점을 상기할 때 한 가지 눈에 띄는 게 있는데, 이 문장에서 동사 두 개와 명사 두 개가 접속사 '웨*v*'로 평행하게 연결되어 있다는 사실이다. '에마스 웨니함띠*em'as v'nihamti*'와 '아파르 웨에페르 *afar v'efer*'이다. 그리고 이 두 개의 동사와 두 개의 명사를 이어주는 전치사는 하나, '알'이다. 그렇다면 욥의 의도는 '에마스'와 '니함띠' 동사 두 개가 다 '아파르'와 '에페르'를 향하도록 한 건 아닐까? 이런 가설이 맞는다면, '에마스'만 따로 떼어내서 있지도 않은 '목적어'를 억지로 만들어 붙이는 것만큼 심각한 원문 훼손을 초래하는 것도 없다.

> 1991년 New Oxford Annotated Bible은 42장 6절에 대한 주석의 번역에서 ('에마스'의 목적어로서) '나 자신'이라는 말을 사용하는 것은 정당성이 없다고 인정하고 있다. (…) 본문에는 전혀 있지도 않은 '나 자신'이라는 말을 붙이는 것은 그 구절을 이해하는 데 이차적이고 파괴적인 효과를 가져온다. '에마스' 다음에 목적어를 삽입하는 전통은 '에마스' 바로 뒤따라 나오는 동사인 '니함띠' 사이의 연결을 단절시켰다. (…) (그러나) 이 두 동사는 하나의 뜻을 가진 '이사일의' 수사법으로 읽혀져야만 한다. 즉 두 동사를 가지고 하나의 행동을 표현하는 것으로 보아야 한다는 것이다. (…) 두 동사를 이런 식으로 읽는다면, 첫 번째 동사 '에마스'는 목적어가 없는 것이 아니며 (…) 오히려 두 번째 동사 '니함띠'가 가지고 있는 목적어('티끌과 재')를 공유하게 된다.[247]

성경 번역을 다시 보자.

> 그러므로 저는 제 주장을 거두어들이고,
> (or 그러므로 나는 나 자신을 혐오하고,)
> 티끌과 잿더미 위에 앉아서 회개합니다. (42:6)

사람에 따라 나 자신을 '혐오하는 게' 과거에 한 말을 '거두어들이는 것'보다 더 강렬한 회개의 전 단계라고 볼 수도 있고, 또 한글 성경처럼 단지 자신을 '혐오하는 것'보다 더 본질적인 건 적극적이고 구체적으로 과거에 한 말을 '거두어들이는 것'이라고 생각할 수도 있다. 둘 중 뭐가 되었든 중요한 건, 성경 번역자 입장에서 '욥이 회개했다'라는 메시지를 극적이고 강렬하게 만들기 위해서는 '에마스' 뒤에 반드시 목적어가 있어야만 했다는 점이다. 또한 '회개한 욥의 모습'이 제대로 전달되려면 '티끌과 잿더미'는 반드시 장소가 되어, 후회에 몸부림치는 욥이 그 위에서 뒹구는 느낌을 살려야만 했다. 그러지 않고서는 '티끌과 재'를 번역할 방법이 없기 때문이다. 그렇게 '에마스'와 '니함띠', 이 두 동사는 욥이라는 인물의 '막판 회심'을 극적으로 표현하기 위해 있지도 않은 목적어와 장소를 기반으로 파괴적인 상승작용을 일으키며 심각하게 왜곡되었다.[248]

나는 성경 번역자가 '에마스'와 '니함띠'가 하나의 목적어를 향해 병렬적으로 연결되었다는 사실을 몰랐다고 생각하지 않는다. '에마스' 뒤에 별도의 목적어를 창작하는 게 잘못되었다는 것을 몰랐다고도 생각하지 않는다. 더불어 '티끌과 재'가 성경 어디에서도 '장소'로 사용되지 않는다는 사실에 무지했다고도 생각하지 않는다. 오래전 70인 역 성경은 말할 것도 없고, 17세기 킹 제임스 성경 번역자도 오늘날 히브리어 학자들보다 고대 히브리어에 훨씬 더 정통했을 것이다. 그런데도 왜 이렇게 번역했을까? 욥의 말에 숨은 너무도 큰 파괴력을 간파했기 때문이다. 그러나 그 파괴력은 '에마스'와 '니함띠'를 적절하게 왜곡함으로써 얼마든지 '은혜의 울림'으로 바꿀 수 있었다. 그 결과 욥은 성경 속 그 어떤 인물도 걸어간 적 없는 전인미답의 길을 걷게 되었다.

"그는 자기 자신을 혐오했고, 게다가 티끌과 잿더미 위에 앉아서 회개했다!"

자, 그럼 이 구절을 어떻게 이해해야 할까? 다음 세 가지 중 하나를 선택하는 게 바른 길이다.

첫 번째는 '에마스'와 '니함띠'가 같은 목적어 '티끌과 재'를 놓고 각각의 의미를 상승시키는 순차적 방식으로 사용되었다고 보는 것이다. 그러니까 예를 들면 이런 문장처럼 말이다.

"그는 책을 찢고 버렸다."

'찢는다'의 목적어도 책이고 '버리다'의 목적어도 책이다. 그러니까 주어가 처음에는 찢기만 했다가 나중에 버리기까지 했다. 의미가 다르지만 두 동사는 다 책에 대한 주어의 감정을 보여준다. 이런 식으로 번역한 몇 문장을 살펴보자.

"그러므로 나는 내가 티끌과 재라는 사실이 싫고 또 유감입니다."[249]

"그러므로 나는 내가 티끌과 재라는 사실을 경멸하며 거기에 대한 생각을 바꿉니다."[250]

"그러므로 나는 내가 단지 티끌과 재라는 사실에 대해 마음을 비우고 누그러뜨립니다."[251]

두 번째는 두 동사가 사실상 하나의 행동을 표현했다고 보는 관점이다. 그러니까 각각 다른 의미를 가진 두 동사가 접속사로 연결되어 새로운 의미를 가진 하나의 동사가 되었다는 주장이다. 대표적인 학자가 잭 마일스인데, '에마스'와 '니함띠' 두 동사가 각기 가지는 뉘앙스가 하나로 합쳐져서 '슬픔으로 떤다'라는 새로운 동사가 되었다는 게 그의 주장이다.

"나는 죽을 수밖에 없는 흙덩이기에 슬픔으로 떱니다."[252]

너무도 가벼운 고통

세 번째 방식은 '에마스'를 자동사로 보고, '티끌과 재'는 '니함띠'의 목적어로만 보는 방식이다.

"그렇기에 나는 진절머리가 납니다. 내가 인간인 게 비참할 뿐입니다."[253]

물론 얼마든지 다른 길도 있다.[254] 불교 수행자답게 스티븐 미첼은 아주 독창적인 방법을 택했는데, 그는 아예 '에마스'를 포기했다. 필사 과정에서 목적어가 사라졌기에 그 의미를 알 수 없다고 생각했기 때문이다. 그리고 '니함띠'에서 추론할 수 있는 또 다른 의미 '위안을 얻다'로 이 구절을 해석했다.

"그리고 나는 내가 먼지에 불과하다는 데에서 위로를 얻습니다."[255]

랍비 해럴드 쿠쉬너는 아주 극단적인 번역을 하나 소개하는데, 성경 번역자와 아예 정반대로 '에마스'의 목적어를 '하나님'으로 보는 경우다. 이럴 때 이 구절은 아예 신을 향한 '선전포고'가 된다.

"고작 신이라는 게 이 정도였어? 그럼 나는 당신을 거부하겠어. 그리고 나는 나 자신이 인간이라는 사실에 가슴 아플 뿐이야."[256]

그러나 경건한 랍비 쿠쉬너가 이런 번역에 동의할 리가 없다. 탁월한 히브리어 학자이면서도 자신의 번역에 만족하지 않고 수많은 번역을 탐구한 그가 가장 적합하다고 생각한 건 변형된 스티븐 미첼 버전이다.

"나는 (이제껏 내가 말한 모든 것을) 거부합니다. 그리고 (이렇게 하나님을 만나서 내가 혼자가 아니라는 것을 확인하고 보니) 내가 연약한 인간임에도 나는 위로가 됩니다."

그렇다면 가장 자연스러운 번역은 무엇일까?[257] 핵심은 원어를 왜곡하지 않으면서도 욥의 심리를 가장 잘 반영하는 것이다. 성경이 틀린 이유는 히브리 원어는 말할 것도 없고 무엇보다 욥의 심리를 곡해했기 때문이다.[258] 아니, 욥기 전체의 흐름 자체를 망쳐버렸다. 에드윈 굿이 성경의 이 구절을 놓고 '히브리어 번역으로는 아예 일고의 가치조차 없는 것'[259]이라고 혹평한 건, 그래서 조금도 심하지 않다. 친구들이 시종일관 욥에게 요구한 것이 무엇인가? 욥의 입에서 바로 이런 말을 듣는 것이었다.

"그러므로 나는 나 자신을 혐오합니다. 티끌과 잿더미 위에 앉아서 회개합니다."

그런데 정말로 욥이 이렇게 고백한다고? 그럼 결국 욥기의 결론은 이것이란 말인가?

"욥의 친구들의 말이 옳았다!"

그럼 하나님은 뭐 하러 나타났을까? 아하, 이렇게 설명할 수도 있다.

"친구들이 시종일관 옳은 소리를 하는데 욥이 도무지 말을 알아먹지 않아서 어쩔 수 없이 하나님이 나타났다. 하나님의 말을 듣고서야 비로소 욥은 회개했다. 그러니까 하나님은 친구들에게 승리를 안겨주려고, 친구들을 도와주려고 나타난 것이다."

그런데 그런 하나님이 바로 직후에 친구들을 향해 '너희들이 한 말은 다 틀렸으니까 제사를 지내서라도 죄를 용서받아라'라고 한다고? 사실 욥기를 보면 볼수록 놀라움을 금할 길이 없다. 다른 게 아니라, 이토록 말이 안 되는 왜곡된 번역이 성경 속에서 별다른 질문도 받지 않고 지난 이천 년 가까이 자리를 지킬 수 있었다는 사실 때문이다.

자, 그럼 어떤 해석이 욥의 심정을 가장 잘 대변할까? 한 가지 기억할 점이 있다. 시종일관 욥은 결코 하나님의 귀에 거슬릴 수 있

너무도 가벼운 고통

는 노골적인 표현을 쓰지 않았다는 것이다. 처음 대답에서부터 철저하게 행간에 진심을 숨겨왔다. 그런 맥락에서 볼 때 내가 욥이라면, 당신이 욥이라면, 하나님에게 털어놓을 진심은 과연 무엇일까? 그리고 어떻게 말을 할까? 하나님조차도 잠깐 방심하면 속아 넘어갈 수 있는 '신의 한 수'는 과연 무엇일까?

"주님께서는 못하시는 일이 없으시다는 것을, 이제 저는 알았습니다. 주님의 계획은 어김없이 이루어진다는 것도, 저는 깨달았습니다. (주님, 정말 대단하십니다.) 그런데 무지한 말로 이치를 가리는 자가 누굽니까? (바로 당신이 아닙니까?) (하지만 내가 당신에 대해서 너무도 무지했기에 그동안) 나는 깨닫지도 못한 일을 말하였고, 스스로 알 수도 없고 헤아리기도 어려운 일을 말하였나이다. 그런데 당신께서 말씀하셨지요? "이제 들어라. 내가 말하겠다. 내가 물을 터이니 알거든 대답하여라." (네, 이제 대답하겠습니다. 제 생각을 털어놓겠습니다.) 그런데 내가 주께 대하여 귀로 듣기만 하다가 이제는 눈으로 주를 봅니다. 주님…. 그러므로 (이렇게 직접 주님을 보니) **내가 단지 티끌과 재라는 게 너무도 답답하고 가슴 아플 뿐입니다.**"

자, 지금부터 한 걸음 더 들어가서 이 상황을 살펴보자. 먼저 욥의 입장에서 생각하자. 지금 그의 심정이 어떨까? 그것을 알 수 있는 중요한 힌트가 있다. 바로 쉬바의 침묵을 끝내고 터트린 욥의 일성이다. 자식과 재산, 모든 것을 다 잃은 그는 인생의 허무함을, 태어남을 저주하면서 이렇게 말했다.

> 내가 태어나던 날이 차라리 사라져 버렸더라면,
> '남자 아이를 배었다'고 좋아하던 그 밤도 망해 버렸더라면.
>
> (3:3)

'티끌과 재'에 불과한 유한한 인간의 덧없음을 한탄한 마지막 말이 그가 내뱉은 처음 말과 너무도 비슷하다고 느끼는 건 나뿐일까? 그는 왜 하나님 앞에서 이런 말을 하는 걸까? 자식들과 재산이 있을 때 그에게는 믿을 구석이 많았다. 축복하는 하나님은 말할 것도 없고, 내 모든 것을 이어갈 자식들이 있었다. 그러나 자식들이 사라졌을 때, 모든 물질이 사라졌을 때 그는 울부짖었다. 그럼에도 마지막 하나 남은 게 있었다. 하나님이었다. 내 억울함을, 하나님에 대한 내 오해를 풀어준다면, 얼마든지 다시 예전 욥으로 돌아갈 수 있었다. 그런데 하나님을 만나고 나서 마지막 남은 희망마저 사라진 것을 알았다. 이 세상에 믿을 수 있는 '정의로운 신'이란 존재하지 않는다. 이 세상은 제멋대로이고, 잔혹할 뿐이다.

"뭐라고? 리워야단? 그것들 때문에 세상이 엉망이라고? 리워야단이 그래서 나와 무슨 상관이 있는데? 당신이 리워야단을 붙잡고 있으니까 나더러 고맙다고 찬양이라도 하라는 거야?"

그런 욥에게 남은 게 뭐가 있을까? 그가 내어놓을 진심이라는 게 뭐가 있을까? 허무한 인생, 티끌과 재에 불과한 인간을 향한 애도 말고는. 흔히 이 구절을 놓고 '인간 승리'를 주장하는 학자들이 있다. 모든 장면을 하나님과 욥 사이의 '승부'로 이해하기 때문이다. 그리고 욥은 그 과정에서 철저한 반어법으로 하나님을 속이고 있다는 시각이다. 충분히 가능한 시나리오다.

> 중요한 것은 하느님이 욥의 주의를 하느님에서 욥 자신으로 돌려놓는 일에 성공하느냐 아니냐다. 만일 욥이 하느님을 비난한 것을 중지하고 자기 자신을 비난하도록만 만들 수 있다면, 하느님이 이기는 것이다.[260]

너무도 가벼운 고통

그래서 누가 이겼다는 걸까? 하나님을 향하던 욥의 손가락이 방향을 바꿔 자기 자신을 향했으니까 하나님이 이긴 걸까? 아니, 욥이 하나님을 속이고 이겼다는 것이다. 신앙심에 불타던 때부터 하나님에게는 '입술'이 중요하다는 점을 간파한 욥이 프롤로그 때와 마찬가지로 입술로 범죄하지 않음으로써 하나님을 속였다는 주장이다. 이런 해석을 받아들이는 경우, 욥은 신과 싸워서 신을 속이고 승리한 인간 영웅이 된다. 그리고 엘리 위젤이 내린 다음 판단에 전적으로 동의하게 된다.

> 욥이 우리에게 말하는 것은 자신이 하는 고백이 가짜라는 것이다. (…) 욥은 영원이 걸리더라도 정의와 진리를 찾는 인간의 표상이다. 그는 결코 포기를 선택하지 않는다. 따라서 그의 고통은 허망한 게 아니다. 욥 덕분에 우리는 이제 신이 내린 불의divine injustice를 정의justice와 사랑compassion으로 바꾸는 건 인간의 몫이라는 것을 알게 되었다.[261]

과연 그럴까? 욥이 시종일관 반어법을 사용한다는 점에서는 나도 같은 의견이지만, 욥이 이처럼 치밀하게 계산했다는 주장에는 동의할 수 없다. 그가 '영원이 걸리는 정의와 진리'를 찾으려 했다고도 생각할 수 없다. 지금 욥에게는 그럴 정도로 인생에 대한 애착도, 집착도 없다. 지금 당장 하나님이 벼락을 내려 '스올'로 내려가게 한다면, 어쩌면 처음으로 욥은 크게 웃으며 '땡큐!' 하고 말할 것이다. 또한 욥에게는 하나님 앞에 무릎 꿇고 회개하고 싶은 마음은 티끌만큼도 없다. 무슨 일이 있어도 그것만은 할 수 없는 게 욥이다. 왜? 잘못한 게 없으니까. 그렇다고 군이 소리 내서 하나님과 싸우고 싶지도 않다. 친구들과 논쟁에서 그럴 수 있었던 것은 그나마 하나님에 대한 일말의 '희망과 기대'가 있었기 때문이다. 이제 욥에게 하나님은 정직하게 저항할 가치조차 없는 존재다. 그런 상황에서 반어법 외에 욥이 쓸 표현이 뭐가 있을까?

"아, 그래요? 정말 대단하시네요. 네, 축하해요. 훌륭하십니다."

그러나 욥은 마지막에 와서 진심을 얘기한다. 그건 속임수도 전략도 아닌 그냥 말 그대로 가슴에서 우러나온 진심이다. **태어남을 저주하면서 말을 시작한 욥은 티끌과 재에 불과한 인간을 향한 애도로 말을 맺는다.**

결국 하나님을 향해 품었던 일말의 기대는 물거품이 되었고, 도무지 끝나지 않을 것 같은 하나님의 '자기 자랑'을 목숨까지 걸고 중간에서 끊은 그의 가슴에 남은 것은 '허무'다. 하지만 나는 그가 허무에서 끝나지 않았다고 믿고 싶다. 스스로 외친 인간 선언을 다시 기억했기를 바란다. 하나님의 연설을 통해 그는 진작부터 직감했던 하나님의 실체를 확인했을 뿐이다. 게다가 이미 알고 있던 사실 아니던가? 인간은 결코 무한한 능력을 가진 신에게 힘으로 도전할 수 없다는 것을. 그러나 강한 신보다 더 강한 게 인간에게 있다는 것도 알고 있지 않은가? 도덕과 정의 말이다. 그래서 이렇게 외쳤다.

> 내 영혼을 괴롭히는 전능자시여,
> 내가 숨을 쉬는 한,
> 하나님이 부는 바람이 내 코에 붙어 있는 동안,
> 내 입술이 악의에 찬vicious 말을 한다면,
> 내 혀가 거짓을 뱉는다면,

내가 당신이 옳다라고 말을 한다면 나는 저주를 받을 것이다.

내가 사라질 때까지

나는 나의 온전함integrity을 포기하지 않을 것이다.

나의 의로움rightness을 단단히 붙잡고,

나는 약해지지 않을 것이다.

내가 살아온 날에서 나는 조금도 부끄러움을 찾을 수 없다.

내 적이여, 이제는 사악한 자wicked로 간주되어라.

나를 공격하는 자여, 악의에 찬 자vicious로 간주되어라.

(27:2-7)

욥은 반복해서 중얼거렸을 것이다.

내가 사라질 때까지

나는 나의 온전함integrity을 포기하지 않을 것이다.

나의 의로움rightness을 단단히 붙잡고,

나는 약해지지 않을 것이다.

이제야 욥의 긴 여정이 끝난 걸까? 아직은 아니다. 하나님은 아직 욥을 놓아줄 마음이 없다.

4부 신의 복수와 인간의 침묵

"친구, 좋은 뉴스와 나쁜 뉴스가 있어. 나쁜 뉴스는 자네가 다시는 결코 과거의 너로 돌아갈 수 없다는 거야. 자네는 이제 정상적인 인간으로 살 수 없어. 넌 사랑하는 딸을 잃었어. 세상 그 무엇으로 잃어버린 딸을 대신할 수 있겠어? 좋은 뉴스는 이거야. 그럼에도 자네가 그 사실과 고통을 있는 그대로 받아들이면, 맘속에서 딸을 다시 만날 수 있다는 거야. 그래서 딸이 자네에게 준 모든 사랑과 기쁨을 기억할 수 있다는 거야."

– 영화 〈윈드 리버〉 중에서 막 딸의 살해 소식을 들은 친구 마틴에게
  몇 년 전 딸이 살해당한 주인공 코리가 하는 말.

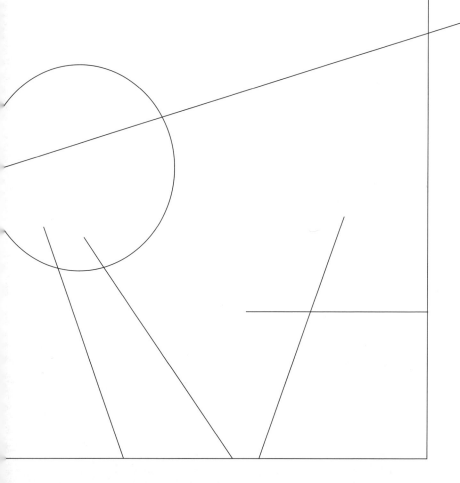

"내 종 욥이 너희를 용서하여 달라고 빌면,
내가 그의 기도를 들어줄 것이다."

하나님(42:7-10a)

욥의 말이 끝났다. 욥의 표정으로 보아 다시 그가 입을 여는 건 쉽지 않을 게 분명했다. 하나님은 무슨 생각을 했을까? 물론 하나님 입장에서 최소한 한 가지 수확은 있었다. 이제 욥은 더 이상 '내가 무슨 죄를 지었습니까?'라고 따지지 않을 것이고, 최소한 천상회의 비밀만은 영원히 봉인할 수 있게 되었으니까. 하지만 하나님은 욥이 번제를 올리던 과거 모습으로 돌아갈지 여부를 확신할 수 없었다. 리워야단 속에 숨긴 행간의 의미를 욥이 읽었다고 장담할 수가 없는 것이다. '티끌과 재'에 불과한 무력한 피조물의 비참한 상황을 한탄하는 것으로 보아 다행스럽게도 다시는 창조주에게 주먹을 휘두르지 않는 피조물의 원위치로 돌아간 게 확실해 보이지만, 그렇다고 그동안 저지른 신성모독을 놓고 명확하게 하나님에게 잘못을 빈 것도 아니었다. 자식들이 행여라도 하나님을 '배러크'했을까 봐, 그 일말의 가능성 때문에라도 '용서해달라며' 새벽마다 번제를 올리던 과거의 욥을 생각하면 답답할 노릇이었다. 욥, 달라져도 너무 달라져 있었다.

그럼에도 하나님에게는 도박의 여지가 있었다. 그냥 욥의 말을 회개로 100% 인정하고 그를 축복하는 동시에 내기의 승리를 선제적으로 선언하는 것이다. 하지만 첫 번째 연설을 끝냈을 때와 동일한 리스크가 남는다. 욥이 앞으로 어떻게 나올지, 또 사탄이 순순히 인정할지는 도무지 확신할 수가 없는 것이다. 게다가 사탄보다 더 불안한 게 욥이었다. 욥의 말에서 한 가지가 께름칙했기 때문이다. 욥은 단 한 번도 하나님을 향해 '주님'이라고 호칭하지 않았다. 시종일관 '당신'이라고 불렀다.[262] 과거의 욥이라면 차마 상상도 할 수 없는 모습이 아닌가? 이제 혹시 욥이 하나님을 더 이상 하나님으로 보지 않는 건가? 과거에 신앙하던 신으로 더 이상 인정하지 않는 건가? 게다가….

'잠깐, 아까 내가 미처 말을 끝내지도 않았는데 욥이 중간에서 끊었잖아?'

감히 내 말을 끊어? 상상도 할 수 없는 일이었다. '벌써 내 뜻을 알아차린 거야?' 하는 이른 기대에 말을 끊고 들어오던 그때 바로 조치를 취하지 못한 게, 지나고 보니 보통 자존심 상하는 일이 아니지 않은가? 굳이 승부를 따지자면, 겉으로만 봐서는 하나님과 욥은 '무승부'고, 하나님과 사탄도 '무승부'다. 그런데 하나님 입장에선 아주 기분 나쁜 무승부다. 이 상황에서 하나님에겐 어떤 수가 남았을까?

욥의 말이 끝나자 본문은 이제 195개의 히브리 단어로 이뤄진 산문으로 바뀐다. 그리고 첫 세 구절은 하나님과 욥 그리고 친구들 사이에서 일어난 극적인 사건 하나를 보여준다. 그런데 7절부터 이상하다. 조금 전까지 이야기를 한 주체는 하나님이 아니고 분명히 욥이었다. 그런데 이렇게 시작한다.

주님께서는 욥에게 말씀을 마치신 다음에. (42:7a)

하나님이 무슨 말을 했다는 거지? 바로 전까지 말을 한 건 욥인데. **"그러므로 (이렇게 직접 주님을 보니) 내가 단지 티끌과 재라는 게 너무도 답답하고 가슴 아플 뿐입니다."**

'주님께서는 욥이 말을 마치자', 이렇게 시작하는 게 제대로 된 거 아닌가? 그러니까 욥의 말을 깡그리 무시했다는 의미일까? 욥의 대답을 하나님을 향한 동의 내지 승복으로 깜박 속아 너무 흡족했던 하나님이 굳이 거기에 대답을 할 필요성을 못 느꼈기 때문이라는 게 욥의 승리를 주장하는 사람들의 생각이다. 그런데 진짜 어려운 부분은 지금부터 나온다.

> (주님께서는) 데만 사람 엘리바스에게 이렇게 말씀하셨다.
> "내가 너와 네 두 친구에게 분노한 것은,
> 너희가 나를 두고 말을 할 때에,
> 내 종 욥처럼 옳게 말하지 못하였기 때문이다. (42:7b)

하나님은 엘리바스를 대표로 삼았다. 그럴 만도 한 게, 엘리바스는 일찍이 천사의 음성까지 들은 사람이 아닌가? 그런데 문제는 지금 엘리바스와 친구들이 '하나님에 대해서' 한 모든 말이 틀리다고 하나님이 선언하고 있다. 그럼 당연히 이 친구들과 상반된 주장을 펼친 '욥의 말'은 다 옳아야 한다. 그래서 하나님은 '욥처럼 옳게'라면서 이 점을 분명하게 밝히고 있다. 그럼 아까 욥에게 한 말은 뭐가 되는 거지?

네가 누구이기에 무지하고 헛된 말로 내 지혜를 의심하느냐?

(38:2)

분명히 욥의 말을 '무지하고 헛된 말'이라고 했다. 하나님이 오락가락한다고 봐야 하나? 그게 아니면, 욥의 대답이 너무 흡족해서 생각을 바꾸었나? 지금 하나님이 대비하는 것은 친구들의 말과 욥의 말이다. 따라서 하나님이 옳다고 언급하는 '욥의 말'은 친구들에게 한 말이지, 하나님에게 한 대답인 42장 6절이 아니다. 그런데 조금 전에 하나님이 비난한 '무지하고 헛된 말'도 욥이 친구들에게 한 말이다. 그게 갑자기 '옳은 말'로 돌변한 상황을 어떻게 이해해야 할까? 게다가 하나님은 지금 자신에 대해서 '틀린 말'을 한 친구들을 향한 분노까지 끓어오르고 있다.

내가 너와 네 두 친구에게 분노한 것은…. (42:7b)

사실 이 분노는 엘리후가 앞에서 친구들과 욥, 모두를 향해서 느낀 바로 그 분노다.[263]

욥이 이렇게 자기가 옳다고 주장하면서
모든 잘못을 하나님께 돌리므로,
옆에 서서 듣기만 하던 엘리후라는 사람은,
듣다 못하여 분을 더 이상 참지 못하고 화를 냈다. (…)
엘리후는 또 욥의 세 친구에게도 화를 냈다. (32:2-3)

그런데 엘리후와 달리 하나님은 지금 오로지 친구들에게만 화를

너무도 가벼운 고통

내고 있다. 엘리후의 말이 나중에 조작된 게 아니라 오리지널이라면, 사실 하나님이 여기서 가장 분노해야 할 대상은 욥을 오해하고 욥에게 분노까지 터뜨린 엘리후다. 이 지점에 이르러서 '욥이 옳고 친구들을 틀리다'라고 선언한 하나님을 이해하는 것이 욥기 전체를 통틀어 가장 어려운 부분이라고 나는 오랫동안 생각해왔다. 하나님에 대해서 욥이 어떤 말까지 했던가? 하나님을 악인이라고 불렀다.

> 세상이 악인의 손에 넘어갔고 재판관의 얼굴도 가려졌나니,
> 그렇게 되게 한 이가 그가 아니시면 누구냐. (9:24, 개역개정)

그게 다가 아니다. 그런 악인, 하나님에게 복수할 '피의 복수자'를 기다렸다.

욥의 분노가 단지 '인과응보' 원칙에 따라 움직이지 않는 세상 때문이 아니다. 하나님이 운영한다는 세상에 도덕이 없는 정도가 아니라 '악'이 창궐하기 때문이다. 그런데 세상의 운영자는 그런 상황을 놔두거나 아니면 아예 앞장서서 조장한다.

> 인구 많은 성 중에서 사람들이 신음하며 상한 자가 부르짖으나
> 하나님이 그 불의를 보지 아니하시느니라. (24:12, 개역한글)

사실 욥의 말과 비교해 친구들의 말이 틀리다고 하는 하나님의 진단은 동의하기 어렵다. 앞에서도 여러 번 강조했지만, 친구들의 말은 100% 히브리성경의 가르침이기 때문이다. 그러다 보니 기독교 신학자들은 친구들을 정죄한 하나님을 변호하기 위해서라도 어떻게든 그들의 말에서 잘못을 찾아내야만 했다. 가장 대표적인 주

장은 친구들이 선한 자에게 복을 주고 악인에게 벌을 주는 하나님으로 '신학의 한계'를 정했다는 것이다.[264] 그게 하나님의 눈에 잘못이었다는 주장이다. 그에 반해 욥은 하나님을 신학의 한계에 가두지 않았기에 욥과 하나님은 기본적으로 의견이 일치한다는 것이다.

> "(욥은 생각하기를) (…) 하나님이 무언가를 주고 거둘 때 인간이 파악할 수 있는 어떤 고정된 원리에 따라 움직이지 않으시므로, 나는 왜 내게 고난이 임했는지 이유를 모른다." 하나님의 발언은 욥의 (이런) 주장과 근본적으로 일치합니다.[265]

욥은 그 누구보다 하나님의 능력을 잘 알고 있었다. 하지만 그게 주권에 수긍한다는 의미는 전혀 아니다. 욥은 오히려 그 주권을, 그 능력을 끔찍하게 생각했다. 그런 욥의 마음은 독재 시대를 사는 국민들의 심정과 똑같다. 독재자의 능력이 강하면 강할수록 국민에게는 더 큰 두려움의 대상일 뿐이다. 하나님은 무한한 능력을 가졌지만 도덕과 정의는 실종된, 두려운 신일 뿐이다. 그는 하나님의 주권을 '폭력적이고 악의적이며 잔인하다'고 비난했다. 도무지 하나님을 용납할 수 없었던 욥은 인간의 도덕이 하나님보다 우월하며, 그렇기에 하나님 앞에서 굴복하지 않겠다는 선언까지 했다.

> 내가 당신이 옳다라고 말을 한다면 나는 저주를 받을 것이다.
> 내가 사라질 때까지
> 나는 나의 온전함integrity을 포기하지 않을 것이다.
> 나의 의로움을 단단히 붙잡고, 나는 약해지지 않을 것이다.

너무도 가벼운 고통

그런데 이런 욥을 하나님이 옳다고 인정한다고? 그것도 한 번도 아니라 42장 7절과 8절을 통해 두 번씩이나 옳다고 확증한다.

> 내 종 욥처럼 옳게 말하지 못하였기 때문이다. (…)
> 나를 두고 말을 할 때에, 내 종 욥처럼 옳게 말하지 않고,
> 어리석게 말하였지만.

여기에 대해서 기독교 주석은 뭐라고 이야기할까?

> (욥은) 하느님께 대들었다. 친구들은 하느님을 지켜드리느라고
> 애썼고, 욥은 자기를 지키느라고 전통 교리를 거부했다. 그래
> 서 욥의 언어는 저항 언어요, 부당함을 따져 묻는 날카로운 언
> 어다. (…) 이상하게도 하느님은 욥의 편을 든다. (…) 하느님 편
> 을 너무 들다가 사람을 놓치는 것을 하느님은 원치 않는다.[266]

하나님을 편드는 것보다, 옳은 교리를 설파하는 것보다 사람에게 상처를 주지 않는 것이 중요하다는 주장이다. 아무리 옳은 말도 거칠게 하면 틀린 게 되고, 아무리 틀린 말도 웃으면서 하면 옳게 된다는 걸까? 그런데 하나님은 지금 '태도'를 문제 삼지 않는다. '말'을, '내용'을 문제 삼고 있다. 그럼 매튜 헨리는 어떻게 생각할까?

> 욥은 혼자서 세 사람을 상대로 싸웠고 (…) 하나님은 욥의 편
> 이었기에 천만인이 그를 대적한다고 해도 그 결과를 두려워할
> 필요가 없었다. (…) 하나님은 (…) (욥이) 회개하게 하신 후에 그
> 를 위로하시며 그에게 존귀를 더하셨다.[267]

역시 매튜 헨리답게 속 편한 해석이다. 아무리 다수가 덤벼도 하나님이 함께 하면 이긴다는 뜬금없는 주장을 펼친다. 그리고 욥이 회개했으니까 아무런 문제가 없다고 한다. 여기서 잠시만 앞 장에서 자세하게 살펴본 42장 6절 해석에 관한 모든 논의를 접도록 하자. 그리고 성경의 번역이 옳다고, 그러니까 욥이 정말로 '티끌과 잿더미 위에 앉아서' 처절하게 회개했다고 '치자.' 그랬다고 하나님이 욥의 말을 옳다고 인정하는 게 말이 되나? 회개만 하면, 과거에 지은 '죄'가 옳은 게 될 수 있나? 살인자가 회개하면 살인이 옳은 게 되나? 아무리 회개했다고 해도 논쟁 중에 쏟아낸 욥의 그 모든 말이 어떻게 '옳은 게' 될 수 있냐는 것이다. 물론 중세 시대 매튜 헨리에게 이런 질문까지 하는 건 무리다. 이렇듯 욥을 옳다고 칭찬하는 하나님은 쉬운 문제가 아니다.[268] 게다가 이 난제를 풀기 위한 최소한의 전제는 '욥의 회개'다. 그러나 앞에서 살펴본 대로 **욥의 말이 회개가 아니라면, 욥이 옳다고 칭찬한 하나님을 이해할 방법은 기독교에 아예 존재하지 않는다.**

도대체 하나님은 무슨 생각으로 친구들은 틀렸지만 욥은 옳다고 했을까? 대부분 살인에는 동기가 있듯, 사람이든 신이든 무슨 말을 할 때도 동기가 있다. 이 시점에서 기억하자. 하나님의 목적은 오로지 하나, 사탄과 벌인 내기에서 이기는 것이다. 바로 그 목적 때문에 굳이 안 해도 되는 말을, 아니 누가 봐도 모순이 되는 말을 하나님 스스로가 먼저 꺼낸 것이다. 왜?

"욥의 말이 옳고 친구가 틀려야 하나님이 내기에서 이길 수 있기 때문이다."

누가 옳은가가 중요하지, 왜 옳은가, 진짜 옳은가의 여부는 이제 중요하지 않게 되었다. 하나님에겐 무조건 욥이 옳고 친구들이 틀려야 하는 상황이 되어버렸다. 이게 도대체 무슨 말인가? 이제 하나님이 꺼내든 '마지막 카드'를 감상할 시간이 되었다. 이 카드가 애초 계획이었는지, 아니면 어느 시점에 떠오른 임기응변인지는 알 수 없다. 하지만 이게 하나님이 꺼낸 마지막 카드라는 점은 분명하다. 굳이 추측하자면, 과거와 달리 철저하게 하나님을 '당신'이라고 부르는 욥에게서 힌트를 얻어 그것을 반전의 아이디어로 발전시킨 건 아닌지. 그러니까 이런 생각을 한 것이다.

"시종일관 '주님, 주님' 하면서 공손하던 욥 이놈이 이젠 나를 '당신'이라고 불러? 잠깐, 예전에 나는 널 뭐라고 불렀지? 맞다, '나의 종 욥'이라고 불렀지. 사실 아까 연설할 때는 네 이름은 입에도 담고 싶지 않았다. 가만… 그런데 아예 이걸 가지고 반전의 카드를 한번 만들어봐?"

욥의 마지막 말이 끝나고 이어진 하나님의 말에서 가장 주목을 끄는 건 무려 네 번에 걸쳐서 반복적으로 등장하는 욥을 향한 다정한 호칭이다.

> 내가 너와 네 두 친구에게 분노한 것은 (…)
> 내 종 욥처럼 옳게 말하지 못하였기 때문이다 (…)
> 내 종 욥에게 가지고 가서 (…)
> 내 종 욥이 너희를 용서하여 달라고 빌면 (…)
> 내 종 욥처럼 옳게 말하지 않고. (42:7-8)

두 번째 연설은 잘 해야 리스크를 동반한 무승부, 그게 아니면 패배라고 판단을 내린 하나님이 꺼낸 마지막 카드는 '내 종 욥'이라는 호칭을 통해서 선제적으로 욥을 '과거의 욥'으로 인정해버리는 것이다. 그 결과 욥의 말은 맞지만 친구들의 말은 틀린 게 된다. 당연하다. '과거의 욥'으로 복권이 되었다면, 다시 하나님에게 '내 종 욥'으로 돌아왔다면, 그런 욥이 틀리는 것은 말이 안 되니까. 앞서 살펴본 질문, '어떻게 욥이 맞는다는 거야? 정작 맞는 말을 한 건 친구들인데?'라는 질문은 하나님에게 하나도 중요하지 않다. 누가 옳은 말을 했고, 누가 틀린 말을 했는지는 아무런 문제가 되지 않는다. 지금 하나님이 내리는 건 100% 정치적인 결정이지, 사실 여부의 판단이 아니다. '의인'으로 복권이 된 욥이 옳아야 한다는 게 핵심이다.

그럼 왜 욥이 무조건 옳아야 할까?

그래야 하나님의 마지막 카드를 쓸 수 있기 때문이다.

그래야 하나님이 내기에서 이길 가능성이 커지기 때문이다.

다른 말로 하면, **욥이 옳고 친구들이 틀려야 하나님이 친구들을 죽일 이유가 생기기 때문이다.**

아니, 이게 도대체 무슨 말인가?

자, 틀린 말을 한 친구들에게 화를 내며 하나님이 명령(제안)하는 내용이 무엇인가?

> 이제 너희는(욥의 친구들),
>
> 수송아지 일곱 마리와 숫양 일곱 마리를 마련하여,
>
> 내 종 욥에게 가지고 가서,
>
> 너희가 용서받을 수 있도록 번제를 드려라.
>
> 내 종 욥이 너희를 용서하여 달라고 빌면,
>
> 내가 그의 기도를 들어줄 것이다. (…)
>
> (욥이 내가 시키는 대로 제사를 드리면)

너무도 가벼운 고통

내가 (너희들에게) 그대로 갚지는 않을 것이다. (42:8)

간단히 말하면, 친구들을 대신해서 욥이 번제를 올려야 한다는 것이다. 욥이 번제를 올리면 친구들을 살려주고, 욥이 행여라도 거절하면 친구들을 다 죽인다는 말이다. '친구들의 생명'을 담보로 욥과 벌이는 마지막 승부, 그게 바로 하나님의 마지막 카드다.

"아니, 잘못은 친구들이 했는데, 정작 번제는 왜 욥에게 올리라는 거야?"

답은 명확하다.

"욥이 번제를 올려야 하나님이 내기에서 이기기 때문이다."

우리는 이 지점에서 프롤로그에 명시적으로 드러난 욥의 신앙 행위는 번제 하나밖에 없다는 사실을 상기할 필요가 있다. 신앙을 회복한 욥을 만천하에 분명하게 드러내는 건 번제를 올리는 욥이다. (나는 사실 이 지점에서 기존 욥기 설화를 보완한 익명의 저자가 진짜 천재라고 감탄했다.) 따라서 비록 욥이 입술로는 아무 말도 하지 않고 속으로 어떤 발칙한 생각을 하더라도, 겉으로 번제만 드린다면 하나님은 얼마든지 사탄에게 이렇게 말할 수 있게 되는 것이다.

"봐라, 내 종 욥이 여전히 나를 이렇게 잘 섬기지 않느냐?"

욥의 마지막 말을 들은 하나님은 바로 알아차렸다. 새벽마다 번제를 올리는 '내 종 욥'은 영영 사라졌다는 것을. 그러나 아직 욥의 '마지막 번제'는 가능성이 남아 있었다. 그리고 여전히 하나님을 섬기는 욥을 사탄과 천사들에게 증명할 마지막 카드가 바로 그 '번제'에 달렸다는 것을 직감했다.

자, 상황을 한번 뒤집어서 생각해보자. 하나님이 만약에 욥에게 이렇게 말했다면 어떻게 되었을까?

"너는 네 친구들과 달리 나에 관해 틀린 말을 했다. 살고 싶으면 번제를 올려라. 그럼 용서하겠다."

욥이 과연 번제를 올렸을까? "주여, 내가 잘못했습니다"라고 하면서 용서를 빌었을까? 우리는 욥의 말을 기억한다.

> 내 혀가 거짓을 뱉는다면,
> 내가 당신이 옳다라고 말을 한다면 나는 저주를 받을 것이다.

하나님을 직접 만나고 욥은 결심이 더 강해졌으면 강해졌지 약해지지 않았다. 하나님은 너무 잘 알고 있었다. 번제를 올리느니 욥이 차라리 죽음을 택할 것이라는 사실을. 그런 하나님 입장에서 욥에게 번제를 올리도록 할 방법이 뭐가 있을까? **하나님은 욥의 '도덕'에 기대기로 결심했다.** 친구들의 목숨을 담보로 욥을 '협박'하는 것이다. 이제 친구들의 목숨은 욥의 '입술'에 달렸다. 사실 영화에서도 이런 반전을 만나기는 쉽지 않다. 친구들은 시종일관 욥의 입술을 욕했다.[269] 그런데 그 입술에서 아무 말도 나오지 않는다면, '친구들을 살려주십시오'라는 기도가 나오지 않는다면, 그들을 기다리는 것은 죽음뿐이다. 하나님의 분노를 생각하면 다른 길은 있을 수가 없다.[270]

> (욥이 너희를 위해서 빌면) 내가 그대로 갚지는 않을 것이다. (42:8)

무슨 말을 뭘 그렇게 잘못했는지는 몰라도 친구들은 확실하게 한 가지를 느낄 수 있었다. 하나님의 진노가 하늘을 찌른다는 것을, 말 그대로 온 세상 물을 가져와도 씻을 수 없을 정도로 지은 죄가

너무도 가벼운 고통

중하다는 것을. 게다가 시종일관 이 세상에 죄 없는 인간은 없다고 떠들어대던 게 그들이었다. 그동안 한 얘기가 있으니, 다른 건 몰라도 차마 죄가 없다고 욥처럼 주장할 수 없는 것이 이들이 처한 난처한 상황이기도 하다. 친구들은 과연 이때 무슨 생각을 했을까? 이렇게 생각하지 않았을까?

"욥이 우리를 위해서 번제를 올려주겠어? 우리가 그동안 욥한테 쏟은 말이 있는데. 가족들에게 인사도 못하고 여기서 이렇게 죽는구나."

그들은 욥을 바라보았다. 비로소 '죄가 없다'며 소리치던 친구의 억울함을 가슴 깊이 느낄 수 있었다. 친구에게 던진 잔인한 말채찍을 기억하는 순간, 그 자리에 엎드려 울기 시작했다. 하나님을 향한 회개보다 친구를 향한 가슴 치는 미안함에 통곡이 터져 나왔다. 직접 당해보지 않은 슬픔과 아픔을 '이해해, 다 알아'라는 식으로 말하는 것처럼 위험하고 잔인한 것도 없다. 친구들이 그런 사람들이었다. 전혀 알지도 못하는 세상을 다 아는 것처럼, 오로지 '교리'라는 잣대를 들이대며 친구를 몰아붙였다. 세상 이치를 다 통달한 사람처럼 떠들었다. 그러나 그들도 이제는 알게 되었다. 욥과 하나 다름없이 하나님에게서 이유 없는 '협박'을 받고서야 비로소 친구의 심정을 이해하게 되었고, 그들 또한 하나님에 대한 새로운 시각을 갖게 되었다.

자, 그럼 자리에 털썩 주저앉아 울고 있는 친구들을 본 욥은 무슨 생각을 했을까? 더 이상 욥에게는 누가 옳고 누가 틀린가는 중요하지 않았다. 사실 그에게는 누구를 향해 옳고 틀리다고 구분하는 하나님이 더 우습기만 하니까. 그럼에도 지금 상황에서 번제 여부가 아주 중요한 의미가 있다는 사실만은 느낄 수 있었다. 과거에 번제를 드린 건 오로지 자식들을 대신해서였다. 그러니까 그때도 남을 위한 번제였다. 그런데 하나님이 그 번제를 하라고, 그때 그 번제를 다시 올리라고 한다. 그러니까 예전 욥의 모습을 보이라는 것이다. 욥은 거부하고 싶었다. 그에게 하나님은 이제 죄와 용서라는 주제에 어울리는 신이 아니다. 그리고 조금 전 최선을 다해서 나는 더 이상 '신앙을 갖고 살던 옛날 욥'이 아니라는 점을 분명히 했다. 물론 하나님이 제대로 알아들었는지, 하나님이 자신을 어떻게 생각하는지는 별 의미가 없었다. 그런데 번제를 올리는 과거의 모습으로 돌아가라고? 차마 상상하고 싶지 않지만, 그러지 않으면 친구들을 죽이겠단다. 욥은 바닥에 주저앉아 통곡하는 그들을 가만히 보았다.

'잠깐, 저들이 아까 나보고 뭐라고 했지?'

순간 마음속에서 울컥하는 분노가 솟아올랐다.

'그래, 너희들이 그토록 사랑하고 높여마지않던 하나님한테 죽어봐라. 의인에게는 결코 고난을 주지 않는 하나님한테 한번 죽어보라고. 죽어가면서도 입바른 소리가 나오는지 내가 지켜보마.'

그러나 욥은 천천히 제단을 쌓고 친구들을 위해 번제를 올렸다. 그러자 무슨 일이 생겼는가?

> 욥이 주님께,
> 자기 친구들을 용서해 달라고 기도를 드리고 난 다음에,
> 주님께서 욥의 재산을 회복시켜 주셨는데. (42:10)

하나님이 욥에게 축복을 내린 시점은 기독교가 회개로 왜곡한 욥의 마지막 말 이후가 아니라, 친구들을 위해 그가 번제를 드리고

난 직후다. 이게 핵심이다. 욥의 말이 진짜 회개였다면 하나님은 그 즉시 욥을 회복시켰어야 했다. 하지만 그런 일은 생기지 않았다. 그때만 해도 승부는 잘해야 무승부였고, 하나님 입장에서는 아직 갈 길이 멀었으니까. 그러나 번제와 함께 하나님의 목적이 달성되었고 천사들 앞에서 사탄에게 이렇게 말할 수 있게 되었다.

"사탄, 이제 내 말에 토 달지 마. 내가 이겼지?"

나는 앞에서 하나님과 욥의 승부를 '무승부'라고 말했다. 그러나 하나님이 사탄에게 승리함으로써 욥과의 승부 결과도 바뀌었다. 자존심을 선택한 하나님에 반해, 최종 승리자는 복수 대신 용서를 선택한 욥이다. 친구들의 생명을 구함으로써 누군가의 아버지와 남편을 지켜냈다. 이 장면에서 욥의 본질과 수준이 하나님과는 극명하게 다르다는 게 드러난다. 스스로 외친 인간 선언을 삶에서 실천함으로써 욥은 신에게서는 찾을 수 없는 인간 가치를 드러냈다.

> 내가 사라질 때까지
> 나는 나의 온전함integrity을 포기하지 않을 것이다.
> 나의 의로움rightness을 단단히 붙잡고,
> 나는 약해지지 않을 것이다.

그리고 욥에게는 또 하나의 중요한 승리가 있었다. 엘리바스와 빌닷 그리고 소발은 이제 진짜 욥의 친구가 되었다. 신을 버린 대신 인간을 얻었다. 욥의 친구들, 내가 욥기에서 찾아낸 유일한 해피 엔딩이다.

자, 그럼 하나님은? 잊지 말아야 할 점은 사탄에게 이기고 말겠다는 욕심에 자신의 수준을 드러내기는 했지만, 하나님이 결코 욥의 번제에 속은 게 아니라는 사실이다. 하나님은 욥의 대답에서 이미 그의 진심을 알았다. 속고 싶어도 속을 수가 없는 것이다. 무엇보다 욥이 외친 '인간 선언'이 진심이라면, 친구들을 살리기 위해 욥이 기꺼이 무릎을 꿇고 번제를 올릴 거라고 장담할 수 있었다. 하나님에게 가장 중요한 건 언제나 결과다. 내기에서 이겼고 이제 천상회의는 판도라의 상자 속에 밀봉할 수 있게 되었다. 사실 따지고 보면 그냥 재미로 시작한 간단한 내기였을 뿐이다. 그런데 차마 상상하지도 못한 욥의 도전으로 한때 걷잡을 수 없을 정도로까지 위기상황을 맞았던 하나님으로선 일단 한숨 돌리는 게 가장 시급했다. 그럼 여기서 한 가지 질문이 생긴다.

"만약에 욥이 번제를 거절했다면 어떻게 되었을까?"

세상에 100%는 없으니까, 하다못해 0.1%의 가능성도 있으니까. 욥이 자존심이 아니라 타인의 생명을 선택할 것이라는 하나님의 예상이 아무리 정확하다고 해도 만약이라는 게 있으니까. 그랬다면 과연 하나님에게 또 다른 카드가 있었을까? 내가 보기에는 없다. 그래서 이 '번제 카드'를 하나님이 내민 최후의 카드라고 본다. 그런데 누가 알랴? 상대는 하나님인데, 나 같은 인간이 차마 상상도 못할 더 신묘막측한 카드를 가지고 있었을 가능성도 아예 부인할 순 없다.

번제를 올리자마자 하나님은 욥에게 갑절의 축복을 내린다. 이제 보기에 따라서 하나님과 욥의 승부는 윈-윈이다. 하나님은 내기에 이겼고 욥은 축복을 받았다. 그러나 하나님은 여기서 끝난 게 아니었다. 욥이 차마 상상도 못한 한 가지 계획이 있었는데, 그건 바로 축복 속에 저주를 심는 것이었다.

　너무도 가벼운 고통

"......."

욥(42:10b-17)

흔히 욥을 비극의 주인공이라고 한다. 그러나 마지막에 그가 받은 축복을 보면 그건 그리 적절한 표현이 아니다. 흔히들 '할리우드 엔딩'이라고 조롱받는 욥기의 마지막을 많은 사람들은 히브리성경 속 최악의 장면으로 꼽는다. 이 장면에 필적할 만한 끔찍한 장면으로는 며느리와 동침하는 유다, 딸을 희생 제물로 바치는 입다가 거론될 정도니까. 그만큼 욥기의 해피 엔딩은 특히 기독교 밖에서 악명이 높은데, 번제를 올리고 축복을 받는 욥을 보면 프롤로그에 나온 사탄의 말이 생각난다.

욥이, 아무것도 바라는 것이 없이 하나님을 경외하겠습니까?
(1:9)

내기에서 진 사탄이 이런 볼멘소리를 했을 가능성이 매우 높다.
"욥이, 아무것도 바라는 것 없이 참았겠습니까? 참으면 결국에는 다 회복될 줄 알고 그런 거 아닙니까? 그러니까 내가 꼭 졌다고도 할 수 없는 거 아닌가요?"

만약에 하나님이 조금만 더 용의주도했더라면, 욥이 번제를 올리고 나서 바로 퇴장했어야 한다. 무엇보다 욥의 재산을 회복시키지 말았어야 한다. 그랬다면 사탄도 감히 토를 달 수 없는 완벽한 하나님의 승리가 되었을 것이다. 그러나 하나님은 욥에게 모든 것을 돌려주었다. 갑절로 욥을 '배러크'했다. 이제 겉으로만 보면 모든 게 제자리를 찾았다. 사실 욥의 비극은 욥이 하나님을 '배러크' 하는가 아닌가 때문에 시작했는데, 마침내 이 동사가 제대로 된 '주어'를 찾았으니까. 그러나 하나님에겐 사탄도 차마 눈치채지 못한 또 다른 계획이 있었다.

욥기의 엔딩을 잔인하다며 역겨워하는 사람들이 꼽는 가장 큰 이유가 바로 새로 낳은 열 명의 자식 때문이다. 죽은 자식들과 똑같은 수의 자식들, 거기에 아들과 딸들의 수까지도 동일하다.

또 아들 일곱과 딸 셋을 두었으며. (42:13, 개역개정)

그 자식들을 누가 낳았는가는 중요하지 않다. 핵심은 욥이 잃어버린 자식들과 똑같은 수의 아들과 딸을 다시 얻었다는 것이다. 게다가 본문은 드물게도 딸들 이름까지 거론하면서 그들의 아름다움을 칭송한다.

모든 땅에서 욥의 딸들처럼 아리따운 여자가 없었더라.
(42:15, 개역개정)

아름다운 딸을 비롯해서 욥에게 갑절의 축복을 내리는 하나님에

　너무도 가벼운 고통

대해서 스티븐 미첼은 이렇게 평가한다.

> (욥기 속 하나님은) 아무런 도덕적 가책도 없이 단지 충성심을 시
> 험해보기 위해 욥에게 강요하는, 그리고 나중에 아낌없이 상
> 을 베풀어 '보상'하는 모습으로 묘사되고 있다. 이 우화에서 나
> 타난 하느님은 너무도 오랜 세대에 걸쳐 숭배되어 온, 선함 때
> 문이 아닌 충성심에 따라 보상하는 고대 왕들과도 같은 변덕
> 스러움을 보여주고 있다.[271]

그런데 똑같은 수와 성별의 자식들을 주는 하나님이 지금 우리 눈에는 이상할지 몰라도 고대에 살았던 욥에게는 전혀 그렇지 않을 수도 있다는 의견도 있다.[272] 그러니까 그게 진짜로 욥이 가장 원하는 축복이었고, 정말로 행복하고 기뻐했을 수도 있다는 것이다. 게다가 딸들의 아름다움 때문에 당시로는 드물게 재산까지 물려줬다는 주장이다. 그리고 열 자녀 축복과 관련해서 기독교 밖에서 가장 자주 만나는 해석은 욥기 저자가 하나님의 수준을 보여준다는 주장이다.

"이 정도로 주면, 그래, 갑절로 주면 엄청 행복하겠지? 자식들도 똑같이 해주면 불평 안 하겠지? 기왕이면 딸들은 더 예쁘게 말이야. 그럼 욥도 더 이상 바랄 게 없을 거야. 그동안 내가 욥한테 한 짓을 생각하면, 이 정도는 해줘야지."

인간을 창조했으면서도, 그것도 자신의 형상을 닮도록 만들었다면서 정작 인간에 관해서 가장 무지한 게 하나님이라는 것이다. 그러나 나는 이런 해석에 전혀 동의할 수 없다. 과연 그럴까? 나는 정반대라고 생각한다. 앞 장에서 살펴본 대로, 인간을 깊이 이해하지

못했다면 하나님의 마지막 승부수는 애초에 나올 수 없었다. 자존심과 복수심 대신 친구들의 생명을 택할 '인간 욥'을 하나님은 너무 잘 알고 있었다.

겉으로 볼 때, 갑절의 축복을 내리는 하나님도 다르지 않다. 인간이 느끼는 기쁨과 고통에 관해 속속들이 파악하고 있는 하나님은 욥을 가장 고통스럽게 하는 게 무엇인지 너무 잘 알고 있었다. **그건 기억이다.** 그래서 아들 일곱과 딸 셋으로 이뤄진 열 명의 자녀를 다시 주었다. 그들을 보면서 죽은 자식들을 기억하라는 것이다. 이건 욥도 차마 상상하지 못했을 하나님의 반격이다. 속된 말로 하면 하나님의 '뒤끝'인데, 문제는 이게 끝이 아니라는 것이다.

하나님은 욥을 쉽게 놔주지 않았다. 고통스런 기억 속에서 하루라도 더 오래 살도록 하는 게 하나님의 계획이었다. 죽고 싶다고 노래하던 욥에게 하나님은 '그 사건 이후로' 무려 백사십 년을 더 살도록 '축복'했다. 비극이 일어났을 때 욥이 몇 살인지 알 길은 없지만, 자식을 열이나 두었고 그 자식들이 거의 다 장성한 걸 감안하면 적어도 쉰 살은 되지 않았을까? 그럼 욥은 무려 백구십 년을 산 것이다. '아들과 손자 사 대를 보았다'고 하니까 백일흔다섯 살을 산 아브라함이나 백여든 살까지 산 이삭을 능가하는 장수다. 그렇게 함으로써 욥이 고통스런 기억을 수시로 소환하도록 만들었다. 바로 자식들의 장례다. 자신과 달리 장수의 축복(?)을 받지 못한 자식들의 장례를 욥은 '반복해서' 치러야만 했을 것이다. 어쩌면 자식을 넘어서 손주들의 장례까지 치렀는지도 모른다.

왜 하나님은 이렇게까지 했을까? 자존심이 상했기 때문이다. 감히 드러내서 말을 하진 못하지만, 진짜 승리자는 사실상 욥이라고 생각하는 천사들이 적지 않은 것도 잘 알고 있었기 때문이다. 그런 하나님에게 남은 건 능력뿐이기에, 축복을 가장한 고통을 줌으로써 자존심을 세우고 싶었다. 하나님은 어쩌면 기대했을지도 모른다. 한두 번 자식들 장례를 치른 욥이 진정으로 번제를 다시 올릴지도 모른다고.

"하나님, 찬양합니다. 이제 나를 그만 스올로 내려가서 쉬게 해 주십시오. 내 번제를 받고 그만 나를 놓아주십시오."

그랬다면 하나님은 어쩌면 최후의 자비를 베풀었을지도 모른다. 그러나 욥은 번제를 올리지 않았다. '내 종 욥'으로 돌아가는 대신 **그가 선택한 것은 '침묵'이었다.** 그는 하나님을 향해 끝끝내 침묵했다. 그리고 욥기는 이렇게 끝난다.

> 욥은 이렇게 오래 살다가 세상을 떠났다. (42:17)

이 구절을 보면 31장 40절에서 할 말을 다 쏟아낸 욥을 놓고 "이 것으로 욥의 말이 모두 끝났다"고 한 것이 생각난다. 그러나 그 구절은 이렇게 바꾸는 게 더 낫다.

"할 말을 다 한 욥이 모든 말을 끝냈다."

그러나 마지막 구절 속 욥은 다르다. 에필로그 내내 침묵하던 그는 끝까지 침묵하다가 죽음을 맞았다. 많은 사람이 욥의 침묵에 주목하는데, 기독교가 전혀 주목하지 않는 거기에 욥기의 핵심 메시지가 담겨 있다는 것을 알아차렸기 때문이다. 거기에 대한 반응은 각기 다 다르다. 특히 엘리 위젤에겐 욥의 침묵이 오히려 불편하다.

나는 욥의 해피 엔딩을 보면서 화가 났다. 욥의 항복 선언은 인간에 대한 모욕이다. 그는 그렇게 쉽게 굴복해서는 안 되었다. 계속해서 하나님에게 대항했어야 한다. 그는 이렇게 말했어야 한다. "좋아요, 내가 당신을 용서하지요. 내게 고통을 주었지만 당신을 용서하겠다고요. 하지만 이미 죽은 내 아이들은 어떡할 건가요? 그들도 당신을 용서해야 합니까? 내가 그 아이들을 대신해서 당신을 용서할 자격이 있을까요? 내가 인간으로서 당신이 지금 내게 부여한 이 해피 엔딩을 지금까지 내게 닥친 이야기의 해결책으로 받아들인다면, 내가 과연 도덕과 인권을 가진 인간이라고 할 수 있을까요? 게다가 이 엔딩이 극적인 건 내 아이들이 죽었기 때문입니다. 나라는 주인공 때문에 당신은 내 아이들을 죽였습니다. 내가 이런 결말을 받아들인다면, 그것으로 나도 당신과 함께 범죄를 저지른 공모자가 되는 게 아닐까요? 이제 나는 당신과 아이들 사이에서 선택을 할 기로에 섰습니다. 나는 내 자녀들을 버릴 수 없습니다. 내게까지는 아니더라도, 나는 그들에게만은 정의가 이뤄지기를 요구합니다. 그래서 재판은 계속되어야 합니다." 욥은 이렇게 말했어야 한다. 그러나 그는 그러지 않았다. 그는 주어진 축복을 받고 조용히 사는 길을 택했다. 그게 바로 하나님의 진짜 승리다. 그는 욥이 행복함을 받아들이도록 했다. 말도 안 되는 고난을 당하고도 욥은 그래서 행복하게 살았다.[273]

그러나 엘리 위젤은 욥이 행복하게만 살지는 않았을 거라고 추측한다. 무엇보다 그는 조금도 회개하지 않는 욥의 모습에 주목했고, 따라서 욥이 언젠가는 하나님에게 목소리를 높였을 거라고 주장한다. 그리고 그런 욥의 진면목이 드러나는 욥기의 진짜 결말이 사라졌다고, 그래서 아쉽게도 우리가 욥의 진짜 모습을 보지 못한

너무도 가벼운 고통

다고 스스로 위안한다.

> 나는 욥기의 진짜 결말이 사라졌다고 생각하고 싶다. 욥은 회
> 개하지 않고 죽었다. 신 앞에서 자기 자신을 모욕하지도 않았
> 다. 그는 자신에게 닥친 슬픔을 피하는 대신 그 어떤 타협도
> 하지 않고 그 슬픔과 만났다. 당당한 한 인간으로서.[274]

전혀 다른 의견도 있다. 욥의 침묵에서 스티븐 미첼은 평화를 본
다. 그리고 딸들의 이름이 그 사실을 드러낸다고 주장한다.

> 욥의 딸 이름, 도브, 사나몬, 이브는 각각 평화와 풍요 그리고
> 특히 여성적 은혜를 상징한다. 이제 이야기의 중심은 의로움
> 에서 내적 평화를 가장 자연스럽게 드러내는 아름다움으로 옮
> 겨간다.[275]

종교의 목적은 '왜'를 따지는 게 아니라 불행 속에서 '어떻게'를
제시함으로써 고통을 이기는 힘을 주는 것이라고 강조하는 해럴드
쿠쉬너 역시 욥이 하나님과 화해했고, 새로운 차원에서 신앙하는
사람이 되었다고 생각한다.[276] 그 외에도 적지 않은 학자들이 에필
로그 속 욥의 침묵을 '욥과 하나님의 화해'로 해석한다.

자, 우리는 욥의 침묵을 어떻게 바라봐야 할까?

한 가지는 확실하다. 욥은 결코 과거의 '내 종 욥'으로 돌아가지
않았다. 만약에 그랬다면 그는 말을 했을 것이다. '내 종 욥'은 자식
을 잃고 울부짖는 아내에게도 입바른 소리를 하던 남자였다. 말이
많은 남자, 그게 하나님이 그토록 사랑한 '내 종 욥'의 모습이다. 그

런 욥으로 돌아왔다면, 전보다 더 많은 복을 받은 입장에서 한두 마디 감사의 말이나 찬양을 했을 것이다. 그런데 욥은 시종일관 침묵한다. 그런 욥은 하나님의 기대와는 달리 죽을 때까지도 결코 '내 종 욥'으로 돌아가지 않은 게 분명하다. 그게 아니라면, 이토록 철저하게 침묵하는 건 말이 되지 않는다. 도대체 그의 침묵이 말하는 건 무엇일까?

나이를 먹어가면서 욥은 자연스럽게 축복 속에 숨은 하나님의 진짜 의도를 알아챘다. 겉으로 보이는 축복이 사실은 '저주'라는 것을 알았다. 아마도 한동안은 다시 편안해진 일상 속에서 조금씩 안정을 찾아갔을 것이다. 욥도 사람인 이상 과거의 그 끔찍한 고통은 기억하는 것만으로도 자다가 식은땀을 흘리며 깨어날 정도로 두려운 악몽이었다. 새로운 자식이 하나둘 태어났지만, 힘찬 탄생의 울음소리 속에서조차 죽음의 곡소리가 들리는 것 같았다. 그러나 자라나는 아이들을 보면서 끔찍한 과거보다 행복한 현실이 조금씩 더 크게 자리를 잡기 시작했고, 그날의 비극 이후 처음으로 죽음 대신 어쩌면 새로운 삶이 가능할지도 모른다는 생각까지 들었다. 그러나 축복 뒤에 숨은 진짜 얼굴을 보게 된 건 자식이 정확하게 열 명이 되었을 때, 그것도 아들 일곱에 딸 셋이 되었을 때였다. 아무리 노력해도 더 이상 자녀가 생기지 않던 그 즈음, 하나님의 음성이 들리는 것 같았다.

"또 다 죽여줄까? 똑같이? 그리고 말야, 새로 태어난 자식들을 볼 때마다 생각하렴. 지금 스올에서 자고 있는 죽은 네 자식들을 말이다."

그러고는 시간이 흘렀다. 나이를 먹은 자식들이 하나씩 죽기 시작했다. 동시대 사람들의 세 배에 가까운 수명을 축복으로 받은 욥

너무도 가벼운 고통

은 모든 자식들의 장례를 다 치러야 했다. 사랑하는 자식들을 땅에 묻는 그 악몽을 욥은 장수함으로써 반복하고 또 반복했다. 그때마다 기억났다. 하나님이 어떤 하나님이라는 것을, 그리고 하나님에게 내가 어떤 존재라는 것을. 욥은 하나님의 적이었다. 언젠가 하나님을 향해 던진 말이 예언이 되어 되돌아오고 있었다.

> 주님께서 내게 분노하시고, 나를 미워하시며,
> 내게 이를 가시며, 내 원수가 되셔서,
> 살기 찬 눈초리로 나를 노려보시니 (…)
> 그가 나를 갈기갈기 찢고 또 찢으시려고
> 용사처럼 내게 달려드신다. (16:9, 14)

하나님은 망각하지 않는다. 욥에게 남은 건 오래전 친구들과 논쟁할 때처럼 하루라도 빨리 죽기를 기다리는 것 말고는 없었다. 하지만 생명은 욥이 마음대로 할 수 있는 게 아니었다. 죽고 싶어도 죽을 수 없었다. 그래서 그는 입을 닫았다. 남들이 감탄하고 부러워하는 축복이 '저주'라는 것을 알게 된 욥에게 침묵 외에는 하나님과의 '종전'을 기대할 방법이 없었다. 내 말을 그토록 싫어하던 하나님, 행여나 내가 입을 닫으면 나를 잊지는 않을까? 나를 못 보고 지나치지는 않을까?

신을 향한 침묵은 생명을 붙잡고 싶은 인간이 자신을, 남은 가족을 지키는 마지막 선택이었다. 사랑하는 가족의 장례를 하나라도 덜 치르고 싶은 인간이, 하루라도 빨리 스올에 들어가 쉬고 싶은 인간이 찾은 체념이자 전능한 신과의 종전을 위한 마지막 수단이었다. 그렇기에 욥의 침묵을 담은 마지막 구절은 결코 장수한 신앙의

승리자를 기억하는 장례식에서 울리는 팡파르가 아닌, 한 인간의
마지막을 애도하는 쓸쓸하고 허무한 레퀴엠이다.

"욥은 이렇게 오래 살다가 세상을 떠났다."

> 동감은 모종의 격정을 목격하는 일로부터 발생하는 것이 아니라,
> 그 격정을 야기한 상황을 목격하는 일로부터 발생한다.
> – 애덤 스미스, 《도덕감정론》

이 책 제목을 놓고 꽤 고민했다. 제목이 책의 얼굴인 이상 '억울한 고통의 상징, 욥'이라는 클리셰를 답습하는 건 말도 안 되지만, 그렇다고 뜬금없는 무리수로 욥을 왜곡해서도 안 되니까. 처음에는 애초에 이 글을 쓰도록 한 동기, 에필로그 속 욥의 침묵을 생각해서 '욥, 그리고 아무 말도 하지 않았다'로 제목을 정했다. 내 나름의 욥에 대한 존경의 표현이라고 생각해서였다. 그런데 탈고하고 퇴고를 거듭하는 중에 그 생각이 바뀌기 시작했다. 침묵의 의미가 달라져서가 아니라 "어떻게 이렇게까지 냉정할 수 있을까? 아니, 이건 차가운 게 아니라 잔인한 거지. 내 종이라면서, 내 친구라면서 말이야"라는 생각이 점점 더 커졌기 때문이다. 그러다가 떠오른 건 "그럼 넌 달라?"라는 나를 향한 질문이었다.

"뭐가?"

"네가 하나님이라도 내기하고 싶지 않았겠어? 네가 친구라면 좀 달랐을 거 같아?"

하나님과 친구들이 차가울 수 있었던 건 욥의 고통이 그들에게

너무 가벼웠기 때문이다. 온 가족을 가스실에서 잃고 유일하게 살아남은 홀로코스트 생존자의 고통조차도 타인에겐 가볍다. 나도 다르지 않다. 그래서 내게도 욥의 고통은 가볍다. 생각이 여기에 미치자, 하나님과 친구들을 비난한다는 것이 얼마나 염치가 없는 일인지 깨닫게 되었다.

타인의 고통이 무거우면 얼마나 무거울 수 있을까? 애초에 그게 가능하기나 한 일일까? 측은지심을 갖는 것도 인간의 마음이지만 오히려 타인이 겪는 위험이나 고통을 보며 내가 그 당사자가 아니라는 사실에 안심하는 게 인간의 본성이다. 게다가 인간은 자신과 관련 없는 고통에 대해선 특히나 빨리 망각한다.

《도덕감정론》에서 애덤 스미스[277]는 인간의 공감 능력 자체를 회의적으로 보았다. 그에게 인간이란 중국에서 수억 명이 지진으로 죽었다는 소식에 "안됐네…" 하는 한마디를 하고는 편하게 잠을 잘 수 있으면서도, 다음 날 자신에게 손가락 하나가 절단되는 사고가 일어날 것을 미리 아는 경우 도무지 견디지 못하는 존재다. 수전 손택[278]은 아예 여기서 한 걸음 더 나아갔는데 《타인의 고통》에서 공감이라는 감정 자체가 타인이 겪는 고통의 원인이 내가 아니라는 사실에 기인하기에 그건 오히려 스스로의 무력함에 대한 변명이며 뻔뻔함의 다른 얼굴에 불과하다고 지적했다.

과연 인간에게 공감이란 불가능한 감정일까? 신약성경 고린도전서 10장 13절을 보면 틀린 말이 아닌 듯하다.

하나님은 신실하십니다.
여러분이 감당할 수 있는 능력 이상으로 시련을 겪는 것을
하나님은 허락하지 않으십니다.

너무도 가벼운 고통

이 글을 쓴 바울의 의도는 위로를 주기 위해서였다. 그러나 실제로 욥과 같은 시련을 겪은 사람이 이 구절에서 만나는 건 희망이 아닌 절망이다.

소설가 샤노프 쉬프는 자신이 고통과 비극을 겪고 나서 '자식을 잃은 부모'라는 훌륭한 작품을 집필했다. 그녀의 아들이 선천성 심장질환으로 수술 도중 사망했을 때 목사는 그녀를 한쪽으로 불러내어 이같이 말했다.
"이것이 얼마나 견디기 어려운 시련인지 저도 잘 압니다. 그렇지만 저는 당신이 이것을 잘 극복해내리라 믿어요. 왜냐하면 하느님은 각 사람에게 견딜 수 있을 만큼의 시련을 주시기 때문이지요. 하느님이 이런 일을 벌어지도록 내버려두신 것은 당신이 이를 충분히 감당해낼 정도로 강하다는 것을 알고 계셨기 때문입니다."
쉬프는 그 말에 대한 자신의 반응을 기억한다.
"만약 내가 좀 더 약한 사람이었더라면, 우리 아들은 아직 살아 있을 텐데…."[279]

고린도전서 10장 13절이 진짜 드러내는 건, 우리가 이미 욥기에서 만난 바로 그 하나님이다. 피조물의 고통 앞에 서서 관망하는 잔인한 하나님이다. 하나님이 누군가의 자식을 빼앗는 이유는 부모가 그 슬픔을 견딜 능력이 있기 때문이고,[280] 그건 욥도 다르지 않다. 욥 정도면 충분히 감당할 수 있다는 생각에 하나님은 사탄과 내기를 벌였다. 이런 하나님처럼 인간의 고통을 가볍게 여기는 이가 또 있을까? 그런데 더 끔찍한 건, 인간은 아프다고 소리를 질러서도 안 된다. 감당할 만한 고통은 이제 감사와 찬양의 이유가 되어야 하니까.

"견딜 만한 걸 알아서 줬는데, 왜 아프다고 소리를 지르는 거야? 그럴 리가 없을 텐데?"

욥의 친구들이 왜 분노했을까? 욥의 입술에서 감사와 찬양이 나오지 않기 때문이다. 하나님의 심정을 대변하는 그들의 눈에 욥은 '감당할 만한 고통'을 감당하지 못하겠다며 하나님께 항의한 신성모독자였다. 고통 앞에 '할 만한'이라는 보조형용사를 붙여 신앙고백의 기회로 만들라고 강요하는 것만큼 잔인한 종교적 폭력도 없다. 애덤 스미스나 수전 손택처럼 공감은 인간의 본성에 반하는 감정이라고 차라리 깨끗하게 인정하고 외면하는 게 낫다.

지금도 활시위에 고통이라는 화살을 걸고 팽팽하게 당기는 하나님이 어디를 겨누고 있는지는 알 길이 없다. 마구 날아오는 화살에 맞지 않는 건 순전히 행운이다. 게다가 고통을 이기지 못해 스스로 목숨을 끊는 피조물이 생겨도, 감당하지 못할 사람에게 엄한 고통을 주었다고 하나님을 기소하는 이는 없다. 하나님은 언제나 승리자다. 게다가 오늘날에도 세상에는 엘리바스와 빌닷 그리고 소발로 차고 넘친다. 그러니 더 신이 난 하나님은 오늘도 열심히 활시위를 당긴다. 같은 인간끼리 서로 고통을 공감하지 못하는 것도 비극이지만, 인간에게 진짜 악몽은 바로 이런 창조주다.

그럼 인간에겐 희망도, 위로도 없는 건가?

독자는 내가 욥기에서 찾은 유일한 '해피 엔딩'을 기억할 것이다. 마침내 욥을 공감하게 된 친구들이다. 그게 가능한 이유는 그들이 오늘의 엘리바스가 내일의 욥이 되는 건 시간문제라는 것을 깨달았기 때문이다. 고통은 그 누구에게도 예외가 없다는 것을, 감당

너무도 가벼운 고통

할 자를 찾아 쏜다는 하나님의 화살은 엘리바스와 욥을 가리지 않는다는 것을 비로소 알게 되었기 때문이다. 규정 속도와 차선을 지키며 차를 모는 사람을 향해 졸음 운전자가 모는 트럭이 덮치지 않는 건 순전히 운이지 보장된 게 아니다. 열정적인 신앙생활이 인생에 안전을 보장하지 않는다. 누구에게나 불행은 '그냥' 닥친다. 하나님이 쏘는 화살은 지금도 세상을 향해 날아오고 있다. 그리고 가장 끔찍한 현실은 그런 하나님을 바꿀 능력이 인간에게는 없다는 것이다.

욥과 극적으로 화해를 한 친구들과는 달리 하나님은 끝내 욥(인간)과 화해하지 않았다. 그건 화살을 그만 쏠 마음이 없는 하나님의 의지 표현이다. 그렇기에 우리는 지금도 주변에서 제2의 욥, 제3의 욥을 만난다.

만약에 욥의 친구들이 같이 울어주기만 했더라면, 무엇보다 어설픈 말이 비수가 될지도 모르니 차라리 입을 꾹 다물고만 있었더라면, 그래서 곁에 있어주는 것만으로 고통을 함께하고 위로를 줄 수 있는 게 같은 인간이란 존재임을 욥이 깨닫도록 도왔더라면, 진즉에 하나님은 자신의 승리를 선언하는 동시에 깊은 후회를 했을지도 모른다. 어쩌면 그날 이후 이유 없는 불합리한 고통을 수단으로 인간을 두고 벌이는 내기를 멈췄을지도 모른다.

그러나 친구들은 그렇게 하지 못했다. 그렇다고 아주 늦은 건 아니다. 하나님은 바뀌지 않았지만, 인간에게는 바꿀 수 있는 게 하나 있다.

'나 자신'이다. 그리고 기억하는 것이다.

어느 순간 욥이 될지 모르는 엘리바스가 바로 나라는 사실을 기억하는 것이다. 타인에게 닥친 고통을 미리 당겨서 내게 적용하는 것, 그럼으로써 우리는 불가능하다는 공감을 가능한 공감으로 만들어낼 수 있을지도 모른다. 거기다가 타인이 겪는 고통의 원인이 반드시 당사자 때문이 아니라면, 본질적 관망자를 극복하고 후천적 공감자로 전환하는 것도 가능하지 않을까?

어쩌면 하나님이 인간을 향한 활을 내려놓지 않을까?

그렇게만 된다면, 하나님이 쏜 화살에 맞아 백사십 년을 더 고통 속에서 살았던 그 사람, 신의 축복에도 비굴하지 않고, 저주에도 굴복하지 않았던 그 사람, 마침내 침묵 속에 숨을 거둔 욥의 마지막 얼굴에 희미한 미소를 떠올리게 할 수도 있을 것이다. 그게 어쩌면 엘리 위젤이 말한, 사라져버린 욥기의 '원본'이 될 수도 있지 않을까?

주석

1 《In Turns of Tempest, A reading of Job》, Edwin M. Good, Stanford University Press, 1990, p.397

2 에드윈 굿(Edwin M. Good, 1928년~2014년): 전 스탠퍼드대학교 종교학 석좌교수. 히브리어 및 피아노 역사 전문가이자 평생을 욥기 연구에 바쳤다.

3 기독교에서는 야고보서 저자를 야고보 사도라고 주장하지만, 몇 권의 바울서신서를 빼고 신약성경에서 저자가 확인된 책은 없다. 예수의 생애를 기록한 복음서도 저자 미상이다.

4 욥기 42장 6절과 비교할 수 있는 수준의 히브리성경 왜곡은 에덴동산에서 시작되었다는 '원죄'와 예수의 고난을 예시한다는 이사야서 53장 정도가 될 것이다. 하지만 이 두 경우 모두 '번역 왜곡'이 아니라 '해석 왜곡'이라는 점에서 42장 6절의 왜곡과는 차원이 다르다.

5 《모리와 함께한 화요일》, 미치 앨봄 지음, 공경희 옮김, 살림, 2010, 224쪽.

6 모리스 모리 슈워츠(Morris "Morrie" Schwartz, 1916년 12월 20일~1995년 11월 4일): 미국 브랜다이스대학교 사회학 교수다. 1997년에 제자 미치 앨봄이 쓴 《모리와 함께한 화요일》이란 책으로 세상에 알려졌다.

7 필립 얀시(Philip Yancey, 1949년~): 미국의 베스트셀러 기독교 작가.

8 《하나님, 당신께 실망했습니다》, 필립 얀시 지음, 김성녀 옮김, IVP, 2013, 306쪽.

9 로버트 리 프로스트(Robert Lee Frost, 1874년~1963년): 퓰리처상을 네 번 수상한 미국의 시인.

10 그래도 프로스트에 의하면, 최소한 하나님은 욥에게 진지하게 사과했다. "야훼: 내가 왜 욥을 고통을 줬는지 이유를 말하겠는데, 내 대답으로 고통이 더 증가되지는 않겠지. 욥기 1장과 2장에 기록되어 있듯이, 나는 악마에게 과시하고 있었을 뿐이야. (…) 욥, 자네는 나의 성냄을 이해해야 돼. 사탄이 내게 오면 나도 유혹을 받거든." 네이버 블로그 '로버트 프로스트와 그의 시', 〈프로스트, 이성의 가면극A Masque of Reason〉(번역: 신재실)

11 신명기 핵심 메시지는 의로운 자는 복을 받고 악한 자는 벌을 받는다는 가르침이다.

12 네이버 블로그 '로버트 프로스트와 그의 시', 〈프로스트, 이성의 가면극A Masque of Reason〉(번역: 신재실)

13 해럴드 쿠쉬너(Harold Samuel Kushner, 1935년~): 진보 유대교를 이끄는 저명한 랍비이자 베스트셀러 작가다.

14 《세계종교사상사 1》, 마르치아 엘리아데 지음, 이용주 옮김, 이학사, 2005, 520쪽.

15 차마 '인간승리'라는 표현 대신 하나님과 욥의 '화해'라는 표현도 널리 쓰인다. 예일대학교 종교학 교수인 크리스티나 헤이즈가 대표적이다.

16 잭 마일스(John R. "Jack" Miles, 1942년 7월 30일~): 미국의 작가다.

17 《신의 전기》, 잭 마일스 지음, 김문호 옮김, 지호, 1997, 544쪽, 568쪽, 756쪽.

18 대부분의 사람이 '구약성경'으로 알고 있는 유대민족 경전인 히브리성경, 즉 '타나크tanakh'는 크게 세 부분으로 나뉜다. 가르침 또는 교훈을 의미하는 '토라torah', 예언서를 의미하는 '네빔nevi'im', 그리고 단순히 글writing을 의미하는 '케투빔kethuvim'이다.

19 하나님, 여호와 또는 야훼로 불리는 히브리성경 속 신은 원래 기독교의 신이 아니라 유대민족의 신이다.

20 나머지는 잠언과 전도서. (학자에 따라 아가서를 여기에 포함하기도 한다.)

21 욥기 뒤에 나오는 에스더는 '하나님(야훼)'이라는 단어가 단 한 번도 나오지는 않는 성경으로 유명하다. 에스더 이야기에서 유대민족은 말 그대로 민족 멸절의 위기를 맞는다. 그럼에도 하나님은 나타나지 않았고, 더 놀라운 것은 유대민족도 하나님을 찾지 않는다. 그들은 하나님의 도움 없이 방법을 찾아내서 스스로를 구원한다.

22 그러나 구약성경에 오면 사정이 달라진다. 토라와 네빔 그리고 케투빔으로 이어지는 히브리성경의 오리지널 순서를 구약성경은 마구 바꿔놓았고, 그 결과 욥기 이후에도 하나님은 수시로 나타난다.

23 카를 융(Carl Gustav Jung, 1875년 7월 26일~1961년 6월 6일): 목사 아들로 태어난 융은 스위스 태생으로 세계적인 정신의학과 의사이자 분석심리학의 개척자다.

24 《Transformation of the God-Image: An Elucidation of Jung's Answer to Job》

25 《The Book of Job》, Stephen Mitchell, HarperPerennial, 1986, xi.

26 이 주장이 설득력을 얻기 위해서는 42장 6절의 정확한 해석이 전제되어야 한다. '그러므로 저는 제 주장을 거두어들이고, 티끌과 잿더미 위에 앉아서 회개합니다.'

27 나는 '그 누군가'를 기꺼이 '천재'라고 부르겠다. 분명히 유대인일 그 천재는 몇 가지 원칙을 정했다. 일단 설화에 수시로 등장하는 이스라엘의 특정 신을 가리키는 야훼라는 호칭 대신 일반적인 신을 의미하는 '엘로힘', '엘', '샤다이' 또는 '엘로하'라는 호칭을 사용했다. 신을 떠받드는 고대 어느 지역과 마찬가지로 유대 지역에도 야훼라는 이름이 수시로 등장하는 '고통받는 의인 설화'가 유통되었을 것이다. 그러나 이 천재는 욥 이야기를 유대 지역에 한정하고 싶지 않았다. 욥이 당한 고통 그리고 공평하지 않은 세상은 단지 유대민족에게 국한된 문제가 아니라는 것을 잘 알고 있었기

때문이다. 그리고 궁극적으로 그가 써내려갈 글의 주제는, 전 인류의 문제인 '인간과 신의 관계'에 관해서였다. 그렇기에 굳이 하나님이 모세에게만 은밀하게 알려준 '야훼'라는 호칭을 써서 그가 쓰는 이야기를 특정 지역의 사건으로 제한하고 싶지 않았다. 그래서 천재는 주인공인 욥은 말할 것도 없고 친구들 이름까지도 이방인 이름으로 정했다.(엘리후는 예외다. 본문을 참조하라.) 그리고 그는 어쩌면 누구나 알던 오리지널 설화의 익숙한 지명을 미지의 동네 '우스'로 바꿨는지도 모른다.

28 비록 소수이지만 이와 정반대의 의견을 주장하는 학자들도 있다. 그러니까 산문 전에 시가 먼저 있었다는 것이다.

29 그리고 그 과정에서 기존 설화도 내용이 수정되었을 거라고 추측하는데, 예를 들면 '세 친구의 등장'이다.

30 기독교 주석가를 제외한 상당수의 욥기 연구가는 해석은 다 다르지만, 에필로그 속 욥의 침묵에 주목한다.

31 욥은 실존 인물일까? 히브리성경에는 욥의 이름이 두 번 더 나온다. "비록 그 나라 가운데 노아와 다니엘과 욥, 이 세 사람이 있다 하더라도, 그 세 사람은 자신의 의로 말미암아 자신의 목숨만 겨우 건질 것이다. 나 주 하나님의 말이다."(에스겔 14:14) "비록 노아와 다니엘과 욥이 그 가운데 있을지라도, 내가 나의 삶을 두고 맹세하건대, 그들은 아들이나 딸도 건지지 못할 것이다."(에스겔 14:20) 이런 사실을 근거로 기독교는 욥이 실존했다고 주장한다. 하지만 한편으로 욥기의 욥은 이 두 구절의 욥이 아니라는 주장도 있다. 신약성경에서는 야고보서 5장 11절에 딱 한 번 욥이 나온다. 그럼 욥이 실존했다면, 어느 시대 사람일까? 기독교 신학자는 욥의 수명, 번제 의식, 모세 율법이 등장하지 않음 등을 근거로 하나같이 아브라함 시대 사람이라고 주장한다.

32 오로지 유대민족의 신에게만 쓰는 호칭, 우리말 성경에 '주님'으로 번역한 '야훼'와는 구분된다. 산문에는 '야훼'라는 호칭이 여러 번 나오는데, 3장에 들어가서 시가 시작되면서 야훼 대신 일반적인 신을 의미하는 '엘로힘',

너무도 가벼운 고통

'엘', '샤다이' 또는 '엘로하'라는 호칭이 등장한다. 시에서 유일하게 야훼라는 호칭이 등장하는 12장 9절을 대부분의 학자는 필사자의 실수로 생각한다.

33 《Messengers of God: Biblical Portraits and Legends》, Elie Wiesel, Simon & Schuster, 1985, p.214

34 《Introduction to the bible》, Christine Hayes, Yale, 2012, p.324

35 유대인은 경천동지할 일이지만, 모세가 이집트인이라는 주장도 있다. "흥미로운 것은 모세가 이집트어라는 사실이다. 이집트 단어 모세는 단순히 아이를 뜻하며, 아멘-모세나 프타흐-모세 같은 더 긴 이름의 줄임말이다. 아멘-모세는 아몬-아이를 프타흐-모세는 프타흐-아이를 뜻하는데, 이것들 역시 다음 문장의 줄임말이다. 아몬께서 아이를 주셨다. 프타흐께서 아이를 주셨다. (…) 모세의 아버지는 아들에게 프타흐나 아문이 들어간 이집트 신의 이름을 지어주었지만 일상생활에서 신의 이름은 점차 떨어져 나가고 사내아이는 그냥 모세라고 불렸을 것이 틀림없다." (《인간 모세와 유일신교》, 프로이트 지음, 이은자 옮김, 부북스, 2016, 11쪽)

36 엘리 위젤(Eliezer "Elie" Wiesel, 1928년 9월 30일~2016년 7월 2일): 루마니아 태생 미국의 유대계 작가 겸 교수. 홀로코스트 생존자이고 1986년 폭력과 억압, 인종 차별과의 투쟁에 기여한 공로로 노벨평화상을 수상했다. 홀로코스트 경험을 담은 회고록 《나이트La Nuit》를 출간했다.

37 욥기를 강연할 때면 엘리 위젤이 빠뜨리는 법이 없는 조크인데, 그럴 때마다 객석은 유대인들이 지르는 환성으로 떠들썩해진다. "맞아요, 우리는 욥처럼 멍청하지 않아요!"

38 이런 욥의 모습이 예수를 상징한다고 설교하는 목사들도 적지 않다.

39 《새번역 성경 Revised New Korean Standard Version》, 대한성서공회, 2004. 1980년대에 들어 당시 개신교 목회자나 신자들이 '개역'에 이어 새롭게 쓸 성경을 요구하자 '대한성서공회'에서 개역과 달리 히브리 원어 본문에서 번역한 성경을 내기로 결정했다. 한국의 개신교 교단들은 대한성서공회

공인 번역본인 개역한글판, 개역개정판, 공동번역, 새번역을 예배용으로 사용하고 있는데, 현재 대한성공회를 제외한 대다수의 개신교 교단들은 개역한글판 성경을 개정한 개역개정판 성경을 공식 예배용 성경으로 사용하고 있으며, 1993년부터 출간된 새번역 성경은 한국기독교장로회 등 소수 교단 및 성경에 관심 있는 일부 목사, 평신도(개역성경 읽기를 어려워하는 경우 포함)들 사이에서 그나마 명맥을 유지하는 실정이다.(출처: 나무위키) 한글 성경 중에서 히브리 원어에서 번역한 유일한 성경이 새번역 성경이다. 따라서 본문과 각주에 인용한 성경구절에서 따로 표시하지 않은 것은 모두 '새번역'이다.

40 무릎을 꿇은 상대방의 머리에 손을 얹고 축복하는 것을 상상하면, 왜 이 '축복하다'의 어원이 '무릎'인지 이해할 수 있다.

41 '배러크'의 오리지널 의미를 손상하고 싶지 않은 에드윈 굿은 'bless sinfully(죄를 짓는 방식으로 축복하다)'라고 번역했다.

42 《The Book of Job》, Stephen Mitchell, HarperPerennial, 1986, ix.

43 《신의 전기》, 잭 마일스 지음, 김문호 옮김, 지호, 1997, 741쪽.

44 《하나님, 당신께 실망했습니다》, 필립 얀시 지음, 김성녀 옮김, IVP, 2013, 210쪽.

45 "음, 이건 하나님 앞에 사탄이 서 있다는 게 아닙니다. 악이 어떻게 하나님 앞에서 섭니까? 인간은 하나님을 보기만 해도 죽습니다. 사탄이라고 다르겠습니까? 게다가 사탄은 타락한 천사 루시퍼가 아닙니까? 천국에서 땅으로 떨어진 지가 언젠데, 다시 천국에 올라가서 하나님 앞에 선다니요? 이건 그냥 멀리서 하나님과 일종의 리모트로 대화하는 것을 욥기 저자가 문학적으로, 마치 하나님 앞에 있는 것처럼 표현한 것입니다."

어느 목사의 설교 내용 중 일부다. 그러니까 '줌zoom'을 사용한 일종의 비대면 회의라는 것이다. 그런데 비대면이면 사탄 문제가 해결이 되나? 또 어떤 목사는 이 장면을 이렇게 설명했다.

"고린도후서 11장 14절을 보면 사탄의 능력 중 하나가 빛의 천사로 가장하

너무도 가벼운 고통

는 것입니다. 그러니까 지금 사탄이 광명의 천사로 가장하고 하나님 앞에 서 있는 것이지요."

그렇다면 하나님은 사탄이 변장하고 오면 속는다는 건가? 하나님 앞에 서 있는 사탄을 설명하기 위해서 아예 하나님을 바보로 만들고 있다.

기독교 역사상 가장 위대한 성경주석가로 인정받는 매튜 헨리는 이렇게 설명했다.

"사탄도 이날 모인 천사들 중 하나였다. 타락한 그는 더 이상 이 회중에 서 있어서는 안 되는 자였지만, 여기에서는 일시적으로 범죄자로 호출되었거나, 그게 아니면 초대받지 않았지만 무단으로 들어온 자로서 천사들 가운데에 서 있는 것으로 묘사된다."(《매튜 헨리 주석 욥기》, 박문재 옮김, 크리스천 다이제스트, 2009, 31쪽)

사탄이 범죄자로 호출되었거나 무단 침입을 한 거란다. 무단 침입을 할 수 있다는 것도 하나님을 바보로 만드는 결과를 초래하지만, 본문 속 사탄의 당당한 모습과 범죄자 호출은 누가 봐도 어울리지 않는다. 누가 봐도 사탄은 천상회의 주인공이다.

46 로마 제국 시절, 신생 종교에 불과했던 기독교를 전파하기 위해서라도 히브리성경을 '구약'이라 부르며 정경에 포함해야만 했던 초대 교부들의 절박함도 충분히 이해할 수 있다. 아무리 그래도 히브리성경과 기독교 교리 사이에 존재하는 근본적인 이질감을 고려하면 너무나도 큰 무리수였고, 히브리성경은 결코 기독교의 정경이 될 수 없다고 주장한 마르키온 Marcion of Sinope(약 85년~약 160년, 초기 기독교 신학자로 스스로를 바울의 후계자라고 부르며 신약성경과 구약성경의 분리를 줄기차게 외쳤는데, 구약성경의 하나님과 신약성경의 하나님은 전혀 다른 신이라고 주장함)과 같은 비판론자가 등장한 건 너무도 당연하다.

"유대인과 결별한 후 기독교도는 딜레마에 빠졌다. 그들은 그리스인과 로마인에게 여전히 매우 존중받는 구약성경을 폄하해야 하는 동시에 신약성경의 계시를 정당화하기 위해서 구약성경이 필요했다. 특히 예수를 아티스, 오시리스, 아도니스 같은 이교도의 신과 동일시하려는 숱한 시도에 맞서려면 구약성경이 필요했다. 이 이교도의 신들은 예수처럼 모두 한 가지 혹은 여러 형태로 치러지는 부활 의식의 중심에 있었다. 교회는 기독교의 도래에 관한 예언을 구약성경에서 찾아 이 문제를 깔끔하게 해결했다." (《책의 민족》, 맥스 디몬트 지음, 김구원 옮김, 교양인, 2019, 225쪽)

47 "욥기는 사탄을 하느님의 국적의 일원이요, 초자연적 사자로 묘사한다. (…) 사탄은 천사, 하느님의 아들로서 등장하는데, 이 말은 히브리어에서 종종 신성한 존재 중 하나를 뜻한다. 여기에서 사탄은 여호와 앞에 서기로 지정된 날에 다른 천사들과 함께 온다. (…) 화자는 히브리어로 사탄과 돌아다니다를 뜻하는 슈트의 소리가 비슷한 것을 이용해서, 천상에서 사탄이 각지를 돌아다니는 비밀 첩보원 같은 역할을 맡고 있음을 시사한다." (《사탄의 탄생》, 일레인 페이절스 지음, 권영주 옮김, 루비박스, 2006, 60쪽)

48 참으로 아이러니하게도, "기독교는 악마(사탄)을 하나님에 종속된 존재로 규정했지만, 여전히 악마가 하나님과 우주적 투쟁을 하고 있다고 믿는다." (《사탄》, 제프리 버튼 러셀 지음, 김영범 옮김, 르네상스, 2006, 36쪽)

49 좀 더 자세한 설명은 《신의 변명》(옥성호 지음, 파람북, 2018) 1장 중 '사탄' 편 참조.

50 물론 기독교 입장에서 볼 때, 인간의 죄 문제는 예수의 십자가로 오래전에 완전히 해결되었다.

51 기독교의 사탄, 신약성경 속 사탄은 마치 세계를 공포에 몰아넣는 변이 코로나바이러스 슈퍼 전파자에 비유할 수 있다. 사탄을 철통같은 당국의 감시를 교묘하게 피해 끊임없이 전국 이곳저곳에서 집단 감염을 일으키는 신출귀몰한 슈퍼 전파자라고 가정해보자. 이 슈퍼 전파자 사탄의 소재를 도무지 파악하지 못한 정부는 결국 방역 단계를 3단계로 격상했다. 그런데 욥기에 의하면, 이 슈퍼 전파자는 매일 아침 질병관리청장과 회의를 한단다. 바이러스를 전국에 전파하는 슈퍼 전파자와 질병관리청장과 아침마다 회의를 하는 슈퍼 전파자, 뭐가 맞을까? 둘 다 맞을 수는 없다. 하나

가 맞으면, 하나는 틀리다.

이처럼 기독교의 사탄과 히브리성경 속 사탄은 달라도 너무 다르다. 그런데 하나님이 수족처럼 움직이는 사탄의 모습은 욥기에만 나오는 게 아니다. 스가랴 3장에도 이와 비슷한 사탄이 나온다. 여기에서 한 걸음 더 나아가, 히브리성경은 기독교 교리에 비추어 도무지 받아들이기 힘든 사탄에 관한 은밀한 진리까지 드러내는데, 바로 역대상 21장 1절과 사무엘하 24장 1절이다. 예수의 생애를 각각 다른 시각으로 묘사한 신약성경 복음서처럼 이 두 구절도 같은 사건을 각기 다른 측면에서 묘사하고 있다.

먼저 역대상이다.

"**사탄이** 이스라엘을 치려고 일어나서, **다윗을 부추겨**, 이스라엘의 인구를 조사하게 하였다."

그런데 사무엘하는 같은 사건을 이렇게 묘사했다.

"**주님**(여호와)께서 다시 이스라엘에게 진노하셔서, 백성을 치시려고, **다윗을 부추기셨다.** '너는 이스라엘과 유다의 인구를 조사하여라.'"

여기서 우리는 중요한 사실을 알게 된다. 역대상은 다윗을 충동질한 게 사탄이라고 하는데, 사무엘하는 그게 사탄이 아니라 하나님이라고 한다. 이게 뭘 의미할까? 큰 회사일수록 매일 회장을 직접 만나면서 일하는 직원은 많지 않다. 대신 그들이 주로 접하는 건 회장의 뜻을 전하는 간부들이다. "김 대리, 내 지시가 회장님 뜻이야." 이와 비슷하다. 사탄의 뜻이 바로 하나님의 뜻이라는 것이다. 하나님의 명령을 받은 사탄이 다윗을 자극했다는 말이다. 히브리성경 저자가 이렇게 하나님과 사탄을 동일시하는 건, 그 정도로 사탄을 하나님의 수족으로 인식하기 때문이다.

이런 시각으로 창세기를 읽을 때 우리는 에덴동산의 사건도 전혀 다르게 바라보게 된다. 백 번 양보해서 하와를 유혹한 게 뱀이 아니라 뱀의 허울을 쓴 사탄이라고 해도, 그건 하나님이 시켜서다. 사탄의 잘못이라고는 하나님의 뜻을 따른 것뿐이고, 안타깝게도 인간은 그만 선악과를 먹었다. 그런데도 사탄을 '원수, 마귀' 하면서 너무 미워하는 건 좀 심한 게 아닐까?

이처럼 히브리성경이 그리는 사탄과 신약성경이 바라보는 사탄은 하늘과 땅 차이다. 히브리성경 속 사탄이 맞는다면, 그러니까 사탄이 잘해야 하나님이라는 몸통 끝에 붙은 꼬리에 불과하다면, 아담이 지은 죄를 해결하기 위해서 하나님이 인간의 몸까지 입고 와서 십자가에서 죽었다는 기독교 구원 교리는 출구 없는 미궁에 빠진다.

52 매튜 헨리(Matthew Henry, 1662년 10월 18일~1714년 6월 22일): 웨일스 출신 목사로 대부분의 인생을 잉글랜드에서 보냈다. 그는 구약 전체와 신약 사도행전까지 주석했고, 그의 사후에 다른 목사들이 신약 나머지 부분을 완성했다. 찰스 스펄전을 비롯한 기독교 역사상 명설교가들이 그의 주석을 애용했다.

53 《매튜 헨리 주석 욥기》, 박문재 옮김, 크리스천다이제스트, 2009, 31쪽.

54 이런 사탄에 관한 설교 또는 주석에서 베드로전서 5장 8절이 빠지는 법이 없다.
"정신을 차리고, 깨어 있으십시오. 여러분의 원수 악마가, 우는 사자같이 삼킬 자를 찾아 두루 다닙니다."
사탄이 특히나 이리저리 다니기 때문에 조심해야 한다는 것이다. 우리도 잘못하면 욥과 같은 비극을 당할 수 있기 때문이다. 그러나 곧 살펴보겠지만, 욥에게 생긴 비극은 하나님이 허락했기 때문이지 사탄이 이리저리 돌아다녔기 때문이 아니다.

55 이건 술 마시고 사고 친 사람이 하는 소리와 비슷하다. "술만 안 마셨으면 그런 짓을 할 리가 없는데, 이게 다 술 때문이에요. 술이 원수라고요. 난 절대 그런 사람이 아니거든요."

56 《사탄》, 제프리 버튼 러셀 지음, 김영범 옮김, 르네상스, 2006, 34쪽.

57 좀 더 자세한 설명은 《신의 변명》(옥성호 지음, 파람북, 2018) 1장 중 '인간' 편 참조.

58 선악과 사건에서도 많은 사람들이 뱀이 하와에게 먼저 접근했다고 오해한다. 그래서 하와가 먼저 범죄를 저지르고 아담을 끌어들였다고 생

너무도 가벼운 고통

각한다. 심지어 신약성경 저자까지 그렇게 썼다!

"이는 아담이 먼저 지음을 받고 하와가 그 후며 아담이 속은 것이 아니고 여자가 속아 죄에 빠졌음이라."(디모데전서 2:13-14, 개역개정)

이건 심각한 오해다. 전혀 그렇지 않다. 하와와 뱀이 대화를 나누는 내내 아담은 그 곁에 있었다! 따라서 여자가 먼저 범죄를 저질렀기에 나쁘다고 말하는, 바울을 사칭해서 디모데전서를 쓴 저자는 향후 여성차별에 그 누구보다 큰 책임을 갖고 있다. 그리고 이 저자는 대부분 신약성경 저자와 마찬가지로 히브리성경에 무지하기 이를 데 없다.

59 이 엄포는 별 효과가 없었다고 보는 게 타당하다. 아담과 하와는 '죽는 게' 무엇인지 모른다. 뭔지 모르는 것을 가지고 하는 위협이 통했을까? 장님에게 말 안 들으면 앞으로 무지개색을 보여주지 않겠다고 으름장을 놓는 것과 다름없다.

60 잠시 후에 나오지만, 아브라함의 이삭 제사까지 내기에 포함한다면, 하나님과 사탄의 내기는 이번에 세 번째, 말 그대로 삼부작trilogy이 된다. 따라서 승부는 현재 1대 1이고, 욥을 놓고 벌이는 내기가 진짜 승자를 가리는, 말 그대로 결정전인 셈이다.

61 그래서 이런 시각을 '신명기적 사고'라고 부른다.

62 《신의 전기》, 잭 마일스 지음, 김문호 옮김, 지호, 1997, 539쪽.

63 "사랑이 상처입기 쉬운 감정이고 상실과 슬픔에 속수무책이며 덧없음과 비애에 무방비 상태인 감정인 건 다름 아닌 인간이 대체 불가능한 존재라는 사실 때문이다. 바로 이것이 과학과 시를 구별짓는 요인이며, 또한 철학자의 하느님과 히브리 성경의 하느님을 구분 짓는 근거이다."(《차이의 존중》, 조너선 색스 지음, 임재서 옮김, 말글빛냄, 2007, 102쪽)

랍비 조너선 색스는 욥기 속 하나님을 향해서도 과연 같은 말을 할 수 있을까?

64 이 문제는 '욥기의 미스터리' 중 하나로 남겨놓도록 하자.

65 《매튜 헨리 주석 욥기》, 박문재 옮김, 크리스천다이제스트, 2009, 31쪽.

66 고대 그리스 철학자 에피쿠로스의 말이 생각난다.

"신은 악을 없애려 하지만 그럴 수 없는 것인가? 그렇다면 그는 전능한 것이 아니다. 신은 할 수 있지만 하지 않고 있는 것인가? 그렇다면 그는 악의를 갖고 있는 것이다. 신은 능력도 있고 없애려 하기도 하는가? 그렇다면 악이 어떻게 있을 수 있는가? 그렇다면 그는 능력도 없고 없애려 하지도 않는가? 그렇다면 우리는 왜 그를 신이라 부르나?"

67 욥은 겨울이면 죽었다가 봄이 되면 다시 살아나는 식물보다 못한 게 인간이라고 한탄한다.

"한 그루 나무에도 희망이 있습니다. (…) 그러나 아무리 힘센 사람이라도 한 번 죽으면 사라지게 되어 있고, 숨을 거두면 그가 어디에 있는지도 모르게 됩니다."(14:7, 10)

또한 욥에게 내세는 하나님조차도 힘을 쓸 수 없는 장소다.

"이제 내가 숨져 흙 속에 누우면, 주님께서 아무리 저를 찾으신다 해도, 나는 이미 없는 몸이 아닙니까?"(7:21)

그런데 이건 욥기에만 나오는 특징이 아니다. 히브리성경 전체가 그렇다. "고대의 유대교는 불멸의 개념을 아주 끊어버렸다. 사후의 존재 가능성에 대한 언급은 그 어디에도 없다." (《인간 모세와 유일신교》, 프로이트 지음, 이은자 옮김, 부북스, 2016, 30쪽)

"(구약) 성경 구절들에서 어떤 관점 차가 발견되건, 한 가지는 분명히 말할 수 있다. 그중 어느 구절에서도 전통적인 기독교의 사후 세계관은 보이지 않는다는 것이다. 아예 구약성경 전체에서 그런 건 보이지 않는다. 고대 사후 세계관 연구의 선구적 학자이자 유대교 연구자인 고 앨런 시걸은 다음과 같이 뚜렷하게 언명했다. '히브리어 성경에는 우리가 알아볼 만한 그 어떤 지옥과 천국 개념도 등장하지 않으며, 죄인이 받을 명백한 심판과 벌도, 의인이 받을 축복, 넘치는 상도 나오지 않는다.'"(《두렵고 황홀한 역사》, 바트 어만 지음, 허형은 옮김, 갈라파고스, 2020, 146쪽)

"유대교는 선지자나 랍비의 전통 모두 조화로운 세속적 질서에 언제나 편안함을 느낀 반면, 기독교는 언제나 내세를 향한 충동이 강했다."(《차이의 존중》, 조너선 색스 지음, 임재서 옮김, 말글빛냄, 2007, 174쪽)

그런 면에서 히브리성경의 내세관을 다음 구절처럼 명확하게 보여주는 것도 없다. 우리말로 옮기면 '개똥밭에 굴러도 이승이 낫다'이다. "살아 있는 사람에게는, 누구나 희망이 있다. 비록 개라고 하더라도, 살아 있으면 죽은 사자보다 낫다."(전도서 9:4)

68 "여기서 욥은 하나님을 통상적인 신을 의미하는 엘로힘이 아니라 오로지 유대민족에게만 알려진 이름 '야훼'라고 부르고 있다. 이방인 욥이 어떻게 엘로힘이 야훼라는 사실을 알았을까? 아마도 "주신 분도 야훼요, 가져 가신 분도 야훼다"라는 구절은 당시 잘 알려진, 기도문같이 일종의 정형화된 말이었을 것이다. 욥기를 쓴 사람이 별 생각 없이 유대인들 사이에 쓰이던 구절 그대로 이방인 욥의 입술에 담았을 가능성이 크다."(《Job, a new translation》, Edward L. Greenstein, Yale, 2019, p.8)

69 상대방이 한 말을 기억했다가 돌려주는 하나님의 치밀한 대화법은 나중에 욥과 나누는 대화에서도 다시 위력을 발휘한다.

70 한글성경 번역 중에 히브리 원어와 동일하게 양 구절에서 '까닭 없이'라는 같은 단어를 사용한 건 개역개정이 유일하다.

71 《매튜 헨리 주석 욥기》, 박문재 옮김, 크리스천다이제스트, 2009, 51쪽.

72 스티븐 미첼(Stephen Mitchell, 1943년~) 미국 뉴욕 출신의 시인, 번역가, 히브리어 전문가, 그리고 편집자다.

73 《The Book of Job》, Stephen Mitchell, HarperPerennial, 1986, xi.

74 "하나님은 사람이 아니시니 거짓말을 하지 않으시며 인간이 아니시니 후회하지 않으십니다."(민수기 23:19, 현대인의 성경)

성경에 따르면 하나님은 거짓말을 하지 않기에 사탄에게 한 '자기 고백'도 진실이다. 그런데 이 구절에 담긴 후회의 느낌은 어떻게 받아들여야 하나? 하나님은 후회도 하지 않는다고 하는데 말이다.

75 《매튜 헨리 주석 욥기》, 박문재 옮김, 크리스천다이제스트, 2009, 53쪽.

76 랍비들은 이 구절에서 이런 의미를 뽑아낸다.

"욥의 생명은 아내까지 포함한다. 유대민족에게 생명은 자손까지 포함하기 때문이다. 따라서 아내를 죽이면 더 이상 자손을 낳을 수 없기에 하나님은 여기서 욥의 아내까지 건드리지 말라고 은연중에 사탄에게 경고하는 것이다. 사탄이 그래서 욥의 아내는 죽이지 못했다."

나름 창의적인 구석이 있기는 하지만, 너무도 뻔한 것을 조건으로 다는 답답한 하나님을 위한 랍비들의 '억지 변명' 그 이상도 이하도 아니다. "재혼하면 되잖아? 뭐가 문젠데?"

77 《매튜 헨리 주석 욥기》, 박문재 옮김, 크리스천다이제스트, 2009, 57쪽.

78 이 문장 번역을 조금 더 자세히 살펴보자. 먼저 성경 번역에는 심각한 왜곡이 있다는 점을 기억해야 한다. '악evil'에 해당하는 히브리원어 '라rah'를 하나같이 '재앙 또는 재난'으로 바꿨기 때문이다. 따라서 성경 속 '재앙'은 '악'으로 바꿔야 한다. 그럼 왜 이렇게 번역했을까? 선한 하나님이 재앙을 줄 수 있지만 '악'은 줄 수 없다는 기독교 교리에 충실한 번역자들 때문이다.

기독교 교리에 근거하면 악은 언제나 사탄이 주는 것이기 때문이다. 하지만, 히브리성경은 그렇게 말하지 않는다. 악을 창조하고 악을 주는 주체도 하나님이라고 한다. 또한 욥기는 그 사실을 증명하고 있다.

첫 번째 가능한 번역은 기독교인에게 익숙한 "좋은 것뿐 아니라 악까지도 다 하나님으로부터 온다"의 의미다. 이게 맞는다면 지금 욥은 100% 하나님의 주권을 인정하고 있다. 그러니까 어떤 일을 당해도 다 하나님이 주관하는 것이므로 불평할 게 없다는 것이다. 결과적으로 욥이 '말로 죄를 짓지 않았다'라는 본문 설명은 이런 욥의 신앙관과 세계관에 비춰볼 때 당연하다. 기독교는 하나님이 '악'까지 준다는 게 거슬려서 그 단어를 '재앙'으로 왜곡했지만, 욥은 그런 신실한 기독교인을 비웃는다. 욥이야말로 100% 전지전능한, 온 세상을 주관하는 하나님을 믿고 있다.

두 번째 가능한 번역은 이 문장을 평서문으로 보는 경우다. 고대 히브리어에는 별도의 의문문이 없기에, 한 문장을 놓고 의문문 또는 평서문으로 보는 게 가능하다. 그런데 욥의 신앙고백이 평서문이 될 때에는 전혀 다른 두 가지 번역이 가능해진다.

1번은 이것이다. "좋은 것은 하나님으로부터 온다. 그러나 악은 아니다(We receive good from Elohim and do not receive evil)." 이 경우 욥은 이 세상을 주관하는 또 다른 신이 있다고 인정하는 셈이 된다. 그러니까 악을 주관하는 다른 존재가 있고 아마도 하나님은 그 존재를 컨트롤하지 못한다고 보는 것이다. 이 경우 욥은 지금 자신이 당하는 고통이 하나님 때문이 아니라고 생각한다. 그런 그에게 하나님은 결코 전능한 신도 아니고, 이 세상을 100% 주관하는 신도 아니다.

평서문으로 가능한 2번은 이것이다. "모든 좋은 것은 하나님으로부터 온다. 그러나 악은 아니다. 따라서 겉으로는 악처럼 보이더라도 하나님이 근원이기에 결국에는 좋은 것이다." 이 경우에도 욥은 하나님의 절대 주권을 인정하고 있다. 또한 이런 사고는 '모든 것이 합력하여 선을 이룬다'라는 기독교 교리와 다를 게 없다. 동시에 '인간이 하나님이 아니니까 모르는 게 당연하지, 고난 속에 보석이 들어 있어'라는 식의 설명과도 잘 어울린다. 한 걸음 더 나아가서, 죄를 짓지 않은 사람도 얼마든지 형벌처럼 보이는 고통을 받아도 괜찮다는 것이다. 하나님이 결국은 복으로 바꿀 테니까. (《In Turns of Tempest, A reading of Job》, Edwin M. Good, Stanford University Press, 1990, p.200–201 참조)

79 아내는 욥에게 어떻게 죽으라는 걸까? 자살일까? 아니다. 자살은 욥에게도, 아내에게도 선택지가 아니다. 가장 타당한 해석은, 하나님을 '배러크' 하는 사람은 당연히 벌을 받아 그 자리에서 죽을 거라는 생각이 당시에는 상식이었다는 것이다. 그러니까 하나님을 '배러크'하는 건 조선시대로 치면 사약을 마시는 것과 비슷할 정도로 확실한 죽음으로 가는 길이라고나 할까?

80 윌리엄 블레이크(William Blake, 1757년 11월 28일~1827년 8월 12일): 영국의 화

가이자 시인이다. 욥기를 바탕으로 신비한 사색을 곁들인 〈욥기 연작〉(1825)이 특히 유명하다. 말년에 단테의 《신곡》을 바탕으로 100매의 삽화를 기도했으나 미완성으로 그쳤다.

81 미국의 어느 목사는 설교에서 "욥이 고통당하는 내내 모두가 그를 떠났는데 아내마저 떠났다면 욥에게 밥을 해준 사람은 누구이겠는가? 굶어 죽으라는 건가?"라는 요지로 아내가 욥 곁에 남았다는 의견을 강력하게 피력했다.

82 욥은 31장 9-10절에서 아내를 놓고 맹세를 한다. 물론 원론적인 말로 볼 수도 있지만, 곁에 아내가 있기 때문에 이런 맹세를 하는 게 더 타당하지 않을까? '남의 아내를 탐내서 그 집 문 근처에 숨어 있으면서 그 여인을 범할 기회를 노렸다면, 내 아내가 다른 남자의 노예가 되거나 다른 남자의 품에 안긴다 해도 나는 할 말이 없을 것이다.'

83 물론 기독교 주석가 중에는 나중에 욥이 받은 자식은 새로 태어난 게 아니라 죽은 자식들이 부활한 것이라고 주장하는 사람도 있다. 이 부분은 나중에 살펴보겠지만, 본문에 나타난 당시 내세관을 고려할 때 부활이라는 개념은 얼토당토않다.

84 사실 아브라함과 욥이 받은 시험 중에 시기적으로 무엇이 더 빠른지는 확인하기 어렵다.

85 《까라마조프 씨네 형제들(중)》, 표도르 미하일로비치 도스또예프스끼 지음, 이대우 옮김, 열린책들, 2011, 511쪽.

86 히브리어로 7을 의미한다. 오늘날에도 이 기간 중에는 섹스는 말할 것도 없고 보석 장식 및 가죽옷을 착용하지 않고 가능한 한 샤워도 하지 않는다. 집 안에 있는 모든 거울은 커버로 덮는다. 남자는 면도를 하지 않고 찢어진 옷을 입으며, 상을 당한 사람은 바닥에 앉아서 지낸다. 또한 애도하는 사람이 먼저 말을 하지 않는 한, 손님이 먼저 말을 걸어서도 안 된다. 이 모든 관습이 욥기에서 유래했다.

87 《Job, a new translation》, Edward L. Greenstein, Yale, 2019, p.8

너무도 가벼운 고통

88 《성서, 어떻게 읽을 것인가》, 하비 콕스 지음, 김동혁 옮김. RHK, 2017, 125쪽. 'God damn the day I was born and the night that forced me from the womb.'

89 《매튜 헨리 주석 욥기》, 박문재 옮김, 크리스천다이제스트, 2009, 71쪽.

90 "여호와께서 그 향기를 받으시고 그 중심에 이르시되 내가 다시는 사람으로 말미암아 땅을 저주하지 아니하리니."(창세기 8:21, 개역개정)

91 《In Turns of Tempest, A reading of Job》, Edwin M. Good, Stanford University Press, 1990, p.207

92 《The Book of Job》, Stephen Mitchell, HarperPerennial, 1986, p.17

93 이 엘리바스의 환상을 욥의 환상이라고 생각하는 학자들도 꽤 있다. 그러니까 필사자 실수로 위치에 오류가 났다고 보는 것이다. 욥의 환상이라고 보는 근거는 여러 가지가 있는데, 그중 하나가 3장 25절에서 욥이 느꼈다는 '두려움'을 이 환상과 연결하고, 또 7장 14절에서 '환상'을 언급하는 욥을 이 구절과 연결하는 것이다.

94 《The Book of Job》, Stephen Mitchell, HarperPerennial, 1986, p.17

95 엘리바스가 하는 한 마디, 한 마디는 교회에서 암송구절로 선택해도 이상하지 않을 정도로 거룩한 말이다. 그러나 안타깝게도 엘리바스의 말을 암송하는 교회는 없다. 나중에 욥 앞에 나타난 하나님이 엘리바스의 말을 다 '틀렸다'라고 결론내리기 때문이다. 그럼 진짜 이상하다. 다음 성경구절은 어떻게 되는 걸까? 엘리바스의 말과 하나도 다를 게 없는데?
"악인의 삯은 허무하되 공의를 뿌린 자의 상은 확실하니라."(잠언 11:18, 개역개정)
"내 아들아 여호와의 징계를 경히 여기지 말라 그 꾸지람을 싫어하지 말라. 대저 여호와께서 그 사랑하시는 자를 징계하시기를 마치 아비가 그 기뻐하는 아들을 징계함 같이 하시느니라."(잠언 3:11-12, 개역개정)
"여호와여 주로부터 징벌을 받으며 주의 법으로 교훈하심을 받는 자가 복이 있나니."(시편 94:12, 개역개정)

"너는 사람이 그 아들을 징계함 같이 네 하나님 여호와께서 너를 징계하시는 줄 마음에 생각하고."(신명기 8:5, 개역개정)

"우리가 여호와께로 돌아가자 여호와께서 우리를 찢으셨으나 도로 낫게 하실 것이요 우리를 치셨으나 싸매어 주실 것임이라."(호세아 6:1, 개역개정)

"나 외에는 신이 없도다 나는 죽이기도 하며 살리기도 하며 상하게도 하며 낫게도 하나니."(신명기 32:39, 개역개정)

이런 구절과 엘리바스의 말이 뭐가 다를까? 말 그대로 싱크로율 100%다. 그렇기에 엘리바스가 틀리면, 아니 앞으로 자세히 살펴보겠지만 친구들이 다 틀리면 성경의 3분의 2는 찢어서 던져버려야 한다. 바로 이런 부분이 욥기를 어렵게 만드는 중요한 요소이기도 하고 또 동시에 욥기를 흥미롭게 만드는 이유이기도 하다.

96 《Job, a new translation》, Edward L. Greenstein, Yale, 2019, p.20

97 이 단어를 제대로 번역하지 않은 건 한글 성경만이 아니다. 요즘 나오는 대부분 영문 욥기 번역서도 이 단어를 거의 다 '고뇌anguish'로 표현했고, 거의 유일하게 '차바드Chabad 성경'만이 '분노anger'로 올바르게 번역했다. 따라서 제대로 번역하려면 '내가 느낀 분노를 모두 저울에 달아본다면 (…) 바다의 모래보다 무거울 것이다'라고 해야 한다.

98 "초기 가나안 자료에 의하면 하나님Shaddai은 사냥에 능한 들판의 신이었다." (《Job, a new translation》, Edward L. Greenstein, Yale, 2019, p.27)

99 이 구절은 '개역개정'에서 거룩한 신앙고백으로 둔갑했다.

"나의 간구를 누가 들어 줄 것이며 나의 소원을 하나님이 허락하시랴. 이는 곧 나를 멸하시기를 기뻐하사 하나님이 그의 손을 들어 나를 끊어 버리실 것이라. 그러할지라도 내가 오히려 위로를 받고 그칠 줄 모르는 고통 가운데서도 기뻐하는 것은 내가 거룩하신 이의 말씀을 거역하지 아니하였음이라."

100 로버트 알터(Robert Alter, 1935년~): 버클리대학교 히브리 비교 문학 교수.

101 《The Wisdom Book》, Robert Alter, Norton, 2010, p.32

102 《The Book of Job: When Bad Things Happened to a Good Person》, Harold S. Kushner Schocken, 2012, p.54

103 새번역은 정확하게 의문문으로 표현해서 의미가 잘 통한다. 그러나 개역 개정은 여전히 애매모호한 평서문에, '감시하다'를 '지키다'로 번역함으로써 불평을 신앙고백으로 둔갑시켰다.

104 《The Book of Job: When Bad Things Happened to a Good Person》, Harold S. Kushner Schocken, 2012, p.60

105 히브리성경(타나크)을 구절별로 해석, 연구한 문헌을 총칭하는 말.

106 《The Book of Job: When Bad Things Happened to a Good Person》, Harold S. Kushner Schocken, 2012, p.61

107 손양원(1902년 7월 7일~1950년 9월 28일): 대한민국의 목사이자 순교자.

108 존 파이퍼(John Stephen Piper, 1946년 1월 11일~): 미국의 칼뱅주의 침례교 목사.

109 내가 생각하는 '진짜 이유'는 다른 곳에 있다.

110 이 구절도 개역개정에서는 도무지 의미를 알 수 없는 평서문으로 되어 있다. "너희가 남의 말을 꾸짖을 생각을 하나 실망한 자의 말은 바람에 날아가느니라."

111 '살리시려고 떨치고 일어난 것'을 '가정의 회복'과 평행관계로 보는 대부분의 번역과 달리 에드윈 굿은 이 부분을 '비록 지금은 주님께서 너를 휘젓고 있지만'으로 '가정의 회복'과 반대되는 상황으로 번역했는데, 그게 훨씬 더 문맥에 어울린다.

112 이건 이사야서가 무슨 메시지를 전하는 성경인지는 전혀 모르면서도 40장 31절은 무조건 사랑하는 것과 비슷하다. "오직 여호와를 앙망하는 자는 새 힘을 얻으리니, 독수리가 날개치며 올라감 같을 것이요. 달음박질하여도 곤비하지 아니하겠고, 걸어가도 피곤하지 아니하리로다."(개역개정)

113 "왕골이 진펄 아닌 데서 크게 자라겠으며 갈대가 물 없는 데서 크게 자라

겠느냐. 이런 것은 새 순이 돋아 아직 뜯을 때가 되기 전에 다른 풀보다 일찍이 마르느니라. 하나님을 잊어버리는 자의 길은 다 이와 같고 저속한 자의 희망은 무너지리니, 그가 믿는 것이 끊어지고 그가 의지하는 것이 거미줄 같은즉, 그 집을 의지할지라도 집이 서지 못하고 굳게 붙잡아 주어도 집이 보존되지 못하리라. 그는 햇빛을 받고 물이 올라 그 가지가 동산에 뻗으며, 그 뿌리가 돌무더기에 서리어서 돌 가운데로 들어갔을지라도, 그 곳에서 뽑히면 그 자리도 모르는 체하고 이르기를 내가 너를 보지 못하였다 하리니, 그 길의 기쁨은 이와 같고 그 후에 다른 것이 흙에서 나리라. 하나님은 순전한 사람을 버리지 아니하시고 악한 자를 붙들어 주지 아니하신다."(8:11-20, 개역개정)

114 엘리바스도 욥을 향해 '온전한 길'을 걷는다고(4:6) 말했다. 우리말은 엘리바스의 말도 '온전'으로 번역했지만, 히브리 원어는 빌닷이 말하는 '온전'과 다르다. 그러니까 엘리바스에게는 이 세상에 온전한 사람이란 존재하지 않는다.

115 《Messengers of God: Biblical Portraits and Legends》, Elie Wiesel, Simon & Schuster, 1985, p.219

116 《매튜 헨리 주석 욥기》, 박문재 옮김, 크리스천다이제스트, 2009, 182쪽.

117 《매튜 헨리 주석 욥기》, 박문재 옮김, 크리스천다이제스트, 2009, 182-183쪽.

118 "그리하시면 내가 두려움 없이 말하리라. 나는 본래 그렇게 할 수 있는 자가 아니니라."(개역개정)

119 《욥의 노래》, 김동훈 옮김, 민음사, 2016, 40쪽.

120 로버트 알터의 번역이다. 그리고 참고로 몇 가지 번역을 더 살펴보자. 스티븐 미첼, "이제 두려움을 버리고 말하겠다. 당신은 나를 여태 정당하게 대하지 않았다."
에드워드 그린스타인, "이제 나는 두려워하지 않고 말할 수 있다. 두려움에 떠는 건 나 자신에게 솔직한 게 아니다."

주이시 바이블, "이제 나는 하나님을 두려워하지 않고 말할 거다. 나는 얼마든지 그럴 수 있는 것을 아니까."

에드윈 굿, "이제 제대로 할 말을 하겠다. 그리고 그를 더 이상 두려워하지 않겠다. 그건 내 자신에게 정직한 나라는 사람이 아니니까."

121 에드워드 그린스타인의 번역이다. 스티븐 미첼은 "내 인생 하루하루를 저주한다"고 번역했다.

122 《In Turns of Tempest, A reading of Job》, Edwin M. Good, Stanford University Press, 1990, p.225

123 《In Turns of Tempest, A reading of Job》, Edwin M. Good, Stanford University Press, 1990, p.75

124 《욥의 노래》, 김동훈 옮김, 민음사, 2016, 42쪽.

125 《The Book of Job》, Stephen Mitchell, HarperPerennial, 1986, p.30

126 《In Turns of Tempest, A reading of Job》, Edwin M. Good, Stanford University Press, 1990, p.229

127 의문문을 평서문으로 바꾸면 의미가 어떻게 달라질까?

　　질문: "어젯밤에도 삼겹살 먹었어?"

　　대답: "어젯밤에도 삼겹살 먹었습니다."

　　같은 질문에 대답을 의문문(반문)으로 바꿔보자.

　　질문: "어젯밤에도 삼겹살 먹었어?"

　　대답: "어젯밤에도 삼겹살 먹었냐고요?"

평서문일 때 얌전한 수긍이 의문문이 되자 순식간에 도발적인 반항으로 바뀐다. 이렇게 욥이 던진 질문을 평서문으로 바꾼 건 성경 편집자 입장에서 욥의 신성모독 발언을 신앙고백으로 바꾸는 가장 쉽고 효과적인 방법이다. 욥이 던진 수많은 질문이 평서문으로 둔갑해서 졸지에 신앙고백이 되어버렸다. 특히 이 문제는 개역개정과 개역한글 성경에서 심각한데, 다행히도 히브리 원어를 직접 번역한 새번역에서는 많이 해결되었다.

128 《The Book of Job》, Stephen Mitchell, HarperPerennial, 1986, p.34

129 검찰이 살인죄를 공소장에 추가했다.

130 《In Turns of Tempest, A reading of Job》, Edwin M. Good, Stanford University Press, 1990, p.85

131 다행히 킹 제임스 번역의 왜곡을 일부나마 바로잡은 성경이 있다.
   "그가 나를 죽이시리니 내가 희망이 없노라."(개역개정)
   "하나님이 나를 죽이려고 하셔도, 나로서는 잃을 것이 없다."(새번역)

132 《In Turns of Tempest, A reading of Job》, Edwin M. Good, Stanford University Press, 1990, p.85

133 《The Book of Job: When Bad Things Happened to a Good Person》, Harold S. Kushner Schocken, 2012, p.48

134 《The Book of Job》, Stephen Mitchell, HarperPerennial, 1986, p.35

135 앞에서도 언급했지만, '욥Iyob'이라는 이름은 히브리어로 '적Oyeb'을 의미하는 단어와 비슷하다. 그러니까 내 이름이 '적Oyeb'과 비슷해서 지금 하나님이 착각하지 않았냐고 묻는 것인데, 이 구절은 욥을 실제 인물로 믿는 적지 않은 랍비들을 곤혹스럽게 만들었다. 미드라쉬에는 이 구절과 관련한 여러 토론이 실려 있다고 한다. "뭐야? 하나님이 진짜 '적Oyeb'과 그냥 '욥Iyob'도 구분하지 못한다는 거야? 그래서 진짜 적을 놔두고 착각해서 욥을 괴롭힌다는 거야? 하나님이 단어를 헷갈릴 정도로 멍청하다는 거야?" 욥기 오리지널 저자의 의도를 느낄 수 있다.

136 13장 마지막에 가서 욥은 갑자기 이상한 말을 꺼낸다.
   "그래서 저는 썩은 물건과도 같고, 좀먹은 의복과도 같습니다."(13:28)
   갑자기 우울해진 건가? 뜬금없이 이게 무슨 소리일까? 그런데 14장에 들어서서 하나님께 항의하듯 질문하던 욥이 주변으로 시선을 옮겨 인간의 덧없음을 한탄한다.
   "여인에게서 태어난 사람은 그 사는 날이 짧은데다가, 그 생애마저 괴로움으로만 가득 차 있습니다. 피었다가 곧 시드는 꽃과 같이, 그림자 같이, 사라져서 멈추어 서지를 못합니다."(14:1-2)

짧은 인생을 피었다 지는 꽃, 금방 사라지는 그림자에 비유하고 있다. 다시 13장 마지막 구절로 가보자. 이 문장의 주어가 '나'로 되어 있다. 그래서 마치 그 앞의 구절에 이어 욥의 신앙고백처럼 보이도록 했다.

"그래서 저는 썩은 물건과도 같고, 좀먹은 의복과도 같습니다."

다른 건 몰라도 욥이 덧없는 인생을 좀 먹는 의복에 비유하는 건 분명하다. 그럼 누가 봐도 14장에 나오는 꽃과 그림자에 이어서 나오는 게 자연스럽지 않을까? 따라서 '좀먹는 의복' 구절은 위치와 주어를 바꿔 이렇게 14장에 가는 게 맞다.

"여인에게서 태어난 사람은 그 사는 날이 짧은데다가, 그 생애마저 괴로움으로만 가득 차 있습니다. 피었다가 곧 시드는 꽃과 같이, 그림자 같이, 사라져서 멈추어 서지를 못합니다. 그래서 저는 썩은 물건과도 같고, 좀먹은 의복과도 같습니다."

그러나 14장 주어는 보통 사람을 가리키는 3인칭 '그'이다. 13장을 편집한 누군가가 신앙고백으로 보이도록 주어의 인칭을 바꾼 것이다. 그럼 이 부분 "그래서 저는 썩은 물건과도 같고, 좀먹은 의복과도 같습니다"에서 주어 '저'는 '사람'으로 되돌려놔야 한다.

"여인에게서 태어난 사람은 그 사는 날이 짧은데다가, 그 생애마저 괴로움으로만 가득 차 있습니다. 피었다가 곧 시드는 꽃과 같이, 그림자 같이, 사라져서 멈추어 서지를 못합니다. 그래서 사람은 썩은 물건과도 같고, 좀먹은 의복과도 같습니다."

137 물론 지금 위치도 크게 이상하지는 않지만, 그래도 '감시'라는 측면에서 이 구절은 13장 27절 "왜 내 발을 차꼬에 채우시며…"(개역개정)와 함께 있는 게 훨씬 더 어울린다. 왜 이런 오류가 발생할까? 필사 중에 빼먹고 지나친 구절을 나중에 발견하는 경우, 필사자가 그냥 위치와 관계없이 적어넣었기 때문이다. 엄청난 집중과 인내심을 요구하는 필사 작업의 특징상, 졸음과 실수는 선택이 아니라 운명이었다. 문제는 빼먹은 문장을 어떻게 처리하는가였다. 새 두루마리scroll를 꺼내 아예 처음부터 다시 쓰지 않는

한, 빠진 단어나 문장을 이미 써버린 문장 사이에 집어넣는 일은 불가능했다.

138 "그의 날을 정하셨고 그의 달 수도 주께 있으므로 그의 규례를 정하여 넘어가지 못하게 하셨사온즉 그에게서 눈을 돌이켜 그가 품꾼 같이 그의 날을 마칠 때까지 그를 홀로 있게 하옵소서."

도대체 이게 무슨 소리일까?

139 《The Book of Job》, Stephen Mitchell, HarperPerennial, 1986, p.36

140 《The Book of Job》, Stephen Mitchell, HarperPerennial, 1986, p.41

141 좀 더 자세한 설명은 《신의 변명》(옥성호 지음, 파람북, 2018) 1장 중 '인간' 편 참조.

142 문제는 나중에 하나님이 이런 엘리바스를 다 틀렸다고 한다는 것이다.

143 나중에 엘리후는 엘리바스의 이 말을 기억하고 마치 자기 말처럼 바꾸었다. "도대체 욥 어른과 같은 사람이 또 어디에 있겠습니까? 그는 하나님을 조롱하는 말을 물 마시듯 하고 있지 않습니까?"(34:7)

144 "지혜로운 자가 어찌 헛된 지식(바람과 같은 지식)으로 대답하겠느냐 어찌 동풍을 그의 복부에 채우겠느냐?"(15:2, 개역개정)

145 새번역이 여러 면에서 훌륭하지만, 심각한 의역으로 원어의 핵심을 심각하게 왜곡하기도 한다. 이 구절이 대표적인데, 히브리 원어 '피'를 해괴망측한 '내게 닥쳐온 잘못된 일'로 의역했다. 도대체 무슨 생각으로 이렇게 바꾸었는지 황당하다.

"땅아, 내게 닥쳐온 이 잘못된 일을 숨기지 말아라!"

146 이 구절의 새번역은 거의 기괴할 정도로 이상하다. 지나친 의역은 멍청한 직역보다 못한 경우가 있다.

"사람이 친구를 위하여 변호하듯이, 그가 하나님께 내 사정을 아뢴다."

147 《욥이 말하다》, 양명수 지음, 분도출판사, 2003, 21-22쪽.

148 성 아우구스티누스(Saint Augustine of Hippo, 354년 11월 3일~430년 8월 28일): 초기 기독교 신학자이자 주교다. 가톨릭과 개신교를 가리지 않고 존경받

는 교부다.

149 《The Book of Job: A Biography》, Mark Larrimore, Princeton, 2013, p.65

150 《매튜 헨리 주석 욥기》, 박문재 옮김, 크리스천다이제스트, 2009, 298쪽.

151 물론 욥기 저자는 얼마든지 그런 의도를 가지고 썼을 수 있다. 저자 특유의 냉소주의인 것이다. "중재자? 하나님이 중재자 같지? 아니야, 사실 중재자로는 사탄이 최고 적임자야."

152 내내 한탄을 이어가는 욥이 느닷없이 3절에서 신앙고백 비슷한 말을 한다. "주님, 주님께서 친히 내 보증이 되어 주십시오. 내 보증이 되실 분은 주님 밖에는 아무도 없습니다."

이게 도대체 무슨 소리일까? 이 구절을 제대로 번역한 성경은 없지만 그 어떤 번역도 '새번역'보다는 낫다. 새번역은 정말로 훌륭한 번역과 엉터리 번역 사이를 미친 듯이 널뛰기하는, 도깨비 같은 성경이다. 3절을 엉터리로 번역한 새번역은 5절에 와서는 다른 번역과 달리 인용구까지 정확하게 기입하면서 훌륭하게 번역했다.

"옛 격언에도 이르기를, '돈에 눈이 멀어 친구를 버리면, 자식이 눈이 먼다' 하였다."

이렇게 같은 장 안에서도 극과 극을 오가는 번역 때문에 욥기는 더 정체불명의 책이 되고 말았다.

153 특히 개역개정은 최악이다. 이건 한국말이 아니다. "우리가 흙 속에서 쉴 때에는 희망이 스올의 문으로 내려갈 뿐이니라."

154 《The Book of Job》, Stephen Mitchell, HarperPerennial, 1986, p.45

한편 주이시 성경은 이렇게 번역했다.

"희망조차 스올 속으로 내려가 버린 것인가? 그래서 희망도 나와 함께 먼지dust로 돌아가려나?" (《The Jewish Study Bible: Second Edition》, Oxford University Press, 2014, p.1521)

155 《The Book of Job》, Stephen Mitchell, HarperPerennial, 1986, p.46

156 C. S. 루이스(Clive Staples Lewis, 1898년 11월 29일~1963년 11월 22일): 영국의 소

설가이자 개신교 변증가의 최고봉이다.

157 《The Book of Job》, Stephen Mitchell, HarperPerennial, 1986, p.48

158 아내가 곁에 있을 가능성이 크다. 그럼에도 '아내조차 내가 살아 숨 쉬는 것을 싫어하고'라고 말하는 건 아마도 프롤로그에서 아내가 한 말, '하나님을 배러크하고 죽으라'를 기억했기 때문일 것이다.

159 유튜브에서도 만날 수 있는 유명한 예일대학교 '구약 강의'에서 크리스티나 헤이즈는 욥기 관련 부분에서 거의 100% 에드윈 굿의 이 책을 참고로 강의한다. 기독교 신학자가 쓴 욥기 주석을 제외한 욥기 연구서 중에서 이 책을 참고하지 않은 책을 거의 찾기 힘들 정도로, 욥기에 관한 최고의 책 중 하나다.

160 《In Turns of Tempest, A reading of Job》, Edwin M. Good, Stanford University Press, 1990, p.100

161 《The Book of Job》, Stephen Mitchell, HarperPerennial, 1986, p.49

162 《매튜 헨리 주석 욥기》, 박문재 옮김, 크리스천다이제스트, 2009, 338쪽.

163 《무디 성경 주석》, 김순현 외 옮김, 국제제자훈련원, 2017, 785쪽.

164 새번역은 아예 한 걸음 더 나아가서 '구원자'라고 썼다.

165 좀 더 자세한 설명은 《신의 변명》(옥성호 지음, 파람북, 2018) 2장 참조.

166 《In Turns of Tempest, A reading of Job》, Edwin M. Good, Stanford University Press, 1990, p.258

167 《The Wisdom Book》, Robert Alter, Norton, 2010, p.83-84

168 바알은 가나안 신들 중 하나다. 다산fertility과 관련 있는 폭풍우의 신 바알에 관한 기록은 1920년대 우가리트 점토 태블릿 형태로 발견되었다.

169 《In Turns of Tempest, A reading of Job》, Edwin M. Good, Stanford University Press, 1990, p.259

170 《The Book of Job》, Stephen Mitchell, HarperPerennial, 1986, p.50

171 "악인의 등불이 꺼짐과 재앙이 그들에게 닥침과 하나님이 진노하사, 그들을 곤고하게 하심이 몇 번인가, 그들이 바람 앞에 검불 같이, 폭풍에 날려

가는 겨 같이 되었도다. 하나님은 그의 죄악을 그의 자손들을 위하여 쌓아 두시며, 그에게 갚으실 것을 알게 하시기를 원하노라. 자기의 멸망을 자기의 눈으로 보게 하며, 전능자의 진노를 마시게 할 것이니라."(21:17-20)

172 욥은 지금 "의인의 빛은 환하게 빛나고 악인의 등불은 꺼지느니라"(13:9. 개역개정)라고 쓰인 잠언을 비꼬고 있다.

173 《The Book of Job》, Stephen Mitchell, HarperPerennial, 1986, p.53-54. 평서문 변경과 인용문 누락으로 심각하게 오역한 개역개정과 달리 새번역은 정확하게 번역했다.

174 새번역은 7절을 아무런 근거도 없이, "내 말을 다 들으시고 나서는, 단호하게 무죄를 선언하실 것이다"로 번역함으로써 욥의 입술에 또 한 번의 신앙고백을 담았다.

175 《In Turns of Tempest, A reading of Job》, Edwin M. Good, Stanford University Press, 1990, p.113

《Job, a new translation》, Edward L. Greenstein, Yale, 2019, p.105

176 《In Turns of Tempest, A reading of Job》, Edwin M. Good, Stanford University Press, 1990, p.113

177 《매튜 헨리 주석 욥기》, 박문재 옮김, 크리스천다이제스트, 2009, 405쪽.

178 주가 보이신 생명의 길, 나 주님과 함께
상한 맘을 드리며 주님 앞에 나아가리
나의 의로움이 되신 주, 그 이름 예수
나의 길이 되신 이름, 예수
나의 길 오직 그가 아시나니, 나를 단련하신 후에
내가 정금같이 나아오리라.

179 타인에게서 물리적이거나 정신적인 고통을 받으면서 성적 만족을 느끼는 병적인 심리상태를 일컫는 정신의학 용어.

180 《The Book of Job》, Stephen Mitchell, HarperPerennial, 1986, p.59

181 게다가 이 구절 속에는 하나님이 자신이 지금까지 걸어간 길, 내 인생을

똑똑히 알고 있다는 욥의 확신이 담겨 있다. 에드윈 굿은 이렇게 설명한다. "'내가 가는 길을 그가 아시나니'에서 '길'에 해당하는 히브리어 '데렉 *derek*'은 전형적인 성경 은유법으로 주로 죽은 사람을 가리키는데, 그 사람이 살아간 삶 전체의 행위와 질적 수준을 의미한다. 즉 하나님은 욥이 어떤 삶을 살았던 사람인지를 알기 때문에, 그가 어떤 인간인지를 알기 때문에… 하나님은 지금 고통 받는 욥을 피하고 있다는 것이다. 재판에서 욥을 만나게 되는 순간 하나님은 자신이 패배할 것을 너무도 잘 알고 있기 때문이다. 욥은 지금 자신이 어떤 삶을 살았는지 하나님 앞에 내세우고 있다. 그러면서 하나님이 자신에게 어떤 테스트를 해도 합격할 자신이 있는 것이다. 이어지는 11절에서 욥은 하나님이 요구하는 수준을 그대로 따랐다고 말한다. '내 발이 그의 걸음을 바로 따랐으며' 그러면서 10절에서 쓴 동일한 히브리어 '데렉'을 사용해서 하나님이 요구하는 '길'에서 벗어난 적도 없다는 점을 다시 강조한다. '그의 길을 지켜 치우치지 아니하였고.'" (《In Turns of Tempest, A reading of Job》, Edwin M. Good, Stanford University Press, 1990, p.277)

182 《The Book of Job》, Stephen Mitchell, HarperPerennial, 1986, p.59

183 《The Book of Job》, Stephen Mitchell, HarperPerennial, 1986, p.60

184 《In Turns of Tempest, A reading of Job》, Edwin M. Good, Stanford University Press, 1990, p.281

185 Introduction to the bible, Christine Hayes, Yale, 2012, p.332

186 《In Turns of Tempest, A reading of Job》, Edwin M. Good, Stanford University Press, 1990, p.281

187 "갑자기 광야에서 강풍이 불어와서, 그 집 네 모퉁이를 내리쳤고, 집이 무너졌습니다. (…) (거기에) 깔려서, (욥의 자식들이) 모두 죽었습니다."(1:19)

188 《The Book of Job: When Bad Things Happened to a Good Person》, Harold S. Kushner Schocken, 2012, p.112

189 《The Book of Job: When Bad Things Happened to a Good Person》, Harold S.

Kushner Schocken, 2012, p.113

190 《The Book of Job》, Stephen Mitchell, HarperPerennial, 1986, p.59-65

191 26장 전체를 빌닷의 대답으로 보는 학자들도 적지 않다. 사실 그렇게 읽어도 크게 어색하지 않다.

192 공동번역은 욥이 옳음을 인정하지 않는 대상을 하나님이 아니라 '친구들'로 보고 번역했다. 차마 욥이 하나님을 향해서 그런다고는 성경 편집자 입장에서 상상할 수도 없고, 아무리 원문이 그렇다고 해도 곧이곧대로 쓸 수 없기 때문이다.

"나의 옳음을 마다시는 살아 계신 하느님의 이름으로, 나에게 고통을 주시는 전능하신 분의 이름으로 말한다. 나의 입김이 끊기지 않고 하느님의 숨결이 나의 코에 붙어 있는 한, 나의 입술은 맹세코 거짓말을 않으리라. 나의 혀는 허풍을 떨지 않으리라. 내가 머리를 숙이고, 자네들이 옳다고 할 줄 아는가? 어림도 없는 일, 나 숨지기까지 결코 굽히지 않겠네. 나에게는 잘못이 하나도 없네. 내가 죄 없다는 주장을 굽힐 성싶은가? 이 날이 때까지 마음에 꺼림칙한 날은 하루도 없었네."(27:2-6)

193 《In Turns of Tempest, A reading of Job》, Edwin M. Good, Stanford University Press, 1990, p.121

194 《The Book of Job: When Bad Things Happened to a Good Person》, Harold S. Kushner Schocken, 2012, p.114

195 《The Book of Job: When Bad Things Happened to a Good Person》, Harold S. Kushner Schocken, 2012, p.115

196 《Introduction to the bible》, Christine Hayes, Yale, 2012, p.332-333

197 이 구절도 우리말 성경 중에서는 유일하게 공동번역이 그나마 정확하게 번역했다.

"나의 원수여, 불의한 사람처럼 망하여라. 나의 적수여, 악당들처럼 망하여라.'"

198 《In Turns of Tempest, A reading of Job》, Edwin M. Good, Stanford

University Press, 1990, p.121

199 《In Turns of Tempest, A reading of Job》, Edwin M. Good, Stanford
University Press, 1990, p.288

200 새번역은 완전히 다르다.
"(악인이) 도망가는 동안에 폭풍이 불어 닥쳐서, 무서운 파괴력으로 그들
을 공포에 떨게 할 것이다."

201 《In Turns of Tempest, A reading of Job》, Edwin M. Good, Stanford
University Press, 1990, p.290

202 욥기를 설교하는 목사들 중에는 28장을 욥기의 핵심으로 꼽는 사람들도
적지 않다. 게다가 욥은 28장 내내 정말로 거룩한 말만 한다. 기독교 입장
에서 28장은 정말로 사막을 걷다가 만난 오아시스와 다르지 않다.

203 《매튜 헨리 주석 욥기》, 박문재 옮김, 크리스천다이제스트, 2009, 456쪽.

204 《The Book of Job》, Stephen Mitchell, HarperPerennial, 1986, p.70

205 《In Turns of Tempest, A reading of Job》, Edwin M. Good, Stanford
University Press, 1990, p.131

206 35-37절은 원래 가장 뒤에 가야 한다. 그런데 ('욥의 말이 모두 끝났다'를 제외
한) 38-40절을 빼먹고 쓴 필사자가 35-37절 뒤에 그 구절을 붙여버린 것
이다. 중요한 건 35-37절이 욥의 모든 맹세가 끝나고 나오는 엔딩 구절이
라는 사실이다.

207 인간 심리를 생각할 때, 맹세와 함께 진실을 말하도록 하는 건 현대인에
게도 여전히 유효하다. 아무리 운명이나 신을 믿지 않는 사람이라고 해도
"너, 정말로 거짓말 아니라고 맹세할 수 있어? 거짓말이면 네 자식들이
제명에 못 죽어도 괜찮다고 맹세할 수 있어?" 이런 말을 들을 때, 일말의
불안감도 느끼지 않는 사람은 많지 않을 테니까.

208 기독교 신학자들 중에서는 엘리후를 아예 욥기 전체를 쓴 '실제 저자'라
고 주장하는 사람도 있다. 이건 실로 어이없는 주장인데, 엘리후 부분 문
체와 글 수준이 나머지 본문에 비해서 조악하리만큼 형편없다는 것을 조

금이라도 느끼는 사람이라면, 차마 이런 뻔뻔한 주장은 하지 못할 것이다. "몇몇 학자들은 엘리후가 욥기의 가장 논리적인 저자임을 시사했다. 쉬몬 베이커의 말처럼, '욥기의 불가사의한 저자가. (…) 다름 아닌 엘리후일 거라는 추측은 매우 기분 좋은 일이 될 것이다. (…) 엘리후는 모든 주인공들 중 성명으로 불리는 유일한 인물이다. 그의 말은 책의 상이한 부분들을 묶어 욥기의 중심 테마 중 하나, 곧 고난을 통한 정화를 부각시키는 유기적 실재로 변모시킨다." (《무디 성경 주석》, 김순현 외 옮김, 국제제자훈련원, 2017, 769쪽)

209 주세페 토르나토레 감독, 제프리 러시 주연, 2014년.

210 모세오경을 사실상 실존 가능성조차 희박한 모세가 썼다고 생각하는 문자주의 기독교인은 이 의견에 찬성하지 않을 것이다.

211 물론 정반대 주장도 있다. 엘리 위젤은 엘리후를 프롤로그 설화 이후 실종된 사탄의 재등장으로 본다. 그러니까 사탄이 엘리후의 모습으로 다시 나타나 하나님의 이름을 들먹이며 욥을 자극함으로써 욥이 죄를 짓도록 하려고 했다는 것이다. 그러니까 욥에게 닥친 일종의 '마지막 유혹'이라는 주장이다.

212 지금부터 만나게 될 하나님의 연설은 하나님이 수시로 등장하는 창세기조차 명함을 내밀 수 없을 정도로 압도적인, 무려 네 장에 걸친 길고도 방대한 육성이다. 아주 짧은 세 마디의 하나님 육성만이 기록된 신약성경〔요한복음 12:28(예수 기도 응답), 마가복음 1:11/누가복음 3:22(세례), 마태복음 17:5(변화산)〕에 비교하면 이건 팔만대장경이라고 불러도 과언이 아니다. 심지어 아브라함과 모세 등 기라성 같은 이가 들은 하나님의 육성도 욥이 들은 음성에 비하면 조족지혈에 불과하다. 더 놀라운 건 욥이 이방인이라는 사실이다. 문제는 내용이다! 한마디로 뜬금없다. 그렇기에 평생 교회를 다녀도 '욥기 강해설교'가 아닌 이상, 욥기 속 하나님의 육성을 본문으로 하는 설교를 만나는 건 쉽지 않다. 로마서 한 구절을 가지고는 무려 몇 주에 걸쳐서 설교하는 명설교가조차도 장장 몇 장에 걸친 하나님의 육성

으로 설교할 엄두를 내지 못한다. 어쩌다 설교하는 경우에도 결론은 거의 언제나 이런 식이다. "욥에게 필요한 건 이성적 설득이 아니라 하나님의 존재 자체였습니다. 하나님이라는 존재를 체험하는 게 필요했습니다. 하나님이 무슨 말씀을 하는가는 중요한 게 아니었습니다. 하나님의 존재 그 자체로 욥의 모든 의문은 해결되었습니다." 정말 그럴까?

이런 식의 해석은 가톨릭과 기독교를 가리지 않고 만연한데, 《시서와 지혜서》(생활성서사, 2010)를 집필한 김혜윤 수녀는 한 강의에서 하나님을 만난 욥과 관련해서 이렇게 말했다. "욥은 경건했지만 아직 하나님을 만난 수준의 신앙인은 아니었다. 그리고 또 인간은 어떤 면에서 모든 것을 다 잃기 전에는 하나님을 만날 수 없다. 하나님을 만나 욥이라는 존재가 비로소 제대로 서자, 복을 받고 모든 문제는 자연히 해결된다. 욥기의 핵심 메시지는 하나님은 직접 만나야 하는 대상이지 하나님에 관한 소문으로 해결되는 건 없다는 것이다. 하나님을 만나야 한다. 그래서 하나님이 나의 하나님이 되어야 한다." 참고로 김혜윤 수녀의 욥기 강의는 내가 들은 여러 신부들 중에서 가장 뛰어났다.

213 《매튜 헨리 주석 욥기》, 박문재 옮김, 크리스천다이제스트, 2009, 634쪽.

214 기독교인이 가장 존경하는 기독교 지성 C. S. 루이스의 스승일 뿐 아니라, 기독교 최고 베스트셀러 작가인 필립 얀시가 자신을 불신앙의 위험에서 구원해준 '은인'이라고 칭송하는 G. K. 체스터턴은 신학자가 아니라 저널리스트이고 소설가다. 그런 그가 놀랍게도 욥기에 대한 책을 썼다. 일찍이 소설을 제외한 그의 대표작 중 하나인 《정통orthodox》(상상북스, 2010)에서 설파한 '파라독스의 의미' 또는 '신비의 가치'를 욥기에서 찾으려고 한 듯하다. 특히 하나님이 펼친 장황한 우주 설명에 주목한 그는 이렇게 썼다. "하나님은 필요했다면 가장 바보 같은 우주를 보여줌으로써 욥에게 놀라운 우주의 모습을 보여줄 수도 있었을 것이다. 인간을 깨닫도록startle 하기 위해 하나님은 필요하다면 신성모독의 죄도 저지를 수 있다. 아니, 하나님이 아주 잠시지만 무신론자가 되었다고 말할 수

도 있겠다." (《The Book of Job》, G. K. Chesterton, CreateSpace Independent Publishing Platform, 2014, xxiii)

215 로브 라이너 감독, 탐 크루즈&잭 니콜슨 주연, 1992년.

216 히브리성경 속 많은 구절이 그렇지만, 그 어떤 단어 하나도 행여나 기독교 교리, 또는 하나님에게 피해가 가지 않도록 세밀하게 수정을 가한 성경편찬자들은 대단한 사람들이다. 요즘과 전혀 달리, 오래전에는 가장 똑똑한 사람이 신학을 했다. 원래 똑똑한 데다가 24시간 내내 한 가지 생각만 하면서 사는 게 성경편찬자들이니, 그들의 세밀함이 미치지 않은 구절이 하나라도 있을까?

217 나중에 자세하게 드러나지만, 하나님은 욥의 말을 다 기억하고 있다. 한마디로 디테일의 끝판왕이다.

218 이 사람이 조금 전까지 긴 이야기를 한 엘리후를 가리킨다고 생각하는 의견도 있다.

219 본문 77쪽 12-16행 재인용.

220 물론 하나님은 상대의 수준이나 선지식과 관계없이 혼자 떠드는 심각한 문제가 있기는 하다. 앞에서도 언급했지만, 창세기에서도 하나님은 아담에게 선악과를 먹으면 '정녕 죽으리라'라고 경고를 했다. 그런데 아담이 '죽음'이 뭔지 알았을까? 이건 마치 태어나면서부터 맹인인 사람에게 무지개 색을 설명하는 것과 비슷하다.

221 삼상 2:4, 왕상 18:46, 출 12:11, 예1:17

222 엘리바스는 15장 7절에서 이와 비슷한 질문을 이미 욥에게 던졌다.
"네가 맨 처음으로 세상에 태어난 사람이라도 하며, 산보다 먼저 생겨난 존재라도 되느냐?"
하나님과 똑같은 질문을 던지는 엘리바스를 하나님은 왜 틀렸다고 했을까?

223 38장에는 특히 '물 관리'에 관한 내용이 적지 않은데 해럴드 쿠쉬너는 욥이 살았을 기원전 시대에는 신의 능력을 가늠하는 중요한 척도 중 하나가 '물 관리'였기 때문이라고 설명한다. 당시 사람들이 가장 무서워한 게 다

름 아닌 '홍수'였기 때문이다.

224 《Messengers of God: Biblical Portraits and Legends》, Elie Wiesel, Simon & Schuster, 1985. (저자 내용 의역)

225 《The Book of Job》, Stephen Mitchell, HarperPerennial, 1986, p.84

226 잭 마일스는 욥의 지금 심정을 이렇게 표현했다. "하나님은 한 의로운 사람을 자신의 변덕 때문에 고통스럽게 만들었다. 고통 속에서 벌거벗고 있는 그 피조물이 고래라도 길들일 수 있는 능력을 과시하는 그의 창조주에게 지금 귀를 기울이고 있다. 그렇다면 문제는 이것이다. 욥은 속아 넘어갈 것인가?"(《신의 전기》, 잭 마일스 지음, 김문호 옮김, 지호, 1997, 550쪽)

227 《매튜 헨리 주석 욥기》, 박문재 옮김, 크리스천다이제스트, 2009, 671쪽.

228 "욥의 대답에서 중요한 것은 욥이 지금 (사실상) 즉답을 거부하고 있다는 사실이다. 그렇게 함으로 그는 '그가 (하나님에게) 속아 넘어갈까?'라는 우리의 물음에 '아니라는' 대답을 하고 있다."(《신의 전기》, 잭 마일스 지음, 김문호 옮김, 지호, 1997, 554쪽)

229 《신의 전기》, 잭 마일스 지음, 김문호 옮김, 지호, 1997, 555쪽.

230 영국 철학자 토머스 홉스는 1651년 한글 성경에서 '리워야단'으로 번역된 리바이어던Leviathan을 모티브로 해서 국가를 이 거대한 창조물에 비유한 《리바이어던, 혹은 교회 및 세속적 공동체의 질료와 형상 및 권력 Leviathan, or The Matter, Forme and Power of a Common-Wealth Ecclesiastical and Civil》을 출간했다.

231 이 리워야단은 널리 알려진 존재였음이 틀림없다. 탄생을 저주하며 말을 시작한 3장에서 이미 욥은 리워야단을 언급했다.
"주문을 외워서 바다를 저주하는 자들이, 리워야단도 길들일 수 있는 마력을 가진 자들이, 그 날을 저주하였더라면."(3:8)

232 욥의 이 결정적인 대답과 관련한 가장 전형적인 기독교 시각은 바로 이것이다. "결국 욥은 폭풍 속에서 하나님의 음성을 들음으로써, 마침내 그 믿음을 달성했다. (…) '네가 살고 있는 보이는 세상도 다 이해하지 못하

면서, 어찌 감히 네가 볼 수 없는 세상을 이해하려 하느냐?' 마침내 그 큰 그림을 깨닫게 된 욥은 먼지와 재를 쓰고 회개하였다."(《하나님, 당신께 실망했습니다》, 필립 얀시 지음, 김성녀 옮김, IVP, 2013, 308쪽)

'먼지와 재를 쓰고'라는 해석이 얼마나 큰 오류인지 이번 장에서 자세히 설명하겠지만, 여기서 지적할 점은 욥은 보이지 않는 세상을 이해하려고 한 적이 없다. 욥에게 그런 건 관심도 없다. 단지 그가 원한 건 그냥 '내 고통'에 대한 설명이었다. 내가 무슨 잘못을 했는지, 잘못이 없다면 이런 재앙을 당하는 이유가 무엇인지? 그런데 이 질문이 어떻게 필립 얀시 눈에는 '볼 수 없는 세상을 이해하려고 한 것'이 되었을까? 당뇨병에 걸린 사람이 던진 "왜 건강했는데 갑자기 이런 병에 걸렸을까요?"라는 질문에 이렇게 대답하는 의사가 필립 얀시가 믿는 신이다. "감기의 매커니즘도 모르면서 건방지게 당뇨병을 이해하겠다는 거예요?"

233 "모태에서 빈 손으로 태어났으니, 죽을 때에도 빈 손으로 돌아갈 것입니다. 주신 분도 **주님이시요**, 가져 가신 분도 **주님이시니**, 주님의 이름을 찬양할 뿐입니다."(1:21)

234 나는 이번 책을 준비하면서 적지 않은 욥기 주석을 보았는데 욥이 하나님의 연설을 중간에 자르고 들어왔다는 점을 지적한 저자는 단 한 사람도 보지 못했다. 그러나 본문 흐름상 이건 너무도 분명하고, 이 사실 하나만 기억해도 욥의 대답을 처절한 회개와 고백으로 보는 기독교 시각은 시작 부분에서부터 크게 어긋난다. 앞에서 이 구절을 '리워야단 같은 피조물 앞에서도 두려워 떨었던 욥은 약삭빠르게 하나님 앞에서 두려워 떨면서 굴복했다'라는 식으로 해석하는 매튜 헨리 같은 신학자가 섣부른 이유다.

235 "부질없는 말로 당신의 뜻을 가린 자, 그것은 바로 저였습니다."(공동번역)

236 '주님께서 말씀하셨습니다. "들어라. 내가 말하겠다. 내가 물을 터이니, 내게 대답하여라" 하셨습니다.'(새번역)
'주께서는 저에게 "이제 너는 들어라. 내가 말하겠다. 내가 너에게 물을 터이니 너는 나에게 대답하라"고 말씀하셨습니다.'(현대인의 성경)

237 욥은 왜 하나님이 한 적도 없는 말, '이제 들어라. 내가 말하겠다'를 첨가했을까? "네, 하나님이 정말로 말을 많이 하시긴 했지요"라는 냉소를 담은 것이다.

238 의역에서 그 누구도 감히 유진 피터슨이 지은 《메시지》를 따라갈 성경은 없다. 《메시지》는 42장 6절을 이렇게 번역했다. "잘못했습니다. 용서해주십시오. 다시는 그렇게 하지 않겠습니다. 맹세합니다! 다시는 전해들은 말의 껍질, 소문의 부스러기에 의존해 살지 않겠습니다." (유진 피터슨 지음, 김순현 외 옮김, 복 있는 사람, 2015, 146쪽)

이건 번역이 아니라 창작이다. 아예 완전히 새로운 성경을 만들어냈다.

239 귀에 들리는 그대로 옮기면 이렇게 된다. "알케넴아쉬비니함띠, 알아파르, 와에페."

240 《신의 전기》, 잭 마일스 지음, 김문호 옮김, 지호, 1997, 746쪽.

스티븐 미첼은 '에마스'가 주로 '거절하다reject'의 의미로 쓰이고 '경멸하다abhor, despise'로는 쓰이지 않는다고 주장하는데, 납득하기 어렵다. 이미 욥은 '경멸하다'라는 의미로 몇 번이나 이 단어를 사용했기 때문이다.

241 '에마스'는 목적어 없이 자동사로도 사용할 수 있는데, 욥이 '나는 에마스합니다'라고 말한 7장 16절이 여기에 해당한다.

"나는 이제 사는 것이 지겹습니다."

이 경우 특정한 목적어가 지겨운 게 아니라, '주어의 상태'가 그냥 '지겹다'는 것이다. 영어로 'fed up'에 해당한다.

242 《Job, a new translation》, Edward L. Greenstein, Yale, 2019, xx.

243 《신의 전기》, 잭 마일스 지음, 김문호 옮김, 지호, 1997, 746쪽.

244 《In Turns of Tempest, A reading of Job》, Edwin M. Good, Stanford University Press, 1990, p.26

245 《The Book of Job: When Bad Things Happened to a Good Person》, Harold S. Kushner, Schocken, 2012, p.159

246 혹자는 2장 8절 '그래서 욥은 잿더미에 앉아서'를 근거로 재가 장소로 쓰

인다고 주장할 수도 있다. 여기 나오는 재는 동일한 명사 '에페르'이다. 사람이라면 얼마든지 재 위에 앉을 수 있고 또는 기왓장 위에도 앉을 수 있다. 중요한 것은 '티끌과 재'라는 명확한 관용구로 쓰이는 경우에는 결코 장소로 사용되는 법이 없다는 사실이다. 프롤로그 2장 12절에서 친구들이 슬픔을 표현한 행동, '티끌을 날려 자기 머리에 뿌리고'(개역개정)의 티끌이 바로 '아파르'이다. 이 '아파르'가 '에페르'가 합쳐질 때는 언제나 절망적인 인간의 존재를 의미하거나 아니면 그런 절망을 극적으로 표현하는 행위, 머리에 뿌리는 식으로만 사용된다.

247 《신의 전기》, 잭 마일스 지음, 김문호 옮김, 지호, 1997, 747쪽.

248 프로이트는 모세 이야기와 관련해 왜곡의 위험을 지적한다. 욥기 왜곡에도 그래도 적용할 수 있다. "원전에는 서로 상충하는 두 가지 방식으로 다룬 흔적이 고스란히 남아 있다. 은밀한 의도에 맞춰 원문을 날조하고 삭제하거나 부풀려서 정반대의 내용으로 만들어 버리는 한편, 다른 한편으로 앞뒤가 맞든 안 맞든 상관치 않고 모든 것을 고스란히 보존하려는 관대하고 독실한 믿음이 원문을 지배하고 있다. 따라서 거의 모든 부분에서 빈틈을 보이고 거슬리는 반복과 명백한 모순이 존재한다. 이것은 알리고 싶지 않은 것들을 드러내 보이는 표시인 셈이다. 원전의 왜곡은 살인 행위와 흡사하다. 어려움은 살인 행위를 실행하는 데 있는 것이 아니라, 그 흔적을 제거하는 데 있다." (《인간 모세와 유일신교》, 프로이트 지음, 이은자 옮김, 부북스, 2016, 64쪽)

249 Therefore, I despise and repent of dust and ashes.

250 I despise and change my mind about dust and ashes.

251 Therefore I recant and relent, being but dust and ashes.

252 I shudder with sorrow for mortal clay.

253 That's why I am fed up. I take pity on "dust and ashes."

254 1947년 쿰란 동굴에서 발견된, 기원전 2세기경 문서로 추정되는 사해문서 속 욥기에는 이 구절이 이렇게 번역되어 있다.

"그러므로 나는 부어지고 끓여져서 먼지가 될 것입니다Therefore I am poured out and boiled up, and I will become dust."

255 and I am comforted about (being) dust.

256 《The Book of Job: When Bad Things Happened to a Good Person》, Harold S. Kushner, Schocken, 2012, p.157

257 기독교에서 욥기 관련한 책으로는 아주 드물게 이 구절을 '욥의 회개'로 보지 않는 두 권의 책을 최근 만났다.

첫 번째는 《지혜란 무엇인가》(송민원 지음, 감은사, 2021)인데 저자는 욥의 주장이 하나님과 일치하기에 굳이 욥은 회개할 필요도 없고, 또 새롭게 깨달을 것도 없다는 주장을 펼친다. 그리고 이 구절을 다음과 같이 해석하는데, 저자는 스티븐 미첼과 마찬가지로 '니함띠'를 '위로를 얻다'로 보았다. "이렇게 저는 멸시를 받아왔습니다만, 먼지와 재 위에서 위로를 얻습니다."(176쪽) 그런데 왜 위로를 '먼지와 재' 위에서 얻는 걸까? 안타깝게도 저자는 이 문장에서 '먼지와 재'가 가지는 핵심적인 의미에 별 관심을 기울이지 않은 듯하다. 스티븐 미첼과 해럴드 쿠쉬너가 '위로를 얻는' 중요한 근거를 유한한 인간을 의미하는 '먼지와 재'에서 찾는 것과 비교할 때, 이 저자의 번역에서 '먼지와 재'는 굳이 없어도 아무런 상관이 없는 사족, 있으나 마나 한 장소일 뿐이다. "이렇게 저는 멸시를 받아왔습니다만, (이제는) 위로를 얻습니다." 결국 일곱 단어에 불과한 이 문장에서, 그것도 가장 중요한 명사가 없어도 되는 단어로 전락하고 말았다.

두 번째는 《지혜말씀으로 읽는 욥기》(안근조 지음, 한들출판사, 2007)이다. 사실 기독교인이 쓴 욥기 책에서는 거의 찾기 힘든 신선한 주장이 실려 있기에 길게 인용해서 살펴볼 가치가 있다. "욥의 깨달음의 절정은 바로 맨 마지막 절인 6절에서 등장한다. 바로, 인간존재 일반에 대한 새로운 깨달음이다. '그러므로 저는 저의 미련한 말들을 거두어들이고, 티끌과 재에 대한 저의 생각을 달리 하겠습니다.' 본문에 대한 전통적인 번역은 욥의 회개에 대한 것이다. (…) 그러나 본문을 회개로 번역하는 것은 히브리어 동사 '나캄(~을 슬프게 생각하다)'에 대한 용법을 자세히 살피지 않았기 때문이다. 원래 본문은 나캄이라는 동사만 단독으로 쓰인 것이 아니라 전치사 '알(~에 관한)'이 함께 쓰이고 있다. 본문처럼 알이 함께 쓰이면 전치사 다음에 나오는 것에 대한 '생각을 변화시키다'로 번역해야 한다. 우리의 관심을 끄는 것은 알 이하에 무슨 단어가 나오느냐 하는 것이다. 그것은 바로 '아팔 바에펠(티끌과 재)'다. 흥미로운 사실은 욥이 이전에 자신에 대하여 이야기할 때 똑같은 표현을 쓰고 있다. '하나님 나를 진흙 가운데 던지셨고 나로 티끌과 재 같게 하셨구나.(30:19)' 마지막 변론을 할 때만 하더라도 욥은 자신에 대하여 하나님 앞에 미천한 존재라 여기고 있다. (…) 그러나 이제 하나님의 지혜 교육이 완전히 마쳐진 현재 욥은 '자신의 (티끌과 재) 대한 생각을 달리한다' 즉, 자기 정체성의 갱신이 이루어지고 있다."

자, 이 분석은 앞선 《지혜란 무엇인가》와 달리 '먼지와 재'에 대해서 정확하게 번역했다. 내가 본문에서도 언급했듯이, 이 책 저자도 30장 19절에서 욥이 한 말과 대조함으로써 설득력을 더하고 있다. 그리고 본문에서도 소개한 '니함띠'의 뜻 중 하나인 '~에 관해서 생각을 바꾼다'로 해석했다. 그럼에도 이 번역에는 두 가지 심각한 문제가 있다.

첫 번째 문제는 이어진 하나님의 두 번째 연설을 듣고 자신을 혐오하던 욥이 '정체성의 갱신', 그러니까 자신을 사랑하게 되었다는 주장이다. 도대체 하나님 연설 중에서 욥의 자존감을 높여줄 내용이 뭐가 있던가? 처음 연설보다 오히려 더 욥을 압박하고 더 극적으로 자신의 능력을 드러낸 것에 불과하다. 그렇기에 나는 욥이 그런 하나님의 연설을 중간에서 끊었다고 보는 것이다.

두 번째 문제는 다른 모든 기독교 번역과 마찬가지로 '미련한 말들'이라는, 원문에는 없는 '에마스'의 목적어를 창작했다는 것이다. 왜 그래야 했을까? 기독교 전통 해석처럼 '회개를 하기 위해서든' 그게 아니면 저자의 생각처럼 '정체성의 갱신'이 이뤄지기 위해서든, 일단 욥에게는 과거를 부정하는 단계가 필요하기 때문이다. 본문에서 설명한 대로, 전치사 '알'이 '티끌과 재'와 연결하는 동사를 '니함띠' 하나가 아니라 '에마스'와 같이 묶어서 보지 않는 한, 아무리 '티끌과 재'의 의미를 제대로 파악한다고 해도 결국은 하나님을 높이고 욥을 깎아내리는 기독교 해석의 테두리를 벗어날 수 없다.

258 《박영선의 욥기 설교》(영음사, 2015)를 쓴 박영선 목사는 욥기 강해설교에서 하나님을 만나고 고백하는 욥의 대답에서 예수를 세 번 부인하고 부활한 예수를 만나 회개와 더불어 사랑을 고백하는 베드로를 떠올릴 수 있다는 독특한 해석을 한다.

259 《In Turns of Tempest, A reading of Job》, Edwin M. Good, Stanford University Press, 1990, p.376

260 《신의 전기》, 잭 마일스 지음, 김문호 옮김, 지호, 1997, 755쪽.

261 《Messengers of God : Biblical Portraits and Legends》, Elie Wiesel, Simon & Schuster, 1985, p.235

262 한글 성경에는 '주님'이라고 호칭이 표기되었지만, 히브리어 원문은 '당신'이다.

263 뻔뻔한 필사자 엘리후는 하나님에게 사용한 히브리 단어('aph')를 자신에게 그대로 사용해서 자신을 하나님과 동일선상에 놓았다.

264 이건 특히 흔한 해석이다. CBS에서 욥기 강해를 했고, 그 내용을 토대로 《아! 욥》(꽃자리, 2016)을 집필한 김기석 목사도 같은 요지의 설명을 한다. "하나님이 친구들을 틀리다고 한 건 그들이 하나님에 대한 자신들의 생각과 판단만을 옳다고 주장했기 때문이다. 반대로 욥은 정직하게 하나님에게 분노를 표현했는데, 그걸 하나님이 옳다고 보신 건 정말로 놀라운 일이다. 하나님에게는 입에 발린 찬양보다 욥과 같은 정직한 분노가 옳은 것이다."

여기에는 두 가지 심각한 문제가 있다. 첫 번째는 이미 지적했듯이, 하나님이 38장 2절에서 욥의 말을 이렇게 얘기했다는 것이다. "네가 누구이기에 무지하고 헛된 말로 내 지혜를 의심하느냐?" 하나님의 정신이 순간순간 오락가락하지 않는다면, 이건 말이 안 되는 설명이다. 두 번째는 교회에서 하는 모든 설교는 사실상 목사가 나름 판단을 내린 하나님에 대한 이야기다. 하나님에 관해서 개인이 내리는 생각과 판단을 유보해야 한다면, 이 세상 모든 설교는 다 틀린 건가? 욥처럼 하나님에게 반항하는 말이 아니면, 하나님에 대한 개인의 판단은 다 틀린 건가? 하나님의 우주 설명이 욥을 향한 바른 대답이라는 논리를 만들어내는 것만큼이나, 친구들의 말이 틀리고 욥의 말이 옳다는 하나님의 결론도 기독교인에게는 쉬운 문제가 아니다.

265 《지혜란 무엇인가》, 송민원 지음, 감은사, 2021, 158쪽.

266 《욥이 말하다》, 양명수 지음, 분도출판사, 2003, 270쪽.

267 《매튜 헨리 주석 욥기》, 박문재 옮김, 크리스천다이제스트, 2009, 703쪽.

268 상황이 쉽지 않아서인지 《무디 성경 주석》은 한 가지 독특한 주장을 한다. 하나님이 욥의 마음을 보고 옳다고 인정했다는 것이다. "친구들은 하나님의 주권을 제한하고 그분을 언제나 예측 가능한 방식으로 행동하시는 신으로 축소하면서 고난은 죄에 대한 그분의 한결같은 응징이라는 잘못된 주장을 하기도 했다. 이렇게 그들은 하나님에 대해 욥처럼 옳게 말하지 못했다. 하나님은 두 번이나 욥이 그분에 대해 '옳게 말했다'고 단언하셨다. 하나님이 자신을 부당하게 대하셨다고 비난했던 욥이 어떻게 이런 칭찬을 받을 수 있었을까? 답은 욥의 결백함을 아신 하나님이 '그의 마음속 생각과 의도(《Job》, Alden, p.412)'를 꿰뚫어 보셨기 때문일 것이다. 자신이 하나님의 선하심을 의심했다고 말한 모든 것에 대해 욥이 회개했다는 점도 주목하자." (《무디 성경 주석》, 김순현 외 옮김, 국제제자훈련원, 2017, 809쪽)

《무디 성경 주석》 편찬자도 알고는 있는 것이다. 욥의 말이 결코 옳을 수 없다는 것을, 그러니까 결국 궁여지책으로 들고 나온 게 '욥의 마음'이다. 그리고 그 마음을 증명하는 건 욥의 '회개'이고.

269 "언제까지 네가 그런 투로 말을 계속할 테냐? 네 입에서 나오는 말 거센
바람과도 같아서 걷잡을 수 없구나."(8:2)

"네가 하는 헛소리를 듣고서, 어느 누가 잠잠할 수 있겠느냐? 말이면 다
말인 줄 아느냐? 네가 혼자서 큰소리로 떠든다고 해서, 우리가 대답도 하
지 못할 것이라고 생각하느냐? 네가 우리를 비웃는데도, 너를 책망할 사
람이 없을 줄 아느냐?"(11:2-3)

"너야말로 하나님을 두려워하는 마음도 내던져 버리고. (…) 네 죄가 네 입
을 부추겨서."(15:4-5)

"입을 다물고 있으려 했으나, 네 말을 듣고 있자니 화가 나서 참을 수가
없다. 네가 하는 말을 듣고 있자니 모두 나를 모욕하는 말이다."(20:2-3)

270 한편으로 하나님의 분노는 충분히 이해할 수 있다. 친구들은 욥을 전혀
설득하지 못했다. 욥이 도리어 하나님을 향해 재판을 요구하도록 만들었
다. 결국 그들의 무능은 하나님이 직접 나타나는 '초강수'까지 쓰도록 만
든 것이다. 그런데 그들이 어떻게 하나님 기준에 옳을 수가 있겠는가? 죽
이지 않으면 다행이다. 하나님의 이런 심정을 이해할 수 있지 않나? '내
가 너와 네 두 친구에게 분노한 것은'(42:7) 분노한 정도가 아니라 당장 쳐
죽이고 싶은 것이다.

271 《왜 착한 사람에게 나쁜 일이 일어날까》, 해럴드 쿠쉬너 지음, 김하범 옮
김, 도서출판 창, 2000, 64쪽.

272 《In Turns of Tempest, A reading of Job》, Edwin M. Good, Stanford
University Press, 1990, p.389

273 《Messengers of God: Biblical Portraits and Legends》, Elie Wiesel, Simon &
Schuster, 1985, p.234

274 《Messengers of God: Biblical Portraits and Legends》, Elie Wiesel, Simon &
Schuster, 1985, p.233

275 《The Book of Job》, Stephen Mitchell, HarperPerennial, 1986, xxx.

276 《The Book of Job: When Bad Things Happened to a Good Person》, Harold S.

Kushner, Schocken, 2012, p.187

277 애덤 스미스(Adam Smith, 1723년 6월 5일~1790년 7월 17일): 스코틀랜드 출신
    영국의 정치경제학자이자 윤리철학자. 대표적인 책으로 《국부론》이 있다.

278 수전 손택(Susan Sontag, 1933년 1월 16일~2004년 12월 28일): 미국의 소설가,
    문예 평론가, 사회 운동가다.

279 《왜 착한 사람에게 나쁜 일이 일어날까》, 해럴드 쿠쉬너 지음, 김하범 옮
    김, 도서출판 창, 2000, 41쪽.

280 전주의 어느 목사는 욥기 강해에서 고린도전서 10장 13절을 인용하며 이
    렇게 설교했다. "욥이나 아브라함 같은 사람은 참으로 어려운 시험을 감
    당할 정도가 되니까 그런 시험을 주신 것입니다. 이걸 보면서 한편으로
    안도가 됩니다. 우리는 이런 시험을 감당할 수준이 안 되니까 결코 주지
    않으실 것을 믿기 때문입니다. 하지만 동시에 씁쓸합니다. 왜 우리는 이
    런 시험을 감당할 수준이 못 될까? 왜 하나님이 사탄에게 내 이름을 대
    면서 '○○○ 목사를 쳐보아라. 아무리 쳐도 끄떡없을 거다'라고 말씀하실
    수 있는 수준이 안 되는 걸까요? 왜 나는 이거밖에 안 될까요? 하나님 앞
    에 너무 죄송할 따름입니다."

너무도 가벼운 고통

초판 1쇄 발행 2021년 6월 18일

지은이 | 옥성호
펴낸이 | 김윤정

편집 | 이효선 조은아
디자인 | 임지선
마케팅 | 김지수

펴낸곳 | 글의온도
출판등록 | 2021년 1월 26일 (제2021-000050호)
주소 | 서울시 종로구 삼봉로 81, 두산위브파빌리온 442호
전화 | 02-739-8950
팩스 | 02-739-8951
메일 | ondopubl@naver.com
인스타그램 | @ondopubl

©옥성호, 2021
ISBN 979-11-974554-1-4 03230

성경 필사 노트

/

욥기

/

필 사 자 :

시 작 한 날 :

다 한 날 :

글의온도

사탄이 욥을 시험하다

1 우스라는 곳에 욥이라는 사람이 살고 있었다. 그는 흠이 없고 정직하였으며, 하나님을 경외하며 악을 멀리하는 사람이었다. 2 그에게는 아들 일곱과 딸 셋이 있고, 3 양이 칠천 마리, 낙타가 삼천 마리, 겨릿소가 오백 쌍, 암나귀가 오백 마리나 있고, 종도 아주 많이 있었다. 그는 동방에서 으뜸가는 부자였다. 4 그의 아들들은 저마다 생일이 되면, 돌아가면서 저희 집에서 잔치를 베풀고, 세 누이들도 오라고 해서 함께 음식을 먹곤 하였다. 5 잔치가 끝난 다음날이면, 욥은 으레 아침에 일찍 일어나서, 자식들을 생각하면서, 그들을 깨끗하게 하려고, 자식의 수대로 일일이 번제를 드렸다. 자식 가운데서 어느 하나라도, 알지 못하는 사이에라도 하나님을 저주하고 죄를 지었을 수도 있다고 생각하여, 잔치가 끝나고 난 뒤에는 늘 그렇게 하였다. 욥은 모든 일에 늘 이렇게 신중하였다. 6 하루는 하나님의 아들들이 와서 주님 앞에 섰는데, 사탄도 그들과 함께 서 있었다. 7 주님께서 사탄에게 "어디를 갔다가 오는 길이냐?" 하고 물으셨다. 사탄은 주님께 "땅을 이리저리 돌아다니다가 오는 길입니다" 하고 대답하였다. 8 주님께서 사탄에게 말씀하셨다.

"너는 내 종 욥을 잘 살펴 보았느냐? 이 세상에는 그 사람만큼 흠이 없고 정직한 사람, 그렇게 하나님을 경외하며 악을 멀리하는 사람은 없다." 9 그러자 사탄이 주님께 아뢰었다. "욥이, 아무것도 바라는 것이 없이 하나님을 경외하겠습니까? 10 주님께서, 그와 그의 집과 그가 가진 모든 것을 울타리로 감싸 주시고, 그가 하는 일이면 무엇에나 복을 주셔서, 그의 소유를 온 땅에 넘치게 하지 않으셨습니까? 11 이제라도 주님께서 손을 드셔서, 그가 가진 모든 것을 치시면, 그는 주님 앞에서 주님을 저주할 것입니다." 12 주님께서 사탄에게 말씀하셨다. "그가 가진 모든 것을 다 네게 맡겨 보겠다. 다만, 그의 몸에는 손을 대지 말아라!" 그 때에 사탄이 주님 앞에서 물러갔다.

욥이 자녀와 재산을 잃다

13 하루는, 욥의 아들과 딸들이 맏아들의 집에서 음식을 먹으며, 포도주를 마시고 있는데, 14 일꾼 하나가 욥에게 달려와서, 다급하게 말하였다. "우리가 소를 몰아 밭을 갈고, 나귀들은 그 근처에서 풀을 뜯고 있는데, 15 스바 사람들이 갑자기 들이닥쳐, 가축들을 빼앗아 가고, 종들을 칼로 쳐서 죽

였습니다. 저 혼자만 겨우 살아 남아서, 주인 어른께 이렇게 소식을 전해 드립니다." 16 이 일꾼이 아직 말을 다 마치지도 않았는데, 또 다른 사람이 달려와서 말하였다. "하늘에서 하나님의 불이 떨어져서, 양 떼와 목동들을 살라 버렸습니다. 저 혼자만 겨우 살아 남아서, 주인 어른께 이렇게 소식을 전해 드립니다." 17 이 사람도 아직 말을 다 마치지 않았는데, 또 다른 사람이 달려와서 말하였다. "갈대아 사람 세 무리가 갑자기 낙타 떼에게 달려들어서 모두 끌어가고, 종들을 칼로 쳐서 죽였습니다. 저 혼자만 겨우 살아 남아서, 주인 어른께 이렇게 소식을 전해 드립니다." 18 이 사람도 아직 말을 다 마치지 않았는데, 또 다른 사람이 달려와서 말하였다. "주인 어른의 아드님과 따님들이 큰 아드님 댁에서 한창 음식을 먹으며, 포도주를 마시는데, 19 갑자기 광야에서 강풍이 불어와서, 그 집 네 모퉁이를 내리쳤고, 집이 무너졌습니다. 그 때에 젊은 사람들이 그 속에 깔려서, 모두 죽었습니다. 저 혼자만 겨우 살아 남아서, 주인 어른께 이렇게 소식을 전해 드립니다." 20 이 때에 욥은 일어나 슬퍼하며 겉옷을 찢고 머리털을 민 다음에, 머리를 땅에 대고 엎드려 경배하면서, 21 이렇게 말하였다. "모태에서 빈 손으로

태어났으니, 죽을 때에도 빈 손으로 돌아갈 것입니다. 주신 분도 주님이시요, 가져 가신 분도 주님이시니, 주님의 이름을 찬양할 뿐입니다." 22 이렇게 욥은, 이 모든 어려움을 당하고서도 죄를 짓지 않았으며, 어리석게 하나님을 원망하지도 않았다.

2장

사탄이 다시 욥을 시험하다

1 하루는 하나님의 아들들이 와서 주님 앞에 서고, 사탄도 그들과 함께 주님 앞에 섰다. 2 주님께서 사탄에게 "어디를 갔다가 오는 길이냐?" 하고 물으셨다. 사탄은 주님께 "땅을 이리저리 돌아다니다가 오는 길입니다" 하고 대답하였다. 3 주님께서 사탄에게 말씀하셨다. "너는 내 종 욥을 잘 살펴 보았느냐? 이 세상에 그 사람만큼 흠이 없고 정직한 사람, 그렇게 하나님을 경외하고 악을 멀리하는 사람이 없다. 네가 나를 부추겨서, 공연히 그를 해치려고 하였지만, 그는 여전히 자기의 온전함을 굳게 지키고 있지 않느냐?" 4 사탄이 주님께 아뢰었다. "가죽은 가죽으로 대신할 수 있습니다. 사람은 자기 생명을 지키는 일이면, 자기가 가진 모든 것을 버립니다. 5 이제라도 주님께서 손을 들어서 그의 뼈와 살을 치시면, 그는 당장 주님 앞에서 주님을 저주하고 말 것입니다!" 6 주님께서 사탄에게 말씀하셨다. "그렇다면, 그를 너에게 맡겨 보겠다. 그러나 그의 생명만은 건드리지 말아라!" 7 사탄은 주님 앞에서 물러나 곧 욥을 쳐서, 발바닥에서부터 정수리에까지 악성 종기가 나서 고생하게 하였다. 8 그래서 욥은 잿더미에 앉아서, 옹기 조각을 가지고 자

기 몸을 긁고 있었다. 9 그러자 아내가 그에게 말하였다. "이래도 당신은 여전히 신실함을 지킬 겁니까? 차라리 하나님을 저주하고서 죽는 것이 낫겠습니다." 10 그러나 욥은 그에게 이렇게 대답하였다. "당신까지도 어리석은 여자들처럼 말하는구려. 우리가 누리는 복도 하나님께로부터 받았는데, 어찌 재앙이라고 해서 못 받는다 하겠소?" 이렇게 하여, 욥은 이 모든 어려움을 당하고서도, 말로 죄를 짓지 않았다.

친구들이 욥을 찾아오다

11 그 때에 욥의 친구 세 사람, 곧 데만 사람 엘리바스와 수아 사람 빌닷과 나아마 사람 소발은, 욥이 이 모든 재앙을 만나서 고생한다는 소식을 듣고, 욥을 달래고 위로하려고, 저마다 집을 떠나서 욥에게로 왔다. 12 그들이 멀리서 욥을 보았으나, 그가 욥인 줄 알지 못하였다. 그들은 한참 뒤에야 그가 바로 욥인 줄을 알고, 슬픔을 못 이겨 소리 내어 울면서 겉옷을 찢고, 또 공중에 티끌을 날려서 머리에 뒤집어썼다. 13 그들은 밤낮 이레 동안을 욥과 함께 땅바닥에 앉아 있으면서도, 욥이 겪는 고통이 너무도 처참하여, 입을 열어 한 마디 말도 할 수 없었다.

3장

욥이 하나님께 불평하다

1 드디어 욥이 말문을 열고, 자기 생일을 저주하면서 2 울부짖었다. 3 내가 태어나던 날이 차라리 사라져 버렸더라면, '남자 아이를 배었다'고 좋아하던 그 밤도 망해 버렸더라면, 4 그 날이 어둠에 덮여서, 높은 곳에 계신 하나님께서도 그 날을 기억하지 못하셨더라면, 아예 그 날이 밝지도 않았더라면, 5 어둠과 사망의 그늘이 그 날을 제 것이라 하여, 검은 구름이 그 날을 덮었더라면, 낮을 어둠으로 덮어서, 그 날을 공포 속에 몰아넣었더라면, 6 그 밤도 흑암에 사로잡혔더라면, 그 밤이 아예 날 수와 달 수에도 들지 않았더라면, 7 아, 그 밤이 아무도 잉태하지 못하는 밤이었더라면, 아무도 기쁨의 소리를 낼 수 없는 밤이었더라면, 8 주문을 외워서 바다를 저주하는 자들이, 리워야단도 길들일 수 있는 마력을 가진 자들이, 그 날을 저주하였더라면, 9 그 밤에는 새벽 별들도 빛을 잃어서, 날이 밝기를 기다려도 밝지를 않고, 동트는 것도 볼 수 없었더라면, 좋았을 것을! 10 어머니의 태가 열리지 않아, 내가 태어나지 않았어야 하는 건데. 그래서 이 고난을 겪지 않아야 하는 건데! 11 어찌하여 내가 모태에서 죽지 않았던가? 어찌하여 어머니 배에서 나오는

그 순간에 숨이 끊어지지 않았던가? 12 어찌하여 나를 무릎으로 받았으며, 어찌하여 어머니가 나를 품에 안고 젖을 물렸던가? 13 그렇게만 하지 않았더라도, 지금쯤은 내가 편히 누워서 잠들어 쉬고 있을 텐데. 14 지금은 폐허가 된 성읍이지만, 한때 그 성읍을 세우던 세상의 왕들과 고관들과 함께 잠들어 있을 텐데. 15 금과 은으로 집을 가득 채운 그 통치자들과 함께 잠들어 있을 텐데. 16 낙태된 핏덩이처럼, 살아 있지도 않을 텐데. 햇빛도 못 본 핏덩이처럼 되었을 텐데! 17 그 곳은 악한 사람들도 더 이상 소란을 피우지 못하고, 삶에 지친 사람들도 쉴 수 있는 곳인데. 18 그 곳은 갇힌 사람들도 함께 평화를 누리고, 노예를 부리는 감독관의 소리도 들리지 않는 곳인데. 19 그 곳은 낮은 자와 높은 자의 구별이 없고, 종까지도 주인에게서 자유를 얻는 곳인데! 20 어찌하여 하나님은, 고난당하는 자들을 태어나게 하셔서 빛을 보게 하시고, 이렇게 쓰디쓴 인생을 살아가는 자들에게 생명을 주시는가? 21 이런 사람들은 죽기를 기다려도 죽음이 찾아와 주지 않는다. 그들은 보물을 찾기보다는 죽기를 더 바라다가 22 무덤이라도 찾으면 기뻐서 어쩔 줄 모르는데, 23 어찌하여 하나님은 길 잃은 사람을 붙잡아 놓으시고,

date :   /   /   /

사방으로 그 길을 막으시는가? 24 밥을 앞에 놓고서도, 나오느니 탄식이요, 신음 소리 그칠 날이 없다. 25 마침내 그렇게도 두려워하던 일이 밀어닥치고, 그렇게도 무서워하던 일이 다가오고야 말았다. 26 내게는 평화도 없고, 안정도 없고, 안식마저 사라지고, 두려움만 끝없이 밀려온다!

4장

엘리바스의 첫 번째 발언

1 데만 사람 엘리바스가 대답하였다. 2 누가 네게 말을 걸면 너는 짜증스럽겠지. 말을 하지 않으려고 했지만 참을 수가 없다. 3 생각해 보아라. 너도 전에 많은 사람을 가르치기도 하고, 힘없는 자들의 두 팔을 굳세게 붙들어 주기도 했으며, 4 쓰러지는 이들을 격려하여 일어나게도 하고, 힘이 빠진 이들의 무릎을 굳게 붙들어 주기도 했다. 5 이제 이 일을 정작 네가 당하니까 너는 짜증스러워하고, 이 일이 정작 네게 닥치니까 낙담하는구나! 6 하나님을 경외하는 것이 네 믿음이고, 온전한 길을 걷는 것이 네 희망이 아니냐? 7 잘 생각해 보아라. 죄 없는 사람이 망한 일이 있더냐? 정직한 사람이 멸망한 일이 있더냐? 8 내가 본 대로는, 악을 갈아 재난을 뿌리는 자는 그대로 거두더라. 9 모두 하나님의 입김에 쓸려 가고, 그의 콧김에 날려 갈 것들이다. 10 사자의 울부짖음도 잠잠해지고, 사나운 사자의 울부짖음도 그치는 날이 있다. 힘센 사자도 이빨이 부러진다. 11 사자도, 늙어서 먹이를 잡지 못하면, 어미를 따르던 새끼 사자들이 뿔뿔이 흩어진다. 12 한번은 조용한 가운데 어떤 소리가 들려 오는데, 너무도 조용하여 겨우 알아들었다. 13 그 소리가 악

몽처럼 나를 괴롭혔다. 14 두려움과 떨림이 나를 엄습하여, 뼈들이 막 흔들렸다. 15 어떤 영이 내 앞을 지나가니, 온몸의 털이 곤두섰다. 16 영이 멈추어 서기는 했으나 그 모습은 알아볼 수 없고, 형체가 어렴풋이 눈에 들어왔는데, 죽은 듯 조용한 가운데서 나는 이런 소리를 들었다. 17 "인간이 하나님보다 의로울 수 있겠으며, 사람이 창조주보다 깨끗할 수 있겠느냐? 18 하나님은 하늘에 있는 당신의 종들까지도 믿지 않으시고, 천사들에게마저도 허물이 있다고 하시는데, 19 하물며, 흙으로 만든 몸을 입고 티끌로 터를 삼고, 하루살이에게라도 눌려 죽을 사람이겠느냐? 20 사람은, 아침에는 살아 있다가도, 저녁이 오기 전에 예고도 없이 죽는 것, 별수 없이 모두들 영원히 망하고 만다. 21 생명 줄만 끊기면 사람은 그냥 죽고, 그 줄이 끊기면 지혜를 찾지 못하고 죽어간다."

1 어서 부르짖어 보아라. 네게 응답하는 이가 있겠느냐? 하늘에 있는 거룩한 이들 가운데서, 그 누구에게 하소연을 할 수 있겠느냐? 2 미련한 사람은 자기의 분노 때문에 죽고, 어리석은 사람은 자기의 질투 때문에 죽는 법이다. 3 어리석은 사람의 뿌리가 뽑히고, 어리석은 자의 집이 순식간에 망하는 것을, 내가 직접 보았다. 4 그런 자의 자식들은 도움을 받을 데가 없어서, 재판에서 억울한 일을 당해도, 구해 주는 이가 없었고, 5 그런 자들이 거두어들인 것은, 굶주린 사람이 먹어 치운다. 가시나무 밭에서 자란 것까지 먹어 치운다. 목마른 사람이 그의 재산을 삼켜 버린다. 6 재앙이 흙에서 일어나는 법도 없고, 고난이 땅에서 솟아나는 법도 없다. 7 인간이 고난을 타고 태어나는 것은, 불티가 위로 나는 것과 같은 이치이다. 8 나 같으면 하나님을 찾아서, 내 사정을 하나님께 털어놓겠다. 9 그분은 우리가 측량할 수 없는 큰 일을 하시며, 우리가 헤아릴 수 없는 기이한 일을 하신다. 10 땅에 비를 내리시며, 밭에 물을 주시는 분이시다. 11 낮은 사람을 높이시고, 슬퍼하는 사람에게 구원을 보장해 주시며, 12 간교한 사람의 계획을 꺾으시어 그 일을 이루지 못하게 하신다. 13 지혜롭다고 하는 자들을 제 꾀

에 속게 하시고, 교활한 자들의 꾀를 금방 실패로 돌아가게 하시니, 14 대낮에도 어둠을 만날 것이고, 한낮에도 밤중처럼 더듬을 것이다. 15 그러나 하나님은 가난한 사람들을 그들의 칼날 같은 입과 억센 손아귀로부터 구출하신다. 16 그러니까, 비천한 사람은 희망을 가지지만, 불의한 사람은 스스로 입을 다물 수밖에 없다. 17 하나님께 징계를 받는 사람은, 그래도 복된 사람이다. 그러니 전능하신 분의 훈계를 거절하지 말아라. 18 하나님은 찌르기도 하시지만 싸매어 주기도 하시며, 상하게도 하시지만 손수 낫게도 해주신다. 19 그는 여섯 가지 환난에서도 너를 구원하여 주시며, 일곱 가지 환난에서도 재앙이 네게 미치지 않게 해주시며, 20 기근 가운데서도 너를 굶어 죽지 않게 하시며, 전쟁이 벌어져도 너를 칼에서 구해 주실 것이다. 21 너는 혀의 저주를 피할 수 있어, 파멸이 다가와도 두려워하지 않을 것이다. 22 약탈과 굶주림쯤은 비웃어 넘길 수 있고, 들짐승을 두려워하지도 않을 것이다. 23 너는 들에 흩어진 돌과도 계약을 맺으며, 들짐승과도 평화롭게 지내게 될 것이다. 24 그래서 너는 집안이 두루 평안한 것을 볼 것이며, 가축 우리를 두루 살필 때마다 잃은 것이 없는 것을 볼 것이다. 25 또

자손도 많이 늘어나서, 땅에 풀같이 많아지는 것을 보게 될 것이다. 26 때가 되면, 곡식단이 타작 마당으로 가듯이, 너도 장수를 누리다가 수명이 다 차면, 무덤으로 들어갈 것이다. 27 이것은 우리가 지금까지 살펴본 것이니 틀림없는 사실이다. 부디 잘 듣고, 너 스스로를 생각해서라도 명심하기 바란다.

6장

욥의 대답

1 욥이 대답하였다. 2 아, 내가 겪은 고난을 모두 저울에 달아 볼 수 있고, 내가 당하는 고통을 모두 저울에 올릴 수 있다면, 3 틀림없이, 바다의 모래보다 더 무거울 것이니, 내 말이 거칠었던 것은 이 때문이다. 4 전능하신 분께서 나를 과녁으로 삼고 화살을 쏘시니, 내 영혼이 그 독을 빤다. 하나님이 나를 몰아치셔서 나를 두렵게 하신다. 5 풀이 있는데 나귀가 울겠느냐? 꼴이 있는데 소가 울겠느냐? 6 싱거운 음식을 양념도 치지 않고 먹을 수 있겠느냐? 달걀 흰자위를 무슨 맛으로 먹겠느냐? 7 그런 것들은 생각만 해도 구역질이 난다. 냄새조차도 맡기가 싫다. 8 누가 내 소망을 이루어 줄까? 하나님이 내 소원을 이루어 주신다면, 9 하나님이 나를 부수시고, 손을 들어 나를 깨뜨려 주시면, 10 그것이 오히려 내게 위로가 되고, 이렇게 무자비한 고통 속에서도 그것이 오히려 내게 기쁨이 될 것이다. 나는 거룩하신 분의 말씀을 거역하지 않았다. 11 그러나 내게 무슨 기력이 있어서 더 견뎌 내겠으며, 얼마나 더 살겠다고, 더 버텨 내겠는가? 12 내 기력이 돌의 기력이라도 되느냐? 내 몸이 놋쇠라도 되느냐? 13 나를 도와줄 이도 없지 않으냐? 도움을 구

하러 갈 곳도 없지 않으냐? 14 내가 전능하신 분을 경외하든 말든, 내가 이러한 절망 속에서 허덕일 때야말로, 친구가 필요한데, 15 친구라는 것들은 물이 흐르다가도 마르고 말랐다가도 흐르는 개울처럼 미덥지 못하고, 배신감만 느끼게 하는구나. 16 얼음이 녹으면 흙탕물이 흐르고, 눈이 녹으면 물이 넘쳐흐르다가도, 17 날이 더워지면 쉬 마르고, 날이 뜨거워지면 흔적조차 없어지고 마는 개울. 18 물이 줄기를 따라서 굽이쳐 흐르다가도, 메마른 땅에 이르면 곧 끊어지고 마는 개울. 19 데마의 대상들도 물을 찾으려 했고, 스바의 행인들도 그 개울에 희망을 걸었지만, 20 그들이 거기에 이르러서는 실망하고 말았다. 그 개울에 물이 흐를 것이라는 기대를 했던 것을 오히려 부끄러워하였다. 21 너희가 이 개울과 무엇이 다르냐? 너희도 내 몰골을 보고서, 두려워서 떨고 있지 않느냐? 22 내가 너희더러 이거 내놓아라 저거 내놓아라 한 적이 있느냐? 너희의 재산을 떼어서라도, 내 목숨 살려 달라고 말한 적이 있느냐? 23 아니면, 원수의 손에서 나를 건져 달라고 하길 했느냐, 폭군의 세력으로부터 나를 속량해 달라고 부탁하기라도 했느냐? 24 어디, 알아듣게 말 좀 해 보아라. 내가 귀기울여 듣겠다. 내 잘못이

무엇인지 말해 보아라. 25 바른 말은 힘이 있는 법이다. 그런데 너희는 정말 무엇을 책망하는 것이냐? 26 너희는 남의 말 꼬투리나 잡으려는 것이 아니냐? 절망에 빠진 사람의 말이란, 바람과 같을 뿐이 아니냐? 27 너희는, 고아라도 제비를 뽑아 노예로 넘기고, 이익을 챙길 일이라면 친구라도 서슴지 않고 팔아 넘길 자들이다. 28 내 얼굴 좀 보아라. 내가 얼굴을 맞대고 거짓말이야 하겠느냐? 29 너희는 잘 생각해 보아라. 내가 억울한 일을 당하지 않게 해야 한다. 다시 한 번 더 돌이켜라. 내 정직이 의심받지 않게 해야 한다. 30 내가 혀를 놀려서, 옳지 않은 말을 한 일이라도 있느냐? 내가 입을 벌려서, 분별없이 떠든 일이라도 있느냐?

7장

1 인생이 땅 위에서 산다는 것이, 고된 종살이와 다른 것이 무엇이냐? 그의 평생이 품꾼의 나날과 같지 않으냐? 2 저물기를 몹시 기다리는 종과도 같고, 수고한 삯을 애타게 바라는 품꾼과도 같다. 3 내가 바로 그렇게 여러 달을 허탈 속에 보냈다. 괴로운 밤은 꼬리를 물고 이어 갔다. 4 눕기만 하면, 언제 깰까, 언제 날이 샐까 마음 졸이며, 새벽까지 내내 뒤척거렸구나. 5 내 몸은 온통 구더기와 먼지로 뒤덮였구나. 피부는 아물었다가도 터져 버리는구나. 6 내 날이 베틀의 북보다 빠르게 지나가니, 아무런 소망도 없이 종말을 맞는구나. 7 내 생명이 한낱 바람임을 기억하여 주십시오. 내가 다시는 좋은 세월을 못 볼 것입니다. 8 어느 누구도 다시는 나를 볼 수 없을 것입니다. 주님께서 눈을 뜨고 나를 찾으려고 하셔도 나는 이미 없어졌을 것입니다. 9 구름이 사라지면 자취도 없는 것처럼, 스올로 내려가는 사람도 그와 같아서, 다시는 올라올 수 없습니다. 10 그는 자기 집으로 다시 돌아오지도 못할 것이고, 그가 살던 곳에서도 그를 몰라볼 것입니다. 11 그러나 나는 입을 다물고 있을 수 없습니다. 분하고 괴로워서, 말을 하지 않고는 견딜 수 없습니다. 12 내가 바다 괴물이라도 됩니까? 내가 깊은 곳에 사는 괴물이라도 됩니

까? 어찌하여 주님께서는 나를 감시하십니까? 13 잠자리에
라도 들면 편해지겠지, 깊이 잠이라도 들면 고통이 덜하겠
지 하고 생각합니다만, 14 주님께서는 악몽으로 나를 놀라
게 하시고, 무서운 환상으로 저를 떨게 하십니다. 15 차라리
숨이라도 막혀 버리면 좋겠습니다. 뼈만 앙상하게 살아 있
기보다는, 차라리 죽는 것이 낫겠습니다. 16 나는 이제 사는
것이 지겹습니다. 영원히 살 것도 아닌데, 제발, 나를 혼자
있게 내버려 두십시오. 내 나날이 허무할 따름입니다. 17 사
람이 무엇이라고, 주님께서 그를 대단하게 여기십니까? 어
찌하여 사람에게 마음을 두십니까? 18 어찌하여 아침마다
그를 찾아오셔서 순간순간 그를 시험하십니까? 19 언제까지
내게서 눈을 떼지 않으시렵니까? 침 꼴깍 삼키는 동안만이
라도, 나를 좀 내버려 두실 수 없습니까? 20 사람을 살피시
는 주님, 내가 죄를 지었다고 하여 주님께서 무슨 해라도 입
으십니까? 어찌하여 나를 주님의 과녁으로 삼으십니까? 어
찌하여 나를 주님의 짐으로 생각하십니까? 21 어찌하여 주
님께서는 내 허물을 용서하지 않으시고, 내 죄악을 용서해
주지 않으십니까? 이제 내가 숨겨 흙 속에 누우면, 주님께서
아무리 저를 찾으신다 해도, 나는 이미 없는 몸이 아닙니까?

8장

빌닷의 첫 번째 발언

1 수아 사람 빌닷이 대답하였다. 2 언제까지 네가 그런 투로 말을 계속할 테냐? 네 입에서 나오는 말 거센 바람과도 같아서 걷잡을 수 없구나. 3 너는, 하나님이 심판을 잘못하신다고 생각하느냐? 전능하신 분께서 공의를 거짓으로 판단하신다고 생각하느냐? 4 네 자식들이 주님께 죄를 지으면, 주님께서 그들을 벌하시는 것은 당연한 일이 아니냐? 5 그러나 네가 하나님을 간절히 찾으며 전능하신 분께 자비를 구하면, 6 또 네가 정말 깨끗하고 정직하기만 하면, 주님께서는 너를 살리시려고 떨치고 일어나셔서, 네 경건한 가정을 회복시켜 주실 것이다. 7 처음에는 보잘 것 없겠지만 나중에는 크게 될 것이다. 8 이제 옛 세대에게 물어 보아라. 조상들의 경험으로 배운 진리를 잘 생각해 보아라. 9 우리는 다만 갓 태어난 사람과 같아서, 아는 것이 없으며, 땅 위에 사는 우리의 나날도 그림자에 지나지 않는다. 10 조상들이 네게 가르쳐 주며 일러주지 않았느냐? 조상들이 마음에 깨달은 바를 말하지 않았느냐? 11 늪이 아닌 곳에서 왕골이 어떻게 자라겠으며 물이 없는 곳에서 갈대가 어떻게 크겠느냐? 12 물이 말라 버리면, 왕골은 벨 때가 아직 멀었

는데도 모두 말라 죽고 만다. 13 하나님을 잊는 모든 사람의 앞길이 이와 같을 것이며, 믿음을 저버린 사람의 소망도 이와 같이 사라져 버릴 것이다. 14 그런 사람이 믿는 것은 끊어질 줄에 지나지 않으며, 의지하는 것은 거미줄에 지나지 않는다. 15 기대어 살고 있는 집도 오래 서 있지 못하며, 굳게 잡고 있는 집도 버티고 서 있지 못할 것이다. 16 비록 햇빛 속에서 싱싱한 식물과 같이 동산마다 그 가지를 뻗으며, 17 돌무더기 위에까지 그 뿌리가 엉키어서 돌 사이에 뿌리를 내린다고 해도, 18 뿌리가 뽑히면, 서 있던 자리마저 '나는 너를 본 일이 없다'고 모르는 체할 것이다. 19 살아서 누리던 즐거움은 이렇게 빨리 지나가고, 그 흙에서는 또 다른 식물이 돋아난다. 20 정말 하나님은, 온전한 사람 물리치지 않으시며, 악한 사람 손 잡아 주지 않으신다. 21 그분께서 네 입을 웃음으로 채워 주시면, 네 입술은 즐거운 소리를 낼 것이니, 22 너를 미워하는 사람은 부끄러움을 당할 것이며, 악인의 장막은 자취도 없이 사라질 것이다.

9장

욥의 대답

1 욥이 대답하였다. 2 그것이 사실이라는 것은 나도 잘 알고 있다. 그러나 사람이 어떻게 하나님 앞에서 의롭다고 주장할 수 있겠느냐? 3 사람이 하나님과 논쟁을 한다고 해도, 그분의 천 마디 말씀에 한 마디도 대답하지 못할 것이다. 4 하나님이 전지전능하시니, 그를 거역하고 온전할 사람이 있겠느냐? 5 아무도 모르는 사이에 산을 옮기시며, 진노하셔서 산을 뒤집어엎기도 하신다. 6 지진을 일으키시어 땅을 그 밑뿌리에서 흔드시고, 땅을 받치고 있는 기둥들을 흔드신다. 7 해에게 명령하시어 뜨지 못하게도 하시며, 별들을 가두시어 빛을 내지 못하게도 하신다. 8 어느 누구에게 도움을 받지도 않고 하늘을 펼치시며, 바다 괴물의 등을 짓밟으신다. 9 북두칠성과 삼성을 만드시고, 묘성과 남방의 밀실을 만드시며, 10 우리가 측량할 수 없는 큰 일을 하시며, 우리가 헤아릴 수 없는 기이한 일을 행하시는 분이시다. 11 하나님이 내 곁을 지나가신다 해도 볼 수 없으며, 내 앞에서 걸으신다 해도 알 수 없다. 12 그가 가져 가신다면 누가 도로 찾을 수 있으며, 누가 감히 그에게 왜 그러시느냐고 할 수 있겠느냐? 13 하나님이 진노를 풀지 아니하시

면 라합을 돕는 무리도 무릎을 꿇는데, 14 내가 어찌 감히 그분에게 한 마디라도 대답할 수 있겠으며, 내가 무슨 말로 말대꾸를 할 수 있겠느냐? 15 비록 내가 옳다 해도 감히 아무 대답도 할 수 없다. 다만 나로서 할 수 있는 일은 나를 심판하실 그분께 은총을 비는 것뿐이다. 16 비록 그분께서 내가 말하는 것을 허락하신다 해도, 내가 부르짖는 소리를 귀 기울여 들으실까? 17 그분께서 머리털 한 오라기만한 하찮은 일로도 나를 이렇게 짓눌러 부수시고, 나도 모를 이유로 나에게 많은 상처를 입히시는데, 18 숨돌릴 틈도 주시지 않고 쓰라림만 안겨 주시는데, 그분께서 내 간구를 들어 주실까? 19 강한 쪽이 그분이신데, 힘으로 겨룬다고 한들 어떻게 이기겠으며, 재판에 붙인다고 한들 누가 그분을 재판정으로 불러올 수 있겠느냐? 20 비록 내가 옳다고 하더라도, 그분께서 내 입을 시켜서 나를 정죄하실 것이며, 비록 내가 흠이 없다고 하더라도, 그분께서 나를 틀렸다고 하실 것이다. 21 비록 내가 흠이 없다고 하더라도, 나도 나 자신을 잘 모르겠고, 다만, 산다는 것이 싫을 뿐이다. 22 나에게는 모든 것이 한 가지로만 여겨진다. 그러므로 나는 "그분께서는 흠이 없는 사람이나, 악한 사람이나, 다 한 가지로 심판하신

다" 하고 말할 수밖에 없다. 23 갑작스러운 재앙으로 다들 죽게 되었을 때에도, 죄 없는 자마저 재앙을 받는 것을 보시고 비웃으실 것이다. 24 세상이 악한 권세자의 손에 넘어가도, 주님께서 재판관의 눈을 가려서 제대로 판결하지 못하게 하신다. 그렇지 않다고 하면, 그렇게 하는 이가 누구란 말이냐? 25 내 일생이 달리는 경주자보다 더 빨리 지나가므로, 좋은 세월을 누릴 겨를이 없습니다. 26 그 지나가는 것이 갈대 배와 같이 빠르고, 먹이를 덮치려고 내려오는 독수리처럼 빠릅니다. 27 온갖 불평도 잊어버리고, 슬픈 얼굴빛을 고쳐서 애써 명랑하게 보이려고 해도, 28 내가 겪는 이 모든 고통이 다만 두렵기만 합니다. 그러나 주님께서 나를 죄 없다고 여기지 않으실 것임을 압니다. 29 주님께서 나를 정죄하신다면, 내가 무엇 때문에 이렇게 애써서 헛된 수고를 해야 합니까? 30 비록 내가 비누로 몸을 씻고, 잿물로 손을 깨끗이 닦아도, 31 주님께서 나를 다시 시궁창에 처넣으시니, 내 옷인들 나를 좋아하겠습니까? 32 하나님이 나와 같은 사람이기만 하여도 내가 그분께 말을 할 수 있으련만, 함께 법정에 서서 이 논쟁을 끝낼 수 있으련만, 33 우리 둘 사이를 중재할 사람이 없고, 하나님과 나 사이를 판결해 줄

이가 없구나! **34** 내게 소원이 있다면, 내가 더 두려워 떨지 않도록, 하나님이 채찍을 거두시는 것. **35** 그렇게 되면 나는 두려움 없이 말하겠다. 그러나 나 스스로는, 그럴 수가 없는 줄을 알고 있다.

10장

계속되는 욥의 대답

1 산다는 것이 이렇게 괴로우니, 나는 이제 원통함을 참지 않고 다 털어놓고, 내 영혼의 괴로움을 다 말하겠다. 2 내가 하나님께 아뢰겠다. 나를 죄인 취급하지 마십시오. 무슨 일로 나 같은 자와 다투시는지 알려 주십시오. 3 주님께서 손수 만드신 이 몸은 학대하고 멸시하시면서도, 악인이 세운 계획은 잘만 되게 하시니 그것이 주님께 무슨 유익이라도 됩니까? 4 주님의 눈이 살과 피를 가진 사람의 눈이기도 합니까? 주님께서도 매사를 사람이 보듯이 보신단 말입니까? 5 주님의 날도 사람이 누리는 날처럼 짧기라도 하단 말입니까? 주님의 햇수가 사람이 누리는 햇수와 같이 덧없기라도 하단 말입니까? 6 그렇지 않다면야, 어찌하여 주님께서는 기어이 내 허물을 찾아내려고 하시며, 내 죄를 들추어내려고 하십니까? 7 내게 죄가 없다는 것과, 주님의 손에서 나를 빼낼 사람이 없다는 것은, 주님께서도 아시지 않습니까? 8 주님께서 손수 나를 빚으시고 지으셨는데, 어찌하여 이제 와서, 나에게 등을 돌리시고, 나를 멸망시키려고 하십니까? 9 주님께서는, 진흙을 빚듯이 몸소 이 몸을 지으셨음을 기억해 주십시오. 어찌하여 주님께서는 나를 티끌로

되돌아가게 하십니까? 10 주님께서 내 아버지에게 힘을 주셔서, 나를 낳게 하시고, 어머니가 나를 품에 안고 젖을 물리게 하셨습니다. 11 주님께서 살과 가죽으로 나를 입히시며, 뼈와 근육을 엮어서, 내 몸을 만드셨습니다. 12 주님께서 나에게 생명과 사랑을 주시고, 나를 돌보셔서, 내 숨결까지 지켜 주셨습니다. 13 그러나 지금 생각해 보니, 주님께서는 늘 나를 해치실 생각을 몰래 품고 계셨습니다. 14 주님께서는, 내가 죄를 짓나 안 짓나 지켜 보고 계셨으며, 내가 죄를 짓기라도 하면 용서하지 않으실 작정을 하고 계셨습니다. 15 내가 죄를 짓기만 하면 주님께서는 가차없이 내게 고통을 주시지만, 내가 올바른 일을 한다고 해서 주님께서 나를 믿어 주시지는 않으셨습니다. 그러니 나는 수치를 가득 덮어쓰고서, 고통을 몸으로 겪고 있습니다. 16 내 일이 잘 되기라도 하면, 주님께서는 사나운 사자처럼 나를 덮치시고, 기적을 일으키면서까지 내게 상처를 주려고 하셨습니다. 17 주님께서는 번갈아서, 내게 불리한 증인들을 세우시며, 내게 노여움을 키우시고, 나를 공격할 계획을 세우셨습니다. 18 주님께서 나를 이렇게 할 것이라면 왜 나를 모태에서 살아 나오게 하셨습니까? 차라리 모태에서 죽어서 사람

들의 눈에 띄지나 않았더라면, 좋지 않았겠습니까? 19 생기지도 않은 사람처럼, 모태에서 곧바로 무덤으로 내려갔더라면, 좋았을 것입니다. 20 내가 살 날도 이제 얼마 남지 않았습니다. 나를 좀 혼자 있게 내버려 두십시오. 내게 남은 이 기간만이라도, 내가 잠시라도 쉴 수 있게 해주십시오. 21 어둡고 캄캄한 땅으로 내려가면, 다시는 돌아오지 못합니다. 그리로 가기 전에 잠시 쉬게 해주십시오. 22 그 땅은 흑암처럼 캄캄하고, 죽음의 그늘이 드리워져서 아무런 질서도 없고, 빛이 있다 해도 흑암과 같을 뿐입니다.

11장

소발의 첫 번째 발언

1 나아마 사람 소발이 욥에게 대답하였다. 2 네가 하는 헛소리를 듣고서, 어느 누가 잠잠할 수 있겠느냐? 말이면 다 말인 줄 아느냐? 3 네가 혼자서 큰소리로 떠든다고 해서, 우리가 대답도 하지 못할 것이라고 생각하느냐? 네가 우리를 비웃는데도, 너를 책망할 사람이 없을 줄 아느냐? 4 너는 네 생각이 옳다고 주장하고 주님 보시기에 네가 흠이 없다고 우기지만, 5 이제 하나님이 입을 여셔서 네게 말씀하시고, 6 지혜의 비밀을 네게 드러내어 주시기를 바란다. 지혜란 우리가 이해하기에는 너무나도 어려운 것이다. 너는, 하나님이 네게 내리시는 벌이 네 죄보다 가볍다는 것을 알아야 한다. 7 네가 하나님의 깊은 뜻을 다 알아낼 수 있느냐? 전능하신 분의 무한하심을 다 측량할 수 있느냐? 8 하늘보다 높으니 네가 어찌 미칠 수 있으며, 스올보다 깊으니 네가 어찌 알 수 있겠느냐? 9 그 길이는 땅 끝까지의 길이보다 길고, 그 넓이는 바다보다 넓다. 10 하나님이 두루 지나다니시며, 죄인마다 쇠고랑을 채우고 재판을 여시면, 누가 감히 막을 수 있겠느냐? 11 하나님은, 어떤 사람이 잘못하는지를 분명히 아시고, 악을 보시면 곧바로 분간하신

다. 12 미련한 사람이 똑똑해지기를 바라느니 차라리 들나귀가 사람 낳기를 기다려라. 13 네가 마음을 바르게 먹고, 네 팔을 그분 쪽으로 들고 기도하며, 14 악에서 손을 떼고, 네 집안에 불의가 깃들지 못하게 하면, 15 너도 아무 부끄러움 없이 얼굴을 들 수 있다. 네 마음이 편안해져서, 두려움이 없어질 것이다. 16 괴로운 일을 다 잊게 되고, 그것을 마치 지나간 일처럼 회상하게 될 것이다. 17 네 생활이 한낮보다 더 환해지고, 그 어둠은 아침같이 밝아질 것이다. 18 이제 네게 희망이 생기고, 너는 확신마저 가지게 될 것이다. 사방을 둘러보아도 걱정할 것이 없어서, 안심하고 자리에 누울 수 있게 될 것이다. 19 네가 누워서 쉬어도 너를 깨워서 놀라게 할 사람이 없고, 많은 사람이 네게 잘 보이려고 할 것이다. 20 그러나 악한 사람은 눈이 멀어서, 도망 칠 길마저 찾지 못할 것이다. 그의 희망이라고는 다만 마지막 숨을 잘 거두는 일뿐일 것이다.

12장

욥의 대답

1 욥이 대답하였다. 2 지혜로운 사람이라곤 너희밖에 없는 것 같구나. 너희가 죽으면, 지혜도 너희와 함께 사라질 것 같구나. 3 그러나 나도 너희만큼은 알고 있다. 내가 너희보다 못할 것이 없다. 너희가 한 말을 모를 사람이 어디에 있겠느냐? 4 한때는 내 기도에 하나님이 응답하신 적도 있지만, 지금 나는 친구들의 웃음거리가 되고 말았다. 의롭고 흠 없는 내가 조롱을 받고 있다. 5 고통을 당해 보지 않은 너희가 불행한 내 처지를 비웃고 있다. 너희는 넘어지려는 사람을 떠민다. 6 강도들은 제 집에서 안일하게 지내고, 하나님을 멸시하는 자들도 평안히 산다. 그러므로 그들은, 하나님까지 자기 손에 넣었다고 생각한다. 7 그러나 이제 짐승들에게 물어 보아라. 그것들이 가르쳐 줄 것이다. 공중의 새들에게 물어 보아라. 그것들이 일러줄 것이다. 8 땅에게 물어 보아라. 땅이 가르쳐 줄 것이다. 바다의 고기들도 일러줄 것이다. 9 주님께서 손수 이렇게 하신 것을, 이것들 가운데서 그 무엇이 모르겠느냐? 10 모든 생물의 생명이 하나님의 손 안에 있고, 사람의 목숨 또한 모두 그분의 능력 안에 있지 않느냐? 11 귀가 말을 알아듣지 못하겠느냐? 혀가 음

식맛을 알지 못하겠느냐? 12 노인에게 지혜가 있느냐? 오래 산 사람이 이해력이 깊으냐? 13 그러나 지혜와 권능은 본래 하나님의 것이며, 슬기와 이해력도 그분의 것이다. 14 하나님이 헐어 버리시면 세울 자가 없고, 그분이 사람을 가두시면 풀어 줄 자가 없다. 15 하나님이 물길을 막으시면 땅이 곧 마르고, 물길을 터놓으시면 땅을 송두리째 삼킬 것이다. 16 능력과 지혜가 그분의 것이니, 속는 자와 속이는 자도 다 그분의 통치 아래에 있다. 17 하나님은 고관들을 벗은 몸으로 끌려가게 하시는가 하면, 재판관들을 바보로 만드시기도 하신다. 18 하나님은 왕들이 결박한 줄을 풀어 주시고, 오히려 그들의 허리를 포승으로 묶으신다. 19 하나님은 제사장들을 맨발로 끌려가게 하시며, 권세 있는 자들을 거꾸러뜨리신다. 20 하나님은 자신만만하게 말을 하던 사람을 말문이 막히게 하시며, 나이 든 사람들의 분별력도 거두어 가시고, 21 귀족들의 얼굴에 수치를 쏟아 부으시며, 힘있는 사람들의 허리띠를 풀어 버리신다. 22 하나님은 어둠 가운데서도 은밀한 것들을 드러내시며, 죽음의 그늘조차도 대낮처럼 밝히신다. 23 하나님은 민족들을 강하게도 하시고, 망하게도 하시고, 뻗어 나게도 하시고, 흩어 버리기도 하신

다. 24 하나님은 이 땅 백성의 지도자들을 얼이 빠지게 하셔서, 길 없는 거친 들에서 방황하게 하신다. 25 하나님은 그들을 한 가닥 빛도 없는 어둠 속에서 더듬게도 하시며, 술취한 사람처럼 비틀거리게도 하신다.

13장

계속되는 욥의 대답

1 내가 이 모든 것을 내 눈으로 똑똑히 보고, 내 귀로 다 들어서 안다. 2 너희가 아는 것만큼은 나도 알고 있으니, 내가 너희보다 못할 것이 없다. 3 그러나 나는 전능하신 분께 말씀드리고 싶고, 하나님께 내 마음을 다 털어놓고 싶다. 4 너희는 무식을 거짓말로 때우는 사람들이다. 너희는 모두가 돌팔이 의사나 다름없다. 5 입이라도 좀 다물고 있으면, 너희의 무식이 탄로 나지는 않을 것이다. 6 너희는 내 항변도 좀 들어 보아라. 내가 내 사정을 호소하는 동안 귀를 좀 기울여 주어라. 7 너희는 왜 허튼 소리를 하느냐? 너희는 하나님을 위한다는 것을 빌미삼아 알맹이도 없는 말을 하느냐? 8 법정에서 하나님을 변호할 셈이냐? 하나님을 변호하려고 논쟁을 할 셈이냐? 9 하나님이 너희를 자세히 조사하셔도 좋겠느냐? 너희가 사람을 속이듯, 그렇게 그분을 속일 수 있을 것 같으냐? 10 거짓말로 나를 고발하면, 그분께서 너희의 속마음을 여지없이 폭로하실 것이다. 11 그분의 존엄하심이 너희에게 두려움이 될 것이며, 그분에 대한 두려움이 너희를 사로잡을 것이다. 12 너희의 격언은 한낱 쓸모 없는 잡담일 뿐이고, 너희의 논쟁은 흙벽에 써 놓은 답

변에 불과하다. 13 이제는 좀 입을 다물고, 내가 말할 기회를 좀 주어라. 결과가 어찌 되든지, 그것은 내가 책임 지겠다. 14 나라고 해서 어찌 이를 악물고서라도 내 생명을 스스로 지키려 하지 않겠느냐? 15 하나님이 나를 죽이려고 하셔도, 나로서는 잃을 것이 없다. 그러나 내 사정만은 그분께 아뢰겠다. 16 적어도 이렇게 하는 것이, 내게는 구원을 얻는 길이 될 것이다. 사악한 자는 그분 앞에 감히 나서지도 못할 것이다. 17 너희는 이제 내가 하는 말에 귀를 기울여라. 내가 하는 말을 귀담아 들어라. 18 나를 좀 보아라, 나는 이제 말할 준비가 되어 있다. 내게는, 내가 죄가 없다는 확신이 있다. 19 하나님, 나를 고발하시겠습니까? 그러면 나는 조용히 입을 다물고 죽을 각오를 하고 있겠습니다.

욥의 기도

20 내가 하나님께 바라는 것은 두 가지밖에 없습니다. 그것을 들어주시면, 내가 주님을 피하지 않겠습니다. 21 나를 치시는 그 손을 거두어 주시고, 제발 내가 이렇게 두려워 떨지 않게 해주십시오. 22 하나님, 하나님께서 먼저 말씀하시면, 내가 대답하겠습니다. 그렇지 않으시면 내가 먼저 말씀드

리게 해주시고, 주님께서 내게 대답해 주십시오. 23 내가 지은 죄가 무엇입니까? 내가 무슨 잘못을 저질렀습니까? 내가 어떤 범죄에 연루되어 있습니까? 24 어찌하여 주님께서 나를 피하십니까? 어찌하여 주님께서 나를 원수로 여기십니까? 25 주님께서는 줄곧 나를 위협하시렵니까? 나는 바람에 날리는 나뭇잎 같을 뿐입니다. 주님께서는 지금 마른 지푸라기 같은 나를 공격하고 계십니다. 26 주님께서는 지금, 내가 어릴 때에 한 일까지도 다 들추어 내시면서, 나를 고발하십니다. 27 내 발에 차꼬를 채우시고, 내가 가는 모든 길을 낱낱이 지켜 보시며, 발바닥 닿는 자국까지 다 조사하고 계십니다. 28 그래서 저는 썩은 물건과도 같고, 좀먹은 의복과도 같습니다.

1 여인에게서 태어난 사람은 그 사는 날이 짧은데다가, 그 생애마저 괴로움으로만 가득 차 있습니다. 2 피었다가 곧 시드는 꽃과 같이, 그림자 같이, 사라져서 멈추어 서지를 못 합니다. 3 주님께서는 이렇게 미미한 것을 눈여겨 살피시겠 다는 겁니까? 더욱이 저와 같은 것을 심판대로 데리고 가셔 서, 심판하시겠다는 겁니까? 4 그 누가 불결한 것에서, 정결 한 것이 나오게 할 수 있겠습니까? 아무도 그렇게 할 수 없 습니다. 5 인생이 살아갈 날 수는 미리 정해져 있고, 그 달 수도 주님께서는 다 헤아리고 계십니다. 주님께서는 사람 이 더 이상 넘어갈 수 없는 한계를 정하셨습니다. 6 그러므 로 사람에게서 눈을 돌리셔서 그가 숨을 좀 돌리게 하시고, 자기가 살 남은 시간을 품꾼만큼이라도 한 번 마음껏 살게 해주십시오. 7 한 그루 나무에도 희망이 있습니다. 찍혀도 다시 움이 돋아나고, 그 가지가 끊임없이 자라나고, 8 비록 그 뿌리가 땅 속에서 늙어서 그 그루터기가 흙에 묻혀 죽어 도, 9 물기운만 들어가면 다시 싹이 나며, 새로 심은 듯이 가지를 뻗습니다. 10 그러나 아무리 힘센 사람이라도 한 번 죽으면 사라지게 되어 있고, 숨을 거두면 그가 어디에 있는 지도 모르게 됩니다. 11 물이 말라 버린 강처럼, 바닥이 드

러난 호수처럼, 12 사람도 죽습니다. 죽었다 하면 다시 일어나지 못합니다. 하늘이 없어지면 없어질까, 죽은 사람이 눈을 뜨지는 못합니다. 13 차라리 나를 스올에 감추어 두실 수는 없으십니까? 주님의 진노가 가실 때까지만이라도 나를 숨겨 주시고, 기한을 정해 두셨다가 뒷날에 다시 기억해 주실 수는 없습니까? 14 아무리 대장부라 하더라도 죽으면 그만입니다. 그러므로 나는 더 좋은 때를 기다리겠습니다. 이 고난의 때가 지나가기까지 기다리겠습니다. 15 그 때에 주님께서 나를 불러 주시면, 내가 대답하겠습니다. 주님께서도 손수 지으신 나를 보시고 기뻐하실 것입니다. 16 그러므로 지금은 주님께서 내 모든 걸음걸음을 세고 계시지만, 그 때에는 내 죄를 살피지 않으실 것입니다. 17 주님께서는 내 허물을 자루에 넣어 봉하시고, 내 잘못을 덮어 주실 것입니다. 18 산이 무너져 내리고, 큰 바위조차 제자리에서 밀려나듯이, 19 물이 바위를 굴려 내고 폭우가 온 세상 먼지를 급류로 씻어 내듯이, 20 주님께서는 연약한 사람의 삶의 희망도 그렇게 끊으십니다. 주님께서 사람을 끝까지 억누르시면, 창백하게 질린 얼굴로 주님 앞에서 쫓겨날 것입니다. 21 자손이 영광을 누려도 그는 알지 못하며, 자손이 비

천하게 되어도 그 소식 듣지 못합니다. 22 그는 다만 제 몸 아픈 것만을 느끼고, 제 슬픔만을 알 뿐입니다.

15장

엘리바스의 두 번째 발언

1 데만 사람 엘리바스가 대답하였다. 2 지혜롭다는 사람이, 어찌하여 열을 올리며 궤변을 말하느냐? 3 쓸모 없는 이야기로 논쟁이나 일삼고, 아무 유익도 없는 말로 다투기만 할 셈이냐? 4 정말 너야말로 하나님을 두려워하는 마음도 내던져 버리고, 하나님 앞에서 뉘우치며 기도하는 일조차도 팽개쳐 버리는구나. 5 네 죄가 네 입을 부추겨서, 그 혀로 간사한 말만 골라서 하게 한다. 6 너를 정죄하는 것은 네 입이지, 내가 아니다. 바로 네 입술이 네게 불리하게 증언한다. 7 네가 맨 처음으로 세상에 태어난 사람이기라도 하며, 산보다 먼저 생겨난 존재라도 되느냐? 8 네가 하나님의 회의를 엿듣기라도 하였느냐? 어찌하여 너만 지혜가 있다고 주장하느냐? 9 우리가 알지 못하는 어떤 것을 너 혼자만 알고 있기라도 하며, 우리가 깨닫지 못하는 그 무엇을 너 혼자만 깨닫기라도 하였다는 말이냐? 10 우리가 사귀는 사람 가운데는, 나이가 많은 이도 있고, 머리가 센 이도 있다. 네 아버지보다 나이가 더 든 이도 있다. 11 하나님이 네게 위로를 베푸시는데도, 네게는 그 위로가 별것 아니란 말이냐? 하나님이 네게 부드럽게 말씀하시는데도, 네게는 그 말씀이 하

date : /   /   /

찮게 들리느냐? 12 무엇이 너를 그렇게 건방지게 하였으며, 그처럼 눈을 부라리게 하였느냐? 13 어찌하여 너는 하나님께 격한 심정을 털어놓으며, 하나님께 함부로 입을 놀려 대느냐? 14 인생이 무엇이기에 깨끗하다고 할 수 있겠으며, 여인에게서 태어난 사람이 무엇이기에 의롭다고 할 수 있겠느냐? 15 바로 그것이다. 하나님은 당신의 천사들마저도 반드시 신뢰할 수 있다고 여기지는 않으신다. 그분 눈에는 푸른 하늘도 깨끗하게만 보이지는 않는다. 16 하물며 구역질 나도록 부패하여 죄를 물 마시듯 하는 사람이야 어떠하겠느냐? 17 네게 가르쳐 줄 것이 있으니, 들어 보아라. 내가 배운 지혜를 네게 말해 주겠다. 18 이것은 내가 지혜로운 사람들에게서 배운 것이고, 지혜로운 사람들도 자기 조상에게서 배운 공개된 지혜다. 19 그들이 살던 땅은 이방인이 없는 땅이고, 거기에서는 아무도 그들을 곁길로 꾀어 내서 하나님을 떠나게 하지 못하였다. 20 악한 일만 저지른 자들은 평생 동안 분노 속에서 고통을 받으며, 잔인하게 살아온 자들도 죽는 날까지 같은 형벌을 받는다. 21 들리는 소식이라고는 다 두려운 소식뿐이고, 좀 평안해졌는가 하면 갑자기 파괴하는 자가 들이닥치는 것이다. 22 그런 사람은, 어디에

선가 칼이 목숨을 노리고 있으므로, 흑암에서 벗어나서 도망할 희망마저 가질 수 없다. 23 날짐승이 그의 주검을 먹으려고 기다리고 있으니, 더 이상 앞날이 없음을 그는 깨닫는다. 24 재난과 고통이, 공격할 준비가 다 된 왕처럼, 그를 공포 속에 몰아넣고 칠 것이다. 25 이것은 모두 그가, 하나님께 대항하여 주먹을 휘두르고, 전능하신 분을 우습게 여긴 탓이 아니겠느냐? 26 전능하신 분께 거만하게 달려들고, 방패를 앞세우고 그분께 덤빈 탓이다. 27 비록, 얼굴에 기름이 번지르르 흐르고, 잘 먹어서 배가 나왔어도, 28 그가 사는 성읍이 곧 폐허가 되고, 사는 집도 폐가가 되어서, 끝내 돌무더기가 되고 말 것이다. 29 그는 더 이상 부자가 될 수 없고, 재산은 오래 가지 못하며, 그림자도 곧 사라지고 말 것이다. 30 어둠이 엄습하면 피하지 못할 것이며, 마치 가지가 불에 탄 나무와 같을 것이다. 꽃이 바람에 날려 사라진 나무와 같을 것이다. 31 그가 헛것을 의지할 만큼 어리석다면, 악이 그가 받을 보상이 될 것이다. 32 그런 사람은 때가 되지도 않아, 미리 시들어 버릴 것이며, 마른 나뭇가지처럼 되어, 다시는 움을 틔우지 못할 것이다. 33 익지도 않은 포도가 마구 떨어지는 포도나무처럼 되고, 꽃이 다 떨어져서 열

매를 맺지 못하는 올리브 나무처럼 될 것이다. 34 하나님을 두려워하지 않는 무리는 이렇게 메마르고, 뇌물로 지은 장막은 불에 탈 것이다. 35 재난을 잉태하고 죄악만을 낳으니, 그들의 뱃속에는 거짓만 들어 있을 뿐이다.

16장

욥의 대답

1 욥이 대답하였다. 2 그런 말은 전부터 많이 들었다. 나를 위로한다고 하지만, 오히려 너희는 하나같이 나를 괴롭힐 뿐이다. 3 너희는 이런 헛된 소리를 끝도 없이 계속할 테냐? 무엇에 홀려서, 그렇게 말끝마다 나를 괴롭히느냐? 4 너희가 내 처지가 되면, 나도 너희처럼 말할 수 있을 것이다. 나도 너희에게 마구 말을 퍼부으며, 가엾다는 듯이 머리를 내저을 것이다. 5 내가 입을 열어 여러 가지 말로 너희를 격려하며, 입에 발린 말로 너희를 위로하였을 것이다. 6 내가 아무리 말을 해도, 이 고통 줄어들지 않습니다. 입을 다물어 보아도 이 아픔이 떠나가지 않습니다. 7 주님께서 나를 기진맥진하게 하시고, 내가 거느리고 있던 자식들을 죽이셨습니다. 8 주님께서 나를 체포하시고, 주님께서 내 적이 되셨습니다. 내게 있는 것이라고는, 피골이 상접한 앙상한 모습뿐입니다. 이것이 바로 주님께서 나를 치신 증거입니다. 사람들은 피골이 상접한 내 모습을 보고, 내가 지은 죄로 내가 벌을 받았다고 합니다. 9 주님께서 내게 분노하시고, 나를 미워하시며, 내게 이를 가시며, 내 원수가 되셔서, 살기 찬 눈초리로 나를 노려보시니, 10 사람들도 나를 경멸하는구나. 욕하며,

빰을 치는구나. 모두 한패가 되어 내게 달려드는구나. 11 하나님이 나를 범법자에게 넘겨 버리시며, 나를 악한 자의 손아귀에 내맡기셨다. 12 나는 평안히 살고 있었는데, 하나님이 나를 으스러뜨리셨다. 내 목덜미를 잡고 내던져서, 나를 부스러뜨리셨다. 그가 나를 세우고 과녁을 삼으시니, 13 그가 쏜 화살들이 사방에서 나에게 날아든다. 그가 사정없이 내 허리를 뚫으시고, 내 내장을 땅에 쏟아 내신다. 14 그가 나를 갈기갈기 찢고 또 찢으시려고 용사처럼 내게 달려드신다. 15 내가 맨살에 베옷을 걸치고 통곡한다. 내 위세를 먼지 속에 묻고, 여기 이렇게 시궁창에 앉아 있다. 16 하도 울어서, 얼굴마저 핏빛이 되었고, 눈꺼풀에는 죽음의 그림자가 덮여 있다. 17 그러나 나는 폭행을 저지른 일이 없으며, 내 기도는 언제나 진실하였다. 18 땅아, 내게 닥쳐온 이 잘못된 일을 숨기지 말아라! 애타게 정의를 찾는 내 부르짖음이 허공에 흩어지게 하지 말아라! 19 하늘에 내 증인이 계시고, 높은 곳에 내 변호인이 계신다! 20 내 중재자는 내 친구다. 나는 하나님께 눈물로 호소한다. 21 사람이 친구를 위하여 변호하듯이, 그가 하나님께 내 사정을 아뢴다. 22 이제 몇 해만 더 살면, 나는 돌아오지 못하는 길로 갈 것이다.

17장

1 기운도 없어지고, 살 날도 얼마 남지 않고, 무덤이 나를 기다리고 있구나. 2 조롱하는 무리들이 나를 둘러싸고 있으니, 그들이 얼마나 심하게 나를 조롱하는지를 내가 똑똑히 볼 수 있다. 3 주님, 주님께서 친히 내 보증이 되어 주십시오. 내 보증이 되실 분은 주님 밖에는 아무도 없습니다. 4 주님께서 그들의 마음을 마비시키셔서 다시는 내게 우쭐대지 못하게 해주십시오. 5 옛 격언에도 이르기를 '돈에 눈이 멀어 친구를 버리면, 자식이 눈이 먼다' 하였다. 6 사람들이 이 격언을 가지고 나를 공격하는구나. 사람들이 와서 내 얼굴에 침을 뱉는구나. 7 근심 때문에 눈이 멀고, 팔과 다리도 그림자처럼 야위어졌다. 8 정직하다고 자칭하는 자들이 이 모습을 보고 놀라며, 무죄하다고 자칭하는 자들이 나를 보고 불경스럽다고 규탄하는구나. 9 자칭 신분이 높다는 자들은, 더욱더 자기들이 옳다고 우기는구나. 10 그러나 그런 자들이 모두 와서 내 앞에 선다 해도, 나는 그들 가운데서 단 한 사람의 지혜자도 찾지 못할 것이다. 11 내가 살 날은 이미 다 지나갔다. 계획도 희망도 다 사라졌다. 12 내 친구들의 말이 '밤이 대낮이 된다' 하지만, '밝아온다' 하지만, 내가 이 어둠 속에서 벗어나지 못한다는

것을, 나는 알고 있다. 13 내 유일한 희망은, 죽은 자들의 세계로 가는 것이다. 거기 어둠 속에 잠자리를 펴고 눕는 것뿐이다. 14 나는 무덤을 '내 아버지'라고 부르겠다. 내 주검을 파먹는 구더기를 '내 어머니, 내 누이들'이라고 부르겠다. 15 내가 희망을 둘 곳이 달리 더 있는가? 내가 희망을 둘 곳이 달리 어디 있는지, 아는 사람이 있는가? 16 내가 죽은 자들이 있는 곳으로 내려갈 때에, 희망이 나와 함께 내려가지 못할 것이다.

18장

빌닷의 두 번째 발언

1 수아 사람 빌닷이 대답하였다. 2 너는 언제 입을 다물 테냐? 제발 좀 이제라도 눈치를 채고서 말을 그치면, 우리가 말을 할 수 있겠다. 3 어찌하여 너는 우리를 짐승처럼 여기며, 어찌하여 우리를 어리석게 보느냐? 4 화가 치밀어서 제 몸을 갈기갈기 찢는 사람아, 네가 그런다고 이 땅이 황무지가 되며, 바위가 제자리에서 밀려나느냐? 5 결국 악한 자의 빛은 꺼지게 마련이고, 그 불꽃도 빛을 잃고 마는 법이다. 6 그의 집 안을 밝히던 빛은 점점 희미해지고, 환하게 비추어 주던 등불도 꺼질 것이다. 7 그의 힘찬 발걸음이 뒤뚱거리며, 제 꾀에 제가 걸려 넘어지게 될 것이다. 8 제 발로 그물에 걸리고, 스스로 함정으로 걸어 들어가니, 9 그의 발뒤꿈치는 덫에 걸리고, 올가미가 그를 단단히 죌 것이다. 10 땅에 묻힌 밧줄이 그를 기다리고 길목에 숨겨진 덫이 그를 노린다. 11 죽음의 공포가 갑자기 그를 엄습하고, 그를 시시각각으로 괴롭히며, 잠시도 그를 놓아 주지 않을 것이다. 12 악인이 그처럼 부자였어도, 이제는 굶주려서 기운이 빠지며, 그 주변에 재앙이 늘 도사리고 있다. 13 그의 살갗은 성한 곳 없이 썩어 들어가고, 마침내 죽을 병이 그의

팔다리를 파먹을 것이다. 14 그는, 믿고 살던 집에서 쫓겨나서, 죽음의 세계를 통치하는 왕에게로 끌려갈 것이다. 15 그의 것이라고는 무엇 하나 집에 남아 있지 않으며, 그가 살던 곳에는 유황이 뿌려질 것이다. 16 밑에서는 그의 뿌리가 마르고, 위에서는 그의 가지가 잘릴 것이다. 17 이 땅에서는 아무도 그를 기억하지 못하고, 어느 거리에서도 그의 이름을 부르는 이가 없을 것이다. 18 사람들이 그를, 밝은 데서 어두운 곳으로 몰아넣어, 사람 사는 세계에서 쫓아낼 것이다. 19 그의 백성 가운데는, 그의 뒤를 잇는 자손이 남아 있지 않을 것이다. 그의 집안에는 남아 있는 이가 하나도 없을 것이다. 20 동쪽 사람들이 그의 종말을 듣고 놀라듯이, 서쪽 사람들도 그의 말로를 듣고 겁에 질릴 것이다. 21 악한 자의 집안은 반드시 이런 일을 당하며, 하나님을 알지 못하는 자가 사는 곳이 이렇게 되고 말 것이다.

19장

욥의 대답

1 욥이 대답하였다. 2 네가 언제까지 내 마음을 괴롭히며, 어느 때까지 말로써 나를 산산조각 내려느냐? 3 너희가 나를 모욕한 것이 이미 수십 번이거늘, 그렇게 나를 학대하고도 부끄럽지도 않으냐? 4 참으로 내게 잘못이 있다 하더라도, 그것은 내 문제일 뿐이고, 너희를 괴롭히는 것은 아니다. 5 너희 생각에는 너희가 나보다 더 낫겠고, 내가 겪는 이 모든 고난도 내가 지은 죄를 증명하는 것이겠지. 6 그러나 이것만은 알아야 한다. 나를 궁지로 몰아넣으신 분이 하나님이시고, 나를 그물로 덮어씌우신 분도 하나님이시다. 7 "폭력이다!" 하고 부르짖어도 듣는 이가 없다. "살려 달라!"고 부르짖어도 귀를 기울이는 이가 없다. 8 하나님이, 내가 가는 길을 높은 담으로 막으시니, 내가 지나갈 수가 없다. 내 가는 길을 어둠으로 가로막으신다. 9 내 영광을 거두어 가시고, 머리에서 면류관을 벗겨 가셨다. 10 내 온몸을 두들겨 패시니, 이젠 내게 희망도 없다. 나무 뿌리를 뽑듯이, 내 희망을 뿌리째 뽑아 버리셨다. 11 하나님이 내게 불같이 노하셔서, 나를 적으로 여기시고, 12 나를 치시려고 군대를 보내시니 그 군대는 나를 치려고 길을 닦고,

date :   /   /   /

내 집을 포위하였다. 13 그가 내 가족을 내게서 멀리 떠나가게 하시니, 나를 아는 이들마다, 낯선 사람이 되어 버렸다. 14 친척들도 나를 버렸으며, 가까운 친구들도 나를 잊었다. 15 내 집에 머무르는 나그네와 내 여종들까지도 나를 낯선 사람으로 대하니, 그들의 눈에, 나는 완전히 낯선 사람이 되고 말았다. 16 종을 불러도 대답조차 안 하니, 내가 그에게 애걸하는 신세가 되었고, 17 아내조차 내가 살아 숨쉬는 것을 싫어하고, 친형제들도 나를 역겨워한다. 18 어린 것들까지도 나를 무시하며, 내가 일어나기만 하면 나를 구박한다. 19 친한 친구도 모두 나를 꺼리며, 내가 사랑하던 이들도 내게서 등을 돌린다. 20 나는 피골이 상접하여 뼈만 앙상하게 드러나고, 잇몸으로 겨우 연명하는 신세가 되었다. 21 너희는 내 친구들이니, 나를 너무 구박하지 말고 불쌍히 여겨다오. 하나님이 손으로 나를 치셨는데, 22 어찌하여 너희마저 마치 하나님이라도 된 듯이 나를 핍박하느냐? 내 몸이 이 꼴인데도, 아직도 성에 차지 않느냐? 23 아, 누가 있어 내가 하는 말을 듣고 기억하여 주었으면! 24 누가 있어 내가 하는 말을 비망록에 기록하여 주었으면! 누가 있어 내가 한 말이 영원히 남도록 바위에 글을 새겨 주었으

면! 25 그러나 나는 확신한다. 내 구원자가 살아 계신다. 나를 돌보시는 그가 땅 위에 우뚝 서실 날이 반드시 오고야 말 것이다. 26 내 살갗이 다 썩은 다음에라도, 내 육체가 다 썩은 다음에라도, 나는 하나님을 뵈올 것이다. 27 내가 그를 직접 뵙겠다. 이 눈으로 직접 뵐 때에, 하나님이 낯설지 않을 것이다. 내 간장이 다 녹는구나! 28 나는 너희가 무슨 말을 할지 잘 알고 있다. 너희는 내게 고통을 줄 궁리만 하고 있다. 너희는 나를 칠 구실만 찾고 있다. 29 그러나 이제 너희는 칼을 두려워해야 한다. 칼은 바로 죄 위에 내리는 하나님의 분노다. 너희는, 심판하시는 분이 계시다는 것을 알아야 할 것이다.

20장

소발의 두 번째 발언

1 나아마 사람 소발이 대답하였다. 2 입을 다물고 있으려 했으나, 네 말을 듣고 있자니 화가 나서 참을 수가 없다. 3 네가 하는 말을 듣고 있자니 모두 나를 모욕하는 말이다. 그러나 깨닫게 하는 영이 내게 대답할 말을 일러주었다. 4 너도 이런 것쯤은 알고 있을 것이다. 이 땅에 사람이 생기기 시작한 그 옛날로부터, 5 악한 자의 승전가는 언제나 잠깐뿐이었으며, 경건하지 못한 자의 기쁨도 순간일 뿐이었다. 6 교만이 하늘 높은 줄 모르고, 머리가 구름에 닿는 것 같아도, 7 마침내 그도 분토처럼 사라지고 말며, 그를 본 적이 있는 사람도 그 교만한 자가 왜 안 보이느냐고 물으리라는 것쯤은, 너도 알고 있을 것이다. 8 꿈같이 잊혀져 다시는 흔적을 찾을 수 없게 되며, 마치 밤에 본 환상처럼 사라질 것이다. 9 그를 본 적이 있는 사람도 다시는 그를 볼 수 없으며, 그가 살던 곳에서도 다시는 그를 볼 수 없을 것이다. 10 그 자녀들이 가난한 사람에게 용서를 구할 것이며, 착취한 재물을 가난한 사람에게 배상하게 될 것이다. 11 그의 몸에 한때는 젊음이 넘쳤어도, 그 젊음은 역시 그와 함께 먼지 속에 눕게 될 것이다. 12 그가 혀로 악을 맛보니, 맛

이 좋았다. 13 그래서 그는 악을 혀 밑에 넣고, 그 달콤한 맛을 즐겼다. 14 그러나 그것이 뱃속으로 내려가서는 쓴맛으로 변해 버렸다. 그것이 그의 몸 속에서 독사의 독이 되어 버렸다. 15 그 악한 자는 꿀꺽 삼킨 재물을 다 토해 냈다. 하나님은 이렇게 그 재물을 그 악한 자의 입에서 꺼내어서 빼앗긴 사람들에게 되돌려 주신다. 16 악한 자가 삼킨 것은 독과도 같은 것, 독사에 물려 죽듯이 그 독으로 죽는다. 17 올리브 기름이 강물처럼 흐르는 것을 그는 못 볼 것이다. 젖과 꿀이 흐르는 것도 못 볼 것이다. 18 그는 수고하여 얻은 것을 마음대로 먹지도 못하고 되돌려보내며, 장사해서 얻은 재물을 마음대로 누리지도 못할 것이다. 19 이것은, 그가 가난한 이들을 억압하고 돌보지 않았기 때문이며, 자기가 세우지도 않은 남의 집을 강제로 빼앗았기 때문이다. 20 그는 아무리 가져도 만족하지 못한다. 탐욕에 얽매여 벗어나지를 못한다. 21 먹을 때에는 남기는 것 없이 모조리 먹어 치우지만, 그의 번영은 오래 가지 못한다. 22 성공하여 하늘 끝까지 이를 때에, 그가 재앙을 만나고, 온갖 불운이 그에게 밀어닥칠 것이다. 23 그가 먹고 싶은 대로 먹게 놓아 두어라. 하나님이 그에게 맹렬한 진노를 퍼부으시며, 분노를 비처럼

쏟으실 것이다. 24 그가 철 무기를 피하려 해도, 놋화살이 그를 꿰뚫을 것이다. 25 등을 뚫고 나온 화살을 빼낸다 하여도, 쓸개를 휘젓고 나온 번쩍이는 활촉이 그를 겁에 질리게 할 것이다. 26 그가 간직한 평생 모은 모든 재산이 삽시간에 없어지고, 풀무질을 하지 않아도 저절로 타오르는 불길이 그를 삼킬 것이며, 그 불이 집에 남아 있는 사람들까지 사를 것이다. 27 하늘이 그의 죄악을 밝히 드러내며, 땅이 그를 고발할 것이다. 28 하나님이 진노하시는 날에, 그 집의 모든 재산이 홍수에 쓸려가듯 다 쓸려갈 것이다. 29 이것이, 악한 사람이 하나님께 받을 몫이며, 하나님이 그의 것으로 정해 주신 유산이 될 것이다.

21장

욥의 대답

1 욥이 대답하였다. 2 너희는 내 말을 건성으로 듣지 말아라. 너희가 나를 위로할 생각이면, 내가 하는 말에 귀를 기울여라. 그것이 내게는 유일한 위로이다. 3 내게도 말할 기회를 좀 주어라. 조롱하려면, 내 말이 다 끝난 다음에나 해라. 4 내가 겨우 썩어질 육신을 두고 논쟁이나 하겠느냐? 내가 이렇게 초조해하는 데에는, 그럴 이유가 있다. 5 내 곤경을 좀 보아라. 놀라지 않을 수 없을 것이다. 기가 막혀 손으로 입을 막고 말 것이다. 6 내게 일어난 일은 기억에 떠올리기만 해도 떨리고, 몸에 소름이 끼친다. 7 어찌하여 악한 자들이 잘 사느냐? 어찌하여 그들이 늙도록 오래 살면서 번영을 누리느냐? 8 어찌하여 악한 자들이 자식을 낳고, 자손을 보며, 그 자손이 성장하는 것까지 본다는 말이냐? 9 그들의 가정에는 아무런 재난도 없고, 늘 평화가 깃들며, 하나님마저도 채찍으로 치시지 않는다. 10 그들의 수소는 틀림없이 새끼를 배게 하며, 암소는 새끼를 밸 때마다 잘도 낳는다. 11 어린 자식들은, 바깥에다가 풀어 놓으면, 양 떼처럼 뛰논다. 12 소구와 거문고에 맞춰서 목청을 돋우며, 피리소리에 어울려서 흥겨워하는구나. 13 그들은 그렇게 일생을

행복하게 살다가, 죽을 때에는 아무런 고통도 없이 조용하게 스올로 내려간다. 14 그런데도 악한 자들은, 자기들을 그냥 좀 내버려 두라고 하나님께 불평을 한다. 이렇게 살면 되지, 하나님의 뜻을 알 필요가 무엇이냐고 한다. 15 전능하신 분이 누구이기에 그를 섬기며, 그에게 기도한다고 해서 무슨 도움이 되겠느냐고 한다. 16 그들은 자기들의 성공이 자기들 힘으로 이룬 것이라고 주장하지만, 나는 그들의 생각을 용납할 수 없다. 17 악한 자들의 등불이 꺼진 일이 있느냐? 과연 그들에게 재앙이 닥친 일이 있느냐? 하나님이 진노하시어, 그들을 고통에 빠지게 하신 적이 있느냐? 18 그들이 바람에 날리는 검불과 같이 된 적이 있느냐? 폭풍에 날리는 겨와 같이 된 적이 있느냐? 19 너희는 "하나님이 아버지의 죄를 그 자식들에게 갚으신다" 하고 말하지만, 그런 말 말아라! 죄 지은 그 사람이 벌을 받아야 한다. 그래야만 그가 제 죄를 깨닫는다. 20 죄인은 제 스스로 망하는 꼴을 제 눈으로 보아야 하며, 전능하신 분께서 내리시는 진노의 잔을 받아 마셔야 한다. 21 무너진 삶을 다 살고 죽을 때가 된 사람이라면, 제 집에 관해서 무슨 관심이 더 있겠느냐? 22 하나님은 높은 곳에 있는 자들까지 심판하는 분이신

데, 그에게 사람이 감히 지식을 가르칠 수 있겠느냐? 23 어떤 사람은 죽을 때까지도 기력이 정정하다. 죽을 때에도 행복하게, 편안하게 죽는다. 24 평소에 그의 몸은 어느 한 곳도 영양이 부족하지 않으며, 뼈마디마다 생기가 넘친다. 25 그러나 어떤 사람은 행복 하고는 거리가 멀다. 고통스럽게 살다가, 고통스럽게 죽는다. 26 그러나 그들 두 사람은 다 함께 티끌 속에 눕고 말며, 하나같이 구더기로 덮이는 신세가 된다. 27 너희의 생각을 내가 다 잘 알고 있다. 너희의 속셈은 나를 해하려는 것이다. 28 너희의 말이 "세도 부리던 자의 집이 어디에 있으며, 악한 자가 살던 집이 어디에 있느냐?" 한다. 29 너희는 세상을 많이 돌아다닌 견문 넓은 사람들과 말을 해 본 일이 없느냐? 너희는 그 여행자들이 하는 말을 알지 못하느냐? 30 그들이 하는 말을 들어 보아라. 하나님이 진노하셔서 재앙을 내리셔도, 항상 살아 남는 사람은 악한 자라고 한다. 31 그 악한 자를 꾸짖는 사람도 없고, 그가 저지른 대로 징벌하는 이도 없다고 한다. 32 그가 죽어 무덤으로 갈 때에는, 그 화려하게 가꾼 무덤으로 갈 때에는, 33 수도 없는 조객들이 장례 행렬을 따르고, 골짜기 흙마저 그의 시신을 부드럽게 덮어 준다고 한다. 34 그런데

어찌하여 너희는 빈말로만 나를 위로하려 하느냐? 너희가
하는 말은 온통 거짓말뿐이다.

22장

엘리바스의 세 번째 발언

1 데만 사람 엘리바스가 대답하였다. 2 사람이 하나님께 무슨 유익을 끼쳐드릴 수 있느냐? 아무리 슬기로운 사람이라고 해도, 그분께 아무런 유익을 끼쳐드릴 수가 없다. 3 네가 올바르다고 하여 그것이 전능하신 분께 무슨 기쁨이 되겠으며, 네 행위가 온전하다고 하여 그것이 그분께 무슨 유익이 되겠느냐? 4 네가 하나님을 경외한 것 때문에, 하나님이 너를 책망하시며, 너를 심판하시겠느냐? 5 오히려 네 죄가 많고, 네 죄악이 끝이 없으니, 그러한 것이 아니냐? 6 네가 까닭 없이 친족의 재산을 압류하고, 옷을 빼앗아 헐벗게 하고, 7 목마른 사람에게 마실 물 한 모금도 주지 않고, 배고픈 사람에게 먹을 것도 주지 않았기 때문이 아니겠느냐? 8 너는 권세를 이용하여 땅을 차지하고, 지위를 이용하여 이 땅에서 거들먹거리면서 살았다. 9 너는 과부들을 빈손으로 돌려보내고, 고아들을 혹사하고 학대하였다. 10 그러기에 이제 네가 온갖 올무에 걸려 들고, 공포에 사로잡힌 것이다. 11 어둠이 덮쳐서 네가 앞을 볼 수 없고, 홍수가 너를 뒤덮는 것이다. 12 하나님이 하늘 높은 곳에 계시지 않느냐? 저 공중에 높이 떠 있는 별들까지도, 하나님이 내려

다보고 계시지 않느냐? 13 그런데도 너는 "하나님이 무엇을 아시겠으며, 검은 구름 속에 숨어 계시면서 어떻게 우리를 심판하실 수 있겠느냐? 14 짙은 구름에 그가 둘러싸여 어떻게 보실 수 있겠느냐? 다만 하늘에서만 왔다갔다 하실 뿐이겠지!" 하는구나. 15 너는 아직도 옛 길을 고집할 셈이냐? 악한 자들이 걷던 그 길을 고집할 셈이냐? 16 그들은 때가 되기도 전에 사로잡혀 갔고, 그 기초가 무너져서 강물에 떠내려가 버렸다. 17 그런데도 그들은 하나님께 말하기를 "우리를 좀 그냥 내버려 두십시오. 전능하신 분이라고 하여 우리에게 무슨 일을 더 하실 수 있겠습니까?" 하였다. 18 그들의 집에 좋은 것을 가득 채워 주신 분이 바로 하나님이신데도 악한 자들이 그런 생각을 하다니, 나는 이해할 수 없다. 19 그런 악한 자가 형벌을 받을 때에, 의로운 사람이 그것을 보고 기뻐하며, 죄 없는 사람들이 그것을 보고 비웃기를 20 "과연 우리 원수는 전멸되고, 남은 재산은 불에 타서 없어졌다" 할 것이다. 21 그러므로 너는 하나님과 화해하고, 하나님을 원수로 여기지 말아라. 그러면 하나님이 너에게 은총을 베푸실 것이다. 22 하나님이 친히 말씀하여 주시는 교훈을 받아들이고, 그의 말씀을 네 마음에 깊이 간직

하여라. 23 전능하신 분에게로 겸손하게 돌아가면, 너는 다시 회복될 것이다. 온갖 불의한 것을 네 집 안에서 내버려라. 24 황금도 티끌 위에다가 내버리고, 오빌의 정금도 계곡의 돌바닥 위에 내던져라. 25 그러면 전능하신 분이 네 보물이 되시고, 산더미처럼 쌓이는 은이 되실 것이다. 26 그때가 되어야 비로소 너는, 전능하신 분을 진정으로 의지하게 되고, 그분만이 네 기쁨의 근원이심을 알게 될 것이다. 27 네가 그분에게 기도를 드리면 들어주실 것이며, 너는 서원한 것을 다 이룰 것이다. 28 하는 일마다 다 잘 되고, 빛이 네가 걷는 길을 비추어 줄 것이다. 29 사람들이 쓰러지거든, 너는 그것이 교만 때문이라고 일러주어라. 하나님은 겸손한 사람을 구원하신다. 30 그분은 죄 없는 사람을 구원하신다. 너도 깨끗하게 되면, 그분께서 구해 주실 것이다.

23장

욥의 대답

1 욥이 대답하였다. 2 오늘도 이렇게 처절하게 탄식할 수밖에 없다니! 내가 받는 이 고통에는 아랑곳없이, 그분이 무거운 손으로 여전히 나를 억누르시는구나! 3 아, 그분이 계신 곳을 알 수만 있다면, 그분의 보좌까지 내가 이를 수만 있다면, 4 그분 앞에서 내 사정을 아뢰련만, 내가 정당함을 입이 닳도록 변론하련만. 5 그러면 그분은 무슨 말로 내게 대답하실까? 내게 어떻게 대답하실까? 6 하나님이 힘으로 나를 억누르실까? 그렇지 않을 것이다. 내가 말씀을 드릴 때에, 귀를 기울여 들어 주실 것이다. 7 내게 아무런 잘못이 없으니, 하나님께 떳떳하게 말씀드릴 수 있을 것이다. 내 말을 다 들으시고 나서는, 단호하게 무죄를 선언하실 것이다. 8 그러나 동쪽으로 가서 찾아보아도, 하나님은 거기에 안 계시고, 서쪽으로 가서 찾아보아도, 하나님을 뵐 수가 없구나. 9 북쪽에서 일을 하고 계실 터인데도, 그분을 뵐 수가 없고, 남쪽에서 일을 하고 계실 터인데도, 그분을 뵐 수가 없구나. 10 하나님은 내가 발 한 번 옮기는 것을 다 알고 계실 터이니, 나를 시험해 보시면 내게 흠이 없다는 것을 아실 수 있으련만! 11 내 발은 오직 그분의 발자취를 따르며,

하나님이 정하신 길로만 성실하게 걸으며, 길을 벗어나서 방황하지 않았건만! 12 그분의 입술에서 나오는 계명을 어긴 일이 없고, 그분의 입에서 나오는 말씀을 늘 마음 속 깊이 간직하였건만! 13 그러나 그분이 한번 뜻을 정하시면, 누가 그것을 돌이킬 수 있으랴? 한번 하려고 하신 것은, 반드시 이루고 마시는데, 14 하나님이 가지고 계신 많은 계획 가운데, 나를 두고 세우신 계획이 있으면, 반드시 이루고야 마시겠기에 15 나는 그분 앞에서 떨리는구나. 이런 것을 생각할 때마다, 그분이 두렵구나. 16 하나님이 내 용기를 꺾으셨기 때문이고, 전능하신 분께서 나를 떨게 하셨기 때문이지, 17 내가 무서워 떤 것은 어둠 때문도 아니고, 흑암이 나를 덮은 탓도 아니다.

24장

1 어찌하여 전능하신 분께서는, 심판하실 때를 정하여 두지 않으셨을까? 어찌하여 그를 섬기는 사람들이 정당하게 판단받을 날을 정하지 않으셨을까? 2 경계선까지 옮기고 남의 가축을 빼앗아 제 우리에 집어 넣는 사람도 있고, 3 고아의 나귀를 강제로 끌어가는 사람이 있는가 하면, 과부가 빚을 갚을 때까지, 과부의 소를 끌어가는 사람도 있구나. 4 가난한 사람들이 권리를 빼앗기는가 하면, 흙에 묻혀 사는 가련한 사람들이 학대를 견디다 못해 도망가서 숨기도 한다. 5 가난한 사람들은 들나귀처럼 메마른 곳으로 가서 일거리를 찾고 먹거리를 얻으려고 하지만, 어린 아이들에게 먹일 것을 찾을 곳은 빈 들뿐이다. 6 가을걷이가 끝난 남의 밭에서 이삭이나 줍고, 악한 자의 포도밭에서 남은 것이나 긁어 모은다. 7 잠자리에서도 덮을 것이 없으며, 추위를 막아 줄 이불 조각 하나도 없다. 8 산에서 쏟아지는 소나기에 젖어도, 비를 피할 곳이라고는 바위 밑밖에 없다. 9 아버지 없는 어린 아이를 노예로 빼앗아 가는 자들도 있다. 가난한 사람이 빚을 못 갚는다고 자식을 빼앗아 가는 자들도 있다. 10 가난한 사람들은 입지도 못한 채로 헐벗고 다녀야 한다. 곡식단을 지고 나르지만, 굶주림에 허덕

여야 한다. 11 올리브로 기름을 짜고, 포도로 포도주를 담가도, 그들은 여전히 목말라 한다. 12 성읍 안에서 상처받은 사람들과 죽어 가는 사람들이 소리를 질러도, 하나님은 그들의 간구를 못 들은 체하신다. 13 빛을 싫어하는 사람들이 있다. 그들은 빛이 밝혀 주는 것을 알지 못하며, 빛이 밝혀 주는 길로 가지 않는다. 14 살인하는 자는 새벽에 일어나서 가난한 사람과 궁핍한 사람을 죽이고, 밤에는 도둑질을 한다. 15 간음하는 자는 저물기를 바라며, 사람들이 눈치채지 못할 것이라고 생각하며, 얼굴을 가린다. 16 도둑들은 대낮에 털 집을 보아 두었다가, 어두워지면 벽을 뚫고 들어간다. 이런 자들은 하나같이 밝은 한낮에는 익숙하지 못하다. 17 그들은 한낮을 무서워하고, 오히려 어둠 속에서 평안을 누린다. 18 악한 사람은 홍수에 떠내려간다. 그의 밭에는 하나님의 저주가 내리니, 다시는 포도원에 갈 일이 없을 것이다. 19 날이 가물고 무더워지면 눈 녹은 물이 증발하는 것 같이, 죄인들도 그렇게 스올로 사라질 것이다. 20 그러면 그를 낳은 어머니도 그를 잊고, 구더기가 그를 달게 먹는다. 아무도 그를 다시 기억하지 않는다. 악은 결국, 잘린 나무처럼 멸망하고 마는 것이다. 21 과부를 등쳐 먹고, 자식 없는

여인을 학대하니, 어찌 이런 일이 안 일어나겠느냐? 22 하나님이 그분의 능력으로 강한 사람들을 휘어 잡으시니, 그가 한번 일어나시면 악인들은 생명을 건질 길이 없다. 23 하나님이 악한 자들에게 안정을 주셔서 그들을 평안하게 하여 주시는 듯하지만, 하나님은 그들의 행동을 낱낱이 살피신다. 24 악인들은 잠시 번영하다가 곧 사라지고, 풀처럼 마르고 시들며, 곡식 이삭처럼 잘리는 법이다. 25 내가 한 말을 부인할 사람이 누구냐? 내가 한 말이 모두 진실이 아니라고 공격할 자가 누구냐?

25장

빌닷의 세 번째 발언

1 수아 사람 빌닷이 대답하였다. 2 하나님께는 주권과 위엄이 있으시다. 그분은 하늘 나라에서 평화를 이루셨다. 3 그분이 거느리시는 군대를 헤아릴 자가 누구냐? 하나님의 빛이 가서 닿지 않는 곳이 어디에 있느냐? 4 그러니 어찌 사람이 하나님 앞에서 의롭다고 하겠으며, 여자에게서 태어난 사람이 어찌 깨끗하다고 하겠는가? 5 비록 달이라도 하나님에게는 밝은 것이 아니며, 별들마저 하나님이 보시기에는 청명하지 못하거늘, 6 하물며 구더기 같은 사람, 벌레 같은 인간이야 말할 나위가 있겠는가?

26장

욥의 대답

1 욥이 대답하였다. 2 나를 그렇게까지 생각하여 주니, 고맙다. 나처럼 가난하고 힘없는 자를 도와주다니! 3 너는 우둔한 나를 잘 깨우쳐 주었고, 네 지혜를 내게 나누어 주었다. 4 그런데 누가, 네가 한 그런 말을 들을 것이라고 생각하느냐? 너는 누구에게 영감을 받아서 그런 말을 하는거냐? 5 죽은 자들이 떤다. 깊은 물 밑에서 사는 자들이 두려워한다. 6 스올도 하나님께는 훤하게 보이고, 멸망의 구덩이도 그분의 눈에는 훤하게 보인다. 7 하나님이 북쪽 하늘을 허공에 펼쳐 놓으시고, 이 땅덩이를 빈 곳에 매달아 놓으셨다. 8 구름 속에 물을 채우시고, 물이 구름 밑으로 터져 나오지 못하게 막고 계시는 분이 바로 하나님이시다. 9 하나님은 보름달을 구름 뒤에 숨기신다. 10 물 위에 수평선을 만드시고, 빛과 어둠을 나누신다. 11 그분께서 꾸짖으시면, 하늘을 떠받치는 기둥이 흔들린다. 12 능력으로 '바다'를 정복하시며, 지혜로 라합을 쳐부순다. 13 그분의 콧김에 하늘이 맑게 개며, 그분의 손은 도망 치는 바다 괴물을 찔러 죽인다. 14 그러나 이런 것들은, 그분이 하시는 일의 일부에 지나지 않고, 우리가 그분에게서 듣는 것도 가냘픈 속삭임

에 지나지 않는다. 하물며 그분의 권능에 찬 우레 소리를 누
가 이해할 수 있겠느냐!

27장

세 친구에 대한 욥의 대답

1 욥이 비유로 말하였다. 2 내가 살아 계신 하나님 앞에서 맹세한다. 그분께서 나를 공정한 판결을 받지 못하게 하시며, 전능하신 분께서 나를 몹시 괴롭게 하신다. 3 내게 호흡이 남아 있는 동안은, 하나님이 내 코에 불어 넣으신 숨결이 내 코에 남아 있는 한, 4 내가 입술로 결코 악한 말을 하지 않으며, 내가 혀로 거짓말을 하지 않겠다. 5 나는 결코 너희가 옳다고 말할 수 없다. 나는 죽기까지 내 결백을 주장하겠다. 6 내가 의롭다고 주장하면서 끝까지 굽히지 않아도, 내 평생에 양심에 꺼림칙한 날은 없을 것이다. 7 내 원수들은 악한 자가 받는 대가를 받아라. 나를 대적하는 자는 악인이 받을 벌을 받아라. 8 하나님이 경건하지 않은 자의 생명을 끊고, 그의 영혼을 불러 가실 때에, 그의 희망이란 과연 무엇이겠느냐? 9 환난이 그에게 닥칠 때에, 하나님이 그의 부르짖음을 들어주시겠느냐? 10 그들은 전능하신 분께서 주시는 기쁨을 사모했어야 했고 그분께 기도했어야 했다. 11 날더러도 하나님의 응답이 얼마나 큰지 가르치라고 해 보아라. 전능하신 분께서 계획하신 바를 설명하라고 해 보아라. 12 그러나 그만두겠다. 이런 일은 너희도 이미 알

고 있는 것이 아니냐? 그런데 너희는, 어찌하여 그처럼 터무니없는 말을 하느냐? 13 하나님이 악한 자에게 주시는 벌이 무엇인지, 전능하신 분께서 폭력을 행하는 자에게 주시는 벌이 무엇인지 아느냐? 14 비록 자손이 많다 해도, 모두 전쟁에서 죽고 말 것이다. 그 자손에게는 배불리 먹을 것이 없을 것이다. 15 살아 남은 사람은 또 염병으로 죽어 매장되니, 살아 남은 과부들은 기가 막혀서 울지도 못할 것이다.

16 돈을 셀 수도 없이 긁어 모으고, 옷을 산더미처럼 쌓아 놓아도, 17 엉뚱하게도 의로운 사람이 그 옷을 입으며, 정직한 사람이 그 돈더미를 차지할 것이다. 18 악한 자들이 지은 집은 거미집과 같고 밭을 지키는 일꾼의 움막과 같다. 19 부자가 되어서 잠자리에 들지만, 그것으로 마지막이다. 다음 날에 눈을 떠 보면, 이미 알거지가 되어 있다. 20 두려움이 홍수처럼 그들에게 들이닥치며, 폭풍이 밤중에 그들을 쓸어 갈 것이다. 21 동풍이 불어와서 그들을 그 살던 집에서 쓸어 갈 것이다. 22 도망 치려고 안간힘을 써도, 동쪽에서 오는 폭풍이 사정없이 불어 닥쳐서, 그들을 날려 버릴 것이다. 23 도망 가는 동안에 폭풍이 불어 닥쳐서, 무서운 파괴력으로 그들을 공포에 떨게 할 것이다.

28장

지혜를 찬양하다

1 은을 캐는 광산이 있고, 금을 정련하는 제련소도 있다. 2 철은 흙에서 캐어 내며, 구리는 광석을 녹여서 얻는다. 3 광부들은 땅 속을 깊이 파고 들어가서, 땅 속이 아무리 캄캄해도 그 캄캄한 구석 구석에서 광석을 캐어 낸다. 4 사람이 사는 곳에서 멀리 떨어진 곳, 사람의 발이 가닿지 않는 곳에, 사람들은 갱도를 판다. 줄을 타고 매달려서 외롭게 일을 한다. 5 땅 위에서는 먹거리가 자라지만, 땅 속은 같은 땅인데도 용암으로 들끓고 있다. 6 바위에는 사파이어가 있고, 돌가루에는 금이 섞여 있다. 7 솔개도 거기에 이르는 길을 알지 못하고, 매의 날카로운 눈도 그 길을 찾지 못한다. 8 겁 없는 맹수도 거기에 발을 들여놓은 일이 없고, 무서운 사자도 그 곳을 밟아 본 적이 없다. 9 사람은 굳은 바위를 깨고, 산을 그 밑 뿌리까지 파들어 간다. 10 바위에 굴을 뚫어서, 각종 진귀한 보물을 찾아낸다. 11 강의 근원을 찾아내고, 땅에 감추어진 온갖 보화를 들추어 낸다. 12 그러나 지혜는 어디에서 얻으며, 슬기가 있는 곳은 어디인가? 13 지혜는 사람에게서 발견되는 것이 아니다. 사람은 어느 누구도 지혜의 참 가치를 알지 못한다. 14 깊

은 바다도 "나는 지혜를 감추어 놓지 않았다" 하고 말한다. 넓은 바다도 "나는 지혜를 감추어 놓지 않았다" 하고 말한다. 15 지혜는 금을 주고 살 수 없고, 은으로도 그 값을 치를 수 없다. 16 지혜는 오빌의 금이나 값진 루비나 사파이어로도 그 값을 치를 수 없다. 17 지혜는 금보다 값진 것, 금잔이나 값진 유리잔보다 더 값진 것이다. 18 지혜의 값은 산호보다, 수정보다 비싸다. 지혜를 얻는 것은 진주를 가진 것보다 값지다. 19 에티오피아의 토파즈로도 지혜와 비교할 수 없고, 정금으로도 지혜의 값을 치를 수 없다. 20 그렇다면 지혜는 어디에서 오며, 슬기가 있는 곳은 어디인가? 21 모든 생물의 눈에 숨겨져 있고, 공중의 새에게도 감추어져 있다. 22 멸망의 구덩이와 죽음도 지혜를 두고 이르기를 "지혜라는 것이 있다는 말은 다만 소문으로만 들었을 뿐이다" 하고 말한다. 23 그러나 하나님은, 지혜가 있는 곳에 이르는 길을 아신다. 그분만이 지혜가 있는 곳을 아신다. 24 오직 그분만이 땅 끝까지 살피실 수 있으며, 하늘 아래에 있는 모든 것을 보실 수 있다. 25 그분께서 저울로 바람의 강약을 달아 보시던 그 때에, 물의 분량을 달아 보시던 그 때에, 26 비가 내리는 규칙을 세우시던 그 때에, 천둥 번개가

치는 길을 정하시던 그 때에, 27 바로 그 때에 그분께서, 지혜를 보시고, 지혜를 칭찬하시고, 지혜를 튼튼하게 세우시고, 지혜를 시험해 보셨다. 28 그런 다음에, 하나님은 사람에게 말씀하셨다. "주님을 경외하는 것이 지혜요, 악을 멀리하는 것이 슬기다."

29장

욥의 마지막 발언

1 욥이 다시 비유를 써서 말을 하였다. 2 지나간 세월로 되돌아갈 수만 있으면, 하나님이 보호해 주시던 그 지나간 날로 되돌아갈 수 있으면 좋으련만! 3 그 때에는 하나님이 그 등불로 내 머리 위를 비추어 주셨고, 빛으로 인도해 주시는 대로, 내가 어둠 속을 활보하지 않았던가? 4 내가 그처럼 잘 살던 그 시절로 다시 돌아가서 살 수 있으면 좋으련만! 내 집에서 하나님과 친밀하게 사귀던 그 시절로 되돌아갈 수 있으면 좋으련만! 5 그 때에는 전능하신 분께서 나와 함께 계시고, 내 자녀들도 나와 함께 있었건만. 6 젖소와 양들이 젖을 많이 내어서, 내 발이 젖으로 흠뻑 젖었건만. 돌짝밭에서 자란 올리브 나무에서는, 올리브 기름이 강물처럼 흘러 나왔건만. 7 그 때에는 내가 성문 회관에 나가거나 광장에 자리를 잡고 앉으면, 8 젊은이들은 나를 보고 비켜 서고, 노인들은 일어나서 내게 인사하였건만. 9 원로들도 하던 말을 멈추고 손으로 입을 가렸으며, 10 귀족들도 혀가 입천장에 달라붙기나 한 것처럼 말소리를 죽였건만. 11 내 소문을 들은 사람들은 내가 한 일을 칭찬하고, 나를 직접 본 사람들은 내가 한 일을 기꺼이 자랑하고 다녔다. 12 내게 도

움을 청한 가난한 사람들을 내가 어떻게 구해 주었는지, 의지할 데가 없는 고아를 내가 어떻게 잘 보살펴 주었는지를 자랑하고 다녔다. 13 비참하게 죽어 가는 사람들도, 내가 베푼 자선을 기억하고 나를 축복해 주었다. 과부들의 마음도 즐겁게 해주었다. 14 나는 늘 정의를 실천하고, 매사를 공평하게 처리하였다. 15 나는 앞을 못 보는 이에게는 눈이 되어 주고, 발을 저는 이에게는 발이 되어 주었다. 16 궁핍한 사람들에게는 아버지가 되어 주고, 알지도 못하는 사람들의 하소연도 살펴보고서 처리해 주었다. 17 악을 행하는 자들의 턱뼈를 으스러뜨리고, 그들에게 희생당하는 사람들을 빼내어 주었다. 18 그래서 나는 늘 '나는 죽을 때까지 이렇게 건장하게 살 것이다. 소털처럼 많은 나날 불사조처럼 오래 살 것이다. 19 나는, 뿌리가 물가로 뻗은 나무와 같고, 이슬을 머금은 나무와 같다. 20 사람마다 늘 나를 칭찬하고, 내 정력은 쇠하지 않을 것이다' 하고 생각하였건만. 21 사람들은 기대를 가지고 내 말을 듣고, 내 의견을 들으려고 잠잠히 기다렸다. 22 내가 말을 마치면 다시 뒷말이 없고, 내 말은 그들 위에 이슬처럼 젖어들었다. 23 사람들은 내 말을 기다리기를 단비를 기다리듯 하고, 농부가 봄비를 기뻐하듯이

내 말을 받아들였다. 24 내가 미소를 지으면 그들은 새로운 확신을 얻고, 내가 웃는 얼굴을 하면 그들은 새로운 용기를 얻었다. 25 나는 마치 군대를 거느린 왕처럼, 슬퍼하는 사람을 위로해 주는 사람처럼, 사람들을 돌보고, 그들이 갈 길을 정해 주곤 하였건만.

30장

1 그런데 이제는 나보다 어린 것들까지 나를 조롱하는구나. 내 양 떼를 지키는 개들 축에도 끼지 못하는 쓸모가 없는 자들의 자식들까지 나를 조롱한다. 2 젊어서 손에 힘이 있을 듯하지만, 기력이 쇠하여서 쓸모가 없는 자들이다. 3 그들은 가난과 굶주림에 허덕여서 몰골이 흉하며, 메마른 땅과 황무지에서 풀뿌리나 씹으며, 4 덤불 속에서 자란 쓴 나물을 캐어 먹으며, 대싸리 뿌리로 끼니를 삼는 자들이다. 5 그들은 사람 축에 끼지 못하여 동네에서 쫓겨나고, 사람들이 마치 도둑을 쫓듯이 그들에게 "도둑이야!" 하고 소리를 질러 쫓아 버리곤 하였다. 6 그들은, 급류에 패여 벼랑진 골짜기에서 지내고, 땅굴이나 동굴에서 살고, 7 짐승처럼 덤불 속에서 움츠리고 있거나, 가시나무 밑에 몰려서 웅크리고 있으니, 8 그들은 어리석은 자의 자식들로서, 이름도 없는 자의 자식들로서, 회초리를 맞고 제 고장에서 쫓겨난 자들이다. 9 그런데 그런 자들이 이제는 돌아와서 나를 비웃는다. 내가 그들의 말거리가 되어 버렸다. 10 그들은 나를 꺼려 멀리하며 마주치기라도 하면 서슴지 않고 침을 뱉는다. 11 하나님이 내 활시위를 풀어 버리시고, 나를 이렇게 무기력하게 하시니, 그들이 고삐 풀린 말처럼 내 앞에서 날

뛴다. 12 이 천한 무리들이 내 오른쪽에서 나와 겨루려고 들고 일어나며, 나를 잡으려고 내가 걷는 길에 덫을 놓고, 나를 파멸시키려고 포위망을 좁히고 있다. 13 그들은 내가 도망 가는 길마저 막아 버렸다. 그들이 나를 파멸시키려고 하는데도, 그들을 막을 사람이 아무도 없다. 14 그들이 성벽을 뚫고, 그 뚫린 틈으로 물밀듯 들어와서, 성난 파도처럼 내게 달려드니, 15 나는 두려워서 벌벌 떨고, 내 위엄은 간곳없이 사라지고, 구원의 희망은 뜬구름이 사라지듯 없어졌다. 16 나는 이제 기력이 쇠하여서, 죽을 지경에 이르렀다. 지금까지 나는 괴로운 나날들에 사로잡혀서, 편하게 쉬지 못하였다. 17 밤에는 뼈가 쑤시고, 뼈를 깎는 아픔이 그치지 않는다. 18 하나님이 그 거센 힘으로 내 옷을 거세게 잡아당기셔서, 나를 옷깃처럼 휘어감으신다. 19 하나님이 나를 진흙 속에 던지시니, 내가 진흙이나 쓰레기보다 나을 것이 없다. 20 주님, 내가 주님께 부르짖어도, 주님께서는 내게 응답하지 않으십니다. 내가 주님께 기도해도, 주님께서는 들은 체도 않으십니다. 21 주님께서는 내게 너무 잔인하십니다. 힘이 세신 주님께서, 힘이 없는 나를 핍박하십니다. 22 나를 들어올려서 바람에 날리게 하시며, 태풍에 휩쓸

date :   /   /   /

려서 흔적도 없이 사라지게 하십니다. 23 나는 잘 알고 있습니다. 주님께서는 나를 죽음으로 몰아넣고 계십니다. 끝내 나를 살아 있는 모든 사람들이 다 함께 만나는 그 죽음의 집으로 돌아가게 하십니다. 24 주님께서는 어찌하여 망할 수밖에 없는 연약한 이 몸을 치십니까? 기껏 하나님의 자비나 빌어야 하는 것밖에는 아무것도 할 수 없는 보잘것없는 이 몸을, 어찌하여 그렇게 세게 치십니까? 25 고난받는 사람을 보면, 함께 울었다. 궁핍한 사람을 보면, 나도 함께 마음 아파하였다. 26 내가 바라던 행복은 오지 않고 화가 들이닥쳤구나. 빛을 바랐더니 어둠이 밀어닥쳤다. 27 근심과 고통으로 마음이 갈기갈기 찢어지고, 하루도 고통스럽지 않은 날이 없이 지금까지 살아왔다. 28 햇빛도 비치지 않는 그늘진 곳으로만 침울하게 돌아다니다가, 사람들이 모여 있는 곳에 이르면 도와 달라고 애걸이나 하는 신세가 되고 말았다. 29 나는 이제 이리의 형제가 되고, 타조의 친구가 되어 버렸는가? 내가 내 목소리를 들어 보아도, 내 목소리는 구슬프고 외롭다. 30 살갗은 검게 타서 벗겨지고, 뼈는 열을 받아서 타 버렸다. 31 수금 소리는 통곡으로 바뀌고, 피리 소리는 애곡으로 바뀌었다.

31장

1 젊은 여인을 음탕한 눈으로 바라보지 않겠다고 나 스스로 엄격하게 다짐하였다. 2 여자나 유혹하고 다니면, 위에 계신 하나님이 내게 주실 몫이 무엇이겠으며, 높은 곳에 계신 전능하신 분께서 내게 주실 유산은 무엇이겠는가? 3 불의한 자에게는 불행이 미치고, 악한 일을 하는 자에게는 재앙이 닥치는 법이 아닌가? 4 하나님은 내가 하는 일을 낱낱이 알고 계신다. 내 모든 발걸음을 하나하나 세고 계신다. 5 나는 맹세할 수 있다. 여태까지 나는 악한 일을 하지 않았다. 다른 사람을 속이려고도 하지 않았다. 6 하나님이 내 정직함을 공평한 저울로 달아 보신다면, 내게 흠이 없음을 아실 것이다. 7 내가 그릇된 길로 갔거나, 나 스스로 악에 이끌리어 따라갔거나, 내 손에 죄를 지은 흔적이라도 있다면, 8 내가 심은 것을 다른 사람이 거두어 먹어도, 내가 지은 농사가 망하더라도, 나는 할 말이 없을 것이다. 9 남의 아내를 탐내서, 그 집 문 근처에 숨어 있으면서 그 여인을 범할 기회를 노렸다면, 10 내 아내가 다른 남자의 노예가 되거나, 다른 남자의 품에 안긴다 해도, 나는 할 말이 없을 것이다. 11 남의 아내를 범하는 것은, 사형선고를 받아야 마땅한 범죄다. 12 그것은 사람을 파멸시키는 불, 사람이 애써서 모은

재산을 다 태우는 불이다. 13 내 남종이나 여종이 내게 탄원을 하여 올 때마다, 나는 그들이 하는 말에 귀를 기울이고, 공평하게 처리하였다. 14 그렇게 하지 않았더라면, 내가 무슨 낯으로 하나님을 뵈며, 하나님이 나를 심판하러 오실 때에, 내가 무슨 말로 변명하겠는가? 15 나를 창조하신 바로 그 하나님이 내 종들도 창조하셨다. 16 가난한 사람들이 도와 달라고 할 때에, 나는 거절한 일이 없다. 앞길이 막막한 과부를 못 본 체 한 일도 없다. 17 나는 배부르게 먹으면서 고아를 굶긴 일도 없다. 18 일찍부터 나는 고아를 내 아이처럼 길렀으며, 철이 나서는 줄곧 과부들을 돌보았다. 19 너무나도 가난하여 옷도 걸치지 못하고 죽어 가는 사람이나, 덮고 잘 것이 없는 가난한 사람을 볼 때마다, 20 내가 기른 양털을 깎아서, 그것으로 옷을 만들어 그들에게 입혔다. 시린 허리를 따뜻하게 해주었더니, 그들이 나를 진심으로 축복하곤 하였다. 21 내가 재판에서 이길 것이라고 생각하고, 고아를 속이기라도 하였더라면, 22 내 팔이 부러져도 할 말이 없다. 내 팔이 어깻죽지에서 빠져 나와도 할 말이 없다. 23 하나님이 내리시는 심판이 얼마나 무서운지를 잘 알고 있었으므로, 나는 차마 그런 파렴치한 짓은 할 수 없었다. 24 나

는 황금을 믿지도 않고, 정금을 의지하지도 않았다. 25 내가 재산이 많다고 하여 자랑하지도 않고, 벌어들인 것이 많다고 하여 기뻐하지도 않았다. 26 해가 찬란한 빛을 낸다고 하여, 해를 섬기지도 않고, 달이 밝고 아름답다고 하여, 달을 섬기지도 않았다. 27 해와 달을 보고, 그 장엄함과 아름다움에 반하여 그것에다가 절을 하는 사람들이 있다. 해와 달을 경배하는 표시로 제 손에 입을 맞추기도 한다. 그러나 나는 그렇게 하지 않았다. 28 그런 일은 높이 계신 하나님을 부인하는 것이므로, 벌로 사형을 받아도 마땅하다. 29 내 원수가 고통받는 것을 보고, 나는 기뻐한 적이 없다. 원수가 재난을 당할 때에도, 나는 기뻐하지 않았다. 30 나는 결코 원수들이 죽기를 바라는 기도를 하여 죄를 범한 적이 없다. 31 내 집에서 일하는 사람은 모두, 내가 언제나 나그네를 기꺼이 영접한다는 것을 잘 알고 있다. 32 나는 나그네가 길거리에서 잠자도록 내버려 둔 적이 없으며, 길손에게 내 집 문을 기꺼이 열어 주지 않은 적도 없다. 33 다른 사람들은 자기 죄를 감추려고 하지만, 그러나 나는 내 허물을 아주 감추지 않았다. 34 사람들이 무슨 말로 나를 헐뜯든지, 나는 그것을 전혀 두려워하지 않았다. 남에게서 비웃음을 받을까 하여, 입

을 다물거나 집 안에서만 머무르거나 하지도 않았다. 35 내가 한 이 변명을 들어줄 사람이 없을까? 맹세코 나는 사실대로만 말하였다. 이제는, 전능하신 분께서 말씀하시는 대답을 듣고 싶다. 36 내 원수가 나를 고발하면서, 뭐라고 말하였지? 내가 저지른 죄과를 기록한 소송장이라도 있어서, 내가 읽어 볼 수만 있다면, 나는 그것을 자랑스럽게 어깨에 메고 다니고, 그것을 왕관처럼 머리에 얹고 다니겠다. 37 나는, 내가 한 모든 일을 그분께 낱낱이 말씀드리고 나서, 그분 앞에 떳떳이 서겠다. 38 내가 가꾼 땅이 훔친 것이라면, 땅 주인에게서 부당하게 빼앗은 것이라면, 39 땅에서 나는 소산을 공짜로 먹으면서 곡식을 기른 농부를 굶겨 죽였다면, 40 내 밭에서 밀 대신 찔레가 나거나 보리 대신 잡초가 돋아나더라도, 나는 기꺼이 받겠다. 이것으로 욥의 말이 모두 끝났다.

32장

엘리후의 발언

1 욥이 끝내 자기가 옳다고 주장하므로, 이 세 사람은 욥을 설득하려고 하던 노력을 그만두었다. 2 욥이 이렇게 자기가 옳다고 주장하면서 모든 잘못을 하나님께 돌리므로, 옆에서서 듣기만 하던 엘리후라는 사람은, 듣다 못하여 분을 더 이상 참지 못하고 화를 냈다. 엘리후는 람 족속에 속하는 부스 사람 바라겔의 아들이다. 3 엘리후는 또 욥의 세 친구에게도 화를 냈다. 그 세 친구는 욥을 정죄하려고만 했지, 욥이 하는 말에 변변한 대답을 하지 못하였기 때문이다. 4 그들 가운데서 엘리후가 가장 젊은 사람이므로, 그는 다른 사람들이 말을 끝낼 때까지 기다려야만 하였다. 5 그런데 그 세 사람이 모두 욥에게 대답을 제대로 하지 못하였으므로, 그는 화가 났다. 6 부스 사람 바라겔의 아들 엘리후가 말하였다. 나는 어리고, 세 분께서는 이미 연로하십니다. 그래서 나는 어른들께 선뜻 나서서 내 견해를 밝히기를 망설였습니다. 7 나는 듣기만 하겠다고 생각하였습니다. 오래 사신 분들은 살아오신 것만큼 지혜도 쌓으셨으니까, 세 분들께서만 말씀하시도록 하려고 생각하였습니다. 8 그러나 깨닫고 보니, 사람에게 슬기를 주는 것은 사람 안에 있는 영 곧

전능하신 분의 입김이라는 것을 알았습니다. 9 사람은 나이가 많아진다고 지혜로워지는 것이 아니며, 나이를 많이 먹는다고 시비를 더 잘 가리는 것도 아니라는 것을 알았습니다. 10 그래서 나도, 생각하는 바를 말씀드리고자 합니다. 내가 하는 말을 들어 주시기 바랍니다. 11 세 분이 말씀하시는 동안에, 나는 참으며 듣기만 하였습니다. 세 분이 지혜로운 말씀을 찾으시는 동안에, 나는 줄곧 기다렸습니다. 12 나는 세 분이 하시는 말씀을 주의 깊게 들었습니다. 그런데 세 분께서는 어느 한 분도, 욥 어른의 말을 반증하거나 어른의 말에 제대로 답변하지 못하셨습니다. 13 그러고서도 어떻게 지혜를 발견했다고 주장하실 수 있으십니까? 세 분께서 이 일에 실패하셨으니, 내가 이제 욥 어른으로 하여금 하나님의 대답을 들으시도록 하겠습니다. 14 욥 어른이 나에게 직접 말을 걸어온 것이 아니므로, 나는 세 분께서 말씀하신 것과는 다른 방식으로 욥 어른께 대답하겠습니다. 15 욥 어른께서는 들으십시오. 세 분 친구가 놀라서 말을 하지 못합니다. 그분들은 어른께 아무런 대답도 하지 못합니다. 16 그런데도 내가 그들이 입을 다물 때까지 기다려야 합니까? 이제 그들은 할 말도 없으면서, 그냥 서 있기만 합니다. 17 그

릴 수 없습니다. 이제는 내가 대답하겠습니다. 내가 생각한 바를 말씀드리겠습니다. 18 이제는 더 이상 기다릴 수 없고, 말을 참을 수도 없습니다. 19 말할 기회를 얻지 못하면, 새 술이 가득 담긴 포도주 부대가 터지듯이, 내 가슴이 터져 버릴 것 같습니다. 20 참을 수 없습니다. 말을 해야 하겠습니다. 21 이 논쟁에서 어느 누구 편을 들 생각은 없습니다. 또 누구에게 듣기 좋은 말로 아첨할 생각도 없습니다. 22 본래 나는 아첨할 줄도 모르지만, 나를 지으신 분이 지체하지 않고 나를 데려가실까 두려워서도, 그럴 수는 없습니다.

33장

엘리후가 욥에게 하는 말

1 욥 어른은 부디 내가 하는 말을 잘 들어 주시기 바랍니다. 내가 하는 말 한마디 한마디에 귀를 기울여 주시기 바랍니다. 2 이제 내 마음 속에 있는 것을 말할 준비가 되었습니다. 내 입 속에서 혀가 말을 합니다. 3 나는 지금 진지하게 말하고 있습니다. 나는 진실을 말하려고 합니다. 4 하나님의 영이 나를 만드시고, 전능하신 분의 입김이 내게 생명을 주셨습니다. 5 대답하실 수 있으면, 대답해 보시기 바랍니다. 토론할 준비를 하고 나서시기를 바랍니다. 6 보십시오, 하나님이 보시기에는, 어른이나 나나 똑같습니다. 우리는 모두 흙으로 지음을 받았습니다. 7 그러므로 어른께서는 나를 두려워하실 까닭이 없습니다. 내게 압도되어서 기를 펴지 못하는 일이 있어서도 안 될 것입니다. 8 어른께서 이런 말씀을 하셨습니다. 9 "내게는 잘못이 없다. 나는 잘못을 저지르지 않았다. 나는 결백하다. 내게는 허물이 없다. 10 그런데도 하나님은 내게서 흠 잡을 것을 찾으시며, 나를 원수로 여기신다. 11 하나님이 내 발에 차꼬를 채우시고, 내 일거수 일투족을 다 감시하신다" 하고 말씀하셨습니다. 12 그러나 내가 욥 어른께 감히 말합니다. 어른은 잘못하셨습니

다. 하나님은 어떤 사람보다도 크십니다. 13 그런데 어찌하여 어른께서는, 하나님께 불평을 하면서 대드시는 겁니까? 어른께서 하시는 모든 불평에 일일이 대답을 하지 않으신다고 해서, 하나님께 원망을 할 수 있습니까? 14 사실은 하나님이 말씀을 하시고 또 하신다고 하더라도, 사람이 그 말씀에 주의를 기울이지 못할 뿐입니다. 15 사람이 꿈을 꿀 때에, 밤의 환상을 볼 때에, 또는 깊은 잠에 빠질 때에, 침실에서 잠을 잘 때에, 16 바로 그 때에, 하나님은 사람들의 귀를 여시고, 말씀을 듣게 하십니다. 사람들은 거기에서 경고를 받고, 두려워합니다. 17 하나님은 사람들이 죄를 짓지 않도록 하십니다. 교만하지 않도록 하십니다. 18 하나님은 사람의 생명을 파멸에 빠지지 않도록 지켜 주시며, 사람의 목숨을 사망에서 건져 주십니다. 19 하나님은 사람에게 질병을 보내셔서 잘못을 고쳐 주기도 하시고, 사람의 육체를 고통스럽게 해서라도 잘못을 고쳐 주기도 하십니다. 20 그렇게 되면, 병든 사람은 입맛을 잃을 것입니다. 좋은 음식을 보고도 구역질만 할 것입니다. 21 살이 빠져 몸이 바짝 마르고, 전에 보이지 않던 앙상한 뼈만 두드러질 것입니다. 22 이제, 그의 목숨은 무덤에 다가서고, 그의 생명은 죽음의 문턱

에 이르게 될 것입니다. 23 그 때에 하나님의 천사 천 명 가운데서 한 명이 그를 도우러 올 것입니다. 그 천사는 사람들에게 사람이 마땅히 해야 할 일을 상기시킬 것입니다. 24 하나님은 그에게 은혜를 베푸시고, 천사에게 말씀하실 것입니다. "그가 무덤으로 내려가지 않도록, 그를 살려 주어라. 내가 그의 몸값을 받았다." 25 그렇게 되면, 그는 다시 젊음을 되찾고, 건강도 되찾을 것입니다. 26 그가 하나님께 기도를 드리면, 하나님은 그에게 응답하여 주실 것입니다. 그는 기쁨으로 하나님을 섬기고, 하나님은 그를 다시 정상적으로 회복시켜 주실 것입니다. 27 그는 사람들 앞에서 고백할 것입니다. "나는 죄를 지어서, 옳은 일을 그르쳤으나, 하나님이 나를 용서하여 주셨습니다. 28 하나님이 나를 무덤에 내려가지 않게 구원해 주셨기에, 이렇게 살아서 빛을 즐기게 되었습니다" 하고 말할 것입니다. 29 이 모두가 하나님이 하시는 일입니다. 하나님이 사람에게 두 번, 세 번, 이렇게 되풀이하시는 것은, 30 사람의 생명을 무덤에서 다시 끌어내셔서 생명의 빛을 보게 하시려는 것입니다. 31 어른은 귀를 기울여, 내 말을 들으십시오. 내가 말하는 동안은 조용히 듣기만 해주십시오. 32 그러나 하실 말씀이 있으시면, 내가 들

date :   /   /   /

겠습니다. 서슴지 말고 말씀해 주십시오. 나는 어른이 옳으
시다는 것을 드러내고 싶습니다. 33 그러나 하실 말씀이 없
으시면, 조용히 들어 주시기만 바랍니다. 그러면 내가 어른
께 지혜를 가르쳐 드리겠습니다.

34장

1 엘리후가 욥의 세 친구에게 말하였다. 2 지혜를 자랑하시는 어른들께서는 내 말을 들으시기 바랍니다. 아는 것이 많다고 자부하시는 세 분께서 내게 귀를 기울여 주시기 바랍니다. 3 어른들께서는 음식을 맛만 보시고도, 그 음식이 좋은 음식인지 아닌지를 아십니다. 그러나 지혜의 말씀은 들으시고도, 잘 깨닫지 못하시는 것 같습니다. 4 이제는 우리 모두가 무엇이 옳은 것인지를 알아보고, 진정한 선을 함께 이룩하여 볼 수 있기를 바랍니다. 5 욥 어른은 이렇게 주장하십니다. "나는 옳게 살았는데도, 하나님은 나의 옳음을 옳게 여기지 않으신다." 6 또 욥 어른은 "내가 옳으면서도, 어찌 옳지 않다고 거짓말을 할 수 있겠느냐? 나는 심하게 상처를 입었다. 그러나 나는 죄가 없다" 하고 말씀하십니다. 7 도대체 욥 어른과 같은 사람이 또 어디에 있겠습니까? 그는 하나님을 조롱하는 말을 물 마시듯 하고 있지 않습니까? 8 그리고 그는 나쁜 일을 하는 자들과 짝을 짓고 악한 자들과 함께 몰려다니면서 9 "사람이 하나님을 기쁘게 해드린다 해도, 덕볼 것은 하나도 없다!" 하고 말합니다. 10 분별력이 많으신 여러분은 내가 하는 말을 들어 보시기 바랍니다. 하나님이 악한 일을 하실 수 있습니까? 전능

하신 분께서 옳지 않은 일을 하실 수 있습니까? 11 오히려 하나님은 사람에게, 사람이 한 일을 따라서 갚아 주시고, 사람이 걸어온 길에 따라서 거두게 하시는 분입니다. 12 전능하신 하나님은 악한 일이나, 정의를 그르치는 일은, 하지 않으십니다. 13 어느 누가 하나님께 땅을 주관하는 전권을 주기라도 하였습니까? 어느 누가 하나님께 세상의 모든 것을 맡기기라도 하였습니까? 14 만일 하나님이 결심하시고, 생명을 주는 영을 거두어 가시면, 15 육체를 가진 모든 것은 일시에 죽어, 모두 흙으로 돌아가고 맙니다. 16 욥 어른, 어른께서 슬기로우신 분이면, 내가 하는 이 말을 깊이 생각해 보시기 바랍니다. 내가 하는 말을 귀담아 들으시기 바랍니다. 17 욥 어른은 아직도 의로우신 하나님을 비난하십니까? 하나님이 정의를 싫어하신다고 생각하십니까? 18 하나님만은 왕을 보시고서 "너는 쓸모 없는 인간이다!" 하실 수 있고, 높은 사람을 보시고서도 "너는 악하다!" 하실 수 있지 않습니까? 19 하나님은 통치자의 편을 들지도 않으시고, 부자라고 하여, 가난한 사람보다 더 우대해 주지도 않으십니다. 하나님이 손수 이 사람들을 지으셨기 때문입니다. 20 사람은 삽시간에, 아니 한밤중에라도 죽습니다. 하나님이 사

람을 치시면, 사람은 죽습니다. 아무리 힘센 것이라고 하더라도, 하나님은 그것을 간단히 죽이실 수 있습니다. 21 참으로 하나님의 눈은 사람의 일거수 일투족을 살피시며, 그의 발걸음을 낱낱이 지켜 보고 계십니다. 22 악한 일을 하는 자들이 하나님을 피하여 숨을 곳은 없습니다. 흑암 속에도 숨을 곳이 없고, 죽음의 그늘이 드리운 곳에도 숨을 곳은 없습니다. 23 사람이 언제 하나님 앞으로 심판을 받으러 가게 되는지, 그 시간을 하나님은 특별히 정해 주지 않으십니다. 24 하나님은 집권자를 바꾸실 때에도, 일을 미리 조사하지 않으십니다. 25 하나님은 그들이 한 일을 너무나도 잘 아시기 때문입니다. 하나님이 그들을 하룻밤에 다 뒤엎으시니, 그들이 일시에 쓰러집니다. 26 하나님은, 사람들이 보는 곳에서 악인들을 처벌하십니다. 27 그들이 하나님을 따르던 길에서 벗어나고, 하나님이 지시하시는 어느 길로도 가지 않기 때문입니다. 28 그래서 가난한 사람들의 하소연이 하나님께 다다르고, 살기 어려운 사람들의 부르짖음이 그분께 들리는 것입니다. 29 그러나 하나님이 침묵하신다고 하여, 누가 감히 하나님을 비난할 수 있겠습니까? 하나님이 숨으신다고 하여, 누가 그분을 비판할 수 있겠습니

까? 30 경건하지 못한 사람을 왕으로 삼아서 고집 센 민족과 백성을 다스리게 하신들, 누가 하나님께 항의할 수 있겠습니까? 31 욥 어른은 하나님께 죄를 고백하고서 다시는 죄를 짓지 않겠다고 약속하신 적이 있으십니까? 32 잘못이 무엇인지를 일러 달라고 하나님께 요구하시면서, 다시는 악한 일을 저지르지 않겠다고 약속하신 적이 있으십니까? 33 어른은 하나님이 하시는 것을 반대하시면서도, 어른께서 원하시는 것을 하나님이 해주실 것이라고 기대하십니까? 물론, 결정은 어른께서 하실 일이고, 내가 할 일이 아니지만, 지금 생각하고 계신 것을 말씀해 주시기 바랍니다. 34 분별력이 있는 사람이면, 내 말에 분명히 동의할 것입니다. 내 말을 들었으니 지혜가 있는 사람이면, 35 욥 어른이 알지도 못하면서 말을 하고, 기껏 한 말도 모두 뜻 없는 말뿐이었다는 것을 알 수 있을 것입니다. 36 욥 어른이 한 말을 세 분은 곰곰이 생각해 보시기 바랍니다. 세 분께서는, 그가 말하는 것이 악한 자와 같다는 것을 아시게 될 것입니다. 37 욥 어른은 자신이 지은 죄에다가 반역까지 더하였으며, 우리가 보는 앞에서도 하나님을 모독하였습니다.

35장

1 엘리후가 다시 말을 이었다. 2 욥 어른은 '하나님께서도 나를 옳다고 하실 것이다' 하고 말씀하셨지만, 3 또 하나님께 "내가 죄를 짓는다고 하여, 그것이 하나님께 무슨 영향이라도 미칩니까? 또 제가 죄를 짓지 않는다고 하여, 내가 얻는 이익이 무엇입니까?" 하고 물으시는데, 그것도 옳지 못합니다. 4 이제 어른과 세 친구분들께 대답해 드리겠습니다. 5 욥 어른은 하늘을 보시기 바랍니다. 구름이 얼마나 높이 있습니까? 6 비록 욥 어른께서 죄를 지었다고 한들 하나님께 무슨 손해가 가며, 어른의 죄악이 크다고 한들 하나님께 무슨 영향이 미치겠습니까? 7 또 욥 어른께서 의로운 일을 하셨다고 한들 하나님께 무슨 보탬이 되며, 하나님이 어른에게서 얻을 것이 무엇이 있겠습니까? 8 욥 어른께서 죄를 지었다고 해도, 어른과 다름없는 사람에게나 손해를 입히며, 욥 어른께서 의로운 일을 했다고 해도, 그것은 다만, 사람에게나 영향을 미칠 뿐입니다. 9 사람들은 억압이 심해지면 부르짖고, 세력이 있는 자들이 억누르면 누구에게나 구원을 청하면서 울부짖지만, 10 그들을 창조하신 하나님께로 돌아가지 않습니다. 어두운 때에도 희망을 주시는 그 창조주 하나님께로 돌아가지 않습니다. 11 하나님이 우리에게

짐승이나 새가 가진 지혜보다 더 나은 지혜를 주시는데도 하나님께로 돌아가지 않습니다. 12 그들이 거만하고 악하므로, 하나님께 "도와주십시오" 하고 부르짖어도, 하나님은 들은 체도 않으십니다. 13 전능하신 하나님은 악한 자들을 보지도 않으시고, 그들의 호소를 들어 주지도 않으시므로, 그 악한 자들의 울부짖음에는 아무런 힘이 없습니다. 14 욥 어른은 하나님을 볼 수 없다고 말씀하셨습니다. 그러나 참고 기다리십시오. 어른께서 걸어 놓은 소송장이 하나님 앞에 놓여 있습니다. 15 어른은, 하나님이 벌을 내리지 않으시고, 사람의 죄에도 별로 관심이 없다고 생각하십니다. 16 그러나 명심하십시오. 어른께서 말씀을 계속하시는 것은, 쓸데없는 일입니다. 어른은 자기가 하는 말이 무엇인지도 모르시는 것이 분명합니다.

36장

1 다시 엘리후가 말을 이었다. 2 조금만 더 참고 들으시기 바랍니다. 아직도 하나님을 대신하여 드릴 말씀이 있습니다. 3 나는 내가 가진 지혜를 모두 다 짜내서라도 나를 지으신 하나님이 의로우시다는 것을 밝히겠습니다. 4 내가 하는 이 말에는 거짓이 전혀 없습니다. 건전한 지식을 가진 사람이 지금 욥 어른과 더불어 말하고 있습니다. 5 하나님은 큰 힘을 가지고 계시지만, 흠이 없는 사람을 멸시하지 않으십니다. 또 지혜가 무궁무진 하시므로, 6 악한 사람을 살려 두지 않으시고, 고난받는 사람들의 권리를 옹호하십니다. 7 의로운 사람들을 외면하지 않으시며, 그들을 보좌에 앉은 왕들과 함께 자리를 길이 같이하게 하시고, 그들이 존경을 받게 하십니다. 8 그러나 의로운 사람이라도 하나님께 복종하지 않으면, 쇠사슬에 묶이게 하시고, 고통의 줄에 얽매여서 벗어나지 못하게 하십니다. 그러는 동안에 9 하나님은 그들에게 그들이 한 일을 밝히시며, 그들이 교만하게 지은 죄를 알리십니다. 10 하나님은 또한, 그들의 귀를 열어서 경고를 듣게 하시고, 그들이 악을 버리고 돌아오도록 명하십니다. 11 만일 그들이 하나님께 순종하고, 그분을 섬기면, 그들은 나날이 행복하게 살고, 평생을 즐겁게 지낼 것입니다. 12 그러나 그들

이 귀담아 듣지 않으면 결국 죽음의 세계로 내려갈 것이고, 아무도 그들이 왜 죽었는지를 모를 것입니다. 13 불경스러운 자들은 하나님께 형벌을 받을 때에, 오히려 하나님을 원망하면서 도와주시기를 간구하지 않습니다. 14 그들은 한창 젊은 나이에 죽고, 남창들처럼 요절하고 말 것입니다. 15 그러나 사람이 받는 고통은, 하나님이 사람을 가르치시는 기회이기도 합니다. 사람이 고통을 받을 때에 하나님은 그 사람의 귀를 열어서 경고를 듣게 하십니다. 16 하나님은 욥 어른을 보호하셔서, 고통을 받지 않게 하셨습니다. 평안을 누리면서 살게 하시고, 식탁에는 언제나 기름진 것으로 가득 차려 주셨습니다. 17 그러나 이제 욥 어른은 마땅히 받으셔야 할 형벌을 받고 계십니다. 심판과 벌을 면할 길이 없게 되었습니다. 18 욥 어른은 뇌물을 바쳐서 용서받을 생각은 아예 하지 마십시오. 속전을 많이 바친다고 하여 용서받는 것은 아닙니다. 19 재산이 많다고 하여 속죄받을 수 없고, 돈과 권력으로도 속죄를 받지 못합니다. 20 밤이 된다고 하여 이 형벌에서 벗어나는 것이 아니니, 밤을 기다리지도 마십시오. 21 악한 마음을 품지 않도록 조심하십시오. 어른께서는 지금 고통을 겪고 계십니다마는, 이 고통이 어른을 악한 길로 빠지

지 않도록 지켜 줄 것입니다. 22 하나님의 능력이 얼마나 큰
지를 기억하십시오. 하나님은 우리 모두에게 위대한 스승이
십니다. 23 하나님께 이래라 저래라 할 사람도 없고, "주님께
서 옳지 못한 일을 하셨습니다" 하고 하나님을 꾸짖을 사람
도 없습니다. 24 하나님의 업적은 늘 찬양받아 왔습니다. 욥
어른도 하나님이 하신 일을 찬양하셔야 합니다. 25 온 인류
가 하나님이 하신 일을 보았습니다. 사람은 멀리서 하나님이
하신 일을 봅니다. 26 그렇습니다! 하나님은 위대하셔서, 우
리의 지식으로는 그분을 알 수 없고, 그분의 햇수가 얼마인
지도 감히 헤아려 알 길이 없습니다. 27 물을 증발시켜서 끌
어올리시고, 그것으로 빗방울을 만드시며, 28 구름 속에 싸
두셨다가 뭇 사람에게 비로 내려 주십니다. 29 하나님이 구
름을 어떻게 펴시는지는 아무도 알지 못하며, 그 계신 곳 하
늘에서 나는 천둥소리가 어떻게 해서 생기는지 아무도 모릅
니다. 30 온 하늘에 번개를 보내십니다. 그러나 바다 밑 깊은
곳은 어두운 채로 두십니다. 31 이런 방법으로 사람을 기르
시고, 먹거리를 넉넉하게 주십니다. 32 두 손으로 번개를 쥐
시고서, 목표물을 치게 하십니다. 33 천둥은 폭풍이 접근하여
옴을 알립니다. 동물은 폭풍이 오는 것을 미리 압니다.

37장

1 폭풍이 나의 마음을 거세게 칩니다. 2 네 분은 모두 하나님의 음성을 들으십시오. 그분의 입에서 나오는 천둥과 같은 소리를 들으십시오. 3 하나님이 하늘을 가로지르시면서, 번개를 땅 이 끝에서 저 끝으로 가로지르게 하십니다. 4 천둥과 같은 하나님의 음성이 들립니다. 번갯불이 번쩍이고 나면, 그 위엄찬 천둥소리가 울립니다. 5 하나님이 명하시면, 놀라운 일들이 벌어집니다. 도저히 이해할 수 없는 신기한 일들이 일어납니다. 6 눈에게 명하시면 땅에 눈이 내리고, 소나기에게 명하시면 땅이 소나기로 젖습니다. 7 눈이나 비가 내리면, 사람들은 하던 일을 멈추고 하나님이 하시는 일을 봅니다. 8 짐승들도 굴로 들어가서, 거기에서 눈비를 피합니다. 9 남풍은 폭풍을 몰고 오고, 북풍은 찬바람을 몰고 옵니다. 10 하나님이 쉬시는 숨으로 물이 얼고, 넓은 바다까지도 꽁꽁 얼어 버립니다. 11 그가 또 짙은 구름에 물기를 가득 실어서, 구름 속에서 번갯불이 번쩍이게 하십니다. 12 구름은 하나님의 명을 따라서 뭉게뭉게 떠다니며, 하나님이 명하신 모든 것을 이 땅 위의 어디에서든지 이루려고 합니다. 13 하나님은 땅에 물을 주시려고 비를 내리십니다. 사람을 벌하실 때에도 비를 내리시고, 사람에게 은

총을 베푸실 때에도 비를 내리십니다. 14 욥 어른은 이 말을 귀담아 들으십시오. 정신을 가다듬어서, 하나님이 하시는 신기한 일들을 곰곰이 생각해 보십시오. 15 하나님이 어떻게 명하시는지, 그 구름 속에서 어떻게 번갯불이 번쩍이게 하시는지를 아십니까? 16 구름이 어떻게 하늘에 떠 있는지를 아십니까? 하나님의 이 놀라운 솜씨를 알기라도 하십니까? 17 모르실 것입니다. 뜨거운 남풍이 땅을 말릴 때에, 그 더위 때문에 고통스러워하신 것이 고작일 것입니다. 18 어른께서 하나님을 도와서 하늘을 펴실 수 있습니까? 하늘을 번쩍이는 놋거울처럼 만드실 수 있습니까? 19 어디 한 번 말씀하여 보십시오. 하나님께 뭐라고 말씀드려야 할지를 우리에게 가르쳐 주십시오. 우리는 무지몽매하여 하나님께 드릴 말씀이 없습니다. 20 내가 하고 싶은 말이라고 하여, 다 할 수 있겠습니까? 어찌하여 하나님께 나를 멸하실 기회를 드린단 말입니까? 21 이제 하늘에서 빛나는 빛이 눈부십니다. 쳐다볼 수 없을 만큼 밝습니다. 바람이 불어서 하늘이 맑아졌습니다. 22 북쪽에는 금빛 찬란한 빛이 보이고, 하나님의 위엄찬 영광이 우리를 두렵게 합니다. 23 하나님의 권능이 가장 크시니, 우리가 전능하신 그분께 가까이 나아갈

수 없습니다. 사람을 대하실 때에, 의롭게 대하시고, 정의롭게 대하여 주십니다. 24 그러므로 사람이 하나님을 경외해야 하는 것은 당연합니다. 하나님은 스스로 지혜롭다고 하는 사람을 무시하십니다.

38장

주님께서 욥에게 대답하시다

1 그 때에 주님께서 욥에게 폭풍이 몰아치는 가운데서 대답하셨다. 2 네가 누구이기에 무지하고 헛된 말로 내 지혜를 의심하느냐? 3 이제 허리를 동이고 대장부답게 일어서서, 묻는 말에 대답해 보아라. 4 내가 땅의 기초를 놓을 때에, 네가 거기에 있기라도 하였느냐? 네가 그처럼 많이 알면, 내 물음에 대답해 보아라. 5 누가 이 땅을 설계하였는지, 너는 아느냐? 누가 그 위에 측량줄을 띄웠는지, 너는 아느냐? 6 무엇이 땅을 버티는 기둥을 잡고 있느냐? 누가 땅의 주춧돌을 놓았느냐? 7 그 날 새벽에 별들이 함께 노래하였고, 천사들은 모두 기쁨으로 소리를 질렀다. 8 바닷물이 땅 속 모태에서 터져 나올 때에, 누가 문을 닫아 바다를 가두었느냐? 9 구름으로 바다를 덮고, 흑암으로 바다를 감싼 것은, 바로 나다. 10 바다가 넘지 못하게 금을 그어 놓고, 바다를 가두고 문 빗장을 지른 것은, 바로 나다. 11 "여기까지는 와도 된다. 그러나 더 넘어서지는 말아라! 도도한 물결을 여기에서 멈추어라!" 하고 바다에게 명한 것이 바로 나다. 12 네가 지금까지 살아오면서 네가 아침에게 명령하여, 동이 트게 해 본 일이 있느냐? 새벽에게 명령하여, 새벽이 제자리

를 지키게 한 일이 있느냐? 13 또 새벽에게 명령하여, 땅을 옷깃 휘어잡듯이 거머쥐고 마구 흔들어서 악한 자들을 털어 내게 한 일이 있느냐? 14 대낮의 광명은 언덕과 계곡을 옷의 주름처럼, 토판에 찍은 도장처럼, 뚜렷하게 보이게 한다. 15 대낮의 광명은 너무나도 밝아서, 악한 자들의 폭행을 훤히 밝힌다. 16 바다 속 깊은 곳에 있는 물 근원에까지 들어가 보았느냐? 그 밑바닥 깊은 곳을 거닐어 본 일이 있느냐? 17 죽은 자가 들어가는 문을 들여다본 일이 있느냐? 그 죽음의 그늘이 드리운 문을 본 일이 있느냐? 18 세상이 얼마나 큰지 짐작이나 할 수 있겠느냐? 이 모든 것을 알고 있다면, 어디 네 말 한 번 들어 보자. 19 빛이 어디에서 오는지 아느냐? 어둠의 근원이 어디에 있는지 아느냐? 20 빛과 어둠이 있는 그 곳이 얼마나 먼 곳에 있는지, 그 곳을 보여 줄 수 있느냐? 빛과 어둠이 있는 그 곳에 이르는 길을 아느냐? 21 암, 알고 말고. 너는 알 것이다. 내가 이 세상을 만들 때부터 지금까지 네가 살아왔고, 내가 세상 만드는 것을 네가 보았다면, 네가 오죽이나 잘 알겠느냐! 22 눈을 쌓아 둔 창고에 들어간 일이 있느냐? 우박 창고를 들여다본 일이 있느냐? 23 이것들은 내가 환난이 생겼을 때에 쓰려고 간직

해 두었고, 전쟁할 때에 쓰려고 준비해 두었다. 24 해가 뜨는 곳에 가 본 적이 있느냐? 동풍이 불어오는 그 시발점에 가 본 적이 있느냐? 25 쏟아진 폭우가 시내가 되어서 흐르도록 개울을 낸 이가 누구냐? 천둥과 번개가 가는 길을 낸 이가 누구냐? 26 사람이 없는 땅, 인기척이 없는 광야에 비를 내리는 이가 누구냐? 27 메마른 거친 땅을 적시며, 굳은 땅에서 풀이 돋아나게 하는 이가 누구냐? 28 비에게 아버지가 있느냐? 누가 이슬 방울을 낳기라도 하였느냐? 29 얼음은 어느 모태에서 나왔으며, 하늘에서 내리는 서리는 누가 낳았느냐? 30 물을 돌같이 굳게 얼리는 이, 바다의 수면도 얼게 하는 이가 누구냐? 31 네가 북두칠성의 별 떼를 한데 묶을 수 있으며, 오리온 성좌를 묶은 띠를 풀 수 있느냐? 32 네가 철을 따라서 성좌들을 이끌어 낼 수 있으며, 큰곰자리와 그 별 떼를 인도하여 낼 수 있느냐? 33 하늘을 다스리는 질서가 무엇인지 아느냐? 또 그런 법칙을 땅에 적용할 수 있느냐? 34 네 소리를 높여서, 구름에게까지 명령을 내릴 수 있느냐? 구름에게 명령하여, 너를 흠뻑 적시게 할 수 있느냐? 35 번개를 내보내어, 번쩍이게 할 수 있느냐? 그 번개가 네게로 와서 "우리는 명령만 기다립니다" 하

고 말하느냐? 36 강물이 범람할 것이라고 알리는 따오기에게 나일 강이 넘칠 것이라고 말해 주는 이가 누구냐? 비가 오기 전에 우는 수탉에게 비가 온다고 말해 주는 이가 누구냐? 37 누가 구름을 셀 만큼 지혜로우냐? 누가 하늘의 물 주머니를 기울여서 비를 내리고, 38 누가 지혜로워서, 티끌을 진흙덩이로 만들고, 그 진흙덩이들을 서로 달라붙게 할 수 있느냐? 39 네가 사자의 먹이를 계속하여 댈 수 있느냐? 굶주린 사자 새끼들의 식욕을 채워 줄 수 있느냐? 40 그것들은 언제나 굴 속에 웅크리고 있거나, 드러나지 않는 곳에 숨어 있다가 덮친다. 41 까마귀 떼가 먹이가 없어서 헤맬 때에, 그 새끼들이 나에게 먹이를 달라고 조를 때에, 그 까마귀 떼에게 먹이를 마련하여 주는 이가 누구냐?

39장

1 너는 산에 사는 염소가 언제 새끼를 치는지 아느냐? 들사슴이 새끼를 낳는 것을 지켜 본 일이 있느냐? 2 들사슴이 몇 달 만에 만삭이 되는지 아느냐? 언제 새끼를 낳는지 아느냐? 3 언제 구푸려서 새끼를 낳는지를 아느냐? 낳은 새끼를 언제 광야에다가 풀어 놓는지를 아느냐? 4 그 새끼들은 튼튼하게 자라나면, 어미 곁을 떠나가서 다시 돌아오지 않는다. 5 누가 들나귀를 놓아 주어서 자유롭게 해주었느냐? 누가 날쌘 나귀에게 매인 줄을 풀어 주어서, 마음대로 뛰놀게 하였느냐? 6 들판을 집으로 삼게 하고 소금기 있는 땅을 살 곳으로 삼게 한 것은, 바로 나다. 7 들나귀가 시끄러운 성읍에서 멀리 떨어져 있으므로, 아무도 들나귀를 길들이지 못하고, 일을 시키지도 못한다. 8 산은 들나귀가 마음껏 풀을 뜯는 초장이다. 푸른 풀은 들나귀가 찾는 먹이다. 9 들소가 네 일을 거들어 주겠느냐? 들소가 네 외양간에서 잠을 자겠느냐? 10 네가 들소에게 쟁기를 매어 주어서, 밭을 갈게 할 수 있느냐? 들소들이 네 말을 따라서 밭을 갈겠느냐? 11 들소가 힘이 센 것은 사실이지만, 네가 하기 힘든 일을 들소에게 떠맡길 수 있겠느냐? 12 들소가, 심은 것을 거두어들여서 타작 마당에 쌓아 줄 것 같으

냐? 13 타조가 날개를 재빠르게 치기는 하지만, 황새처럼 날지는 못한다. 14 타조가 땅바닥에다가 알을 낳는 것은, 흙이 그 알을 따스하게 해주기를 바라기 때문이다. 15 그러나 그 알이 발에 밟혀서 깨어질 수 있음을 알지 못한다. 들짐승이 그 알을 짓밟을 수도 있음을 알지 못한다. 16 타조는 알을 거칠게 다루기를 마치 제가 낳은 알이 아닌 것같이 하고, 알을 낳는 일이 헛수고가 되지나 않을까 하고 걱정도 하지 못하니, 17 이것은 나 하나님이 타조를 어리석은 짐승으로 만들고, 지혜를 주지 않았기 때문이다. 18 그러나 타조가 한 번 날개를 치면서 달리기만 하면, 말이나 말 탄 사람쯤은 우습게 여긴다. 19 욥은 대답해 보아라. 말에게 강한 힘을 준 것이 너냐? 그 목에 흩날리는 갈기를 달아 준 것이 너냐? 20 네가 말을 메뚜기처럼 뛰게 만들었느냐? 사람을 두렵게 하는 그 위세 당당한 콧소리를 네가 만들어 주었느냐? 21 앞 발굽으로 땅을 마구 파 대면서 힘껏 앞으로 나가서 싸운다. 22 그것들은 두려움이라는 것을 모른다. 칼 앞에서도 돌아서지 않는다. 23 말을 탄 용사의 화살통이 덜커덕 소리를 내며, 긴 창과 짧은 창이 햇빛에 번쩍인다. 24 나팔 소리만 들으면 머물러 서 있지 않고, 흥분하여, 성난 모습으

로 땅을 박차면서 내달린다. 25 나팔을 불 때마다, "힝힝" 하고 콧김을 뿜으며, 멀리서 벌어지는 전쟁 냄새를 맡고, 멀리서도 지휘관들의 호령과 고함 소리를 듣는다. 26 매가 높이 솟아올라서 남쪽으로 날개를 펴고 날아가는 것이 네게서 배운 것이냐? 27 독수리가 하늘 높이 떠서 높은 곳에 보금자리를 만드는 것이 네 명령을 따른 것이냐? 28 독수리는 바위에 집을 짓고 거기에서 자고, 험한 바위와 요새 위에 살면서, 29 거기에서 먹이를 살핀다. 그의 눈은 멀리서도 먹이를 알아본다. 30 독수리 새끼는 피를 빨아먹고 산다. 주검이 있는 곳에 독수리가 있다.

40장

1 주님께서 또 욥에게 말씀하셨다. 2 전능한 하나님과 다투는 욥아, 네가 나를 꾸짖을 셈이냐? 네가 나를 비난하니, 어디, 나에게 대답해 보아라. 3 그 때에 욥이 주님께 대답하였다. 4 저는 비천한 사람입니다. 제가 무엇이라고 감히 주님께 대답할 수 있겠습니까? 다만 손으로 입을 막을 뿐입니다. 5 이미 말을 너무 많이 했습니다. 더 할 말이 없습니다.
6 그러자 주님께서 폭풍 가운데서 다시 말씀하셨다. 7 이제 허리를 동이고 대장부답게 일어서서, 내가 묻는 말에 대답하여라. 8 아직도 너는 내 판결을 비난하려느냐? 네가 자신을 옳다고 하려고, 내게 잘못을 덮어씌우려느냐? 9 네 팔이 하나님의 팔만큼 힘이 있느냐? 네가 하나님처럼 천둥소리 같은 우렁찬 소리를 낼 수 있느냐? 10 어디 한 번 위엄과 존귀를 갖추고, 영광과 영화를 갖추고, 11 교만한 자들을 노려보며, 네 끓어오르는 분노를 그들에게 쏟아 내고, 그들의 기백을 꺾어 보아라. 12 모든 교만한 자를 살펴서 그들을 비천하게 하고, 악한 자들을 그 서 있는 자리에서 짓밟아서 13 모두 땅에 묻어 보아라. 모두 얼굴을 천으로 감아서 무덤에 뉘어 보아라. 14 그렇게만 할 수 있다면, 나는 너를 찬양하고, 네가 승리하였다는 것을 내가 인정하겠

date :   /   /   /

다. 15 베헤못을 보아라. 내가 너를 만든 것처럼, 그것도 내가 만들었다. 그것이 소처럼 풀을 뜯지만, 16 허리에서 나오는 저 억센 힘과, 배에서 뻗쳐 나오는 저 놀라운 기운을 보아라. 17 꼬리는 백향목처럼 뻗고, 넓적다리는 힘줄로 단단하게 감쌌다. 18 뼈대는 놋처럼 강하고, 갈비뼈는 쇠빗장과 같다. 19 그것은, 내가 만든 피조물 가운데서 으뜸가는 것, 내 무기를 들고 다니라고 만든 것이다. 20 모든 들짐승이 즐겁게 뛰노는 푸른 산에서 자라는 푸른 풀은 그것의 먹이다. 21 그것은 연꽃잎 아래에 눕고, 갈대밭 그늘진 곳이나 늪 속에다가 몸을 숨긴다. 22 연꽃잎 그늘이 그것을 가리고, 냇가의 버드나무들이 그것을 둘러싼다. 23 강물이 넘쳐도 놀라지 않으며, 요단 강의 물이 불어서 입에 차도 태연하다. 24 누가 그것의 눈을 감겨서 잡을 수 있으며, 누가 그 코에 갈고리를 꿸 수 있느냐?

41장

1 네가 낚시로 리워야단을 낚을 수 있으며, 끈으로 그 혀를 맬 수 있느냐? 2 그 코를 줄로 꿸 수 있으며, 갈고리로 그 턱을 꿸 수 있느냐? 3 그것이 네게 살려 달라고 애원할 것 같으냐? 그것이 네게 자비를 베풀어 달라고 빌 것 같으냐? 4 그것이 너와 언약을 맺기라도 하여, 영원히 네 종이 되겠다고 약속이라도 할 것 같으냐? 5 네가 그것을 새처럼 길들여서 데리고 놀 수 있겠으며, 또 그것을 끈으로 매어서 여종들의 노리개로 삼을 수 있겠느냐? 6 어부들이 그것을 가지고 흥정하고, 그것을 토막 내어 상인들에게 팔 수 있겠느냐? 7 네가 창으로 그것의 가죽을 꿰뚫을 수 있으며, 작살로 그 머리를 찌를 수 있겠느냐? 8 손으로 한 번 만져만 보아도, 그것과 싸울 생각은 못할 것이다. 9 리워야단을 보는 사람은, 쳐다보기만 해도 기가 꺾이고, 땅에 고꾸라진다. 10 그것이 흥분하면 얼마나 난폭하겠느냐? 누가 그것과 맞서겠느냐? 11 그것에게 덤벼 들고 그 어느 누가 무사하겠느냐? 이 세상에는 그럴 사람이 없다. 12 리워야단의 다리 이야기를 어찌 빼놓을 수 있겠느냐? 그 용맹을 어찌 말하지 않을 수 있겠느냐? 그 늠름한 체구를 어찌 말하지 않고 지나겠느냐? 13 누가 그것의 가죽을 벗길 수 있겠느냐?

누가 두 겹 갑옷 같은 비늘 사이를 뚫을 수 있겠느냐? 14 누가 그것의 턱을 벌릴 수 있겠느냐? 빙 둘러 돋아 있는 이빨은 보기만 해도 소름이 끼친다. 15 등비늘은, 그것이 자랑할 만한 것, 빽빽하게 짜여 있어서 돌처럼 단단하다. 16 그 비늘 하나하나가 서로 이어 있어서, 그 틈으로는 바람도 들어가지 못한다. 17 비늘이 서로 연결되어 꽉 달라붙어서, 그 얽힌 데가 떨어지지도 않는다. 18 재채기를 하면 불빛이 번쩍거리고, 눈을 뜨면 그 눈꺼풀이 치켜 올라가는 모양이 동이 트는 것과 같다. 19 입에서는 횃불이 나오고, 불똥이 튄다. 20 콧구멍에서 펑펑 쏟아지는 연기는, 끓는 가마 밑에서 타는 갈대 연기와 같다. 21 그 숨결은 숯불을 피울 만하고, 입에서는 불꽃이 나온다. 22 목에는 억센 힘이 들어 있어서, 보는 사람마다 겁에 질리고 만다. 23 살갗은 쇠로 입힌 듯이, 약한 곳이 전혀 없다. 24 심장이 돌처럼 단단하니, 그 단단하기가 맷돌 아래짝과 같다. 25 일어나기만 하면 아무리 힘센 자도 벌벌 떨며, 그 몸부림 치는 소리에 기가 꺾인다. 26 칼을 들이댄다 하여도 소용이 없고, 창이나 화살이나 표창도 맥을 쓰지 못한다. 27 쇠도 지푸라기로 여기고, 놋은 썩은 나무 정도로 생각하니, 28 그것을 쏘아서 도

망 치게 할 화살도 없고, 무릿매 돌도 아예 바람에 날리는 겨와 같다. 29 몽둥이는 지푸라기쯤으로 생각하며, 창이 날아오는 소리에는 코웃음만 친다. 30 뱃가죽은 날카로운 질그릇 조각과 같아서, 타작기가 할퀸 진흙 바닥처럼, 지나간 흔적을 남긴다. 31 물에 뛰어들면, 깊은 물을 가마솥의 물처럼 끓게 하고, 바다를 기름 가마처럼 휘젓는다. 32 한 번 지나가면 그 자취가 번쩍번쩍 빛을 내니, 깊은 바다가 백발을 휘날리는 것처럼 보인다. 33 땅 위에는 그것과 겨룰 만한 것이 없으며, 그것은 처음부터 겁이 없는 것으로 지음을 받았다. 34 모든 교만한 것들을 우습게 보고, 그 거만한 모든 것 앞에서 왕노릇을 한다.

42장

욥의 회개

1 욥이 주님께 대답하였다. 2 주님께서는 못하시는 일이 없으시다는 것을, 이제 저는 알았습니다. 주님의 계획은 어김없이 이루어진다는 것도, 저는 깨달았습니다. 3 잘 알지도 못하면서, 감히 주님의 뜻을 흐려 놓으려 한 자가 바로 저입니다. 깨닫지도 못하면서, 함부로 말을 하였습니다. 제가 알기에는, 너무나 신기한 일들이었습니다. 4 주님께서 말씀하셨습니다. "들어라. 내가 말하겠다. 내가 물을 터이니, 내게 대답하여라" 하셨습니다. 5 주님이 어떤 분이시라는 것을, 지금까지는 제가 귀로만 들었습니다. 그러나 이제는 제가 제 눈으로 주님을 뵙습니다. 6 그러므로 저는 제 주장을 거두어들이고, 티끌과 잿더미 위에 앉아서 회개합니다.

결론

7 주님께서는 욥에게 말씀을 마치신 다음에, 데만 사람 엘리바스에게 이렇게 말씀하셨다. "내가 너와 네 두 친구에게 분노한 것은, 너희가 나를 두고 말을 할 때에, 내 종 욥처럼 옳게 말하지 못하였기 때문이다. 8 그러므로 이제 너희는, 수송아지 일곱 마리와 숫양 일곱 마리를 마련하여, 내 종 욥

에게 가지고 가서, 너희가 용서받을 수 있도록 번제를 드려라. 내 종 욥이 너희를 용서하여 달라고 빌면, 내가 그의 기도를 들어줄 것이다. 너희가 나를 두고 말을 할 때에, 내 종 욥처럼 옳게 말하지 않고, 어리석게 말하였지만, 내가 그대로 갚지는 않을 것이다." 9 그래서 데만 사람 엘리바스와 수아 사람 빌닷과 나아마 사람 소발이 가서, 주님께서 그들에게 말씀하신 대로 하니, 주님께서 욥의 기도를 들어주셨다.

주님께서 욥에게 복을 주심

10 욥이 주님께, 자기 친구들을 용서해 달라고 기도를 드리고 난 다음에, 주님께서 욥의 재산을 회복시켜 주셨는데, 욥이 이전에 가졌던 모든 것보다 배나 더 돌려주셨다. 11 그러자 그의 모든 형제와 자매와 전부터 그를 아는 친구들이 다 그를 찾아와, 그의 집에서 그와 함께 기뻐하면서, 먹고 마셨다. 그들은 주님께서 그에게 내리신 그 모든 재앙을 생각하면서, 그를 동정하기도 하고, 또 위로하기도 하였다. 그러면서 그들은 저마다, 그에게 돈을 주기도 하고, 금반지를 끼워 주기도 하였다. 12 주님께서 욥의 말년에 이전보다 더 많은 복을 주셔서, 욥이, 양을 만 사천 마리, 낙타를 육천 마리,

소를 천 겨리, 나귀를 천 마리나 거느리게 하셨다. 13 그리고 그는 아들 일곱과 딸 셋을 낳았다. 14 첫째 딸은 여미마, 둘째 딸은 굿시아, 셋째 딸은 게렌합북이라고 불렀다. 15 땅 위의 어디에서도 욥의 딸들처럼 아리따운 여자를 찾아볼 수 없었다. 더욱이 그들의 아버지는, 오라비들에게 준 것과 똑같이, 딸들에게도 유산을 물려주었다. 16 그 뒤에 욥은 백사십 년을 살면서, 그의 아들과 손자 사 대를 보았다. 17 욥은 이렇게 오래 살다가 세상을 떠났다.

note